〔宋〕劉摯 撰
裴汝誠 陳曉平 點校

忠肅集

附輯佚等

中華書局

圖書在版編目(CIP)數據

忠肅集/(宋)劉摯撰;裴汝誠,陳曉平點校.—北京:中華書局,2002

ISBN 7-101-02750-4

Ⅰ.忠… Ⅱ①劉…②裴…③陳… Ⅲ.劉摯(1030~1098)-文集 Ⅳ.Z424.41

中國版本圖書館 CIP 數據核字(2000)第 57496 號

責任編輯:崔文印

忠肅集

〔宋〕劉摯 撰

裴汝誠 陳曉平 點校

*

中華書局出版發行

(北京市豐臺區太平橋西里 38 號 100073)

北京朝陽未來科學技術研究所印刷廠印刷

*

850×1168 毫米 1/32 · 23¾印張 · 412 千字

2002 年 9 月第 1 版 2002 年 9 月北京第 1 次印刷

印數 1-3000 册 定價 40.00 元

ISBN 7-101-02750-4/K · 1127

目録

卷八

卷十四……二八五

七言古詩

五言律詩

卷十七……三七六

卷十八……四〇〇

卷十九……四二五

卷二十

忠肅集拾遺

附録一……四八〇

點校説明

一　目前通行的忠肅集刊本，主要是以四庫全書本爲母本的幾種叢書本，如乾隆中之武英殿聚珍版叢書本、光緒中王灝輯刊之畿輔叢書本、一九三五年商務印書館開始編輯出版的叢書集成本。比較諸本，四庫全書本爲首輯本，武英殿聚珍版叢書本和畿輔叢書本在卷目上與四庫全書本基本上没有什麽差别。雖然光緒乙未以後所刊的武英殿珍版叢書本的各種復刊本，在原來的二十卷後又收進了由勞格輯目、孫星華録文的拾遺一卷，但也没有對四庫全書本中的脱漏衍誤作系統整理，而且在歷次刊刻中還造成了新的訛誤。在我們通校了該集四庫全書文淵閣本和文津閣本之後，又發現後者優長於前者之處頗多，譬如卷一〇文津閣本有追薦英宗皇帝疏、英宗小祥齋疏、追薦神宗皇帝疏、追薦宣仁聖烈皇太后疏、慈德殿開啓莊惠皇太后三週年道場疏、路王宫開啓故魏國肅成賢穆夫人五七道場疏共六篇文字，爲文淵閣本及其他本所無；又如卷一、卷二、卷八等多篇文章，文津閣本較比文淵閣本及其他本子文字齊全完備，而全書文字亦以文津閣本優長居多，故此次整理該集時以文津閣本爲底本。並將勞氏拾遺一卷按武英殿聚珍版抄附於後。

二　本書以下列本子爲校本

臺灣影印四庫全書文淵閣本；

清光緒乙未刊武英殿聚珍版叢書本；

清光緒中王灝輯刊畿輔叢書本。

此外，整理時還較多地使用了下列史籍：

浙江書局本續資治通鑑長編；

臺灣文海出版社影印國朝諸臣奏議；

明經廠足本歷代名臣奏議；

中華書局影印本宋會要輯稿；

中華書局影印本永樂大典殘卷；

中華書局標點本宋大詔令集；

中華書局標點本宋史。

對於劉摯詩文奏議中所引的前人言論，亦盡可能找到原文核對，在此不一一列出。

三　本書校勘，以對校爲主，擇善而從，其有考定，或有參考價值的異文，均作校記。或有對校無法解決的問題，則參考史實考定之，並在校記中作簡要説明。對底本的明顯錯誤及一般的避諱字、異體字，則予逕改。

四　四庫館臣所輯忠肅集是有錯誤和遺漏的。其錯誤，如將薦本州儒士周希孟奏、祭丞相韓儀公文誤作摯文輯入；其遺漏，儘管有勞氏拾遺一卷，仍未能補其闕失。筆者在續資治通鑑長編、國朝諸臣奏議、歷代名臣奏議等史籍中輯得劉摯佚文奏疏、詩文、日記等凡一百十五篇，共八萬餘字，作爲附録一；劉摯傳記收録一輯，作爲附録二；諸書忠肅集著録提要收録一輯，作爲附録三。

最後，我們十分感激崔文印同志，他在審定該稿時，以極其負責的態度，在標點和校勘兩個方面提出許多寶貴的意見，多有匡正。我們也期待着廣大讀者教正。

一九八九年七月

校點者

忠肅集卷一

制敕

元祐三年御試進士制策

朕肇膺駿命，涉道寡昧，懼無以奉承太母之慈訓，而彰先帝之休德，夙夜以思，樂得天下之忠言嘉謀，庶以濟兹。今子大夫羣至在廷，朕甚嘉之。蓋聞天之災祥，以類而至。古之善言天者，能推斯變以應斯事，若合符節。粤自去冬大雨雪，至於春二月不止。人大失職，廣罹凍饑，殍死者衆。夫恒寒之罰，久陰之異，必有以召之，其故安在？

朕爲政於兹四年，蠲天下逋負，輕征而散利，苟可以足下無不爲者，而民力猶未裕也。捐金幣之厚，廓信義之度，以安邊柔遠，而戎心猶未革也。豈所謂至恩者未可崇本務歟？

特施設之序或失其當歟？官之流至多門也，舉天下之闕，不足以居其人；財之費至無藝也，量天下之入，不足以爲之出。將革之乎，或疑於傷恩；將因之乎，懼無以善後。必有至道，未燭厥中。先王之時，上之陰陽和，風雨時，下之稼穡茂，衣食足。官簡而士貴，財通而禮行。四夷款附，邊埸安堵。又何修而至於斯歟？夫切而不迫，緩而不迂，朕非求於空言也。蓋將有攷而行焉，其悉心茂明之。

元祐三年御試特奏名制策

朕觀先王之時，道德一於上，風俗同於下。家有孝悌，鄉有忠信。人人知禮義之守，廉恥之行。其進退斯有制，取舍斯有分。雖虞人也，招之非其物則不往，雖乞人也，予之不以禮則不受。習俗既成，施於後世。雖世衰道喪，勢利出其前，禍患臨其後，而終不以易其節。故奸雄或爲之屈，寇盜或爲之避。彼上之所以養之，與士之所以自養者，何道而至於此？國家昭德塞違，示人以不争；信賞必罰，示人以好惡。學士大夫，莫盛於斯時。然所謂道義重則輕王公，志意修而驕富貴，風之所被，使貪夫則廉，薄夫則敦者，其亦有是人乎？

朕欲使仕者不獨爲貧，學者皆知爲己，所以厲其節，興其志，蓋必有道。子大夫其攷古之所宜施於今者，著於篇。

元祐六年御試進士制策

朕聞六藝之教，同適於治，而禮樂爲急。制中以節民情，導和以養民性。政行斯二者，刑防斯二者，四達而不悖，然後上下輯睦，一之乎中和。茲二帝、三王所由昌也。先皇帝悼道之鬱滯，建官設屬，以討禮文，定雅樂，始自郊廟，行之朝廷，以風天下，規模宏遠矣。而美意未終，澤不下究。朕奉承遺烈，夙興夜寐，嘉與宇内，臻於斯路。今天下之俗，分守不明，僭侈相勝，家自爲禮，人不知樂，自學士大夫，齊民編户，率以其意從事。故是非生於貴賤，隆殺繫其富貧，風俗流溢，和氣弗兆。昔者聖人雖未制作，必因先王之禮樂宜於世者，用以教化。是禮樂之於天下，不可一日緩也。今頗欲攷古今之宜，刺經史之義，立爲婚姻喪祭之文，器服宮室之制，隆雅、頌之聲，斥優侏之音，使習俗知節，謬戾不作，建中和之極，以述成先皇帝鴻業。而其損益先後之序，朕不敢知，固以待周詢而博訪焉。子大夫以爲如之何而可？或謂解今之法而更張之，民將駭而難從；姑因循其舊而徒加厲禁，又終不足以合乎先王之法度。然則攷古便今，必有中制。昔漢修三雍，行大射，調八音，聽樂均，號稱永平。唐損益曲臺制度，亦盛於貞觀、開元之間。采其遺意，概之先王之法，其亦有合於今乎？

不然史家所載前代之迹，粲然具在，要必有可言者。至於賈誼、劉向其論深美而不見施用，房喬、杜如晦達於爲政而不知禮樂，其失安在？

乃若節文度數，其詳則有司能言之，非所問子大夫也。其推古今之所以廢興，與施於當世而宜者，著於篇。

奉敕擬上皇太妃册文並繳進劄子

臣准敕撰皇太妃册文，臣詞學鄙陋，不能鋪紀皇太妃休德盛美，上稱詔旨，勉强以成，冒塵聖覽，臣不任惶懼愧汗之至，謹具繳進以聞，謹進。

維元祐二年歲次丁卯某月某日，皇帝某謹再拜言曰：昔我神考，迪祖宗休德，以孝事親，以正御家，而天下化之。方是時皇太妃實左右內治，以柔順誠敬奉事兩宮，以仁淑勤儉綏帥九御。受祉上帝，篤生沖眇。以顧以復，以濟及兹。俾獲紹統序，欲報之德，物無以稱。永惟人君之行，莫加於孝。而孝雖四海九州之養，莫大於顯其親之名。矧我神考，厥有訓命，末予小子，敢不敬之。兹用稽合羣志，恩與義稱，不勝至願。謹遣攝太尉正議大夫守門下侍郎上柱國南陽郡開國公食邑二千户實封一千三百户韓維、攝司徒中大夫守尚書左丞上護軍太原郡開國侯食邑一千四百户實封四百户賜紫金魚袋王存奉玉册金寶，上懿號曰皇太妃。恭惟皇太妃於詩書所載輔佐之道施於家邦者備矣，宜膺典禮，丕顯徽懿，上焉寧承崇慶隆祐之尊，下焉保安持盈守成之子。永懷多福，光照無窮。某誠懽誠忭，再拜謹言。

表

賀英宗皇帝即位表

臣某言：伏奉月日敕書，恭承皇帝陛下祇膺先志，昭履慶基，凡在覆臨，舉深欣戴。伏以皇帝陛下睿智天縱，聽明日躋，迪靈源之休祥，抱五聖之仁孝。昊穹眷命，主祀鬯以承祧；正統傳歸，大帝華而協德。離重明而繼照，乾六龍以御天。七政光華，三靈泰定。舜盡循於堯道，武能廣於文聲。宅后膺符，協謳歌之所載，守成保極，與天地以無窮。

賀神宗皇帝即位表

順承顧命，寅踐丕圖，大號四孚，萬方一慶。恭惟皇帝陛下幾神明哲，性德靖淵。佑民作君，宅天衷之所相；守文繼體，一神器於有歸。璿璣察而七政齊，聖人作而萬物覩。光符歷數之在，丕協人神之依。亶矣紹堯，烝哉下武。潤色大業，作者謂聖而述者謂明；守成太平，傳之無窮而施之罔極。臣親逢邦慶，限守藩條，不能躬覲闕廷，舞蹈班次。

元豐八年賀即阼表

伏奉三月六日敕，恭承皇帝陛下祇若遺訓，嗣膺大歷，詔命所逮，罔不慰幸。伏以皇帝陛下聖質天授，同符祖宗，帝統有歸，萬世永賴。正位之始，四海欣歡。臣假守外州，不獲以時奔赴闕下。

賀立皇后表

椒房懿德，寶册降衷，慶溢宫闈，歡騰海宇。竊以握乾垂統，必資助於坤儀；理外宣風，示光成於内治。母儀斯備，婦順以明。稽合舊章，懋隆新制。

恭惟皇帝陛下纘承丕緒，紹復洪圖，踵遐武之重光，措函生於累洽。先乎民物，明王者之至公，及於閨門，著天下之大義。惟皇立配，體國承家，載嗣徽音，將以正心而逮下，不加崇號，無以示民之有尊。誕賜洪名，榮褒淑德。然家人利正，講聞羲易之詞，而「君子好逑」，載美關雎之義，自古所重，於今是稱。位定壼中，化成天下。

賀安南捷奏表

准進奏院報克伏交趾者。威靈所被，萬里收功，凱捷布聞，兆民賴慶。臣聞聖人之於征伐也，用非得已。先王之於携貳也，威然後懷。物萃聚而除戎，時豐亨而致法。蓋方飭治之既備，故苟犯順而必誅。虞帝所以事有苗之征，宣王所以有淮徐之伐。監此前載，率於盛時。恭惟皇帝陛下剛健體天，休明超古，萬方順以無侮，三靈和而允懷。曾爾交蠻，干我天討，跳詈肆於南土，虔劉及於數州。不示大刑，曷懲不軌！軍聲振疊，肅如金鼓之下天；皇澤漸濡，澤若雲霓之救旱。俄煢然而請命，因示之以好生。惟盛德所以成無戰之征，惟至誠爲能有不殺之武。出車薄伐，既奮蠻荆之威，徯后來蘇，行慰雲霓之望〔一〕，海隅大定，氛祲一清，赫然盛勳，若無前古。

謝監衡州鹽倉表

議令獻言，知典刑之無赦，原心觀過，荷仁聖之有容。貸其餘生，處以善地。

伏念臣稟生艱拙，遭世聖明，學不能窮理而知幾，材不足趣時而適變。晞名途以孤進，濫文館之末遊。和鉛何功，索米逾歲。間承人乏，偶攝掾於中堂；旋誤聖知，使備員於憲府。仍職書林之舊，就行御史之中，始自愚臣，前無故事。方陛下繼承於五聖，而國朝平治者百年。力勤肯穫之田，大解不調之瑟。蒐拔羣材而審以器使，變化百度而曠然日新。

臣於此時，職在言路，誓殫忠義，敢避勢權。寧以孤睽訐切，咈衆而身危，不忍從容倡和，負恩而速進。狂愚自信，裨益無功〔二〕，故宿官之日幾何，而瞽言之罪非一。至如均民而弛役，因之率户而出泉。雖慮始樂成者，愚人之不知。然損下益上者，先王之大戒。輒條十害，冀補萬分。議臣見疑〔三〕，以爲敗謀而亂化，清衷獨見，知其有責而盡忠〔四〕。特徇以誠〔五〕，止容其去。褫臺閣之二職，置瀟湘之一隅。有禄食使之存全，有職事可以報效。庶幾留衆銜恩載幸，揣分增憂，此蓋伏遇皇帝陛下察臣孤忠，全國大體，不惜骩一夫之法，庶幾留衆正之門。謹當上體恩仁，期於必報，下堅節義，死而不渝。

謝滑州到任表

去職逾年，法初得調，賜符出守，恩實過優。內省叨踰，竊深震懼。伏念臣之所領，地實近畿。自昔漢、唐之要津，爲今趙、魏之孔道，中間一廢，新造未完，河流方洪，騁傳將至。萑蒲之嘯間發，輿梁之繕始興。謂宜得王尊之獲民，叔圉之治客，消盗之術有如龔遂，濟人之政賢如國僑。乃如愚臣，學蘊昧陋，資材闊疏，幸遭睿明，每備任使。愚有餘，故專於盡瘁；智不足，故無以自休。所向多艱，豈堪治劇？單車虔命，使道疾馳。視人郡章，猶或驚異。諭上恩旨，罔不歡欣。此蓋伏遇皇帝陛下明道德以建太平，修法度以熙庶政。謂孤臣之多所慮，取拙者之或能勤，敢不祗力夙宵，疚心事職。況詔令明具，止於奉宣，德澤汪洋，易於究達。庶憑覆幬之祉，小効涓塵之勞。

謝御史中丞表

無非常之才，被不次之命，叨榮自省，震悸靡遑。

伏念臣學誼樸疏，禀資中下，不佞薄聞乎大道，竊思少補於斯民。念事君者先正身，故不爲枉尺。然守義而弗知變，故未可與權。孤負清時，侵尋白首，比者不遺於墜履，使之再冠於惠文。無所建明，謂宜澄汰，忽起從於橫榻，俾遂正於中司。此蓋伏遇皇帝陛下迪德聖神，紹休祖考，仁心惠澤，昭百姓而協萬邦，大公至明，開衆正而杜羣枉。主張孤蹇，付畀紀綱，仲山不吐剛而茹柔，汲黯願拾遺而補過。期殫此節，上報誤知。

上太皇太后謝御史中丞表

粵自臺端，起專憲席，雖有故事，曾無幾人。何意孱愚，遽兹叨冒。

伏念臣奮跡寒陋，逢辰盛熙，多歷歲年，每叨任使。竊慕古人之所立，不如直道之難行。無補事功，動罹罪悔。晁錯之爲遠慮，或謂之愚；潘岳之再免官，皆由於拙。復塵風憲，滋觸怨仇，方俟曠官之誅，顧蒙越次之寵。此蓋伏遇太皇太后陛下乾坤爲德，日月並照，知臣至孤，譽無聞於左右，察臣所論，意不出於阿諛，全付耳目之司，使冠紀綱之地。任之隆則責亦重，恩之厚則報敢輕。誓竭一心，無辭九隕。

辭免尚書右丞表

疊上囊封，願收恩檢。誠言可信，本期十百之見從；天聽彌高，敢避再三之有瀆。伏念臣承學淺陋，稟生拙艱，雖久玷於名途，無可稱之官閥。紀綱執憲，愧古人直清之風；帷幄侍經，乏名儒道義之益。坐糜稍廩，動畏譏訶。已煩善貸之仁，敢意非常之擢。負且乘足以致寇，名與器斯謂假人。方陛下明道德以建太平，修法度以康四海，所與共此，宜得何人！自非廓廟謨明之才，曷副廉陛都俞之託。今顧及於至陋，是將强其不能。伏望皇帝陛下思國體之重輕，在柄臣之賢否，追還綸綍之命，以釋冰淵之危，上不累知人之明，下以息徼倖之望。

上太皇太后辭免尚書右丞表

横被殊恩，擢居重任。竭愚衷而引避，邈宸鑒之未迴。疊降訓詞，彌深隕越。竊以進有德則朝廷爲之尊，任惟人故公輔不必備。此古今之所同慎，蓋治忽之所由生。臣以一介之微，遇四朝之盛，比從末路，驟玷中司，志少戇而不渝，言多迂而難用，莫逃臨照，日俟譴訶，豈期尚屈於聖知，更使參承於國論，永惟緜薄，敢犯是非。身之傴而升高，將有笑者，器既盈而必溢，固其理然。詎自愛於捐軀，蓋深憂於累國。伏望太皇太后陛下慎重名器，無以假人，眷求耆明，與之共政，庶各安賢愚之常分，不至召中外之煩言。特鑒至誠，收還成命，誓堅犬馬之志，仰報天地之仁。

謝尚書右丞表

傴僂至於循墻，空稽授受；號令難於反汗，竟致叨逾。撫心兢慙，無地踢蹐。竊以國家建夫三省，政事行於中臺，稽古以董正厥官，置丞以左右其長，進陪四輔，退率六職。若綱在綱，如車有轄。苟任人之非稱，欲興治以何由。臣出於諸生，藐然孤進，外之更州縣筦庫之任，内之徧臺閣省府之游，謩不足以償毁，功不足以補罪。爲邦司直，晚備中執法之員；正色指邪，慙無古君子之節。方俟瘝官之黜，敢期共政之圖。倖有非常，進驚不次。此蓋伏遇皇帝陛下孝於述事，以丕承祖宗，哲於知人，以允蹈堯、舜。物有可用，非下體而不遺；積非以功，薪後來而或上。曾是孱瑣，冒滋寵榮。臣敢不以道事君，以身徇國！義之所在，知無不爲，庶收銖髮之勞，仰報乾坤之造。

上太皇太后謝尚書右丞表

愚款既殫，睿恩滋寵，終奪匹夫之志，遂塵四輔之班，於分過涯，當榮爲懼。恭惟太皇太后陛下以上聖之德，撫多難之時，聲氣不動而邪正分，堂幃不下而中外治。所與同邦家之休戚，豈不在股肱之二三，宜擢異才，以副公望。臣學不造於道義，智不研於變通，惟是樸直愚魯之資，安於所稟，至於得失利害之際，初不自謀。謬長憲綱，無裨經幄，方且憂虞於大譴，豈期超預於近司，力小難勝，器盈將覆。此蓋伏遇太皇太后陛下宅俊以翼嗣聖，至公以馭萬方，謂孤臣之慮常深，或能有達；謂一人之材不備，無求其全。特出聖明之知，不緣左右之譽，矧由言路，入輔政機，昔之常所敷陳，人將責其施設。知之亦允蹈，豈非甚艱？言之必可行，敢不自勉。惟矢心於忠義，以報德於生成。

辭免尚書左丞表

蒙恩云云進封開國伯，加食邑四百户，實封一百户，勳賜如故。尋具劄子，准詔不許。竊以國之爵禄，以待賢能；士之進退，必循名義。有或異此，何以示民？伏念臣緜力薄材，至愚極陋，比蒙誤寵，擢備近司，乏宏遠之規模，空銷疲於精鋭，未嘗小補，方俟大訶，敢期恩憐，更進位序？攷其歲月則既非久次，課其職業則又無顯勞，儻輒冒居，實干清議。伏望皇帝陛下慎名器以厲在位，明是非以正有功，深察誠言，許伸愚分，無難反汗之命，庶拯臨淵之憂。

上太皇太后辭免尚書左丞表

寵厚恩深，已憂於未報；力小任重，不可以有加。敢過量以貪榮，輒叩閽而虔請。臣誤遭識拔，超寘顒嚴。慷慨大忠，初不自量其孤拙；低徊寡術，今皆不出於尋常。竊禄可慙，黜幽是俟，敢意包荒之度，更推進位之恩。况在官之日幾何，而宿業之勞未著，懼人言之一起，累國體之非輕。伏望太皇太后陛下於輔弼必觀其心，於爵禄必慎所與，矜臣非矯僞之志，免臣於顛仆之危。特徇忱辭，收還成命。

謝尚書左丞表

朝有虚位，宜賢明是求；名無假人，乃次第而進。危於據蒺，愧若負芒。伏念臣學不足與有明，道未至於無固。事君之義，惟有愚忠。涉世之疏，真同强聒。安能謀王體，定國論？何以塞厚望，稱明恩？不狩獵而有貆，久慙尸素；譬江湖之集鴈，無繫少多。未謫曠官，更叨進秩。隨增封户之數，並益冰淵之憂。此蓋伏遇皇帝陛下紹休祖宗，同德天地，常體道以爲用，故萬物曲成；不求備而與人，故小材無棄。致兹孤拙，常冒寵靈。敢不激昂大忠，奮厲懦志，庶有一得，以補萬分。

上太皇太后謝尚書左丞表

進位一等，自訟於無功；詔班十行，趣使之就列。恭於承命，惕然爲憂。伏念臣足以謏聞，暗於大體，親逢聖運，濫跡天臺。出於流離孤蹇之餘，任以左右弼諧之責。斷斷自守，略無他奇，落落難成，空嗟懦志。位高禄厚，功少過多。方近輔之惟人，坐期汰礫；會左綱之虚次，乃使續貂。進其爵封，益以户賦，控辭勿固，祗服若驚。此蓋伏遇太皇太后陛下以任、姒之聖仁，御唐、虞之休治，知臣有忠於所事之節，察臣無善自爲謀之私，容之以底其成，進之以厲其志。臣敢不以禮以義，惟幾惟康，庶收塵勺之勞，仰報生成之造。

辭免門下侍郎表

勞能不聞，名品益進。懼必投於顛仆，敢冒貢於誠情。臣進德不强，造道甚近，逡巡尺寸之守，遭會聖神之知，久負邱山莫報之恩，初無絲毫可紀之善。粤參大政，及今驟至於四遷，升寘東臺，所歷遂周於三省。益高股肱之任，況備喉舌之司。爵視上公，邑增真食，儻罔功而濫處，實累國以起羞。伏望皇帝陛下如日燭幽，體天成物，察臣底裏之既盡，矜臣器量之已盈，特收誤恩，以允清議。

上太皇太后辭免門下侍郎表

發政西臺，無裨於聖治；陞班東省，忽霈於恩書。揣分未安，控詞自列。惟先王制爵禄之等，以待賢能，而君子謹進退之方，必循禮義。臣起於寒晚，躐至顯嚴，獨恃聖明特達之知，不緣黨友更相之助，歷塵近輔，更涉累年。愚於直者，人情之易睽；公而固者，衆怨之所聚。每幸曲蒙於善貸，保此孤危，豈敢更冒於誤恩，遷其位叙，上乖朝廷陟明黜幽之典，下致臣子見得忘義之譏。伏望太皇太后陛下慎名器以申大公，明勸懲以厲百辟，收還成命，改授有勞。

謝門下侍郎表

輔政備員，久無功於右省；冒恩進次，預出令於東臺。懇至偪墻，終難反汗。

臣資蘊不足，拙方有餘，雖心危而慮之深，然力小而任已重。謂之事道，則有愧乎聖賢之方；至於徇公，或有負於天地之鑒。士無可述，賢有所妨，保全已費於至仁，叙擢更頒於異數。況夙夜出納之地，以侍從駁正爲官，授之非人，懔若無地。此蓋伏遇皇帝陛下明見萬物，道御四鄰，體貌之以厲其心，馴致之以底其績，敢不究事君之大義，庶以報含垢之異恩。

上太皇太后謝門下侍郎表

才屢試而已窮，位每遷而逾重，弗容懇避，徒積憂危。

臣力不逮心，名常浮實，猥以口耳之學，遂玷股肱之司。初不自量，實拳拳於謀國；迄無所就，徒碌碌以因人。此宜清朝汰斥之必加，豈復要地褒升之敢冀！矧今左省，乃古納言，審王命之允而後行，受國事之成而不作，均爲執政，尤號近司。夫豈孱愚所宜叨冒！此蓋伏遇太皇太后陛下躬任、姒之德，御成、康之朝，忘己之聖而資於愚，取人之長而略其短。吹噓成就，至哉造物之難酬；寤寐勤勞，惟以捐軀而自誓。

辭免右僕射表

臣某言：伏奉制命云云已具劄子懇辭，中使閻安賜降詔書，尚闕可報者。揆席久虚，治廷敷號，猥及非才之録，大驚羣聽之公，敢冒至恩，輒忘素守。臣愚竊以論相雖人主之職，得賢乃太平之基，必先全德之老成，或待遠方之特起。

伏念臣本由疏賤叨寘顒嚴，備數邇臣，獲進帝王之説，預聞大政，顧慙禮樂之文。堯作章而繼成，漢分府以方重。謂宜簡斥，更辱延登。夫褒德者天下之大公，而竭節者人臣之常分。念蚤塵於機要，已久席於高華，奚事屢遷，乃能畢力。威望匪重，將取侮於四夷，智略更疏，無可言之十事。苟從昧進，曷慰具瞻！儻選於衆而求之，多出於臣之右者。伏望皇帝陛下慎名與器，以尊朝廷；紹德選勞，以勸臣下。俯徇富平之懇，曲成考父之名。收還過恩，庶允清議。

上太皇太后辭免右僕射表

敷告於廷，疇咨以位，惕然驚汗，浹於愧顏。竊以師長百司，位隆於端揆，權輿大政，地重於西臺。進德則朝廷尊，當賢則臣下服。而臣學不足以斷國論，才不足以達事經，孤奉恩私，稽留歲叙，處非其據者已久，受過其量而莫勝，方興引分之言，冀逭妨賢之責。敢期含垢，更使代工。儻懷苟得之圖，妄作自賢之行。公器不嫌於多取，豈曰知難；高位必致於疾顛，安能圖報。上則詒盛朝之累，下則躐衆正之資。伏望太皇太后陛下別擇皋、夔，改圖丙、魏，登寘宰路，使秉國成。大明庶物之情，不奪匹夫之志，亟收涣渥，以息煩言。

再辭免右僕射表

臣某言云云尋具劄子及上表辭免，今蒙中使李偁賜批答不允者。辭受匪輕，殫愚誠而自列；訓詞中敕，邈天聽之逾高。敢投稽命之誠，冀鑒由衷之請。恭以皇帝陛下以盛德紹天地，以至孝承祖宗。恭默無爲，方在持盈守成之日；左右同體，宜得秉道明義之臣。如臣學術甚疏，智謀弗競，雖事君之義，固守不移之愚；然陳力以來，初無可紀之善。久尸官而謗積，蚤多病而志銷，當返田廬，遽躋鼎鉉。無楊綰之德，必不足以化在位；非皋陶之舉，必不足以遠不仁。徒召煩譏，上孤涣渥。伏望皇帝陛下念輔臣之當否，繫國體之重輕，特照孤忠，曲全晚節，收還成命，改授真賢。

再上太皇太后辭免右僕射表

微志未伸，誠言難止，儻或安於名分，其敢逭於典刑。恭以國家之輔相難其人，臣子之進退必以道。蓋治忽之所由繫，而榮辱之於是生。臣遭會四朝，周旋三禁，感慨忠義，常見古人白璧不爲之非；風采功名，愧乏大臣巖石具瞻之望。略無報效，久俟譴訶。遽聞猷告之音，擢寘宰司之重。力不勝任，實憂代斲之必傷，傴而升高，將有指頂而見笑。下招覆餗之辱，上玷知人之明。況有廟堂之耆明，而多中外之俊乂，改疇公望，乃協師言。伏望太皇太后陛下昭鑒至誠，保全晚節，使器盈者不至於溢，植弱者亦足以支，特反誤知，庶無虚授。

謝右僕射表

伏奉制命，除授臣太中大夫、守尚書右僕射、兼中書侍郎、加上柱國、食邑七百户、實封三百户，累具辭免，今月八日蒙降中使王綬齎賜批答不允，仍斷來章者。恭以周王之慎令不反惟行；雖如安世之自量，深辭弗得。竟塵非據，伏積内憂。竊惟命相之難，爲邦所重。粤五帝三代而後，逮兩漢有唐之隆，蔚然多賢，昭於方册。惟皇盛世，尤慎此官。君臣賡歌，今百三十載，動業繼踵，裁五十二人。上之職在理三光而調四時，下之責以鎮百姓而遂萬物。苟非選道德高世之望，何以紹今古得人之光？

如臣至愚，於世孤進。先朝過聽，擢臺閣省府之華；二聖誤恩，寘輔弼疑丞之地。位高徒聞於播惡，德薄不足以尊朝。功少過多，怨叢謗積。未詔士師之議，遽咨端右之遷。名與器是謂假人，負且乘殆將致寇。已循墻而至傴，終涣汗以難回。謂如臣宣爲愚，莫避漢廷之公議，曰俞咨益汝往，終叨虞帝之命官。危不自遑，懔無所處。此蓋伏遇皇帝陛下保龜鼎之重，稽祖宗之謀，體堯之在知人，本湯之不求備。臣敢不究事君之義，厲報國之忠，雖爝火難補於大明，然駑馬可勤於十駕，庶收塵露，仰答乾坤。

上太皇太后謝右僕射表

使節皇皇，臨門而慰寵；詔詞噩噩，中命之丁寧。雖考父之益恭，慙富平之竟拜。竊以百揆之任，師長於中臺，萬事之幾，本源於右省。用道德之望，則可以總方略而廣教化；非賢明之選，則何以制號令而平典章？臣可與小知，無他大略，會兩宮之識拔，允三府之推移，勞不足以償罪尤，譽不足以除譏謗。黄霸見謂功名之已損，貢禹徒以質直而見嘉。區區其間，録録何有！請避賢路，嘗投劾以自言；終貪國恩，復尸官而未去。敢意非常之寵，遽膺爰立之求。並進秩勳，益敦封食。三篇納誨，遠慙傅説之來；十事可行，近愧姚崇之進。顧視圭組，若臨冰淵。此蓋伏遇太皇太后陛下躬任、姒之徽音，翼成、康之嗣聖，敷求忠直，保乂成平。臣敢不職思其憂，義之與比，安社稷爲悦，期勉慕於前人。非堯、舜不陳，庶答揚於休命。

校勘記

〔一〕行慰雲霓之望　文淵閣本作「行奪西夏之氣」，畿輔叢書本作「行消北狄之怨」。

〔二〕裨益無功　「功」，宋文鑑卷六八衡州鹽倉謝上表作「方」。

〔三〕議臣見疑　「疑」，同上書作「譏」。

〔四〕知其有責而盡忠　「忠」，同上書作「言」。

〔五〕特徇以誠　同上書作「不徇以誅」。

忠肅集卷二

表

謝賜資治通鑑表

今月日進奏院附到資治通鑑一部共一百七十七册賜臣者。來事之師，莫如稽古。作者謂聖，嘉此成書。思前訓之共由，敕有司而申錫，敢期孤淺，曲被寵榮。竊以帝王之道雖同，治忽之時不一。史惟廣記，欲俾後世之多聞；書不勝繁，常患當年之莫究。簡則易治，統之有綱。恭惟先朝之緝熙，遂詔名儒而論次，網羅乎數千載之事，潔齊於三百篇之中。類集羣書，劉邵上皇覽之要；發明舊典，譙周成史攷之篇。祕以名山之藏，進於華光之讀，今期傳信，更及分頒。此蓋伏遇皇帝陛下聖學日新，孝思善繼，亦既省觀於座右，又將訓迪於臣工。曾是衰愚，預叨恩禮。學如皇謐，方興表借之心，能愧班游〔一〕，遂有家藏之幸。臣敢不玩篇籍之載，求臣子之宜。攷終始以擇是非，因成敗以昭勸戒。庶見古人之大致，少副盛德之萬分。

謝生日賜羊酒米麪表七首

恩班中禁，慶集私門。每於生育之辰，膺此便蕃之寵，義無以避，情不自遑。臣既齓而孤，爲貧以仕，賦分涼薄，逢時盛明，遂以斗筲之微，越承廊廟之任。設弧復旦，自傷弗逮於親存；頒餽示恩，敢謂不緣於人廢。綸言温厚，使節光華，將内府之醪牽，兼太倉之穱麥，禮雖有舊，恩實非常。此蓋皇帝陛下守位曰仁，使臣以禮，道契兩儀，仁函萬類，恩爰慶賞，概及疏愚。盡鹿鳴之心，非徒推飲食之惠；効天保之報，願以致岡陵之崇。

璽書將訓，玉府班常，發爲好賜之仁，寵及誕彌之日，拜嘉興感，揣分戴慙。伏念臣學本小知，器難遠用，幸遭聖明才不求備之旦，亦玷左右民所具瞻之司。惟涉事多艱，故易銷於精鋭，而尸官既久，徒日積於謗譏。留顯絀而未行，識包荒之已厚，尚矜舊物，曲記始生。皇乎使節之光華，肅傳天語；餽以公臺之儀物，榮發私門。此蓋伏遇皇帝陛下謹六聖之典章，本二儀之亭育，亦既飲食，推所以燕嘉賓之心，繼之廩庖，行所以養君子之道。顧惟極陋，孤奉至恩，誓堅忠義之持，仰報生成之施。

誕育紀辰，方起思親之感，匪頒錫福，遽瞻遣使之華，餐牽有加，醪醴惟旨。伏念臣志愚於古，材散而蟠，越承共政之圖，曾乏尊朝之德。留連歲月，辱三禁之四遷；窮竭技能，無萬分之一補。竊位之刑未正，匿瑕之澤已深。會析木之集辰，實左狐之紀日〔三〕。敢期眷記，特沛訓詞。馳酒正之上尊，綴饔人之厚餼，歲膺慶式，幸積私庭。此蓋伏遇皇帝陛下體貌四鄰，興行百禮。嘉與四海，同忠厚之政；惠及臣下，得燕樂之心。不緣無能，而廢故事。禄不逮養，虛饔推食之恩；進思盡忠，豈獨屬饜之幸。

猥以誕辰，上紆睿眷，敕公臺而發餽，賁私室以爲光。拜受以還，兢慙莫喻。臣越從羈宂，誤被延登，徒殫小知，無補興運。下孜清議，未免竊位而妨賢；仰賴至仁，有以包荒而含垢。敢謂此日，記其始生，方懷顧復之恩，遽拜匪頒之渥。此蓋伏遇皇帝陛下體貌近輔，勸養衆材。飲食已盡其心，既冒嘉賓之賜；福禄以報其上，敢忘萬壽之歌。

誓竭忠愚，用酬覆燾。

生育復辰，方起思親之感；光華遣使，遽膺錫福之仁。內自省循，莫勝慚懼。臣志雖慕古，慮不極深，區區歲月之間，録録弼諧之地，上焉萬分之何所補，下焉多士之無所稱。尚容素飡，已愧善貸，豈謂門孤之舊旦〔三〕，更頒函詔之深詞。餽以餼牽，勞之酒醴。此蓋太皇太后陛下道成萬物，公御羣臣，推所欲以及其私，不以人而廢其禮。禄不逮養，空饕儀物之豐；孝可移忠，惟誓捐糜之報。

使節皇皇，詔詞噩噩。賁以匪頒之數，寵其誕育之辰。內惟至愚，曷稱優渥。臣本非遠業，偶玷近司，雖葵藿自然，知傾於委照，而腹背之細，何益於高飛。素飡懷不稼之憂，肉食甘無謀之誚，未蒙澄汰，更辱眷存。禄弗及親，方感門孤之旦；人無廢禮，亟蒙臺餽之恩。授受以還，進退無所。此蓋伏遇皇帝陛下德冒萬物，政稽二儀，欲以盡忠臣之心，推此養君子之道。予以馭其幸，仰戴於至仁；忠可移於君，誓堅於素節。

臺之有餽，本所以養賢；辰及始生，誤叨於錫福。感深銘骨，愧極汗顏。

臣幸遭異知，擢備近輔。事君以道，福敢取於容容；當官而行，功不聞於赫赫。空饕優廩，日懼大訶，尚煩推食之恩，政及設弧之日。慈惠之渥見於訓言，飩醴之豐榮於私室。此蓋伏遇皇帝陛下體天丕冒，合日大明，道成乎物而不遺，禮不爲人而或廢。欲養不俟，常拜賜而念親；作忠可移，期捐軀而報國。

謝生日賜器幣鞍馬表

析木集辰，適及賤生之日；細書命使，遽推慶賜之仁。腆名物以在門，撫孱虚而跼地。伏念臣本非國器，誤玷宰司，當路妨賢，久懷於多懼；無功報禄，更積於内憂。徒依末光，未詒嚴譴，斗筲之器，既盈而將傾；雨露之私，有加而無已。於此誕彌之日，曲煩齒記之恩。咨内府以班常，敕近親以將命。冰紈文綺，發珍笥之兼衣；鞗革鏤錫，解上閑之良駟。攻金之器璀璨，織文之幣纖華。榮莫逮於報親，力非繇於稽古，服乘而拜，俛仰以兢。此蓋伏遇皇帝陛下謹六聖之典章，篤四鄰之體貌，德薄而禮之厚，功少而錫之多，以尊隆本朝，以風勸在位。天高地厚，莫知圖報之宜；義重命輕，更識矢心之所。

乞外任表

臣聞事君必盡其誠，故當無隱；陳力有時而止，蓋以不能。輒傾底裏之懷，仰瀆高明之鑒。

伏念臣所學昧陋，稟生拙艱，敢希當世之功名，徒慕古人之節行。逮四朝而竊仕，遭二聖之誤知，濫厠羣材，遂預初政。遷進歷塵於三省，首尾已及於四年。不繫去來，無能軒輊。匪惟智慮淺而已竭，加以憂患多而早衰，兩目頻昏，百骸多疾，遲徊戀寵，出入靦顔。內招竊禄之災，外坐妨賢之罪。與其待人言而後去，上煩典刑；不若揣已分以自陳，猶全出處。輒傾孤懇，願丐一州。伏望皇帝陛下廓日月之明，廣乾坤之度，矜此已疲之犬馬，貸其無補於涓塵，特推從欲之仁，不惜分符之寵。使有民社，宣惠澤而下流；庶於桑榆，收微勞以自効。

再乞外任表

不備而惟其人，故輔臣必用賢者；無功而在其位，則詩人所以刺之。輒控籲天之誠，冀逃累國之責。伏念臣越從羇遠，擢寘顒嚴，才不足以達政經，學不足以斷國論，無嘉猷以副虚佇之託，無重望以慰具瞻之心，顧慕留連，逡巡俯仰。雖皇慈之善貸，豈清議之所容！夫物理之常，器滿則必覆；古人之戒，位高者疾顛。加之多懼而積憂，足以早衰而易病，外雖强而中涸，目常眊而髮童，日迫傾危，上孤任使。再殫螻螘之志，敢避鈇鉞之威。伏望皇帝陛下大明燭幽，至道成物，察臣今日進退之計，本無他腸，貸臣累年尸素之愆，俾全晚節。庶稍循於禮義，免大玷於生成。藩宣儻畀於一州，報效敢辭於九隕！叩閽俯伏，得請是期。

再乞外任表

近上封章，願辭職任，恭承批答，尚祕俞音。輒再冒於譴誅，非敢輕於出處。臣誤膺奬拔，本乏器能，一預政幾，四更歲籥。有妨賢之積愧，無事道之顯名。每驚弱植之漂摇，常賴至仁之掩覆。滿溢必殆，盈虚有時。非不知聖神之運難逢，天地之恩未報。然材智止於如此，疏謬見於已然。用之易窮，如鼠之五技；去不爲少，若鳧之雙飛。況爵禄者天下之至公，難貪而久處；進退者人臣之大節，竊冀於少完。儻可效於涓埃，顧何分於内外！伏望皇帝陛下惻其懇款，賜以始終。大譴大訶，稍戢黜幽之憲；有民有社，願膺共治之咨。誓將勤養於小民，尚得仰酬於洪造。

謝鄆州到任表

上書歸相，知政路之罔功；出守分符，荷天仁之從欲。仍以中連之節，臨兹故社之邦。内省幸榮，曷勝感懼。

伏念臣起身一介，竊禄四朝，比辱使令，擢從孤遠。初田蓬萊道山之府，載服柱後惠文之冠。以横榻之散郎，正中司之執法，無爲容於左右，不自意其感通，遂預政機，繼塵宰枋。然而據非其所者危之道，技多而短者易以窮。空精鋭之坐銷，曾分毫之未報，罪多而功不見，譽至而毀亦隨。思其所安，去猶有補。章哀祈者六七，詔敦諭而再三。不求所窮，惜東野之御將敗；敢釋其位，察次孺之辭以誠。祕殿清切以寵其名，東方浩大以爲之部。張良微志，止願得封於留；漢帝重恩，乃使歸侯於絳。以時去國，不日到州。示以印章，人生榮觀；識其城郭，心喜來歸。既見一方所部之吏民，具道二聖愛人之恩德，感嗟頓首，鼓舞瞻天。已獲逢白髮之故人，又得拜先楸於舊隴，書生之幸，仕路幾希。此蓋伏遇陛下純仁厚義，以康保萬方；至公大明，以照臨百辟。事叢至而有是非之辨，人雜進而識邪正之情。使肆戇愚，獲全出處。臣敢不謹進退之義，厲始終之成。孑孑藩方，身雖在外，惓惓王室，心不謂遐。更期宣化之餘，益誓納忠之報。

賀南郊禮成表

臣某言：今日准敕書到州，以南郊禮畢大赦天下者，臣即日徧下管内施行訖。聖人能饗，熙事備成。皇矣顧懷，隤擁肇禋之福；沛然敷錫，肆均大賚之恩。恭惟皇帝陛下凝命乾剛，重熙離照。西清訪道，學緝於光明；東朝致恭，孝通乎上下。以小毖之心求助，以鳧鷖之道守成。謂大祀之重五經，謹始郊以見上帝。朝薦真館，祼告太宫。候長日以道迎，肅圓丘而陟降。百神之靈受記，諸福之物致祥。宣室儲精，既逆釐於三極；端闈涣號，俾作解於羣方。仁入有生，歡通無外。臣叨蕃宣之任，布寛大之書，執玉甘泉，莫效駿奔之力，馳心魏闕，獲同慶賚之私。鼓舞昌辰，百倍常品。

上太皇太后賀表

精意以享，昭格天人之休，敷錫厥民，丕宣雷雨之慶。車書所底，蹈舞同榮。恭以太皇太后陛下全德在躬，大公御政。夏塗山之教化，周太姒之勤勞，聲氣淵嘿而賞罰行，堂闈天高而夷夏治。扶維重器，自置於安平；擁佑清躬，益躋於聖教。吉禮咸秩，肇禋告成。寒暑正而風雨時，福禄來而菑害去。反始報本，丕錫福於洪禧；蕩垢滌瑕，與更新於庶域。有生茂豫，嘉氣横流。臣幸守藩方，親承惠澤。雲天在望，跡類於周南；玉帛侍祠，心馳於漢畤。

謝青州到任表

東方大國，莫如鄆、青，愚臣何人，繼命帥守，莅官兹始，揣已不遑。

伏念臣器藴至疏〔四〕，智靈弗競，遭會繼明之始，越膺共政之圖，三府空逮於六期，千慮蔑聞於一得。雖進退必由其道，常願學乎聖人；而功烈如此其卑，終難收於士論。寬典刑於司敗，假邱隴之便藩。報政稽期，實愧三年之魯；改符易地，猶叨四履之齊。惟時東秦，號一都會，士知禮義，境控海山。厥民富饒，少奪攘之舊習；其俗舒緩，有平易之餘風。謹於承流，可以無事，曾是迂愚之品，獲塵寄委之優。此蓋伏遇皇帝陛下乾健而粹純，豐中而光大，沈機以觀變化〔五〕，定鑑以御妍媸，人無遐遺，材以器使。臣敢不振厲衰境，激昂至恩，簡禮去煩，稍究前修之治；推仁宣澤，庶求遠俗之安。儻集涓微，仰酬覆燾。

乞致仕表

事君主於無隱，誠必自通；陳力至於不能，勢宜知止。輒露引年之請，仰祈從欲之仁。伏念臣親際盛明，蚤塵華顯，文章不足以潤色，才業有愧於經綸，歷事三朝，殆踰四紀。內之清塗嚴闥，極侍從之榮，外之名城大都，偏藩守之選。乏嘉猷以告於后，無膏澤之下於民。徒以忠義愚直之心，期於弗變，至於得失利害之故，初不自謀。緣茲誤被於聖知，嘗亦預聞於國論。士儒至此，幸遇已多。比奉對於清閒，頗自陳於衰晏。出保留宮之鑰，坐安喬木之邦。惟厚禄不可以久叨，顧良時忽焉而如失，年齡寖邁，疾疹交乘。神明潰虛，難支於外慮，筋骸摧苶，頓異於前時。榮敢尚貪，福知已過，非特招滿盈之禍，懼將累覆幬之恩。

迫此憂危，敢祈引謝。伏望皇帝陛下曲矜舊物，深燭至誠，貸其無補於涓埃，哀此已疲之犬馬，許上還於印綬，俾退養於邱園。順服生經，儻保完於餘喘；顧陪鄉老，永歌頌於太平。上以成君父始終之仁，下以全臣子進退之節。伏望聖慈，許臣致仕。

第二表

敢期睿眷，未賜俞音。懼汗雖濡，危誠難止。

伏念臣材質極陋，跡援至孤，夤緣三聖之知，簡拔衆人之上，事功何有？禄位過盈。雖愛君之心，死然後已，而從公之力，耄矣無能。向被恩憐，許叨居守，厲衰殘而振迅，不免曠官；懷寵遇以留連，又將滿歲。災釁乘時而或至，疾病攻老而日深，形神之勞，兩皆敝竭，外内之敵，紛莫支持。臣非不知聖明之治難逢，天地之恩未報，迫茲頹朽，無以勉强。況今時不乏人，物皆遂性，自惟出處，無所重輕。曲煩優詔之丁寧，益重孤忠之感涕。伏望皇帝陛下測其底裏，保以始終。俾解組以去歸，獲全生而退養，逍遥漳浦之卧，休息茂陵之居。既以免鐘鳴不止之譏，又以脱器滿則傾之禍，陶然歌聖，樂以終身。則於君父之仁，豈特邱山之重。

第三表

未賜允俞，倍深感涕。在念舊之恩雖厚，顧籲天之願未從，敢瀝沛膺，再干鈇鉞。

臣蚤緣一介，獲際三朝，出入恩榮，周旋幸遇。積歲時而徒久，曾報稱之蔑聞。居懷竊位之慙，且困負薪之疾。比乘燕見，頗嘗懇激於引年；貪奉德音，乃復逡巡而就次。坐持留鑰，又浹歲籥，衰齡益頽，壯氣益耗。精竭形疲而莫之復，日改月化而益以深。疾相與以侵陵，勢無因而勉强。倀倀末路，犬馬之力無餘；奄奄餘輝，桑榆之期有幾。故抗章告老，謝病乞骸。敢謂聖度寬大而不忘其愚，訓言惻怛而未容其去。雖事君之禮，要以承命爲恭，然陳力有期，至於不能則止。苟尚貪於厚禄，殆自迫於餘生，豈獨貪冒以取世譏，亦將滿盈而致陰禍，上孤覆燾，下喪始終。敢竭一誠，復申三請。伏望皇帝陛下廓日月之明而幽無不燭，推天地之造而物皆遂生，特賜殘年，俾還重責。奉松楸而躬事，完桑苧以裕生。釋去軒裳，以消災危之數；輔近藥石，以冀衰疾之康。儻形神之可支，安畎畝以自樂，優游老境，歌詠聖辰。

謝分司蘄州居住表

臣某言：臣前任知青州，六月十五日准告落觀文殿學士，降授左朝議大夫，差知黄州事；行至江州，於九月十二日再准告授依前官試光禄卿，分司南京，蘄州居住，臣已於今月二十二日到蘄州訖。伏讀訓示，俯循罪跡，理不容於萬死，恩猶畀其餘生。祇命奔馳，悼心隕越。

伏念臣羇孤無助，勤苦自爲，承家本出章句之儒，所望不過州縣之吏，偶緣人乏，獲預於政機，寖以次遷，遂塵於宰席。以罌缶之器而渡江漢，以蝨蠕之力而負邱山。空端一心，曾無遠慮。待罪朞月而已，固嘗不勝於人言；去國三年於兹，終至再煩於朝論。釁惡暴列，彈劾交興，擢髮不足以數罪辜，伏鑕不足以謝公議。敢累好生之德，曲推念舊之仁，秖令分務於別都，更俾安身於善地。咎深讁薄，感激涕零。此蓋伏遇皇帝陛下同德昊穹，紹休前烈，記臣久侍於帷幄，憐臣自蹈於典刑，昔常察其所安，未忍置之於理。如犬馬簪履之賤，猶弗棄之；雖天地父母之慈，不過如此。臣敢不省非内訟，刻意自新。往咎莫追，長負誤朝之愧；來日無幾，尚堅糜骨之忠。無任屏營之至。

謝新州安置表

臣某言：今年閏二月十六日准蘄州送到告命，即日上道，於四月二十六日已到貶所訖。上負國恩，自干罪憲，悔心追悼，感涕莫收。伏念臣以一介之微，叨四朝之禄，當大明之繼照，由外服而賜歸。歷塵近司，實奉初政。心貪榮利，久竊位而無慙；識闇事幾，日播惡而不悟。仰累任人之哲，自貽誤國之愆。置散投閒，固公言之未厭，後咎餘責，謂顯戮之必申。尚蒙異恩，聊復遠斥。此蓋伏遇皇帝陛下好生以奉天地，任德以法祖宗，載加震曜之威，備示存全之澤。譬父母之譴其子，或賜矜憐；然瘴癘之逼於身，何能淹久。儻厚德之可報，誓孤忠而弗渝。

代張安道南京謝表

天近威顔，初違於咫尺；地興王業，叨任於保釐。已見吏民，奉宣恩德，戀榮兼甚，感愧内並。

伏念臣奮由諸生，馴致膴仕，惟兩朝奬遇，寖階文武之崇資，雖一節始終，而乏涓塵之小補。曩從留務，起殿輔藩，逮歸覲於路朝，旋躋榮於薇省。雖時陟降，瞻奉於清光，曾無謀猷，仰裨於願治。屢緣頽晏，自丐便安。圭符之榮恩，方頒於俞命，車服之賜禮，特異於故常。洪惟别都，是謂大國，奉藏衣之原廟，謹留鑰之離宫。襟帶淮、濉，左右齊、楚。當舟車之一會，列府衛之萬兵。閭巷熟錦衣之榮，兒童習竹馬之舊，歲時足以展先楸之拜，恩禮足以交故老之歡。内省欿然，其何稱是。此蓋伏遇皇帝陛下作新大治，總厲庶工，憐臣之於踐更既勞而久，察臣之於義利粗識所趨。特示眷懷，寵綏優寄。敢不殫犬馬之效，庶以報乾坤之仁。

辭免監察御史劄子

劄子

右臣今月二十二日准閤門告報，伏蒙聖恩，除臣監察御史裏行，今臣受敕者。竊以御史者，朝廷綱紀之所在，而天下公議之所出。居是官者，必得博學多識、剛明方重之人，然後爲稱其任。如臣誼藴空疏，性智昏塞，材亡所長，名不著見。天聽之過，遽此拔任，深恐輕累風憲之地，而無以厭服天下之望。臣實不敢冒處，須至瀝懇辭免。伏望聖慈特賜矜允。所有閤門敕命，不敢祗受。

再辭免監察御史劄子

右臣昨蒙聖恩，除臣監察御史裏行。尋已具狀辭避。伏准中書劄子内聖旨指揮不許辭免者。聞命震恐，罔知所措。竊以臣之事君，雖以承命爲恭，然而不度己之能否，貪冒以任事者，亦不可謂之忠矣。今御史之屬缺員日久，天下皆知，陛下慎擇精選，思得行誼素重、可以表率在位之人，以充其任，而臣既無學術以明攷典故，又無素望以取信清議，一旦出於過聽，强之此職，其何以副聖君所以用人之意，而允中外之望哉？伏念近歲以來御史補外者，雖一時以言事得罪，然其人皆有公忠亮直之節，竊謂陛下宜賜召還，處以舊職，必能有補，以慰天下。如臣之愚，不敢冒處。所有敕命，乞行寢罷。

辭免御史中丞劄子

准閤門告報，蒙恩除臣某官，今臣受告身者。竊以御史府自近世不置大夫，而中丞爲之長。其職在肅正朝廷紀綱，繩遏内外奸枉，天下之事，無不可論。非夫有德有言、剛明厚重、臨義理而知所擇者，其誰宜居之？臣智疏材下，資淺望輕，承乏臺端，已逾器量，雖殫狂瞽，無補毫分。自懷失職之憂，敢意誤恩之及。陛下進臣名位，不若行臣之言；加臣寵榮，不若使臣無愧。況備官之未久，實揣分以難安。伏望矜察愚衷，追寢成命。

再辭免御史中丞劄子

准詔書一道，以臣辭免恩命，不賜俞允。臣供職以來，爲日未久，略無裨益，方俟譴訶，恩制横加，莫知其故。衆人見臣超擢，將謂言事有功，則恐僥倖生心，妄想希效，沽激之義，傾訐之風，争進紛然，却致多事。然則臣雖以能言而進，其弊猶且若斯，況臣所論之無功，乃是當黜而反陟。且官爲御史，本在繩愆，苟身冒過恩，何以自信。此所以夙夜内省，踧踖靡遑，上繫朝廷懲勸之方，下繫臣子進退之分。伏望云云。

辭免兼侍讀劄子

准閤門云云。伏念臣孤拙不肖，自待罪中執法，夙夜憂畏，志慮耗竭。長恐顛仆，孤奉恩獎。今復寘之經筵，豈敢當此。恭以皇帝陛下春秋富盛，嚮意經術，講讀輔道，正在得人，而儒學之士，布滿近列，猥以屬臣，實非其稱。伏望追還成命，非獨下副公議，而使臣安分畢力以守職事，獲逃咎責，則陛下賜臣厚矣。

再辭免兼侍讀劄子

准詔書云云。仰戴寵遇，懼不自勝，理有未安，義難苟止。方陛下嗣服之始，儲意經藝，將以尊所聞而極高明。凡在帷幄左右之臣，宜皆博訪宿儒，以極天下之選，而臣素無資涉，德義不聞，此臣揣分而不敢受也。又臣自去冬初備臺職，首曾言講讀臣僚，宜慎擇經術之人。當時頗蒙采納，今若冒榮濫處，則是前日之言，臣自以爲己實能堪之，此又臣畏義而不敢當也。伏望察臣區區，非有飾説，特賜寢罷。

辭免尚書右丞劄子

今月四日准閤門告，蒙恩除授臣某官。恭暴聞寵命，驚隕失次。伏念臣淺聞寡識，無所肖似，昨蒙召自孤外，任以風憲，愧無古人正色獻替之效，莫副陛下虚己聽納之公，靦顔尸官，日俟罪譴，敢冀誤寵，擢寘近司？今二轄之官，爲四輔之任，用人當否，繫國重輕。况舊德老成，布在要近，其聞望皆出臣之右，其踐歷皆在臣之前，舍而不求，乃此虚受，苟輒冒處，必致顛危。伏望追寢，以安愚分。

再辭免尚書右丞劄子

准詔書不允。天聽甚高，愚誠不達，典頒訓敕，益用震惶。臣竊以士平居時，常歎無位以行其道。臣今幸仁聖在上，好善求材，長短畢用。遭遇斯時，而擢於可爲之地，自人情觀之，宜若可以奮迅而進也。臣所以逡巡不敢受者，蓋逢時愛日，雖當汲汲，而審己揆分，又有義存焉。臣愚而多艱，或可以小用，不可以大受。苟力不能自量，學未能自信，而遽務謀謨國事，是所謂苟得者，其於國體爲累甚大。臣一身顛仆安足道哉。伏念中執法其任已重，常憂不勝。今願得因此並解言責，別除一閒局，庶可以自效。伏望察其誠心，哀而憐之。

再辭免尚書右丞劄子

蒙差勾當御藥院閻安齎降詔書不允，仍宣聖旨不須固辭者。使車光華，里閈榮歎，拜制詞之深厚，聽口敕之丁寧，恩渥有加，兢慙無地。臣非敢僞爲廉退，以邀譽於流俗。亦非肯故自違慢，以干誅於憲典。實以陛下今日之勢，於左右政事之臣，必當純用德望，乃可以重朝廷而鎮羣下。臣材質駑下，自度不可大任，故不避再三稽命之戮，實愧玷聖明知人之鑒。伏望追罷恩制，改任賢傑，庶允公議，以全螻蟻之命。伏聞御史中丞已差人訖，敢乞別賜一差遣，亦足以自效。

辭免中書侍郎劄子

竊睹録黄除臣中書侍郎者。伏念臣出於孤平，驟遭識拔，備員省轄，漫已逾年。雖矢心畢力，圖報萬分，而略無善狀，日俟嚴譴。方欲自爲投劾之請，豈敢更冒遷次之榮？況中書之地，幾政所出，其所付任，尤須得人。臣自揣量，實難稱副。伏望云云。

辭免門下侍郎劄子

臣才質空陋，久玷近列，徒以國恩未報，未敢引身退避。而累恩遷擢，職位愈高，退自揣量，實不遑處。況東臺出納制命，其任尤重。伏望察臣不逮，收寢新命，以允公議。

校勘記

〔一〕能愧班斿　「斿」原作「游」，據漢書卷一百上班斿傳改。

〔二〕實左狐之紀日　「狐」原作「弧」，據春秋穀梁傳卷十二宣公二年九月紀事改。

〔三〕豈謂門孤之舊旦　「孤」原作「弧」，據南史卷三八江智深傳改。

〔四〕伏念臣器蘊至疏　「疏」，文淵閣本作「淺」。

〔五〕沈機以觀變化　「觀」，宋文鑑卷六八謝青州到任表作「通」。

忠肅集卷三

奏議

乞結絶亳州獄奏

臣伏見亳州官吏昨以住滯俵散青苗本錢，朝旨下本路轉運司差官取勘。及今累月，尚未結絶。訪聞命官及干繫人等在禁者，其數甚衆。遂成大獄，驚駭物聽。臣愚以謂本州官吏所犯止於不依限支散青苗錢，其罪可以一言而定，非有晦隱難窮之狀，而起獄不止。有司未測朝廷風旨，張皇事勢，連逮證佐，當此暑月，追呼淹繫，殊可矜恤。欲望陛下速降指揮，嚴責勘司，須令日近完結；其證佐人逐旋先次疏放。所貴盛夏不至淹延。取進止。

論役奏

臣伏見近日有畿縣百姓數百人，就宰相居第告助役新法不便，及詣開封府出頭，又赴御史臺陳訴，稱係東明税户〔一〕，今來令出錢助役。名係貧户，生業微薄，每年賦税並諸色官債，已是供輸不前，難於更出助役錢數。及稱提點司升起逐户等第，已蒙曉示起納期限。數百人往來街市，京師喧然。

臣竊以畿甸者，天下根本之地。常宜安輯之而愛養其財力，使有豐佚閒暇之樂。故可與爲善而不可與爲非義，所以重都下根本之勢。昨者團結保甲，是時西邊用兵，法令一出，民間驚騷，至今憂惑而未寧。今又作法使人均出緡錢，非時升立户等，期會急迫，所以人情惶駭，無所赴愬。恐非所以强幹重内、愛人寬役之意，實由有司未能奉宣陛下大均之意以立法度，乃爲此等紛擾。臣伏願先降指揮，告示逐縣，今來新法，未得施行，别聽朝旨，以安衆心。然後乞根究昨來承准是何條制？輒有升降户等？及如何出牓依理施行所在役法？臣愚欲望陛下深求民情，博采中外之論，再行講求。其要不至重斂動衆，而可以經久者，而後行之。繫民休戚，此最大事。惟陛下謹慮而審取之，天下幸甚。

貼黄

臣聞王廷老、張靚將兩浙差役合用錢數增起一倍，科在民間。本路人情，嗟怨不安。今來府界又敢擅升户等，此等皆是妄意朝廷，欲以羨餘爲功。臣竊慮諸路亦有似此擅升等第，多配役錢去處。乞速降指揮，嚴爲約束。

論用人疏

君子小人之分，在義利而已。小人才非不足用，特心之所向不在於義。故希賞之志，每在事先；奉公之心，每在私後。陛下有勸農之意，今變而爲煩擾；陛下有均役之意，今倚而爲聚斂。其有愛君之心，憂國之言者〔二〕，皆無以容於其間。今天下有喜於敢爲，有樂於無事。彼以此爲流俗，此以彼爲亂常。畏義者以進取爲可恥，嗜利者以守道爲無能。此風寖成，漢、唐黨禍必起矣！惟君子爲能通天下之志。臣願陛下虚心平聽，審察好惡，前日意以爲是者，今更察其非；前日意以爲短者，今更用其長。稍抑虚譁輕僞、志近忘遠〔三〕、幸於苟合之人，漸察忠厚慎重、難進易退、可與有爲之士。收過與不及之俗，使會於大中之道，則施設變化，惟陛下號令之而已。官本案本傳摯爲監察御史時入見，神宗面賜褒諭。因問摯「卿從王安石學耶？安石極稱卿器識」。摯對以「少孤獨學，不識安石」。退而上此疏。今永樂大典本闕，謹據宋史補入。

論助役十害疏

臣聞孟子曰：「徒善不足以爲政。」言人君雖有仁心仁聞，苟不因先王之道，爲良法度以行之，亦不免於民不得被其澤。恭惟陛下至誠好治，憂念元元，謂天下役法久失其平，故慨然有意其大均之也。然有司建議立法，頗無以上副詔旨，而下協人情者，臣請言之。其法曰率錢助役，官自雇人。臣謂其事不可勝言，而略陳其十害。

天下户籍，均爲五等。然十七路，三百餘州軍，千二百餘縣，凡户之虛實〔四〕，役之重輕，類皆不同。今斂錢用等以爲率，則所謂不同者，非一法之所能齊。若隨其田業腴瘠，因其所宜，一州一縣，一鄉一家，各自立法，則紛錯散殊，何所總統？非所謂畫一者，其害一也。

新法患舊籍之不得其實，故令品量物力，別立等第，以定錢數。然舊籍既不可信，則今之品量，何以得其無失？不獨騷擾生弊，亦使富者或輸少，貧者或輸多。其害二也。

上户常少，中下之户常多。上户之役數而重，故或以今之助錢爲幸。中户之役簡而輕，下户役所不及，故皆以今之助錢爲不幸。優富苦貧，非法之意。其害三也。

新法所以令品量立等，不取舊簿者，意欲多得雇錢。而患上户之寡，故臨時登降，升補高等，以充足配錢之數。疲匱之人，何以堪命？近日府界其事已驗。其害四也。

歲有豐凶，而役人有定數。助不可闕〔五〕，則是助錢非若賦税有倚閣、減放之期。其害五也。

夏秋二熟，農人惟有絲、絹、麥、粟之類。而助法欲用現錢，故須隨時貨易，逼於期會，價必大賤。借使許令以物代錢，亦復有退揀湮塞及夤緣乞索之患。其害六也。

兩税及科買貸債，色目已多。使常無凶災，猶病不能給。又起庸錢，竭其所有。恐斯人無悦而願爲農者，天下户口日當耗失。則去爲商賈，爲客户，爲惰游，或父母兄弟不相保，抵冒法禁，折而入下户。大則聚而爲盜賊。其害七也。

儌倖之人又能夤緣法意，虚收大計。如近日兩浙科起一倍錢數，欲自以爲功，而使國家受聚斂之謗。其害八也。

夫既爲之民，而服役於公家，迺所謂「治於人者事人」，天下之通義也。況鄉縣定差，循環相代，上等大役，至速者猶須十餘年而一及之。至於下役，則動須一二十年乃復一差。今使概出緡錢，官自召雇。蓋雇之之直，不重則不足以募，不輕則不足以給。輕之則法或不行，重之則民不堪命。其害九也。

夫役人必用鄉户。蓋以其有常產，則必知於自重；性愚實，則罕至於欺公。舊法雖有替名，鄉人自任其責。今既雇募，恐止得輕猾浮浪奸僞之人，則所謂帑庾、場務、綱運凡所以生財者，不惟不盡心於幹守，亦恐縣官之物不勝其盜用。而抵冒法令，罪獄日報。至於弓手、耆壯、承符、散從、手力、胥吏之類，職在捕察賊盜，發行文書，追督公事者，則恐遇寇有畏逸之患，因事有騷擾之奸。而舞文鬻事，無有虛日。其害十也。

夫民可安而不可動，財可通而不可竭。以臣之淺聞寡見而所列如此，其沸於民口，有大於此而臣未敢有言者，其又何窮！

然臣嘗爲陛下博訪而深計之，蓋天下差役，莫重於衙前，今司農新法一項云：「鄉户衙前，更不抽差。其長名人等〔六〕，並聽依舊將天下官自出賣到酒税、坊場并州縣坊郭人户助役錢數，以酬其重難。」臣謂此法有若可行，然坊郭十等户自來已是承應官中配價之物及饑饉〔七〕、盜賊、河防、城壘緩急科率，郡縣賴之，今亦難爲使之均出助錢。外，舊來官中將場務給與衙前對折役過分數，然多是估價不盡，虧却官中實數。今既官自拍收〔八〕，用私價召賣，則所入固多；又仍係衙前當役去處事件官爲裁省，使無舊日糜費；而支酬之際，稍優其數，則人情必當樂爲。可寬鄉户重役，而似無害民之事。臣乞陛下將此一法，詔有司講求其詳，逐路坊場錢數，可以了得本路召雇衙前酬獎，則詳其條目，行而觀之，以三二年間若見其利，則其他役法更革無難矣。所在助錢之法，伏望早賜睿斷，一切寢議，以幸天下。

夫更令創制，可以漸而不可以暴。況欲内自畿甸，外至海隅，一概率錢，可謂重斂。又欲迫急而成之，使生靈不得以自全，陛下安得不慎重其事哉！

論助役法分析疏

臣近曾上言，論助役之法，其害有十。今奉聖旨批送下司農寺曾布劄子條件詰難〔九〕，奉聖旨令臣分析者。竊以助役之法，有大臣主之於中書，有中書之屬官及御史知雜者講畫於司農寺，有大臣所選擇監司提舉官行之於諸路，上下布置，其勢若此，可謂易行矣。然曠日彌年，未有定論可以爲法者，其故何也？不順乎民心而已矣。民之所不欲，古今未有可以勢力强而成者也。故雖命使者奔馳道路，稟之於内而劫之於外，然其擬議參差，條制殊異，衆情紛然不知其可行之計，則此法利害，明若觀火矣。

臣有言責，故前日采中外士民之説敷告於陛下。今司農之辯説既如此，陛下以臣言爲是耶，則事盡於前奏，可以覆視；陛下以臣言爲非耶，則貶黜之而已。雖復使臣言之，亦不過所謂十害者，不惟費辭文過，煩紊天聽，而風憲之官，豈與有司較是非勝負〔一〇〕？·交口相直，如市人之交競者，則無乃辱陛下耳目之任哉！

有司謂臣等險詖欺誕，則上有陛下之聰察，而下有中外之公議。所謂中有向背，則臣所向者公，所背者私；所向者義，所背者利；所向者君父，所背者權臣。今方辯助法之利害，而無故立向背之論，以朋黨之意教誘天下，此可駭也。所謂曾無畏忌，則陛下之法，臣所畏也。陛下容受忠直，臣爲御史，實不敢隱情自爲忌諱。今司農欲使臣畏忌權臣，則誠臣之所不能者也。

伏望陛下將臣前後所論助役章奏與司農之言宣示二府大臣、中外百官，以攷是非。若臣言有所取，則乞速罷助役〔一一〕，以安天下之心；若稍有欺罔，則乞重行竄逐，以謝專權之人，而戒妄言者。

分析第二疏

臣昨日准聖旨，批下司農曾布劄子，爲詰臣所言助役事，尋已具分析奏聞去訖。

臣竊以耳目之於人也，事物過者，必見必聞以赴其心。而心必受之，未有不信其耳目而反以其能視聽爲疑者。先王以言置官，代天子耳目，内外相信，無以異於一體之相爲用也。其言雖直必容，雖多必受，則國家安治，不然則反此。故謗木諫鼓，不設危亂之國；鼎鑊斧鑕，不在聖明之朝。恭以陛下躬上聖之德，好問樂善，凡延見臣下，雖賤官小吏，必温恭和容以訪逮之，此堯、舜之盛也。然至於臣等以職事爲言，則使之分析者，中外皆知非陛下意，乃司農挾寵以護改作，大臣設法以蔽聰明爾。

因事獻忠，敢一言之。今天下之勢，陛下以謂安耶？治耶？抑未耶？苟以爲未安未治也，則以陛下之睿智，言動起居，躬蹈德禮，夙夜厲精，以親庶政，而天下未至於安治者，將誰致之耶？陛下即位以來，注意責成，倚以望太平而自以太平爲己任，得君專政，安石是也。二三年間，開闔動摇，舉天地之内無一民一物得安其所者，蓋自青苗之議起，而天下始有聚斂之疑；青苗之議未竟，而均輸之法行；均輸之法方擾，而邊鄙之謀動；邊鄙之禍未艾，而漳河之役作；漳河之害未平〔三〕，而助役之事興。其間又求水利也，則民勞而無功；又淤田也，則費大而不效；又省併州縣也，則諸路莫不强民以應令；又起東西府也，則大困財力，禁門之側，斧斤不絶者，將一年而未已。其議財也，則商賈市井屠販之人，皆召而登政事堂。其徵利也，則下至於歷日，而官自鬻之。推此而往，不可究言。

古之賢人事君行道，必馴致之有漸，持久而後成。至於設施，皆有次序。今數十百事交舉並作，欲以歲月變化天下，使者旁午牽合於州縣；小人挾附佐佑於中外。至於輕用名器，混淆賢否，忠厚老成者，擯之爲無能；俠少儇辨者，取之爲可用；守道憂國者，謂之流俗；敗常鑿民者，謂之通變；能附己者，不次而進之，曰：「吾方擢才」；不可招者，爲名而斥之，曰：「吾方行法。」凡政府謀議，所以措置經畫，除用進退，獨與一屬掾曾布者論定，然後落筆。同列預聞，乃在布後。故奔走丐乞者，布門如市。雖然，猶有繫國家之體而大於此者。祖宗累朝之舊臣，則鐫刻鄙棄，去者殆盡。國家百年之成法，則剗除廢亂，存者無幾。天下所謂賢士大夫，比歲相引而去者，凡幾人矣。陛下亦嘗察此乎？去舊臣，則勢位無有軋己者，而權可保也。去異己者，則凡要路，皆可以用門下之人也。去舊法，則曰今所以制馭天下者，是己之所爲。而陛下必將久任以聽其伸縮也。嗟夫！此事之實也。其名則曰「革弊而興治」。是以陛下樂聞其名而難察其實也！

夫賞罰號令，乃陛下所以砥礪天下而鼓動四方以爲勸信者。今有人焉，能舞公事以傾動舊，能興大獄以逐官吏，其事是耶？乃其職爾，何至超任以爲職司耶？趙濟是也。又有人焉，以渭源田欺罔，始既以此得罪而終復以此增秩，王韶是也。程昉事漳水以興大役，困一方而無成功。趙子幾挾情以違法禁，按吏以防民言，則皆置而不問。乃是賞反施於聖人之所當罰，罰不及於王法之所當誅也。畿邑之民以助錢爲訴也，陛下聖旨令召情願；東明知縣以不能禁民有訴而被劾也，陛下聖旨止令劾擅升户等之事。二者皆獨斷之善政，而中書皆格而不下，此則陛下之號令不行也。西師無功，而曰：「非朝廷之本謀。」天下但見給軍之費輦出於京師，空名之誥馳下於西路，又命一知制誥於將幕，使專代天子之言，報復號令，絡繹於道。苟以爲非耶，何不止之？迨其事敗，則曰：「非政府謀也。」捐費緡錢，以千萬計，秦、晉之人，肝腦塗地。日增軍旅之怨，結邊疆之釁，而不自請咎，乃致陛下發中詔以責躬，抑徽號而不受。忠義之士，誰不痛心而疾首！至如助役之法，臣嘗言之矣，其條制纖悉，臣雖未能究見，然終以謂使天下百姓賦税貸債公私息利之外，無故作法，升進户等，使之概出緡錢，皆非爲人父母愛養基本之所宜爲者。故臣謂之聚斂，非妄言也。陛下任遇輔臣，如此其重，而致主之術，乃用此道，是皆大臣之誤陛下，而大臣所用者誤大臣也！

今既顛謬乖錯，敗亂綱紀，知天下之不容，懼宸衷之回悟，以謂雖中外之士，畏避無敢言者。然其尚敢言者，獨御史有職爾，故又使司農熒惑天聽，作爲偏辭，令臣等分析，以摧沮風憲之體，艱梗言路，欲其憂憚苟容而緘默，或欲撩其危言，從而擠逐。不知忠臣節士，雖戮辱不懼，所以盡事君之義爾。

今羌夷之款未入，反側之兵未安，三邊瘡痍，疲潰未瘳。河北大旱，諸路大水，民困財力，縣官匱竭。聖君恭勤思治，萬方之所知，而在輔弼者，方欲蔽天聰明，使下情不得而上達，其何心耶？臣願陛下思祖宗基業之艱難，念天下生靈之危苦，少回幾慮，收還威柄。深恐異時專權肆志，將有陛下所不能堪者，則必至於虧失君臣之恩，是今日養之，適所以害之也。

若夫馮京、王珪，同列預政，皆依違自固，不扶顛危，雖心悟其非而無所救正。己之進退，又媕婀而不決，皆非所謂輔臣之體。

臣四海之内，孤立獨進，陛下過聽，任以風憲。嘗竊思之，近歲臺諫官疊以言事罷免，豈其言皆無補於事歟？豈皆願爲訐激險直之語以自爲名而去歟？嘗以謂欲言政府之事者，其譬如治湍暴之水，可以循理而漸導之，不可以隄防激鬬而發其怒。不惟難爲功，亦爲患滋大。故臣自就職以來，竊慕君子之中道，欲其言直而不違於理，辭順而不屈其志，庶幾愚衷，少悟天聽。而亦不敢婞婞然如淺丈夫，以一言一事輕決去就，致聖朝數數逐去言事者而無所裨補，思以上全國體，而下亦能久其職業而成功名。兩月之間，纔十餘疏，其言及助法者，止三疏耳。當天下多事之時，而臣言簡緩，又不足以感悟，則其負陛下亦多矣，不意大臣之怒已至如此，令臣等分析。分析之事，前代無之，祖宗無之，近年已來，乃爲此法以摧言者之氣。方陛下孜孜聽治，嘉於納諫，而大臣所爲，則不得正目而視，此所以發臣之狂言而不能默也。伏願陛下深察事物之變，用安靖之治，以休生民。有所措置，以大小緩急爲先後之序，以義利經權爲本末之辨，自茲凡有獻替於陛下者，乞有以誘掖奬厲之。罷分析之命，以尊嚴朝廷，而養多士敢言之氣。臣不勝惓惓憤懣，愛君待罪之至。

代留守張方平留閼伯微子張許三廟奏

伏見司農寺奏請降制，應天下祠廟並依坊場、河渡例召人承買，狀取净利。本府管下所管祀廟五十餘處，各已施行。内有閼伯、宋公微子廟，閼伯廟歲納錢四十六貫，微子廟十三貫，並三年爲一界。臣竊以閼伯遠自唐堯遷此商邱之地，主祀大火，而火爲國家盛德所乘而王，本廟歷世尊爲大祀。微子，宋之始封君，開國於此，亦爲本朝受命建號所因，載於祀典，垂之甲令，所當虔潔，以時奉祀。又有雙廟，乃是唐張巡、許遠以孤城死賊，所謂能捍大患有功於民者。今既許承買，日後小人以利爲事，必於其間營求招聚，紛雜冗褻，何所不至！慢神瀆祀，莫此爲甚！歲收甚微，實損大體。自餘利害，不敢盡言。欲乞朝廷詳酌，留此三廟，特免出賣，以稱國家寅恭典祀，崇尚前烈之意。御批：司農見出賣天下祠廟，辱國黷神，此爲甚者。宜速指揮，今遍行下，更不施行，司農寺官吏令開封府取勘聞奏。熙寧九年八月九日下。

乞慎擇講讀官奏

臣竊以聖人之德，其聰睿神智，固天性之所自有。然孔子曰：「吾非生而知之，好古敏以求之者也。」孟子亦謂人皆有是四端，猶火之始然，泉之始達，在乎充之而已，苟不充之，將失其本然之性。則雖聖人，方其始也，學問以達之，範圍以成之者，其可少哉。昔者周成王幼沖踐阼，其師保之臣，傅之德誼，道之教訓者，周公、召公、太公其人也。夫左右之人既如此，則成王雖幼，其耳目所入，蓋無有不正者矣。我仁宗之初，亦以盛年嗣服，用李維、晏殊爲侍讀，馮元、孫奭爲侍講。惟茲數人，皆名儒宿德，極天下之選。是時方親庶政，聽斷之暇，每於雙日召使入侍，講説經典，或讀祖宗故事。盛明之政，慶澤無窮。

恭惟皇帝陛下紹膺天命，傳序統業，夫以異禀之資，夙成之善，而又上有太皇太后陛下之至仁厚德，保護開佑，所以成就者，罔不備至矣。然方春秋鼎盛，在所資養，左右前後，宜正人與居，語默見聞，宜正事是接。所以起善養源，保微慎始，尊德美而長智習，致廣大而熙光明，則勸講、進讀輔道之官，其可不慎擇也哉！伏見兼侍講、給事中陸佃、蔡卞皆新進少年，越次暴起，論德業則未試，語公望則素輕〔三〕，使在此官，衆謂非宜。伏請罷其兼職，以允公議。仍欲望聖慈於內外兩制以上官內，別選通經術、有行義、忠信孝悌、淳茂老成之人以充其任，遇非聽政之日，便殿燕坐，時賜延對〔四〕，使之執經誦說，陳天下之義理，古今君臣父子之道，以廣睿智〔五〕，仰副善繼求治之意。臣不勝愚款，取進止。

請依程頤所乞奏

臣伏覩制命，以布衣程頤爲通直郎、崇政殿説書者。恭以尊儒重道，振舉遺逸，使天下歸心，固聖朝之所宜爲也。然臣竊惟進退者臣子之大節，爵禄者天下之公器。進退不失其義，則人道立；爵禄不輕所與，則士心勸。二者蓋不可不慎也。

頤始則節行自守，陛下高其風，故以汝州推官〔六〕、西京教授起之。頤既力辭，從而赴召，而陛下又以宣德郎、祕書省校書郎待之。頤既至，未即受命，而陛下又賜之廷對，官之以通籍[一七]，置之於經筵。蓋頤之遜避不已，而陛下恩命每有加焉。臣恐頤於出處辭受之際，義有難安者也。孔子曰：「如有所譽，其有所試矣。」孟子曰：「仕有時乎爲貧，辭尊居卑，辭富居貧。」頤好學求志，有君子之行，遭際盛世，其心豈徒欲以聲名自售哉？固願有所未就也[一八]。頤親老家貧，兄顥有賢行，官不達而死。在頤之義當仕也。爲貧而仕，則若孟子所謂居卑者可也。今有譽而不試，每辭而加進，臣於是知頤之不敢受也。

若夫紛紛之論，致疑於頤者，非獨如臣之言也。直以謂自古以來，先生處士，皆盜虛名無益於用。若頤者，特以迂闊之學，邀君索價而已。天下節義之士，樂道不出，如頤等輩，蓋亦不少，彼無所援乎上，故不聞爾。又以謂頤辭免爵命之言曰：「前朝召舉布衣，故事具在[一九]。」是頤之志，欲爲种放、常秩，而亟欲得臺諫、侍從者爾。臣固知論者之或過也。然而是非疑似，陛下亦不可以不察也。

聖人自有中道，過之則偏；天下自有常理，背之則亂，伏望陛下審真僞，重名器。聞頤方辭恩制，乞降指揮，依頤所乞，成就其節，止授以初命之官，既使得以禄養其親，又使受之有義，免於似是之謗，後日見其可用而進擢之，蓋未晚也。於陛下尊德舉賢之道[二〇]，無過不及者，不亦休哉。取進止。

貼黄

聞頤有所建請數事，如欲令經筵侍臣坐講之類，又有非所宜言者，衆傳以爲笑。不知有是事乎？惟望速降聖旨，依頤辭免，但命之以初官，試之以西京教授。庶幾成頤之志，完頤之節，以息羣議，而亦不害異日擢用也。夫廉恥不立於天下也久矣。今幸有一人焉，若授受不當於義，則使天下靡然益不以廉恥爲事，豈不重哉！

乞增諫員及許察官言事奏

臣蒙恩過聽，使備員御史，固將竭盡愚論，知無不及。而竊惟陛下即阼臨政之始，其所先者，宜莫若廣言路。故臣今就職之日，首獻其說。蓋聖人以一心御萬事而無遺慮，以一視周四海而無遺照，非能身親而目得之也，爲能資諏訪度〔三〕，致人之言，開闢其塗，使無壅蔽。上之公卿大夫百執事，下之雖工瞽執技之賤，芻蕘負薪之陋，皆得輸意自竭，雜然至前而聽吾之所擇，惟懼乎言者之不能多。祖宗以來，諫官御史，張設員品，罕不備足，凡在職者，皆有言之責。臣今伏見，諫官止有大夫一員，御史臺自中丞而下雖十員，然止於中丞、侍御史、兩殿中法得言事外，監察御史六員，專於察治官司公事文書之稽違者，而不預於言。則是在朝廷以言爲官，而任其責者，裁此五人而已。天下之大，臣工之衆，權强之漸，朋比之萌，民之休戚，政之利病，其於獻納伺察，誠恐耳目之未廣，事或有不得盡聞於聖聽者，此非帝王明四目，達四聽，開衆正，集羣策者也〔三〕。臣欲於諫院增置諫官數員〔三〕，本臺六察御史並許言事，其所領察案目不廢如故〔四〕。所貴共盡忠力，交輔聖政。臣不勝惓惓，取進止。

依旨推擇監察御史奏

准尚書省劄子節文，臣僚上言：近降指揮，御史臺察官並許言事。臺官共置六員，則在臺八員之中，當減二員。莫若指揮長貳，察視本臺，除言事官外，某可使言，某可罷。奉聖旨依奏。續准尚書省劄子朝散郎、試御史中丞黄履奏：現今監察御史六員，除劉拯外，其五人並係臣論薦。伏念臣既嘗稱其材以進之，又擇其不材而退之，在臣私義，實恐未安。欲望聖慈指揮，止令侍御史劉某推擇。奉聖旨依奏，並劄付臣者，右謹件如前。

臣契勘本臺監察御史六員，舊來專領察按，近制並許言事，逐官皆係臣僚保薦堪充御史之人，今除陳次升一員，現今奉使差出，臣未之識外，有劉拯、安惇二員，到任久次，可以減罷。伏望聖慈量才别加任使，其餘合依近降朝旨指揮施行。

乞依舊令封駮司關報差除奏

檢會准元豐五年五月七日門下省劄子，門下省奏：據給事中廳狀，封駮房勘會昨舊封駮司准元豐三年七月十八日中書劄子節文，御史中丞李定狀奏，乞應有差除，並令封駮司限當日關報本臺。奉聖旨「依奏」。續准當年九月二日中書劄子節文，同知諫院蔡卞奏，乞應有差除及改更事件，並令封駮司抄録關報。奉聖旨：「應差除及改更事件到封駮司者，並令抄録關報者勘會。」近准新制，撥封駮司歸門下省，爲封駮房，其舊封駮司准朝旨廢罷。又准官制新條，諫院已廢，諫官係中書門下官外，即不言舊條合與不合行使，所有本房承受差除及改更事件，今來未敢依舊關報，亦未敢便行住關。白帖子稱：「如合依舊關報，未審以何司存爲名？如以本房，緣已隸門下省；若以本省，又恐内省無關報外司之理。及檢會式令，即無門下省關牒外司條式。」奉聖旨：「更不關報。」

臣竊以朝廷慎於出令，故使官司更爲檢察，内之則門下得以封駮，外之則臺諫許其論列。然朝省之上，事有漏泄，禁罪不輕，人誰敢傳？若非門下以時關移〔二五〕，則臺諫所聞，常在命令已行之後。此定與下之所以有請，而先帝所以從之也。其後給事中徒以封駮改司爲房，又疑内省不敢關報外司，遂作申禀，致有續降指揮釐革。今來惟是敕命已至六曹，逐曹已作奉行〔二六〕，方始隨事關報。茍理有未安，給事中失於駮正，或雖駮而失當，其差除之告命，政令改更之制，往往已授受施行矣！而臺諫官方從其後論之。雖以聖慈優容聽納，必無難於追改。若或者以謂號令已行，不可反汗，則是雖設之官而無補於事也。故臣愚欲乞且用元豐三年指揮，凡差除及改更事件，並令門下封駮官依舊於當日關報諫官、御史臺，所貴成命未下，先事裨補，而朝廷亦易於施行。

貼黄

封駮司改爲房，名號雖亦小異，而事任不殊，若謂不可用關，恐合以給事中移牒逐處，乞詳酌。

乞命臺諫先次上殿奏

臣昨於十一月十日曾具狀奏，乞先次令言事官上殿，不蒙施行。後來竊聞恐候開年降指揮，以此不敢頻有申請。今來已是歲盡，伏望早賜聖旨，先次許令臺諫官上殿奏事。所貴公議人情，不至隔塞，得以詳悉開陳，上達天聽。

論三省樞密院差除奏

臣准吏部牒，十月十六日，三省、樞密院同奉聖旨〔三七〕，唐淑問除左司諫等事。又牒十月二十八日，三省、樞密院同奉聖旨，陸佃等罷侍講事。臣竊睹自來朝制，及近降官制格，凡差除，有中書進擬者，有樞密院者，有三省者，有三省、樞密院同進者。蓋建官分職，各有所治，法無相參也。三省、樞密院同取旨者，似止於差除帥臣、邊鎮大吏、內臣近上差遣而已。今來差諫官，罷侍講，不識樞密何爲而預也？外言籍籍，皆以三省容縱密院侵紊政體，莫不疑異。

臣竊以國家所可恃者在綱紀，大臣所宜守者在名分，綱紀正於上，則下無邪志，名分治於下，則政無多門。一有奪移，何患不起？況朝廷今日正當尊强君道，謹守祖宗法制，嚴臣下之分，以消壓權僭之心。今廢置官吏，陛下大政而三省之事也，樞密院非其職，逾法出位，横造議論，公然犯分。臣恐積微至著，交亂官守，漸行私意，以害政事。上則陛廉之等慢，下則傾奪之患生，杜漸防微，實繫國體。欲望聖慈特降詔旨，戒諭三省、樞密院臣僚，凡以差除擬進者，各依自來條制、班次取旨。所貴正名定分，事無侵逾，以尊朝廷，以正在位。取進止。

貼黄

臣又慮上件差除諫官等事，曾降聖旨特許樞密院同進，借有特旨，乃是聖恩優禮執政，欲合同衆論之意，而大臣之節，自當引義辭免，惜朝廷綱紀，以安分守，不應乘便冒進，漸墮失體制。

校勘記

〔一〕稱係東明税户　「東明」原作「東民」，按開封府屬縣有「東明」而無「東民」，今據宋史卷三百四十劉摯傳、宋會要輯稿食貨六五之五改。

〔二〕憂國之言者　「言」文淵閣本作「意」，「者」字原闕，據宋史三百四十劉摯傳及文義補。

〔三〕志近忘遠　「近」原作「迫」，據同上書改。

〔四〕凡户之虚實　「户」原作「人」，據宋史卷三百四十劉摯傳及宋會要輯稿食貨六五之七改

〔五〕助不可闕　宋會要輯稿食貨六五之七同原刊。宋史卷三百四十劉摯傳作「助錢不可闕」，文義明白。

〔六〕其長名人等　「長名」，原作「長民」，按宋有「長名衙前」，據宋會要輯稿食貨六五之八改。

〔七〕然坊郭十等户自來已是承應官中配價之物及饑饉　「十」原作「一」，據宋會要輯稿食貨六五之八改。「價」，同上書作「賣」。

〔八〕今既官自拍收　「拍」，同上書作「拘」。

〔九〕今奉聖旨批送下司農寺曾布劄子條件詰難　「劄子」原作「劄一」，據同上書及本書卷三分析第二疏改。

〔一〇〕豈與有司較是非勝負　「豈」下宋史卷一百七十七食貨志上五、宋會要輯稿食貨六五之一一均有「當」字。

〔一一〕則乞速罷助役　「助役」原作「奏議」，文淵閣本作「之」；宋會要輯稿食貨六之一二作「助役」，是。「助役」與「奏議」音近，今據會要改。

〔一二〕漳河之害未平　「害」，宋會要輯稿食貨六五之一二作「役」。

〔一三〕語公望則素輕　「公」原作「分」，據續資治通鑑長編卷三六〇元豐八年冬十月癸未記事改。

〔一四〕時賜延對　「延」原作「廷」，據宋史卷三四〇劉摯傳、續資治通鑑長編卷三六〇元豐八年冬十月癸未記事改。

〔一五〕以廣睿智　「智」原作「志」，據同上書改。

〔一六〕故以汝州推官　「汝」字原脱，據續資治通鑑長編卷三七三元祐元年三月辛巳記事補。

〔一七〕官之以通籍　「籍」，同上書作「直」。

〔一八〕固願有所未就也　同上書作「固願有所試，然後有所就也」。

〔一九〕故事具在　「在」原作「有」，據文淵閣本改。

〔二〇〕尊德舉賢之道　「賢」，續資治通鑑長編卷三七三元祐元年三月辛巳記事作「逸」。

〔二一〕爲能資諏訪度　「度」，同上書卷三五九元豐八年九月己酉記事作「逮」。

〔二二〕集羣策者也　「集」原作「屈」，據同上書改。

〔二三〕臣欲於諫院增置諫官數員　同上書作「臣欲望聖慈於諫院增置諫官數員」。

〔二四〕其所領察案目不廢如故　「案目」原作「耳目」，據同上書改。

〔二五〕若非門下以時關移　「時」原作「司」，據同上書卷三六六元豐八年冬十月庚辰記事改。

〔二六〕逐曹已作奉行　「逐曹」二字原無，據同上書補。

〔二七〕三省樞密院同奉聖旨　「奉」原作「舉」，據文淵閣本改。

忠肅集卷四

奏議

歲旱乞修政事奏

臣伏見自入冬以來，並無雨雪，亢陽爲厲，被災甚廣。羣情嗷嗷，驚憂四顧，攷原經典，可謂大異。夫人之氣，與天地陰陽之氣相爲出入，流通而往來者也。人情和於下，則天道順於上；人事乖於此，則天變效於彼。是謂天人相與之際也。故聖人之事天也，知其在上不遠，應以類至，則凡祈禳消伏，以謂末節小數，而專修政事以應之。

竊以陛下委國仰成，與之均休戚同榮辱者，不在三省、樞密院執政之臣乎？今廟堂之上，大臣八人，情志乖睽，謀謨不一，無同心同德之節，有分曹懷貳之意。故議政之際，排抵依違，相激相鬬，其語往往播在中外，所以政令壅隔而不下，文書稽滯而不行。官爵濫於無名，而不應於典故；公道屈於貴近，而獨施於疏遠。私邪朋比，上下隔絶。況當皇帝陛下淵默諒闇之日，太皇太后陛下制出房闥之時，朝廷政權盡在大臣，而大臣不咸如此！故天下但聞頗僻之事而不見和善之政。政不和則人情不和，人情不和則天地之氣繆沴而生此變也。書曰：「肅時雨若。」五行傳以謂冬旱政舒緩之所致也。今上下可謂不肅，朝廷之政可謂驕慢廢弛，號令可謂二三不振矣。

古者災異水旱，咎在燮理陰陽之官，故策免三公以塞其譴。今來歲已窮盡，旱暵如此。宿麥在野，無潤澤之入；春氣相乘，有疫癘之變。生民一歲之大命，豈可不念之哉！又一月以來，日青無光，風霾昏翳，攷之占驗，皆非小變。而上之人恬不以爲怪，此中外之所以恐懼而不寧也。伏望聖慈深省上天警告之意，俯察朝廷乖戾之變，特詔大臣修飭政事，凡賦斂之害人者，法令之未安者，大改而更張之。至於決獄訟之私枉，趣諸司之稽違，進忠良，退阿諛，通蔽塞，去疑貳，務以至誠實事。上塞天譴，下救生民，則和氣之應，將不旋日而得之矣。臣不勝惓惓之心，取進止。

貼黄

今外議皆謂朝廷自升祔以來，政事懈弛，不及日前。此蓋有以召之，非虚言也。

乞禱雨疏

臣伏見近日都城之中，火災頻起，人情惶懼，轉相驚訛。蓋自冬春以來，久旱所致。今晝夜暴風，氣候乾燥，故易以致火，必得雨澤，乃可消伏。欲望聖慈命官精潔祈禱，以安人心，以致天澤。兼已近四月中氣，春麥方實，夏麥將結，正渴雨之時也，伏乞速降指揮。取進止。

貼黄

臣按五行傳曰：賢佞分别，官人有序，率由舊章，則火得其性。若信道不篤，或讒夫昌、邪勝正，則火失其性。恭惟陛下聖政英斷，其於辨别賢佞，固已至矣。然更願陛下常以此事留心，勿使讒言可進，邪或勝正。則天人之際，應如影響，一雨不難致而濫焰息矣。

歲旱待罪奏

臣等伏睹春夏以來，旱沴深廣，徧走羣望，雨澤未應。上煩聖慮，焦勞惻怛。奉今月九日詔書，避殿損膳，深自退抑。臣等伏惟災異之應，必由政事。政事失當，咎在臣等。今乃致陛下降刻責之言，裁居養之節，則是歸過君父，臣等夙夜悚惶。伏望特賜罷黜，以懲不職。或先次依故事各降官職，庶幾少謝天戒。臣等以三省闕人，不敢闔門待罪，各且在職聽命，伏乞早賜處分。

論政事稽滯疏

蓋聞傳曰：「朝廷正則百姓理。」又曰：「衆賢和於朝，則萬物和於野。」今夫上之人誠能同德一心，盡公憂國，則必有和善之政，而下無朋比之士。苟人有異意，轉相非疑，則必有僻違之政，而下有向背之俗。於是民被其害矣。

臣伏見昨者皇帝陛下、太皇太后陛下聽治之初，惠綏天下，去民之所同患，更法之所不安。至於振淹滯，絀貪刻，發政施命，無有虛日。故近自畿甸，至於海隅，莫不鼓舞承風，傾耳以聽太平。而近者一兩月以來，政事號令之見於施行者，曠然希闊〔一〕，中外顒顒，無所聞見。深求其故，皆以謂執政大臣情志不同、議論不一之所由致也。有陰拱以坐觀者，有陽合而内睽者，有强横以肆制者，有忍恥以懷咎者，滯事積前，相顧而不發。故仁澤屯於上而不下，庶事壅於朝而不行，以至文書稽留，人情隔塞。

聖人之化，雖曰久於其道而後成，然固有緩急之勢。今事至輕小，明有比例，或止於一法令之增損，一官吏之廢置，猶不肯倡端主論。則方今邊鄙之大利害，賦役之大是非，天下百姓之困苦，如在倒垂而望解者，當誰任其責？何時而議也？幸遭聖明，哀愍元元，爲廟朝大計。而謀國之人，方身是卹，方私是圖，坐玩歲月，亦可謂不仁矣。況今皇帝陛下以盛年居諒闇，太皇太后陛下以垂簾而稱制，於此時也，而輔弼不咸，相擅相激，非獨政事壅積而已，誠恐疑貳漸深，分曹固黨，使傾險之士煽於其間，上下乖戾，何事不生？此又臣之所爲深憂也。

伏望聖慈深察事變，防微杜漸，特詔輔臣，當務同寅協恭；相與以信，去其貳志，以濟國家之事。今來政事之稽滯未決者，趣令條上取旨，則望聖明發自睿斷，別白施行，以幸天下〔三〕。

貼黄稱：如永興闕帥臣及陳州、明州見闕已久，各不除人，蹇周輔父子累有言事官彈奏並不施行。

又稱：臣今所奏，皆執政姦謀私意也。臣非不知歷詆其狀臣迹甚危，但上報任使，不敢自惜。然若明示臣章，必恐轉相激發，愈更乖戾。欲望只作聖旨，宣諭催促壅滯文字。所貴有所畏憚，却肯了事。此章候經聖覽，乞留中，使臣孤迹稍安。則小有聞見必以自竭，庶補萬一。（録自續資治通鑑長編卷三百六十三元豐八年十二月己丑）

論景靈宮帝后同殿乞下近臣疏

臣伏見神宗皇帝神主既祔太廟，竊計於景靈宮當依祖宗神御別建朝殿。伏緣宮中地步今已隘逼，若或開展民區，則理有未安。

臣惟原廟之說，始見於西漢，而其制度蓋不傳而無聞。今景靈宮之聚神御也，固有祖於原廟之意，然帝之與后，各建殿室，蓋緣舊來神御散在諸寺，故亦各殿，乃出於一時規畫，別無義據。臣愚竊謂既尊曰廟，當倣於宗廟之制，帝后宜同御一殿，如此則今日神宗所御遂可無事於興作矣。奉遷昭憲皇后於宣祖殿合配，而復以太始殿易名爲神宗之殿，非徒簡節勞費，便於時而已也，攷之禮典則無違，質之人情則爲順，此大事也。伏望聖慈詔三省兩制禮官雜議，以處其當，聽陛下聖斷焉。臣淺陋妄議，合即罪誅，竊謂如此，自與廟制相合，逐時酌獻行香，亦無妨礙。取進止。

論降詔疏

臣聞朝廷議欲降詔中外，慰安人情，傳聞一二三，臣不敢信。儻果如此，臣實未諭。伏見陛下即位以來，修先朝政事，損益法令，進退臣吏，大要專以安民，四方曉知上指，坦然明白矣。至於懷私負舋，貴近不赦，而忠信之言，雖小必録，此又人人皆能道之。臣獨不知國家尚安所疑，欲家至而户曉也。若謂日者黜責一二臣僚，恐附離黨與，不無反側，故以詔書安之，臣謂人情無甚相遠，不從上令而從其意，動民以言，不若示之以行事，自古而然。朝廷果將吹毛洗垢，搜抉宿過，則詔令隨行，人亦不信。但令朝廷罰罪之意，出於公議，惟責大體，不問其餘，則雖無所言，何患人不知之。近者朝廷法令方具，功罪明白，吏民安堵自如，正宜鎮静無事，何故自生疑貳，猥欲以言語區區，過自分説，以勝士大夫之心？臣恐中外有以窺陛下也。

前世漢、唐以來，因誅鉏叛逆，或剋復僭僞，危疑之始，慮有動摇，故亟下詔令，慰撫未萌。今升黜官吏，何時無之，何至張皇，自生不安之意？臣竊以爲過矣。

抑臣聞之，人才實難，自非大奸大猾，懷邪怙終，此外安有終身棄置之理？古人以功贖過，所謂使功不如使過，良以此爾。前以罪退，後以功進，是乃國家所以公天下者，見之一二，則中外將不待言而信矣。臣謂安反側之計，無以尚此，何必空言哉！

伏望睿斷，寢降詔之議，免四方疑惑，以幸天下。臣不勝惓惓，取進止〔三〕。

貼黄稱：臣得於傳聞，未知虚實，萬一有之，所損不細。須至先事奏論，伏望寢罷，以全大體。（録自續資治通鑑長編卷三百八十二元祐元年六月甲寅。）

再論降詔疏

臣近聞朝廷議欲降詔中外，得於傳聞，未見本末，然竊謂朝廷舉動不可不慎，昨已具狀論列。今者外議籍籍，又異於前，大意謂陛下即位以來，增損法令，進退官吏，今已改意自悔，故欲下詔委曲解説；又深厭臺諫言事，故欲止約多士，轉相告語；且謂自此臣僚雖有罪犯，無復憂畏，臺諫雖有聞見，無復敢言。詔令未下，人已非議，臣備位言路，所聞如此，不敢不論。

臣竊謂刑賞予奪，天下公器，非苟順人情，惟當而已。日者朝廷加惠元元，取官吏蠹國賊民之尤無狀者，顯黜一二，以勵其餘，此甚大惠，陛下其以爲當耶未當耶？誠以爲當則足矣，何必家至户曉，自起疑貳之意，使忠義自失，奸罔幸免，臣所未諭也。臺諫臣僚，類皆疏賤孤寒之人，而使以譏切主上、彈治貴近爲職，其勢固已不勝，若稍加沮抑，且使有誅夷之憂，則人人顧私自便，誰肯盡言？又況聽與不聽，上繫朝廷去取，大抵欲言十事，退思反顧，已去五六。其言雖上，又經裁擇，則言而聽者，率不過十一二。然則朝廷聽言，可謂審慎，論議雖多，言者何罪？且臺諫以言爲職，今若明出詔令，戒使勿言，則是予之官而奪其職，爲小人之所睥睨輕誚，必不能自立，相率引去。然則言路塞絶，誰復以利害之計上聞？此又臣所未諭也。

臣思慮累晝夜，其事甚易見，不知爲陛下建此計者誰乎？臣願陛下深思臣言無忽，速賜寢罷降詔之議，以安士論。若本無此議，臣聞之誤妄，罪當萬死。臣不勝拳拳，取進止〔四〕。

貼黄稱：竊料詔意，謂前日弊事已革，舊罪已除，故下詔令與吏民改行自新。臣獨疑之。若果然，則爲害益大。臣謂朝廷大約修明先帝法令，去其犯法之人，是乃文、武、成、康相成之治。今云與更新自今日始，則臣不知以先朝之治爲何如哉？以此示天下，實傷國體。多士之論已有及此者，不可輕發。

又貼黄稱：臣僚若有舊罪宿惡天下所不容者，今日言者雖且依詔旨，不敢彈治。一旦將此等人别有進擢，而言路又將不論，則無乃負朝廷而失官守哉！故雖有誅戮，必須争之。是今日之詔，不足以禁其必言也。

又貼黄稱：陛下欲撫安小人，使不自疑，惟在今後掩覆小過，不賜行遣足矣。恐不可明示以一切不問之意，使肆意無所忌憚，非所以神明其權、尊嚴綱紀者也。仍望檢臣前奏，一處詳覽。

又貼黄稱：治平中，濮廟之議，執政不能勝公論，以至出牓朝堂，委曲開諭，而人心終不以爲是。以此知理勝則不必示人以言，惟在正己謹行事而已。

三論降詔疏

臣近兩具狀奏，乞寢罷降詔指揮，未知聖意賜與不賜省察。朝士大夫臆度風旨，轉相傳誦，不無非議。臣謂降詔本欲安人情，而詔令未下，事已宣露，反使人情疑惑，則利害固已可見，甚非陛下鎮静中外之意。臣備員言路，此而不論，臣則有罪，是以不避煩紊，願畢其說。

臣謹按齊桓公與管仲謀伐莒，謀未發而聞於國人，國人曰：「君子善謀，小人善意，臣下竊意之也。」故朝廷之人不爲則已，苟有所爲，雖祕謀密計，人且意而知之。況陛下以修政事，清人物，遂欲闊略細故，含垢匿瑕，示天下以寬大，誠大惠也。但此意一定，何患人之不知，若更施於行事一二，則中外諭意，坦然洞達矣。何必空言喋喋，過自分辨，急於取信，無乃害國家大體哉！

詔書大意，不過以謂罪惡者已治，欲使其餘改行自新。恭惟先皇帝養育人材，布滿内外，其中邪慝不能無之，今已行懲勸，則是乃所以成就先帝之意〔五〕，若必形於詔書，示蕩滌之惠，使之自新，則似分别前日政事，虧損治道，無大於此。然則人情安與不安，乃在陛下立意行事其實何如耳，不在降詔。詔下之後，事體窒礙，其害乃至如此。臣願陛下深賜省照，特罷降詔，以全大體，臣不勝拳拳。取進止〔六〕。

貼黄稱：仍乞檢會臣前兩狀一處詳覽。

又貼黄稱：陛下修正法度，進黜善惡，出於至公，天下幸已慰服，今無故自生疑貳，自信不篤，區區以言語收拾人情，傷國大體。（録自續資治通鑑長編卷三八一元祐元年六月甲寅）

又貼黄：降詔自疑，殊非國體，又聞詔意更復戒約言者，謂舊惡宿姦自今皆不得彈治，尤恐非便。蓋臺諫官本爲人主耳目，以督察姦邪。今置言事官而禁其言事，自有耳目而自蔽之，不使有所見聞也。小人欺天罔上，不忠不義，其罪既均而乃限以今日以後一切不問，則今日以前已被罪者何獨不幸也！小人身有罪戾，常使懼於暴發，則庶幾有所忌憚。若明告之曰：「汝前此雖有罪，今不以大小，不問矣！不使言者及汝矣！」臣恐朝廷綱紀不肅下有肆慢之心。

又貼黄稱：臺諫所言，在陛下聽與不聽爾。若言不中理，或挾邪懷貳，朋姦立黨，竄逐罷免無不可者。不當無故禁戒，令不得彈治罪惡，使小人睥睨自肆也。

又貼黄稱：「民可使由之，不可使知之。」今陛下欲以曠然大度包掩瑕疵，但因事行之，不可預以告人，示天下以自疑之意也。（録自續資治通鑑長編卷三百八十一元祐元年六月甲

寅）

論韓琦定策功疏

臣等去月二十六日奏事延和殿，論韓琦等定策以立英祖，勳烈顯著，近年爲人掩奪其功，乞賜明辨。方懼僭冒，俯聽罪誅。伏蒙聖慈開納，宣示本末，不待臣言，而自已曉然見是非之正。臣等退而感歎，因竊思念自至和以後，臣子以國本未建爲言者，蓋不可勝數，或泛乞早定儲貳，或願擇宗室之賢者，至於請立誰何，有所主名，則萬一無敢及之者。至嘉祐六年，琦與歐陽修同司馬光疏，日日叩請，開導引誘，天意感悟，大議始有主名，而英祖皇子之詔遂下矣。言之者雖多而爲之者琦也，憂之者雖衆而任其責者琦也，此四海之所共聞，天地祖宗之所照鑒，而今日莫如太皇太后陛下之所詳而知也。

琦等有社稷之功，而不能自保於存没之際，王同老爲父貪功，上其私室所藏之文，引中書同列竊議之語，乃云至和已有定議。神宗以爲賞疑從予，恩過寧僭，於是進官録子，所以褒顯之者，傾動一時。而詔旨直謂嘉祐立子之詔，但宣至和已定之命而已。嗟夫！大忠元勳，移彼而就此，有所與奪矣。此公議之所不服，而是非之際，不可以不辨也。循蹟攷理，皆有證佐，臣已列九事，具之前疏。同老乘琦與同時執政皆亡，而慈聖光獻皇后上仙之後，謂無有知其事者，乃出而攘之，而不虞太皇太后陛下之知之也。臣等區區，非爲琦、修等家横冀恩澤，亦非欲追革同老等賞典，但乞降一詔書，辨正定策大功所在，布之天下，付之實録院，以昭信史，以伸公論，以慰士大夫心，爲萬世忠義之勸。伏望早賜指揮。取進止。

貼黄

前後臣僚乞建嗣者雖多，然琦等嘉祐未定策之日，止用諫官司馬光章疏，琦等日持其疏懇請於前，其功業皆相濟以成之也。伏望於今來詔書中，明賜別白褒顯，以示天下。其與元豐旌賞之事，自無相妨。

追訟呂誨疏

臣伏以辨大奸而究未萌，人臣之先識；褒遺忠而發潛德，國家之令典。臣嘗觀熙寧之初，王安石以道義文學起而輔政，先帝舉天下聽之，天下士民，亦罔不指期以望太平，上下向之無異辭。當此之時，故諫議大夫呂誨爲御史中丞，獨以爲不然，屢有奏論。其略曰：「安石居廟堂，天下必無安静之理。」又曰：「誤天下蒼生必此人。」誨坐是貶官於外，未幾已歿。其後安石與其朋黨變亂祖宗法度，專以聚斂爲事，顛倒邪正，進退失其當，廢民之所欲，興民之所同害，欺罔朝廷，天下被其患者十七八年。其間雖有踵事增虐之人，然要之權輿造端，實自安石始。四海困擾，皆如誨言，誨可謂有前知之明矣！

誨名臣之後，爲人忠信剛正，立朝行己，有古人之節、大臣之風，在言路前後三黜，皆以擊奸邪忤權勢，最後尤以直道大義爲公論所高。誨之死於散地，在熙寧四年，官至侍從而朝廷未嘗有所贈卹。誨之妻今在，生事微薄，有子皆碌碌小官。恭惟陛下臨御以來，惠綏生民，修完庶政，以成就先帝求治本指，昭顯於世。而開獎言者，孜孜聽納，凡臣子在前日輸忠獻直，嘗有一言於朝者，莫不收拾褒用之。而誨不幸既亡，未見遇於今日，此天下有志之士所以歎惜而不能已。

臣不勝愚慮，欲望聖慈嘉誨之有識敢言，言不獲用，利不得及於世，哀其志節，特賜褒贈及賜謚，以表顯之，録其諸孤，稍賜任使。非獨以慰幽壤，蓋亦以勸天下之忠義，而愧人臣之爲奸諛者，非小補也。取進止。

貼黄

臣不識吕誨，然實慕其爲人，其讜論直節，近世在言路者少及焉。而又逆知安石爲政之害，使其言用，豈不有補於天下？此朝野之所同知也。

請文彦博平章重事疏

臣伏見陛下降詔遣使，詔太師文彦博赴闕，惟彦博以勳名之重，翊亮四朝，可謂社稷元臣，宜乎陛下思見其人而加禮起之，甚盛事也。

臣竊觀自古以來，莫不貴德而尚齒，然宗工大老，遇之必以禮，而處之必以道，故或尊之以爲師、保，或養之以爲三老、五更，或使之朔望一朝，或間趨朝廷平章重事，或有大政就而咨決。攷於前載，故事具存。今彦博之來，在聖謀神慮必有以處之，將一見其儀形而已耶？又將有所咨訪耶？將留之朝廷以自輔耶？又將任之以政耶？今外議但見宰相虚位，久未除人，皆以謂陛下必將以三省長官命彦博矣，雖臣愚意，亦不免出於此。然臣竊謂誠若議者所料，付以三省之政，有官則有職，有職則有事，四海之大，萬務之繁，大小無所不總，日夕裁決，朝會陟降，殆恐非八十餘年老臣之聰明筋力所能宜也。有職事則不能無得失，使任其責則傷恩，釋而不問則廢法，又非所以養元勳而尊舊老也。

彥博雖老矣，然忠厚敦大，足以慰士大夫之心，其氣略足以彈壓强悍，其威望足以鎮服外裔，誠宜今日優游佐佑，以爲朝廷重。古之人以老成有過於典型，蓋爲是也。臣欲望聖慈，詔彥博以本官朝朔望，遇有軍國大事，特賜宣召，詢以籌策，不須以官政嬰之。夫以三師之尊，獨承天子清問，獻納以決大議，而不勞以事，此陛下之所以尊禮舊德者至矣。不親於權，以進勉君道；不疲於職，以休養老臣。而無累於出處之際，此亦君子之可以處而安也。恩協義稱，無以易此。伏望決自聖心，使天下無異辭。臣不勝區區。取進止。

論太學獄奏

臣先准朝旨，看詳訴理熙寧以來罪犯，並元豐後來探報斷遣公事涉冤抑，情可矜憫，並許上聞。數內一件制勘太學公事龔原等二十二人，已具看詳事理，奏聽指揮去訖。伏緣事有未盡，須至論列。

臣謹按太學公事，本因學生虞蕃就試不中，狂妄躁忿，上書告論學官陰事，自此起獄。又因勘官何正臣迎合傅會，將赦前及狀元於法不該推治之事，奏乞皆行推治，親畫特旨依奏，自此獄遂大熾。上自朝廷侍從，下及州縣舉子，遠至閩、吴，皆被追逮。根株證佐，無慮數百千人，無罪之人，例遭箠楚，號呼之聲，外皆股栗。臣聞論者謂近年慘辱冤濫，無如此獄。其所坐贓，大率師弟子贄見之禮，茶藥紙筆好用之物，皆從來學校常事，雖經有司立法，而人情踵故，未能遽革，盡以監臨枉法當之，終身放廢，可謂已甚。其間雖有實負罪犯之人，終以下訐其上，事發不正，獄官希合，拷虐太過，故雖得其罪，論者猶不以爲直。又況學士大夫，不堪困辱，類多引虚自誣，並坐重責，深可嗟憫。

臣所看詳，緣止是據案攷事，而獄吏等從來鍛鍊文案，惟恐平反，故首尾牢密，曲直莫辨。況此獄出於正臣希功，用意尤極巧詆。今雖已具案内事狀奏聞，然在於實情天下之所知者，有所未盡。若不曠然加惠，一切昭洗，止用有司看詳之文，誠恐冤抑不伸，不足上副聖仁矜恤之意。臣愚不勝拳拳，欲望陛下特出睿斷，將太學制勘命官舉人等，優賜恩旨等第除落罪名。取進止。

貼黄

現今看詳訴理所，若於公案内見得冤抑，或可矜事狀，即本所自可陳奏。其雖有冤抑可憫之情，衆所共知，而案内文致完密，非看詳所能見之。如此獄者，若有司不以事實上聞，則冤者無由可伸。臣待罪言路，義不可以避嫌自默，惟陛下酌情制事，毋拘常法，特與優加除雪，以示寛大，仍乞作特旨施行。

乞重修太學條制疏

臣竊以學校之制，主於教育人材，非行法之地也。羣居衆聚，帥而齊之，則誠不可以無法。然而法之爲學校設者，宜有禮義存焉可也〔七〕。比歲太學屢起大獄，其事一出於誣枉，於是有司緣此造爲法禁，煩苛凝密，士之學其間者，轉身舉足，輒蹈憲綱，束溼愈於治獄，條目多於防盜，上下疑貳，求於苟免，先王之意，禮義科旨，逝已盡矣。法有大可怪者，博士、諸生，禁不相見，教諭無所施，質問無所從，但博士月巡所隸之齋而已。謂如此則請問者對，衆足以爲證佐，以防私請，以杜賄謝。嗟夫，學之政令，豈不大謬先王意哉！私請賄謝，如是真可以絶之乎？而又齋數不一，不可以隨經分隸也，故使之兼巡，如周易博士或巡治禮之齋，禮學博士復巡治詩之舍，往往所至備禮請問，相與揖諾，至或不交一言而退。昔之設學校教養之法，師生問對，憤悱開發，相與曲折反復，諄諄善誘，蓋其意不如是之疏也，其道不如是之觳也。

先王之於天下，遇人以長者、君子之道，則下必有長者、君子之行，而報乎上者斯有禮也；遇人以小人、犬豕之道，則彼將以小人、犬豕自爲，而報乎上者不能有義也。況夫學校之間哉！太學自置三舍之法，寥寥至今，未嘗應令成就一人，豈真無人也？主司懲前日之禍，畏罪避謗，士雖有豪傑拔萃之才，誰敢題品以人物自任而置之上第哉！則是先帝有興賢造士之美意，而有司以法害之也。

臣愚欲望聖慈詳酌，罷博士、諸生不許相見之禁，教誨請益，聽其在學往還，即私有干求饋受，自依律敕，仍乞先次施行外，應太學現行條制，委本監長貳與其屬看詳，省其煩密太甚，取其可行便於今者，有所增損，著爲科條，上禮部再行詳定，上之三省，以聽聖斷。

論取士並乞復賢良科疏

今有建明貢舉條制，謹具下項。

臣伏見國朝以來，取士設科循用唐制，進士所試詩賦論策，行之百餘歲，號爲得人。熙寧初，神宗皇帝崇尚儒術，訓發義理，以新人才，謂章句破碎大道，乃罷詩賦，試以經義，士儒一變，皆至於道。夫勸士以經，可謂知本。然古人治經，無慕乎外，故其所自得者，内足以美己而外足以爲政。今之治經，以應科舉，則與古異矣。以陰陽性命爲之説，以泛濫荒誕爲之辭，專誦熙寧所頒新經、字説，而佐以莊、列、佛氏之書不可詰之論，争相夸高。場屋之間，雖羣輩百千，而混用一律，主司臨之，珉玉朱紫，困於眩惑。其中雖有真知聖人本指，該通先儒舊説，苟不合於所謂新經、字説之學者，一切皆在所棄之列而已。至於蹈襲他人，剽竊舊作，主司猝然亦莫可辨。蓋其無所統紀，無所檃栝，非若詩賦之有聲律法度，其是非工拙，一披卷而盡得之也。詩賦命題，雜出於六經、諸子、歷代史記，故重複者寡。經義之題，出於所治一經，一經之中，可爲題者，舉子皆能類集，裒括其類，豫爲義説，左右逢之。才十餘年，數牓之間，所在命題，往往相犯。然則文章之題、貢舉之法於此，其敝極矣。詩賦之與經義，要之其實，皆曰取人以言而已也。人之賢與不肖，正之與邪，終不在詩賦經義之異。取於詩賦，不害其爲賢；取於經義，不害其爲邪。自唐以來至於今日，名臣鉅人，致君安人，功業軒天地者，磊落相望，不可一二數，而皆出於詩賦，則詩賦亦何負於天下？或取一詩賦，或取一經義，無異道也，但有司攷言之法，有難有易。有難易，故有利害；有利害，故去取或失其實，而所繫者大矣。然則法不可以不改也，臣愚欲乞試復詩賦，與經義兼用之。進士第一場試經義，第二場試詩賦，第三場試論，第四場試策。經義以觀其學，詩賦以觀其文，論以觀其識，策以觀其材。前二場爲去留，後二場爲名次，其解經應許通用先儒傳注，或己之説，而禁不得引用字解及釋典。庶可以救文章之敝而適乎用，革貢舉之敝而得其人，亦使學者兼通他書，稍至博洽。

一、臣伏見漢、唐之制，因天見災異，或政有闕失，則詔郡國及在位舉賢良文學之士，天子親策以求其言。至於國朝，沿襲故事，於是設爲賢良茂材科目，隨貢舉召試，其於得人，視古爲盛。近時之制，遂罷此科。臣竊以爲國之道，得士欲廣，故取之非一塗，謂常選不足以致異人，故設制科以收超絶之才，而每舉中等不過一二人而已。今夫官人之法，入流門户日益增多，未有澄汰，而於三年取一二非常之人，則廢其科不用，此何謂也？臣愚欲乞復置賢良方正及茂材異等科目。每遇貢舉，詔近臣仍依舊制舉試，所以廣言路，求人材，繼祖宗之制也。

一、臣伏見近制，明法律舉人，試以律令、刑統大義及斷案，謂之新科者。吏部將司法員闕先次差注在進士及第人上。臣竊以先王之治天下，以禮義爲本，而刑法所以助之者也。惟君子用法，必先之以經術〔八〕，法之所以治，理之所在也。故惡有所懲，而常不失忠恕之道。舊制明法最爲下科，然其所試，必有兼經，雖不知其義，止於誦數，而先王之意猶在也。今新科罷其兼經，專於刑書，則意若止欲得淺陋刻害之人，固滯深險之士而已。又所取之數，比舊猥多，調擬之法，失其次序。臣以謂宜有更張，欲乞新科明法並加論語、孝經大義，登科之額裁減其半，及注官之日並依科目資次。所貴從事於法者稍不遠義，而士之流品不失其分。

右謹條件如前，伏望聖慈裁酌，如賜開允，即乞今年降詔，並自元祐五年秋試爲始。

校勘記

〔一〕曠然希闊　「希」原作「布」，據文淵閣本改。

〔二〕長編於是疏下有貼黃，今補於疏文之後。

〔三〕長編於是疏下有貼黃，今補於疏文之後。

〔四〕長編於是疏下有貼黃，今補於疏文之後。

〔五〕則是乃所以成就先帝之意　「意」，長編卷三八一元祐元年六月甲寅記事作「美」。

〔六〕長編於是疏下有貼黃，今補於疏文之後。

〔七〕宜有禮義存焉可也　「可」，畿輔叢書本作「何」，於文義爲優。

〔八〕必先之以經術　「先」，長編卷三六八元祐元年閏二月庚寅記事作「傅」。

忠肅集卷五

奏議

論役法疏

臣竊以聖人之治，雖一道無敝，而道之寓於刑名法數者，必有偏而不起、眊而不行者，聖人因時而變之，變則通，通則久，以盡天下之利。此五帝所以異制，而三王之所以不同禮也。國家承唐末五代熟爛之後，祖宗創制造法，趨時之宜，順事之變，雖聖聖相繼，而其法今日增歲損，或舉或廢，未嘗同也。至於寧民適治，所謂道之無敝者，則未嘗異也。神宗以仁智之慮，達因革之數，凡政令制度，急絃慢軫，大解而更張之。故天下蒙其利。然至於今，殆二十年，所謂偏而不起、眊而不行者，蓋復有之矣。其事則非一，而其大者，則役法是也。於役法之敝相爲首尾，而牽連當更者，則坊場、吏禄是也。

始者以繇役不得其平，農民勞費，故命有司議所以均弛之，有司不深惟其故，乃一剗祖宗差役舊敕，爲官自雇人之法，率户賦錢，以充雇直，曰助役，又曰免役，自上户至於下户等從來無預差役之家，一概斂之。蓋於賦税、科調、百色買納求取之外，又生此重斂，歲歲輸納，無有窮期。古人有言：「平地無銅鑛，農家無錢鑪。」今所輸必用錢，而土所出惟是絲帛穀粟，幸歲豐收成，而州縣逼迫，不免賤價售之，無以養其私；若歲凶則破易資産，或以倍稱之息，舉債於兼併，以應期限，更無減放之法。州縣上户常少，中下之户常多，自法行以來，簿籍不正，務欲敷配錢數，故所在臨時肆意升補下户入中，中户入上，今天下往往中上户多而下等户少。富縣大鄉，上户所納役錢歲有至數百緡者，又有至千緡者，每歲輸納無已，至貧竭而後有裁減之期。舊來鄉縣差役，循環相代，上等大役至速者十餘年而一及之，若下役則三二十年乃復一差，雖有勞費，比之今日歲被重斂之害，孰爲多少也？今天下錢日益重，貨日益輕，民日益困矣，若之何坐視而不恤也哉！然則前日有司立法，非有意於寬役利民，正在聚斂刻剥，損下益上，爲國取謗，大失朝廷惠綏生靈本意。臣竊見繇役，昔者有至於破産而民憚爲之者，惟衙前一役爾。今天下坊場，官司收入，自行出賣，歲得緡錢無慮數百萬，以爲衙前雇募支酬之直，計一歲之入，爲一歲之出，蓋優有餘裕，則衙前一重役，無所事於農民。農民既除此一重役，外惟有散從、承符、弓手、手力、耆户長、壯丁之類，此役無大勞費，宜並用祖宗差法。自第一等而下通任之，比於舊制，繇役輕矣。治於人者事人，古今之通義。則安用給錢爲哉？

坊場之法，舊制撲户相承，皆有定額，不許增擡價數，輒有剗奪。祖宗非不知增價之爲公家之利也，所以不許者，知其悦目前之利，必有後日之害故也。新法乃使實封投狀，許價高者射取之，於是小人徼一時之幸，争越舊額，至有三兩倍者。舊百緡今有至千緡者，交相囊橐，虚自抵本，課額既大，理難敷辦，於是百獘隨起，決至虧欠。州縣勞於督責，患及保任，監錮係累，終無償納。官司護惜課額，不爲減價，則誰人復肯承買？今天下坊場如此者十五六矣。故實封增價之所得，與敗闕之所失，殆不相補也。蓋財利可以通之而已，不可盡也。少捐分數，與民共之，則公私相濟，其利長久。臣欲乞罷實封投狀之法，應天下坊場，委逐路轉運、提舉司將現今買名净利額數，與新法以前舊額相對比量，及地望緊慢，取酌中之數，立爲永額，一用舊法召人，庶乎承樸者無破敗之患，而官入之利有常而無失也。

吏禄之法，天下吏人，舊制諸路及州縣法各不同，有鄉户差充者，有投名者，有鄉差、投名雜用者，入仕之後，既以案司之優重，迭相出入以爲酬折，又積累歲月，有出職之望，行之久遠，人自以爲便。此時有司見禮經有庶人在官之禄，遂假其説，資以掊民，殊不知三代已遠，其事不可行於今日者多矣。夫庶人在官之禄，雖有其文，而其法與數不可見其詳，乃鑿空造端，概斂民錢，給爲吏禄，不重之則不足以募，不輕之則不足以給。今内外之吏，除重法人外，其他每月所給無幾，於吏固未足以有濟，而官給所積，天下蓋已不貲，無故竭民財而爲此費，誠何爲哉？至於所謂重禄以行賕法，尤非義理。夫一錢以上，以徒坐之，謂之嚴刑可也，遂以謂吏懼而不受賕，則臣不敢知也。今主議者曰：「禁既嚴則吏必畏，故令下以來犯者少。」臣以謂非犯者少，敗者少也；非敗者少，正其罪者少也。網之密，則與者、取者藏聲匿迹，亦將避之工也。故曰敗者少也。一錢坐徒，誰則忍之？誰敢易之？故苟有敗者，若稍涉疑晦，及自非有告人當賞，則官司往往遷就平反，釋重入輕。若外路則雖使者亦或諭意州縣，使之如此，亦人之情也。故曰正其罪者少也。借使犯者皆敗，敗者皆正其罪，固先王制刑之所無，而聖人所當矜慎之也。吏受賄干律，自有刑名，而曲法有一疋以上至徒，則刑亦不爲輕矣。今變先王之刑而重之，又多賦吏禄以買法之行，無謂也。臣愚欲乞除熙寧以前舊法，有禄公人並依舊外，應新法所創及增給吏禄並行減罷。

臣愚誠不知忌諱，今衙前之役，則待之以坊場價錢；弓手等役，則均之以祖宗差法；吏禄非舊法所給，則皆罷去；應役人糜費私役之類，則禁之以熙寧新法。苟如是也，則所謂免役錢者，於是可以一切蠲除矣。或謂免役錢籍於常平，固非獨以待募役也，縣官他費，多有賴乎此，則未可以利害論也。臣以謂役錢領於司農，非有特敕，未嘗以給常費，今罷去無損於國用。況祖宗以來，至於役法未改，役錢未斂以前百餘年間，不知何以爲國也？亦曰用之有節則取之有道矣。今天下百姓疲筋骨，忍饑寒，冒鞭笞，終歲急急，爲公家納錢爾，不幸有連年災荒之變，實恐窮苦之人流亡轉徙，爲溝中瘠，而强梁者睟死忍命，不得爲陛下之良民矣。然則役錢乃生民性命，天下安危之所繫，奈何欲以爲不刊之令哉？古者富藏於民，誠令百姓賦税之外，有以自養。則其贏餘乃國之外府，緩急取之而已，無事之時，坐困竭之，非計也。臣故以謂役錢宜一切罷之，役錢罷則提舉常平官司亦可罷去，以現存職事，付之轉運司足矣。天下既減罷監司數十人，則州縣稍得從容，上下省事，非小補也。雖然，此大法也，顧臣之言蓋其略耳，至於法之纖悉，或參差抵捂，宜有畫一之論。欲乞於兩制臣僚選差明於治體、深於民事者三兩員，置局講議，裁立條格，於三省執政官預領之，以待聖斷施行。

乞置局議役法疏

臣伏覩今月七日敕節文，天下免役錢一切並罷，諸色役人，依熙寧元年以前舊制，委州縣定差者。命令既下，中外人情鼓舞歡喜，皆謂此一事爲害最大，從來百姓日夕延望，今陛下一旦行之，救其困苦，天下幸甚。臣竊聞令下之後，奸邪之人，論説紛紛，造作浮言，意欲摇動其事，不知陛下察其然乎？蓋今日廟堂之上，侍從之間，其人多以新法而進，至於外之監司，亦皆由新法而選。今法既更改，則其心皆非所欲，故誹議熒惑，欲幸其失而不能成爾。敕命内固有小節與舊法異同及措置未盡之事，緣已帶下指揮，許州縣監司申明利害擘畫，自可候到日修正立法。今來改免役爲差役，乃是大體也。大害已革，譬如疾患之人，病根已去，其他氣體未知，當徐徐調養之而已。臣恐上下觀望之人，指小小未圓事件，張皇鼓扇。伏望皇帝陛下、太皇太后陛下堅持此意，力行無疑，勿爲異論所動，候臣僚及諸路論列到未盡未便事理，乞付三省類聚參詳爲法，内如有合先次施行者，即乞隨事先賜處分。

乞罷百姓實封言役法疏

伏覩今月四日敕節文，在京差官詳定役法。奉聖旨諸路且依二月六日敕定差，仍俟近來指揮到日，縣與州及提舉、轉運司，各遞限兩月，體訪役法的確利害，保明聞奏，仍令逐州縣出牓，許舊納免役錢今來差役人户，各具利害實封自陳，縣申州，州繳奏。

臣竊以免役錢之爲天下害也久矣，陛下一旦罷去，復用祖宗差法，中外罔不欣快。臣曾奏乞堅守差法大意，力行毋疑，勿爲異論所動；其有條目未完、措置未盡之事，外則已於前敕許州縣監司申明，內則已蒙選官置局詳定。今來敕命，若止於展限則可也，而其間命令有未安者，臣於是疑陛下於此法之意，似已爲異論所摇矣。且命令之出，要在必行，豈可却云「且行」，則天下奉承者，豈不疑惑？懷私之人，豈不觀望？又令舊納錢者今被差者，皆具論列。緣四海百姓，向來無不納錢，則是竭天下之人使之實封議法，則求言無乃太廣乎？實封之狀，州縣必須疲於遞送，其達於朝廷者，計須山積，則攷閱何時可徧？而所謂差役之法，何年可見其成也！不知誰建此論者，蓋欲爲遷延之謀，摇動之術，不意朝廷從而行之。甚哉邪説之可以移主聽也！

改免役爲差役，利害明若觀火易見也。參差不齊，在所修立者，其大不過十餘條目而已，今已選官建局〔二〕，但宜趣具畫一，宣布行下。大法既先定，如州縣奉行，委有未便，方聽依限申請，然後隨事修完，則豈不簡直易行，而何用此紛紛以遂沮害之計，召天下之疑哉！伏望速賜契勘，如已頒行，即乞於敕內自「仍令逐州縣出牓」以下三十三字，更不施行。

貼黄

先王順人情以立政，故政令之行，自合於人情〔三〕。今設官建局，以議大法，但思所以便安於人可也，何至徧問天下〔三〕，使人爲之説，此古今所無也。天下百姓實封之議雜然而至，將如何去取哉！此止欲稽滯以生變，不可不察。

請定役法條制疏

臣伏見天下役人已復差法，自置局以來，未見修立畫一條制。昨者雖有指揮，令依熙寧元年以前舊法施行，緣熙寧以前敕條，其間亦有不可行者，兼近降一月四日敕命，自有與熙寧以前條貫抵捂相妨，如役人正身不願者，今來兼許雇人，而嘉祐舊制，耆户長、弓手之類，並須正身充役。臣不知現今州縣如何施行？且繇役大者，無如衙前，始者改法，一概鄉差，既而復以坊場等錢雇募，未幾又改雇募爲招募，三兩月間，命令屢變。臣恐天下循用或有疑誤，而異意之人有以窺伺。臣竊料朝廷欲候諸路申請，然後立法，如此止是一路事件。

臣欲乞指揮，先立通用役法條貫，將近降累次敕命大意爲主畫一立法，先次頒行。若諸路有未盡未便，方聽申明，隨事别降指揮。所貴天下先有大法可守，不至乖戾。取進止。

乞令蘇軾依舊詳定役法奏

臣聞中書舍人蘇軾辭免詳定役法，有旨不許，又具辭免者。竊以差役之法，最合重事，陛下欲使利害曲盡，置局講求，此甚盛德。然自置局以來，爲日寖久，未見就緒，而議法之官頗已屢易。今聞軾以議有異同，力欲辭避，人人如此，則法度之成何時可冀乎？

臣聞五味不同，而適於口者，味相足也；五聲不同，而悦於耳者，聲相備也。一可一否，一是一非，雜然並作，此議之所以同歸於盡。一人曰可皆曰可，一人曰是皆曰是，信如此，又何以議爲哉？議有異同，正宜反復曲折，相足相備，以趨至當，而遽爲避就，非獨議法難成，使奸人乘之，投隙伺釁，摇撼法意，非國之計也。臣願深詔執事者，毋矜能，毋愎衆，毋以小利妨大體，使利害曲盡，以稱朝廷之意。所有蘇軾且令依舊詳定，仍乞催促成就，以時布宣。取進止。

貼黄

呂大防、范純仁、韓維皆爲執政，事無不領，雖離去本局，其責尚存。軾若陳乞獲免，則不復干預，非大防等比。

論陝西河東儲糴奏

臣竊見陝西、河東昨以軍興之際，調發猝遽，所在倉廩，支用耗竭。今邊隙始開，未爲無事，其所以備守之計，食爲先務。兩路今年夏麥度越常時，經晝儲跱，時不可失。伏乞速降指揮，逐路轉運司廣作計置，乘時貯糴。然諸州、軍昨經煩費，帑藏蕭然，若俟移用轉易，恐成稽緩，欲令除交鈔及本司調度應副外，將諸色封樁錢物，並聽逐意支用，漸令收簇撥還。其逐路轉運使副，近日數有遷易，往往未到本任。兼又瘡痍之後，經制事務不少，可以權時添差提舉糴便官一兩員，使專其事，庶幾可以辦集，不誤邊計〔四〕。取進止。

乞體量成都漕司折科税米奏

臣准去年十月十八日聖旨指揮節文，詔令屢下，寬均民力，如聞官吏不切奉行，如尚有違戾，委御史臺覺察聞奏。臣風聞成都路轉運司將百姓税米科折絹帛，折之者輕，取之者重，每米一石二斗折納絹一疋。民間米每斗六七十文，而絹價每疋一貫七八百文，當轀併限逼之際，有至二貫文者；又有送納退揀諸色糜費，以此一路倍有傷困。遠方之人，無所赴愬，甚非仁政惠綏萬方意。伏乞指揮下別司體量指實施行。

論川蜀茶法疏

臣伏覩陛下即位聽政以來，嘉與天下休息於安治，凡法令之弗便於民者，疏通損益之；官吏之弗良於政者，罷免放黜之。中外欣戴，人人如被大賚。然事猶有在遠方、重地爲害尤甚者，則河北、江、湖之鹽法，福建、川蜀之茶禁是也。數路之害同，而河北、江湖、福建已蒙朝廷遣使廉治，獨蜀之茶害，未聞詔旨。臣竊嘗博訪於知其事者，概得其說。曰：

蜀地陋，而茶之所出不過十數州而已。始時人賴以爲生，今茶司盡榷而市之。大約園户有茶一本，而官市之額已至數十斤矣。官所給錢及以糜耗於公者，名色不一，如預借息錢、驗引錢、頭子錢、村角錢、税錢之類，費去常已過半。每歲春官司預以券給借錢糧，必以牙儈保任之，及輸入之日，驗引交稱〔五〕，又牙儈主之，故其費於牙儈者，又不知幾何。則是官於園户，名爲平市而實奪之也。園户有逃以免者，有投死以免者〔六〕，已而其害猶及鄰伍。欲伐茶則有禁，欲增植則加市，故其俗謂地非生茶也，地實生禍也。

茶場司以茶爲息，始者息一出於茶也，其後市之價愈下，取之息愈多，園户不勝爲之也，故作茶日少，裁足以應官額而已。於是主茶息者議不獨賴茶，而又爲博易以充之也。博易之事，他貨百物，貿販苛刻，錐刀瑣屑，無不爲者，依茶爲名，通曰「茶息」。商税務坐視漏失歲課，而不敢有所論也。至於商賈請算者，平時便私散之州郡茶地，今則一集於成都之都場，高其估以與之，又總計平時所之州郡遠近道里之費入之，故都場之取息又如此，此商旅之所以難行也。官吏以息爲功，以功第賞，既進官減年矣，又以息額之餘錢，使與胥吏、牙儈分取入己，日用市易法也。市易賞之固非法也，然其取息猶曰「與民和市」。而茶之取息，一用嚴刑重禁，網羅致之，亦爲暴矣，奈何均用一法賞之也。今一任有分錢，少者不數千緡，而減年磨勘至有三十餘年者，此何理哉？

法亦可謂敝矣！而朝廷遣使未之及者，豈非以蜀之茶法與熙河蘭會之經制相爲用者歟？蜀茶之利，以給熙河蘭會者，天下十之三。熙河蘭會之費不止，而蜀茶之害未可息也。然熙河蘭會之費，今昔宜有不同。昔者事邊之外，前有王韶，後有李憲，提兵革財用之大權，朝廷捐金帛市租莫知紀極，聽其自用，不領於有司，無所會計，非徒私二家也，如是依倚苟合之人，罔功興事〔七〕，以利相市之徒，公取公予，莫見其迹。則熙河蘭會大費外，又有以泄之者如此也。今既制之於有司，無一人者之橫蠹，若又於邊計外，凡冗名濫費，一切大爲之節約，則蜀之茶可以弛其禁，而所謂十之三者殆必可損矣。

伏望聖慈選使指攷茶法之弊欺者，會計緣茶公家所費與實息之數，大減歲市之額，稍增斤直之價，削納茶無引之錢〔八〕，以完養園户，裁官吏之員，牙儈之數，以省冗給，罷息賞之濫，分錢之弊，以革欺倖。而以其事與轉運司通治之。如此則蜀民之困苦庶乎可以蘇也。臣待罪言路，既有得於人之言，敢不亟以上聞！然此其大略，至於利害纖悉，則願敕使者詳究焉。

乞罷水磨茶場奏

臣伏見京師所置水磨茶場，前後累有臣僚論列，乞行寢罷，尚未蒙指揮。臣契勘官自磨茶之初，猶許公私交易，故商販之茶，或不中官，則賣之鋪户。自去年二月，遂禁鋪户不得置磨。然都下雖禁，猶有府界縣鎮可以交易，故客人不避重出脚費，津置出外。至當年七月，遂併府界一切禁其私易。於是商賈以茶至者，觸藩抵禁，須至中賣入官，而又使牙儈制之，不量茶之色品，一切痛裁其價，留滯邀遏，其狀百端，此商旅之所以不敢行也。商旅不行，故沿路征商之數，其虧額已多。又磨河之水，下流散泄，浸瀦民田，被害者數邑。聞去年已破省税矣，臣疑所得未必能當所失，而民間食貴茶，園户失常業，抵冒刑罪，又備賞錢，利害細瑣，其狀不一。至於傷國大體，則臣未暇論之。竊聞臣僚所言，多送户部，户部送太府，太府送本場，本場次第上之。蓋所司知奉法取利而已，安肯爲朝廷論義理哉！臣亦聞議臣之語曰：「歲可得息錢二十萬緡以助經費，何可廢也。」此亦以利言之者也。苟以謂有助於用而不廢，則何事不可爲哉？亦有道而已矣。宋用臣未建此策以前，不聞國用闕此二十萬緡也。譬夫爲人之子，日攘竊於人，取財以養其親，爲之親者知其如此也，顧利以奉養而聽其爲盜則可乎？伏望聖慈早賜出自睿斷，罷水磨茶場，以通商賈，以養細民，以完州縣税額〔九〕，以免農民水害，而上以副仁聖惠綏天下之意。取進止。

乞復錢禁疏

先王之制錢幣也，所以御萬物，通有無，而調虚盈，人主之所操，天下之利勢也。鼓鑄之權，一制於公上而下不得私之。其發散交易，流布運用，雖積於公，或藏於民，轉徙出入之不常，而要皆爲縣官之物，使不出於中國用爾。是以銷毁之奸，散泄之弊，不可以無禁也。

天下諸路監冶所鑄，入於王府，歲亡慮數十百萬緡。自國朝以來，積而至此，其數幾何？謂宜公私沛然有餘裕矣。然今都内之藏，既不聞於貫朽；而民間乏匱，時或謂之錢荒。此何謂也？其故大者在泄之於四夷而已。曩時著令，銅錢出中國界者，數及一貫，其罪抵死。立重賞以告捕，而居停資給與夫官吏之失檢察者，皆罪有差。今熙寧制删去此條，而徒聞沿邊有每貫税之之令。利之所在，民不憚於犯法，前日殺之猶莫能制，況遂弛其令者？使四夷不勞而獲中國之利以爲利，三邊之所漏，海舶之所運，日積一日，臣恐竭吾貨財，窮吾工力，不足以給之。而區區之算税，權其得失，何啻相萬哉！

夫錢以銅爲本，銅之必禁，前世固已有禍福之論〔一〇〕。今朝廷方增置錢冶，而删去銅令，官之所積，日益發散，民間得以買賣，肆爲器用，以牟厚利。蓋非獨失銅而已也，而又至於銷毁法錢，蓋緣錢者和煉之已精，其工費尤簡，變而成器，又有數倍之利。然則既泄之，又壞之，欲錢之充溢不可校如古之盛，理宜無有也。故臣愚欲乞申嚴邊制，以塞流散之路；復立銅禁，以蕃鼓鑄之本，而息銷毁之患。取進止。

校勘記

〔一〕今已選官建局　「官建」原倒置，據長編卷三六八元祐元年閏二月庚寅記事乙正。

〔二〕自合於人情　同上書於是句下有「莫不服也」四字。

〔三〕何至偏問天下　同上書「下」字下有「百姓」二字。

〔四〕不誤邊計　「不」字前畿輔叢書本有「緩急」二字。

〔五〕驗引交稱　「驗引」原倒置，據長編卷三六六元祐元年二月癸酉記事乙正。

〔六〕有投死以免者　「投」原作「殺」，據同上書改。

〔七〕罔功興事　「罔」，同上書作「圖」。

〔八〕削納茶無引之錢　「引」，同上書作「名」，疑是。

〔九〕以完州縣税額　「完」，同上書卷三七〇元祐元年閏二月辛亥「先是」條作「寬」。

〔一〇〕前世固已有禍福之論　「前」原作「而」，據文淵閣本改。

忠肅集卷六

奏議

論保甲奏

伏覩近制，保甲罷團教，朝廷所以惠綏疲氓，恩施甚厚，民得去其所苦，就其所安，遠近承風，莫不鼓舞。然臣竊有私憂過計者，夫鄉野之民，其性易於轉習，臣往見農人或被差役，一爲弓手、手力、耆壯之類，及罷滿而歸，則拱手閒惰，已不復能反業於農，蓋出入公門，游集市井，有所誘導之使然也。今之保甲，則又甚焉者，衣必華細，食必酒肉，固已變其向者布麻麤糲之習矣，羣聚而笑喧，奮臂而矜勇，固已移其向者椎魯勞苦之性矣。其家質田賣屋，出錢以濟其所用，官司歲時教試，與之金帛，寵之名目，以養其欲。故凡保甲之父母兄弟妻子，一家憔悴，終歲困擾，而身爲保甲者，未必不自喜以爲樂也。今既歲教止於一月，罷其團集，省其監督，去其覊縻勞費之患，則保甲之父母兄弟妻子，欣歡休息，復有生理，而身爲保甲，又未必不自失以爲戚也。彼有自失之意，而欲使人俛首甘心，盡如平日，肯復從事於耕，勢蓋難矣。惡少而失其欲，悍强以成其性，又挾素所教弓刀刺擊之技以爲之資，臣懼其非獨不能於耕而已也，亦恐其得爲陛下之良民者少也。臣愚以爲宜有法以斂制之〔一〕。

蓋保甲之技藝强弱高下，州縣皆有等籍，今按取優等之人，召其情願，刺以爲本州禁軍。若舊係正長等名色，則比類軍中之階級，隨其等差，對換補之。自餘中下藝等，亦召願充公人者，依近制募爲弓手、手力、耆户長之役，所貴在軍者，既團隸部督，束之有法，又使得伸其素習之技能；其在役者，既不失服職於公家，比之召雇浮浪，乃得熟事，鄉民必賴其用爲多。伏望詳酌。

又言〔二〕，保甲既有换充軍者，若本保階級闕人，或一有闕數，即乞遇冬教日推擇排連填補，則不損保甲之額。若换充他役，則自不廢教習。取進止。

論盗賊疏

臣竊以天下雖有極治之政，而不能使民不爲盗也，然要能禁其爲盗而已。歷世以來，法嚴則盗衰，法寛則盗熾。國朝自近歲差役用募法，而官弛捕盗之禁；保甲行教法，而民滋爲盗之心。前來滑州之單安，商州之王沖，以村野之人，逃亡之卒，一有呼嘯，遂能横行，蹂踐鄉縣，殺害官吏，以至煩遣兵將，重爲騷擾，大勞大費，僅能散撲，皆由防禁寛縱，賞罰不明，而寒饑猖狂之人附之者衆故也。近日制旨，既薄斂輕賦，稍還其衣食之路，又復置弓手及縣尉、巡檢，而捕察賞罰，並從舊典，所以防備奸惡、安養善良之意，可謂甚厚。

然訪聞州縣不甚究心，召募弓手，至今殊未就緒；巡檢兵級，多未差填。現今河北、陝西、京東、京西，所在常有盗賊，攘劫抄竊，殆無虚日，鄉野閭井，人頗不安。蓋前來保甲、巡檢、指使既有更不管指揮，則其意固已不在於捕盗，而新復官吏，又未就職，此盗之所以乘間而作。累歲以來，民間豐稔，今尚如此，自去冬大旱，一麥失望，積穀之家，觀望不發，人已艱食，臣慮將來寇盗更有甚於今日。欲乞指揮逐路監司爲備盗之計，督促州縣速招弓手及差撥巡檢兵級，嚴責近限，早令數足，以時訓齊，准備緩急。及再乞指揮吏部所差注巡檢、縣尉，略加選擇，催遣赴任。

近制新復弓手，所用器甲營房，令所屬應副。臣伏見諸處巡檢自更改後來，其廨舍營房往往闕少，或只於鄉縣寺舍安泊，欲乞一就下所屬移挪營葺，仍委轉運提刑司，候招募弓手，差填兵級，及應副事件了畢，節次具數足，及已了月日申奏，若州縣明有稽違乖方，便仰提刑司取勘聞奏。

臣近論役法，乞除衙前依熙寧法用坊場錢召募外，其餘弓手等役人，並乞用祖宗差法〔三〕，今來雇召，又須候七分方行勾抽，竊慮妨闕，伏乞檢詳前奏，早賜指揮。

論捕盜奏

臣伏見去年京西路賊人王沖作過，出入商、虢數州，傷害官吏，殺擄軍民。今王沖雖死，餘黨猶在，而成俊者爲之首，自近日於杜管鎮劫略，嘯聚漸盛，討撲愈難。臣訪聞商、虢等州，舊有禁軍一指揮，自置將以來，將逐州禁軍隸延州治下，分番出戍，以致逐處守禦之人，反怠緩捕賊事。欲乞將逐州禁軍，權免延州勾抽，且令在本處防守，及准備出入，所在就糧。土人可用，使之捕盜，易得其力。仍乞指揮，明立信賞購募，務令早得捕獲。取進止。

貼黄

訪聞京畿近日盜賊不少，欲乞指揮開封府及府界提點司嚴切督責，應令捕盜官吏，仍點檢諸縣弓手及巡檢兵級，差填足與未足。

論捕盜法奏

臣伏見舊制，賊盜地分，應職在捕察之人，皆給百日以爲三限，每限不獲，抵罪有差。蓋使身任其責，必有所畏，然後肯出方略，張耳目，求賊以自免。自募役法既行，捕盜不獲者雖亦有罪，然乃將兩限科較，聽各罰錢以充捕賞，其次仍許收贖。凡保甲之法行，則保内被盜，止出賞錢，更無認限決罰之法。小人之情，不以刑懼而勢驅之，使有不得已者，則何事肯爲公家索賊耶？比歲以來，盜寇稍多者，殆由此養之耳。

近日敕命已復差役，諸色役人並依熙寧以前指揮，則捕盜之法，自當皆依舊制。然臣訪聞諸路役人雖以差定，其應緣差役條件尚多疑惑，方聽候詳定役法所畫一指揮，如捕盜之法，亦其一事也。今所在時有盜賊，欲乞聖旨下詳定所，將捕盜立限科較等舊法，先次申明施行。取進止。

論賊賞稽違疏

臣竊以聖人之運天下也，其政事大要在於賞罰。賞罰之令，堅於金石，信如四時，使有功者不逾時而蒙賞，失職者不旋日而被罰，故天下凡待賞罰而後勸沮者，莫不奔走從事趨上之令，此天下所以治也。然則賞罰之施於天下，不可以不信，而臣以謂施於捕盜者，尤不可以緩也。方民之被盜也，田里閭巷，晝夜惴恐，縣官惻然，開告捕之科，不愛厚賞，提官爵，抱金帛，恨不得有功者付之，幸而賊得矣，而有司不能推奉詔旨，乃苛以文法，敕誥稽留，使人不得亟蒙有勞之利。臣竊以爲後日憂也！

伏見元豐七年，澶、滑之間，保甲有爲刦盜者，其首曰單安，曰王乞驢，又曰張謝留，離合出入，凡數十人，往來二州間，擄掠平民，焚蕩村落，殺人取財，以至傷殺官吏，屠害軍兵，又嘗入衞州界，一方不安。朝廷督責捕盜官司，至於自京遣使募衆，而州郡調發將兵，及降專賞指揮，是年逐賊皆於澶、滑次第掩獲，各正其罪，而推賞之典，至今逐司不爲保明，首尾二年矣。夫奮不顧死，冒矢石以與亡命者格，雖莫不有職，然要之趨賞之意多也。今失信而後時，誠恐緩急不足以率厲，此其爲患有不勝言。伏乞指揮，根究住滯官司，特賜詳酌，重行黜責，以明賞罰，以戒違慢。臣勘會下項：

一、元降指揮，單安等，令河北東路提刑吕仲，應得功人，疾速保明聞奏。

一、元豐七年九月指揮，令開封府界提舉賊盗范元取索捉殺到韋城縣劫賊王乞驢等巡檢下兵級，保明聞奏，前降保明指揮，更不施行。

一、元豐八年五月奉聖旨，令河北東路、京西北路提點刑獄官限半年同共根究得功人，具指實保明聞奏，前降范元保明指揮，更不施行。

一、元豐八年七月，京西北路提刑司根究得本路殺獲單安合該酬賞人所得以及專賞，關牒河北東路提刑司修寫，以憑同書申發去訖。

一、河北東路提刑司十月申吏稱元勘獲賊公案，累牒范元封取，内有澶州元勘張謝留净案，其范皇城稱去年送到在本司房内失去，依限來該不見去年十一月公案，稱已累牒檢尋。臣看詳范元於元豐七年九月，承准朝旨保明，至八年五月，首尾九箇月日，並不結絶保明，却將取到公案，恣縱吏人失去，緣賞典至重，當時甚有争功害能之人，顯是吏人别受情弊，毁匿或致竊取，事理重害。其河北東路提刑司亦至去年五月承准朝旨，元限半月保明，至今將一年，並不專心疾速定奪。兼范元既稱失去公案，限滿不見，亦合别作擘畫，既見京西北路提刑司根究到本路單安功賞，自合先次保明申奏，却因范元失去張謝留公案，遂將别案事一連住滯，致朝廷賞典稽遲，無以取信於天下，皆范元及河北東路提點刑獄官弛慢不職，被受聖旨，公然不以爲事，經隔歲月，不務結絶，欲乞詳酌，重行黜責。

乞選監司澄汰州縣疏

臣准尚書省劄子，准十月十八日聖旨指揮節文：「比者詔令屢下，以寬民力，便安公私，官或致廢格，自今州縣悉心奉行，監司點檢，御史臺覺察彈奏」者，臣有以見陛下誠心愛民，慎重政令，天下幸甚。

臣竊謂州縣之政，廢舉得失，其責宜在監司。夫監司之任亦重矣！人一有賢不肖，則環地數千里，休戚係之。曩時朝廷大更法度，選建推行之人，故不以資任，務得果健强鋭、猋厲風生之才，蓋規以就事，倚辦於一時；及法行事立矣，而其後用人，猶復因襲，未曾權量時宜，有所張弛之也。是以至今使者之政，刻覈褊迫，相師成風。郡縣承望，亦莫敢不然。使民不見德與義，而惟刑是覿，惟利是聞者，蓋亦久矣。斯豈政令之本意然哉？奉宣繆戾，積習至此故也。比蒙聖明哀念元元，取監司罪惡已甚者既去之矣，然其餘人材，頗尚駁雜，情志未一，各懷所私。蓋其陰有觀望者，則必習常而慢令，以致惠澤之壅；其淺中覬利者，則又將矯枉而過正，或廢其所宜治之事。二者不可不察也，惟得其人，庶懲此患，臣欲望聖慈詳酌。

河北、河東、陝西，素號劇部，向來所用使者，出於暴進，多非更歷民事，人微望輕，雖自過爲威刻，而下終不服。今宜稍復祖宗故事，於三路各置都轉運使，用兩制臣僚充職，以重其任。自餘諸路亦望推擇資任稍高，練達民政，識治體，近中道之人，分補監司之任。明授之以詔令，使忠厚安民而不失之寬弛，肅給應務而不失之淺薄。部使者誠如此，州縣之政隨之，則先朝之仁政，陛下之恩德，庶幾下究，而與民休息無難矣。攷察現任之無狀者，一切澄汰罷之，被罷之人，苟非有顯過，宜還其資攷，別爲任使，要令不至於失職無聊而已。方今先務，恐實在此。伏望詳酌施行。

論監司奏

臣自待罪風憲，屢曾以天下監司爲言，乞澄汰選擇，誠以朝廷政令，使監司得其人，則推行布宣，可以論上指而究惠澤；苟非其人，則所謂徒善而已，終於民不得被其利。夫上之所好，下必有甚。朝廷以名實爲事，行總覈之政，而下乃爲刻急淺迫之行；朝廷以教化爲意，行寬厚之政，而下乃爲舒緩苟簡之事。皆習俗懷利迎意而作，故所爲近似，而非上之意本然也。今雖因革之政有殊，而觀望之俗故在，但所迎之意有不同耳，其爲患一也。

昨差役之法初行，監司已有迎合争先，不量可否，不度利害，一概定差，騷動一路者，朝廷察其意，固已罪之矣。推此以觀，人情大約類此。且天下之事，散在諸州，總制於監司，其大者治財賦，察官吏，平獄訟，孜疾病。爲使者皆務爲和緩寬縱，苟於安静，則事之委靡不振，法之受敝，不勝言也。向來黜責數人者，皆以其非法掊斂，意在市進，害民甚者，亦非欲使之漫然不省其職，廢所宜治之事，謂之寬厚也。昧者不達，故矯枉或過其正。臣謂此俗不可滋長，要須大爲之禁。

伏乞聖慈詔執事中立監司攷績之制，以常賦之登耗，郡縣之勤惰，刑獄之當否，民俗之休戚，爲之殿最，每歲終以詔誅賞，仍自今歲始焉。庶幾有所檃栝裁制之，使循良者不及於弛，肅給者不入於薄，然後上副聖明制治用中之意。

夫察時之寬猛緩急，觀俗之過與不及，而張弛其政，正今日事也。取進止。

論政令奏

臣聞之，銜策不調，雖造父不能善御；法令不一，雖有虞不能善治。故曰：「慎乃出令。」言慎始也。又曰：「令出惟行，弗惟反。」言慎終也。聖人制法造令於堂奥之上，熟復兢慎若不得已者，故其出也，天下信之。以命則行，以禁則止，所謂信如四時，堅如金石。若始之不慎，既出而反之，則何以示信？出而勿反，則又將有受其敝者。由此言之，始既不慎，雖欲慎終，不可得矣！

恭惟陛下即位逾年，加惠海宇，修完政事，大要專以便人，天下幸甚。然累月以來，法令寡信，議者竊有疑焉。夫法非不善，而施行之際，使議者致疑，此亦不可不察。臣謹條列一二，以概見其餘。

乃者朝廷患免役之敝，下詔改復差法，天下知之久矣；置局設官，以議施行之叙，天下望之又久矣。造法不慎其始，施之倉猝，故改而立雇募之議，繼又爲招募之法，而法至今不能成也。

朝廷患常平之敝，並用舊制施行，曾未累月，復變爲青苗之法，其後又下詔切責首議之臣，而斂散之事，至今行之如初。此二事，大事也，四方傾耳拭目，以觀盛德之舉，而反覆二三，雖近侍謀議之臣，曾不敢必知法將安出，尚何以使天下信之。

挾銅之禁，行之未幾，復限以五斤勿禁，一開其端，則輕重多寡，誰復可辨？官司固未易家至而數之，禁而不能止，與不禁同！

大河職事，河北轉運司言之，則屬轉運司；都水言之，則歸都水。夫二者必有一得，則亦必有一失矣。此其小事，然推此類言之，則議者之論安可不察？

且改之易之誠是耶，君子猶以爲反令，況改易而未必是，徒以暴過舉於天下，則曷若慎之於始乎？今朝廷建一事，命一官，令已行矣，議者必曰此未也，且將改之，曾未淹久而議者之言果信。臣愚未識朝廷知其不可而姑爲之以待改耶？不知而偶爲之耶？始議既粗，行之必有抵捂，拾遺補過之臣，以言爲職，知而不言，則爲廢職，言而易之，則爲反令。故臣願陛下深詔執政大臣，遠慮熟計，慎重出令，其始既慎，度可以必行而後行之，則至其終也，不可反矣。惟陛下加惠留神，思之毋忽，上以嚴政令，下以示信四方。又以杜塞異議，使無所幸其失，今日之治，宜莫先此。臣不勝拳拳，取進止。

乞修敕令疏

臣竊以法者天下之大命也，先王制法，其意使人易避而難犯，故至簡至直，而足以盡天下之理。後世制法，惟恐有罪者之或失也，故多張綱目，而民於是無所措手足矣。世輕世重，惟聖人爲能變通之。

祖宗之初，法令至約，而行之可久，其後大較不過十年一變法。豈天下之大，民物之衆，事日益滋，則法不可以不密歟？臣竊以謂非事多而後法密也，殆法繁而後奸生也。神宗皇帝達因革之妙，慎重憲禁，元豐中命有司編修敕令，凡舊載於敕者，多移之於令。蓋違敕之法重，違令之罪輕，此足以見神宗皇帝仁厚之德，哀矜萬方，欲寬斯人之所犯，恩施甚大也。而所司不能究宣主德，推廣其間，乃增多條目，離析舊制，用一言之偏而立一法，因一事之變而生一條，其意煩苛，其文晦隱，不足以該萬物之理，達天下之情，行之幾時，蓋以屢變。今所謂續降者，每半年一頒，每次不減數帙矣。夫法者，天下之至公也。

造之而不能通，故行之而不能久，其理然也。又續降多不顯言其所以衝改，故官司州縣，承用從事，參差抵捂，本末不應，非所謂講明畫一，通天下之志者也。臣愚以謂宜有所加損潤澤之，去其繁密，合其離散，要在簡易明白，使民有所避，而知所謂遷善遠罪之意。

伏望聖慈酌時之宜，究法之用，選擇儒臣一二，有經術明於治體，練達民政者，將慶曆、嘉祐以來舊敕與新敕，參照去取，略行删正，以成一代之典，施之無窮。取進止。

貼黄

常平差役法，及罪人就配法，今已更改，於敕内關涉不少，以此須至删修。正刺史以上致仕，於嘉祐禄令料錢衣賜〔四〕，悉依分司現任官例支給。至熙寧四年五月聖旨指揮，致仕正任給金吾衛大將軍俸，則是已衝改嘉祐禄令。今來元豐敕却依嘉祐禄令〔五〕，即不知熙寧七年及元豐六年編敕日，因何漏落熙寧四年續降指揮。訪聞在京支正官致仕俸料並依熙寧四年指揮，其外路多依嘉祐令支給。内外法令如此不同，慮其間更有此類，不可不行修完。

乞留杜紘編敕奏

伏聞詳定敕令格式、刑部郎中杜紘，已降敕命同黄廉相度茶法。臣等竊見自來編修官差移不定〔六〕，難得成書，蓋前官雖已盡心，後官豈敢憑信，却須盡究本末，使若創行編修，兼所見異同，屢有移易，不惟歲月淹久，亦致議論難合。今來重修元豐敕令格式，方始置局，杜紘職在詳定，朝廷許令權罷刑部簽書，蓋是欲其專一，忽差遠使秦、蜀，臣等深所未諭。況紘曉習法令，同輩少比，如或改差，必難得如紘稱職。臣等欲乞朝廷別差官相度茶法，令紘得盡詳定之效，庶幾編敕早見成書。

薦人才疏

臣今月四日奏事延和殿，因論人才，伏蒙聖語詢問，臣即具奏。臣自待罪言路，亦嘗求訪内外人物，但職非薦舉，未敢奏上。又蒙聖慈嘉納，許令具姓名進入。臣退而自念，久蒙陛下拔擢之恩，常思竭盡愚力，圖報萬一，凡下有所見，必欲上聞，況今人才尤爲急務，雖薦士之路，自有常法，然既荷陛下至誠大信，降問不疑，豈敢更爲形迹，避嫌自外，若無有所補，獲罪無恨。謹具所知姓名，並其才之所宜如左：

梁燾德性方正，顧臨長於謀議，范育深有器略，盛陶文行純粹，孔文仲學識高遠，上五人可充兩制侍從之任。

丁騭恬正有道，顏復學問該洽，劉載文行兼茂，吴安詩器識深静，趙挺之博學有守，上五人可充臺諫之任。

林旦風力彊明，何琬才識疏通，胡宗炎詳練吏事，温致敦厚明敏，羅適公直勤廉，上五人可充卿、監、省曹監繁劇之任。

楊國寶、劉概、朱彦、劉安世、孫諤，上五人皆文學優長，士論所推，可備館閣之任。

右謹件如前，伏望聖慈赦臣僭逾，特賜攷察，稍加采録，庶幾少助聽政得人之闕。取進止〔七〕。

論禁中修造奏

臣竊聞禁中計料修飾福寧殿，彩繪制度，極於藻麗。惟人主之奉，以文爲稱，而一殿之飾，亦無大費。然而敦樸素者所以爲天下先，卑宫室者前聖人之盛德。方今生靈靡敝，財用耗竭，居養服用，僭儗無節，陛下正宜躬率儉德，以淳風俗，示之彌文，下必有甚。伏念藝祖遺訓，宫中止用赤白爲飾；仁宗故事，欄楯徹去朱緑之采。陛下纂服，所宜守之。

又聞慈壽、長樂二宫，殿宇華侈，金碧朱丹，窮人力之巧，豈非誠心孝德，尊事兩宫，故極所以奉養之觀。然踰禮過制，不可以訓。今外論籍籍，以謂左右諛悦之人進讒陛下，指二宫以爲法。使論出於臆度，不過臣爲妄言，萬有一實，則於聖德不爲有益，臣所以先事爲言。伏冀寬其狂瞽而采其誠，特賜寢罷，以解天下之疑。取進止。

論備契丹奏

臣竊以北敵之爲中國患，自詩、書以來，世常有之。方今之勢，雖效順惇睦，服威德而利金幣，然其驕貪之情，常能窺伺中國動静，一見間隙，則造端興謀，起事以撼我。昔者寶元、康定間，國家問西夏之罪，而遣使肆嫚，有非理之侮，中外憂恐，至倍增歲幣而後已。臣愚不足以論事勢，然竊有私憂過計，以玩日之故，有可以動驕貪之窺伺者，臣謹言之。

昨者某州用師連三歲，皆由議臣失計，理曲而無名。契丹之於西夏，自以爲甥舅之國。

此一事也。今高麗遣使朝貢，將至闕下，高麗自天聖中，嘗以事請於朝廷，朝廷不從，遂附庸契丹，自是方貢不入王府者數十年矣。夫既已臣屬於彼，而一旦面向中國，則恐彼不能無疑。此二事也。臣以謂此二者，彼皆足以藉口而爲請於朝廷者也。

伏念大河之北，自戊申以來，地大震，水大溢，民大失職，離鄉內徙，空虛塞下，至於今三年而地震未已，此何祥也？今歲漳河春役，財力並竭，中路夏旱，二麥不登，災變因仍，人不寧處。夫彼既有以爲藉口，又乘民心皇皇，公私疲匱，禦備百廢，朝廷厭聞邊患之時，臣恐契丹見利投隙，而區區之盟誓，豈足以保其心而恃以爲安乎？彼固不至敢有狂謀，假令遣一使持尺書，援二事以請朝廷，其用何辭以杜其口？臣恐勞人以繕城郭，倍估以儲庾廩，更易將帥，輕用名器，張皇擾擾，大勞大費而已爾。康定、寶元之事，蓋可以鑒也！

又議者籍籍，皆謂高麗之至，有儌倖希功之人誘而召之者。使無此理也，不過臣爲妄言，使誠如議者之論，則釁自我始，西兵之禍，覆車未遠，安得不先事而言哉？伏乞陛下密詔二府大臣，使日夜謀畫，以求防微杜變之理，而伐其心。且河北重地，據天下安危之勢，願陛下寢食以爲念，而無忘北顧，常務勞來其人民，安輯其田里，薄征斂之數，省煩急之令，恤其凋憊，足其衣食，使樂守生涯而維持其心，凡所謂邊備軍政調度之數，皆宜因事稍稍經畫，藏其用而隱其迹，兵法所謂「恃吾有以待之」者，惟陛下留神毋忽，以消連年地震之異。

夫無事而言，其言若狂，而人皆易之；有事而言，其言雖足以取信，而事已無補。臣寧以狂得罪，不敢後事而爲無益之言，以負陛下耳目之任。

論應西夏奏

臣伏見元豐中出兵西界，增創城壘，議者講求利害久矣，臣亦嘗具三策上於朝，今夏所遣使者已到邸累日，其勢必有邀請，雖廟議默定，而區區不能自已，謹復條列一二，補前奏之未備，以待采擇。

議者之論，臣嘗詢訪本末，備得其説，爲棄地之議者曰：「往年興師，本以弔民伐罪，既取地自利，其勢必争，傷財害民以争非其地，其勢不得不棄。困而後棄，不如一捐空城予之，以示恩惠。」此言是也。然難者謂：「予地所以息争，若虎狼亡厭，争求不已，得地據險，益擾近郡，其能保不爲患乎？」爲守地之議者曰：「頓儲設阻，增募士兵，遠斥近援，何地不守？且先皇帝之所得，而以予人，非是。」此言亦是也。然難者謂：「夏人不得地，兵難不解，日引月長，邊釁益大，其能保終守此地乎？」故議者之論，非不曲盡事理，至於弭未然之患，如難者所憂，則雖好謀之人，莫敢任責。竊料朝廷深計遠慮，未欲遽决，亦必以此。

臣愚不佞，獨謂用兵以終守其地，誠難保也；棄地而使不爲患，臣雖老矣，願保没齒不見邊境之憂。惟陛下赦其愚，使行其說。

臣聞向所得地，在熙河爲蘭州，在鄜延爲五寨，蘭州本西蕃故地，而五寨本西夏所有也。其地道里迂直，產利厚薄，所須守兵多寡，轉餉勞逸，皆朝廷所熟究，臣不復道。而自夏人視之，爲必争之地，彼將以誓約爲請，而固不予，彼將獸困而鬭，借兵契丹，以逞其忿，朝廷且有西顧之憂。使我師每戰每勝，臣猶以爲非國之利，又況殺傷相當，成敗未可知？皇帝陛下諒陰之際，太皇太后垂簾稱制，正思與民休息，而顧欲戮力血戰，以争尺寸無用之地，所謂以隋侯之珠，彈千仞之雀，由此言之，終守其地，是臣之所以不敢保也。國朝自祖宗以來，歲捐金帛數十萬，遣使修約，而二方稽首順命數十百年矣。其好争無厭，固天性也，然且如此，則恩深利厚，足以羈縻其心故也。今乘先帝討擊之威，因其屈服之勢，曠然推惠，歸侵地，復歲賜，丁寧戒敕，分棄前患〔八〕，復謹舊約，雖彼有傑黠睚眦之意，既已杜塞其欲〔九〕，無所復發，則亦感激退聽復如前日，何苦必欲動衆犯順，以自魚肉其民？雖彼之國，寧獨利乎？古之養虎者，時其饑飽，適其怒心，虎或可養，而況人乎？由此言之，弭患息争，非獨臣以死保之，自祖宗以來馭二敵者，用此道也。臣願采議者之論，觀異日之勢〔一〇〕，而斷以此意。

大計既決，其餘措置纖悉〔一一〕，施行次第，在朝廷裁之而已。雖然，臣有拳拳之愚，不敢不盡。今夫請地在彼，予地在我，是以主制客，以逸待勞之勢也。爲彼計則不得不急，爲我計則正宜從容閒暇，鎮以無事。臣竊怪近日議者，皇皇汲汲，視此地如金城湯池，惟恐不守；不然，如附贅懸疣，惟速去之爲快。異議紛起，先自惑亂，又何其迫遽無大體也。今使者雖在邸，臣願且毋遽許以地，而厚禮答之，善詞遣之，或先復歲賜，而微示以不愛地之意，度其效順堅決，至於再，至於三，然後以歲月予之，所謂許敵人，不一而足，夫豈晚乎？臣愚不知大計，惟陛下裁擇。

校勘記

〔一〕臣愚以爲宜有法以斂制之　「宜」字原脱，據續資治通鑑長編卷三六八元祐元年閏二月己亥記事補。

〔二〕又言　原脱，據同上書補。

〔三〕其餘弓手等役人並乞用祖宗差法　「法」原作「役」，據文淵閣本改。

〔四〕於嘉祐禄令料錢衣賜　「禄」原作「録」。據續資治通鑑長編卷三七三元祐元年三月己卯記事、宋史卷二〇四藝文志著録吴奎嘉祐禄令條改，下同。

〔五〕今來元豐敕却依嘉祐禄令　續資治通鑑長編卷三七三元祐元年三月己卯記事於「嘉祐禄令」下有「立文」二字，是。

〔六〕臣等竊見自來編修官差移不定　「移」原作「役」，據文淵閣本改。

〔七〕取進止　本書各本於卷六薦人才疏之後，有薦本州儒士周希孟奏一疏，全文如下：「右件人耽樂墳素，棲遲邱園，檢身以法，於人爲學，每先於禮，屢貧不易其節，講解以養其親，本州兩次近臣論薦，再蒙朝廷束帛之賜。臣自慶曆中知福州，至今十五年，備見希孟履行。去年曾講周易，座下嘗及三五百人，委實經義精通，文詞深厚。今來年及强仕，迹齒編氓，至實遐遺，衆所共惜。伏乞朝廷嘉其退静，優與收録，以勸學者。臣不勝勤勤之至，謹具狀奏聞，伏候敕旨。」按所謂「臣自慶曆中知福州，至今十五年，備見希孟履行」，與劉摯仕履不合。摯生於仁宗天聖末，慶曆中未冠，嘉祐四年進士及第；劉摯一生也未嘗出知福州，此奏必非劉摯所作，今由正文移入校勘記。

〔八〕分棄前患　「分」，續資治通鑑長編卷三八二元祐元年秋七月壬戌記事作「悉」。

〔九〕既已杜塞其欲　「已」原作「一」，據同上書改。

〔一〇〕覩異日之勢　「勢」原空作「□」，據文淵閣本補。

〔一一〕其餘措置纖悉　「餘」原作「論」，據續資治通鑑長編卷三八二元祐元年秋七月壬戌記事改。

忠肅集卷七

奏議

劾程昉開漳河

臣伏見内臣程昉、大理寺丞李宜之於河北開修漳河，功力浩大，凡九萬夫，所用物料，本不豫備，需索倉猝，迫於非時〔一〕，官私應急，勞費百倍。除轉運司供應稈草梢椿之外，又自差官採漳堤榆柳及監牧司地内柳株共十餘萬〔二〕，皆是逐州自管津搬。河北難得薪柴，村農惟以麥䵚等燒用〔三〕。而昉等妄奏民間已料一萬餘工〔四〕，差本司士兵散就州縣民田内自行收刈〔五〕。所役人夫，莫非虐用，往往逼使夜役，蹂踐田苗，發掘墳墓，踐壞桑柘，不知其數，愁怨之聲，流播道路，傳至京師。而昉等妄奏民間樂於工役，無不悦喜。民夫既散，役兵尚衆，本路廂軍剗刷都盡，諸處無不闕事〔六〕。而昉等奏陳不已，形跡州縣〔七〕，淩侮官吏，仍乞於洛州調起急夫，又欲令役兵不分番次，其急功擾攘，至於如此。本路監司畏昉之勢，不敢言其非而上下以目，臣不知昉之爲是役，其利安在？

或聞欲泄邢州、大名等處積水，今使此水如昉之意通行而北，緣下流淺狹，無所容受，不免泛溢，乃是移此就彼，易地爲患。今來朝廷既令權罷，則利害姑置之。如聞昉爲現罷役，忿恚偃蹇，有休退之請，朝旨又令總領淤田司事。臣謹按程昉、李宜之，將命興事，初不以事之可否實聞於朝，貪功倖進，擾民殘物，前後奏報，事皆欺罔，而昉又敢邀君肆慢，在於典憲可誅無赦。若尚令昉以都水丞領事河上，伏恐生事興患，未有窮已。伏乞明布昉等罪狀，重行貶竄，以慰一方殘敝之民，使天下皆知此役之害非朝廷意，且以戒徼倖希賞罔上賊民之人。謹具彈劾以聞。

劾河北漕臣論河事反覆

臣竊以天下至廣，非朝廷視聽之所能及，故分建監司以寄耳目，凡一方利害休戚，惟監司之言是聽也。使監司皆忠慎不欺，則其言可信，一有誕謾輕易邀功徇私之論，則朝廷將受其罔，而下將有受其禍者矣。

伏見河北轉運司昨者妄建河議，欲爲迎陽故道之役，以奪大吴、新河之勢，乞許一面經畫；謂如此則新河下流數十州縣盡免水患。敘述果敢，其言藹如也。及聞朝廷遣使按視，而本司遽復變而爲孫村之説，欲使施工，今春了畢。既而使者到部，情見理得，於是李南公、范子奇翻然又盡以前所議爲非，其略曰：「故道隄岸盡已拆去，靈平頹岸，深占河身，上下扼束，必爲大患。」又曰：「迎陽下瞰京師，孫村水勢不順，兩處回河事節，委實不便。」臣按南公等正月十八日狀稱「今來躬親相視」。乃是前此累作奏請之時，都未嘗親至河上，而遽以非常之利害，不貲之勞費，輒爾上聞，欲以僥倖有成。設使萬一朝廷以監司之言爲可信，而過聽其計，豈不誤大事歟！

夫臣子之分，建策進説，苟其志在陳獻利便，則後遂有當否，固無足深咎者。然如南公等身任職司，其言爲朝廷所信，今日河事，又在所部咫尺之近，固宜攷見底裏，然後爲言，而乃慣習欺罔，妄圖功利，及見朝廷選遣近臣，知其必究事實，自以前議鹵莽，恐得罪咎，故不待使者同行閲視之畢，本司已自奏陳。公然反覆，輕侮君父，轉大議是非如反掌，視一方安危如兒戲。夫事上之道，惟恭與誠，故書馬不足，故人有憂其譴死，上書不實，敕律明坐以大罪。南公等前之言，乃出於輕發妄作，非恭慎也；後之奏乃欲以奸計求免，非忠實也。不有顯絀，何以申明典憲，少戒欺謾反覆奸僞之人。伏望指揮，正南公等罪狀，特賜竄謫，庶協羣議。謹具彈劾以聞，伏候敕旨。

貼黄

自頃歲以來，天下官吏，習爲奸欺，以圖功賞。如淤田、水利、澮川、迴河及邊鄙之事，皆罔上希進。雖試之無效，虛爲勞費，殘民害物，然終不曾坐罪。故南公等尚習故態，無所忌憚，欲起不可爲之大役於瘠痍之地，而復自爲反覆，侮玩朝廷，不可以不正其罪，庶幾有所懲也。

劾趙子幾

臣伏見五月中，有開封府東明縣人户就宰臣私第，或隨馬披告助役法不便〔八〕，並升起户等〔九〕，詣御史臺陳訴。臣尋曾具狀及上殿劄子奏陳利害，陛下令府界提點司體量升降等第因依。今竊見趙子幾别舉發到知縣賈蕃在任日，貸借官錢與手力〔一〇〕，因同天節沽市村酒，創買部夫席屋等事，朝廷以其狀下本司取勘者，臣竊以爲過矣。

朝廷變更役法，意欲均民，民苟以爲有利害也，安可禁其所欲言者？且畿内人户，幸以居近輦轂，故可以自陳，以近推遠，以一求萬，則天下之情可知也。然四方之人，限在遐遠，上雖有州縣而安敢言之？又有監司、提舉司之隔閡，其欲赴愬，勢固難矣。今又因畿民有訴，而汙刻之人反怒縣官，意謂不能禁遏，故攟摭他事，期寘於法。不意朝廷不辨，付之施行。臣恐四遠人情，必疑朝廷，以謂欲鈐天下之口，而職在主民者，必皆視蕃以爲戒，争務拘民而禁其言。然則天下休戚，陛下無時而知矣。

臣伏覩編敕節文：「按察之司，所部官屬有犯，不得於官屬離任後始行發摘，雖實不復受理。若犯贜私，雖離任有人論告，或因事彰露，即依法施行。」方子幾之體量於其縣也，蕃已得替離任矣。子幾初求其事於僚佐，又誘而鉤之於吏史，借令蕃有贜私耶，則亦不得謂之論告與因事明矣。法之所不當理，而子幾肆志敢爲者，子幾方以諂僞怙寵用事，務在力行司農新政，而不復顧陛下之法與陛下之民，但驅使就令，冀自以收功，恐因民不服，撓動其事，是故作威以警衆。違法以按吏，欲使畿内他邑與天下官吏畏罪避禍，閉遏其人民，使不得有言以聞於朝廷爾。如蕃以司農牓内椿定人户數目使出助錢，遂將縣籍下等次第升起者凡一千户，以就足牓内之數。此其爲罪，固不可赦，是以前日聖旨指令體量此事〔二〕。臣願陛下治蕃此罪而已，自餘替後所按，乞依條不問。蓋借蕃今日所以解四方人情之疑，使知陛下不禁民言之意。臣所以區區論之，冀少補治體，非爲蕃計也。如子幾領按察之任已久，當平日不聞舉擿蕃事，乃今挾情違戾敕禁，原心攷察，可見險薄，伏請付吏施行。

劾范峋免應奉山陵

臣近准尚書省劄子節文：「據户部狀，爲府界提點司合應副山陵用度，本司官范峋前後申奏異同，奉聖旨令御史根究曲直，尋據取會文案看詳，並係提點司虚妄理曲，已具狀奏聞去訖。」

臣恭見山陵興作，朝廷之大事，中外臣庶，莫不願窮心畢力，以效萬一。況今靈駕經歷七頓，皆峋所部，正其職事。而本司明有應奉慈聖光獻山陵，故事未遠，峋乃輒敢推免，妄引治平年財賦領於三司之事以爲辭，省司數數移問，索以舊例，匿而不言，巧文飾説，一出欺誣，及情見理屈，方稱備員畿內，不避狂僭，乞行管認，意以爲非己之事，曲爲朝廷承乏云耳。偃蹇自肆，反覆不情，忘先帝拔用不次之恩爲不義，慢陛下崇奉大事之令爲不忠。臣子之分，峋敢如此！伏望詳酌，重行黜責，以厲在位。

劾蔡確不入宿

臣伏見今月六日，神宗皇帝靈駕進發，准敕，前一日五使、三省執政官宿於兩省及幕次。竊聞宰臣蔡確獨不曾入宿，中外莫不疑駭。伏以山陵國之大事，遷坐發引，葬之大節。故前夕羣臣宿於內者，以陛下是夜躬行祭奠之禮，臣子之心，同於攀慕，不得安寢於其私也。下逮執事奔走之衆，誰敢不虔奉期會，以共厥事？而確位冠百辟，身充山陵使，正當典領一行職務，而乃於是夜獨不赴宿，慢廢典禮，有不恭之心，謹具彈劾以聞，伏望聖斷，特賜詳酌施行。

貼黃

確如曾到禁門，遇已鎖閉，亦合立具因依奏入，別稟處分，不當公然便以不入宿爲是。

劾論蔡確十罪

臣近具狀，乞罷宰臣蔡確，至今未蒙施行。緣臣備員御史，以觸邪指佞爲職，今宰臣奸險，有犯公議，臣若失職，誰敢言者？

伏見祖宗以來，所用相臣，攷慎選擇，必取天下有德有望之人，故內則廟社安，外則邊徼靖，下則衆庶服，其功名事業昭於天下，至今稱之。未嘗有法獄之吏，聚斂之臣，詭譎之才，陰賊之行，天下所嫉，而使在相位如確者也。臣所以不避再三，干冒天聽，確之當去，其罪非一。

公違陛下敕命，不赴神宗發引內宿，爲大不恭。其當去一也。

山陵使回，明有歷代及國朝故事，而略不引罷，廢禮貪位。其當去者二也。

皇帝陛下之立，乃天人之所助，而太皇太后之德也。確輒自稱定策，貪天之功。其當去者三也。

在中書二年，不將差除與三省合奏，及身遷門下，陰使言者申請，招權營私。其當去者四也。

其弟犯法，蹇周輔承勘兩次，皆滅裂平治其事，故今日周輔父子有罪，言路累有彈奏，而確力主之，不罷其任。屈公法，報私恩。其當去者五也。

執政臣僚，已經覃恩遷轉，無故又進一官，妄引嘉祐、治平不可用之故事，欺謾聖聽，不顧廉恥。其當去者六也。

與章惇死黨相結，一柔一剛，一合一離，欲以銷磨同列，牽制善政，中外皆知其術。其當去者七也。

自去年十月至今，並無雨雪，驕陽肆虐，天下大旱，民情惶惶，實由確奸邪所召。況位居上相，正任其責。其當去者八也。

確在熙寧、元豐間，鍛鍊冤獄，排逐善良，引薦奸僞，變更祖宗政令，以誅求民財；確在言路，在司農，在執政，首尾身任其事，見法令未便，何嘗聞有一言論列裨補？惟是阿諛護持，以謀進用。及至今日，自見其非，乃稍稍語於人曰：「在當時豈敢言也。」此確之意欲於今日固其名位，故反將歸曲先帝，是可謂大不忠矣。朝廷以高爵重禄尊養輔臣，欲何用哉？豈有可言而不言也？假如言之而不聽，當以死繼之；假如畏懼而不敢言，則當辭事而去。乃臣子之常分也。當時詭隨，及時移事改，方爲自全之計，而賣過歸咎，是可謂大不忠矣。於先帝不忠，則安肯盡忠於陛下也哉！此其罪惡尤大。其當去者九也。

近者奉使山陵回，隨行屬官，故事自皆推恩，而確乃特薦高遵惠、張璡、韓宗文，乞從優恩。上欲以悦聖意，旁欲以餌同列，賴陛下至聖至公，照其狡計而議遂不行，中外聞之，莫不欣快。陛下觀此用心，則確之邪正不難知也。此一事尤喧物論，而罪尤大者。其當去者十也。

確之罪惡如此，羣議沸騰。臣愚區區之言，略已自竭，而聖度包容，一切不以爲意，在聖慈不失恩於確則可也，其如朝廷之輕重，天下之安危，生民之禍福，人情之去就，在確之罷不罷爾，則所繫豈不大也？今忠臣義士當盛明之時，人人皆願自效，而確猶在位，誰敢明目張膽盡心於朝廷哉！正人不得立，則陛下之善政不得行，天下之敝法不得改。今大旱累月，燥風慘日，自冬入春，宿麥已槁，疾疫將作，内外之情，驚惶不安，皆由大奸在朝廷，天示譴告。伏望聖慈深察事勢，以天下爲念，早發聖斷，罷確職任，使之外補。以答天變，以召和氣，以慰公議，以新改元之政，天下幸甚。

再劾蔡確

臣聞周書君陳曰：「爾有嘉謀嘉猷，入告爾后于内，爾乃順之于外曰：『斯謀斯猷，惟我后之德。』」此言人臣之義，有善則稱其君，雖謀出於己，亦必曰吾君之德者，上下相成，忠厚之至也。

伏見宰臣蔡確辭位求退，其所上表，無引咎之意，有論功之言。自陛下臨御以來，美政盛事，民所歌頌者，確皆鋪列條叙，以爲己功，中外傳之，靡不怪笑。夫收拔耆舊之臣，置諸左右，乃陛下至明獨見，以天下公望用之，而確乃以爲己之所引。罷去有司漁利剥下苛細之法，而黜逐汙吏，乃陛下仁心惠德以蘇疲民，而確又以爲己之所請。至於申戒邊埸，不使生事，分遣使者，求民疾苦，修法令以完先朝之政，包同異以行大公之道，此中外皆知出於陛下聖謀睿慮，實新政之甚善者，而確乃一切任之，掠爲己事，貪天之功。欺示天下。其意謂此數者，陛下不能知之，因己請而知之，陛下不能行之，因己請而行之。其於輕慢君父，欺罔臣庶，違道干譽，至於如此。

凡確之所引數事者，確果曾有所建請乎？蓋不可知也。確在言路，爲執政，前後久矣，不言之於先朝，而言之於今日，此何意也？果有建請，固大臣職爾，如君陳之歸美於上可也。而叙於求退之表，又何意也？夫不言之於先帝，此不忠之罪也。言之於今日，此取容之計也。叙之於表，謂我有功，則是陽爲求去，實欲陛下疑以爲功而留之，因欲求免於公議，此持上罔下之謀也。

古之人進言於上，退則削其藁，不欲使人知善之出於己，所以推遠權焰，避掠美干名之議，不知此，則何足以爲大臣乎？確無體不恭，朋邪懷貳，無廉恥之節，昧進退之義。又自去冬大旱至今，確爲上相，身任其責，其罪惡之著，無補朝廷。今既逼於公論，不得已而求去，正當痛自咎責，跼蹐傴僂，爲懇切必退之詞，乃大臣去就之體。今確誇功揚己，露行行不平之氣，爲臣如此，不謂之大奸大邪則可乎？伏望以確表並臣此章，付之三省，議確之惡，重之竄逐，以正典憲，使天下爲人臣者，知事上之道。

劾章惇

臣竊以傳曰：「有德進則朝廷尊。」又曰：「仁者宜在高位，不仁而在高位，是播其惡於衆也。」伏見知樞密院事章惇資性佻薄，素無行檢，廟堂議政，無大臣之體，專以驕强輕肆，作俳諧之語，以淩侮同列，夸示左右，其語播於都下，散及四遠，傳以爲笑。比來聖旨增損政令之未完善者，惇則必出異意，沮持其事。方宋用臣驕横不法，惇在政府，與之厚善，納其所遺酒醪。雖更恩宥，臣以爲大臣不廉，犯大義之責，不當如小臣論赦令前後也。

謹按惇貪緣遭遇，幸得備位近輔，不深惟朝廷高爵厚禄，稍自矜重，以忠義圖報。而淩轢諸戲，不可謂德；閉善害政，不可謂仁。而交非其人，又從而以貨取之，可謂無廉隅矣，可謂播其惡於衆矣。方且揚揚高位，人皆指而議之，殆非所以尊朝廷、厲羣下也。伏請聖斷，罷惇政事，以允公論。

劾賈昌衡

臣伏見敕令，差兩浙轉運副使賈昌衡權三司户部副使。臣竊以昨者杭州、明州守臣不公，相繼犯法，昌衡以轉運使，至養二州之惡，不能按舉，朝廷削其一官，降以爲副使，以示懲責，迺貪緣發運使以均輸留之〔三〕。於今未及一年，遽此召用，中外有疑。若以資任，則奪官降差遣日月未久；若以均輸爲有功，則昨者漕入都下之物如糯米等，至今滯積，出易不行；若以選擢人才，不以次序，則奉使弛職，理財失計。如昌衡才，蓋可知矣。所有今降差命，伏請依昌衡所乞，特行寢罷。

劾沈希顔非法聚歛

臣伏見京西轉運副使沈希顔昨於本路妄有興作，非法聚歛，已蒙聖旨委官究實，事皆有狀，未聞施行。

謹按希顔起於常調，委以使指，前日以不虔君命坐廢，未幾先帝記擢，復其職任。不深惟補報大義，乃欲專以利事國，違法欺罔，誅求瑣屑，無所不至。冒昧祈進，老饕無恥，孤負任使，所宜放黜，以戒他路。

臣竊慮朝廷尚以所按事狀，下吏勘劾，虚爲煩擾，伏乞即賜指揮。

貼黄

希顔於本路爲榷鹽之術，徒變舊法，而食鹽之人與商賈皆被其害，於公家殊無所利。至於果蔬日用之物，例增征算，雖屠販之事，皆不屑爲之，中外具知，伏乞速賜施行。

劾太原擅興狀〔三〕

臣竊以國家之患，莫大於發政行令而人敢違〔四〕；人臣之罪，莫大於邀功罔上而爲國生事。記曰：「不從令者死。於律，擅興千人者誅。」蓋自古失御臣之道，使其淩上召亂，而後患有不勝言者，多必由此。然則法令不可不嚴，而人主不可不察也。

臣伏覩去年三月六日陛下登極赦書節文：「應緣邊州郡，仰長吏巡檢使臣鈐轄兵士及邊上人户，不得侵擾外界，静守疆埸，勿令騷擾。」命令既下，邊境之上風塵頓息，蕃夷之情感服内面。

當此之時，知太原府吕惠卿輒於四月中旬被受赦敕之後，連遣部將折克行、訾虎相次以數萬人入西界討蕩，所得首級，皆是淺邊老弱，虚夸以爲功，而官軍人騎，死傷甚衆。未幾西人復仇，以五月犯塞，疆臣戰没，士卒陷亡。臣以爲勞師動衆，奏功不實，以至構怨於夏，猶皆未足論也。而其公違詔敕，擅出師徒，實無人臣之禮，則其罪不可以不治。

臣謹按惠卿遭遇暴起，初不以道，幸嘗備位執政，不深惟大義報國，乃欲造非常之功，圖再進用。且邊陲本自無事，又陛下新即位，銜恤慎始，故上循祖宗以來踐阼故事，加惠邊鄙，禁相侵擾，丁寧戒諭，所以體息軍民，慰安夷夏。詔號宣布，明若日月，可謂至恩盛德，人情孰不欣戴？而惠卿以前兩府居帥守之任，所宜與國家同休戚，將順至意，以鎮方面，乃敢用貪功倖進之志，爲此亂階，大違棄制詔，虧臣子之道。其罪一也。

當陛下諒陰之中，謀動干戈。其罪二也。

受神宗遺詔未逾月，而忘哀疚之情，覬倖功賞，爲大不忠。其罪三也。

致新天子命令失信於四夷。其罪四也。

開外域之隙，至今警備未得安靖。其罪五也。

夫惠卿，天下知其爲奸人也。方命擅兵，天下之大惡，臣恐防微杜漸，朝廷不當涵養而不慮也。

昔漢之王恢，欲徼一時之倖於匈奴，故建馬邑之役，孝武許之，是恢奉詔以從事也。然終以謀出於恢，故下恢吏不赦，使自殺〔一五〕。馮奉世使外域，以便宜擊莎車，立功萬里，終以擅命不侯。蓋古之御人，慎兵法義如此。若惠卿則非如恢之請命也，又非如奉世之止於擅命也，被新詔後敕，禁約甚明，而廢格不顧，是叛命者也。方陛下嗣政之始，以威福信義懷寧天下之時，而第一命令，爲强悍之臣叛違而不從，若朝廷無所誅詰，上下不敢誰何？臣知陛下異日有大政號，將不足以令天下而信四夷，奸臣之逆命，心輕國憲者，將接迹而動矣。

臣位中執法，職在糾治奸慝，伏請以臣章付外議，正惠卿罪狀，攷古之義，依律處分，以伸大公之法，爲奸雄之戒。謹具彈劾以聞，伏候敕旨。

貼黄稱：强臣廢詔出兵則何事不可爲也，伏望深察。只於樞密院契勘見得出兵月日在三月六日赦令約束之後，虧損國威，失外夷之信，不可不行誅竄。

又稱：臣聞惠卿在赦前，曾有管勾麟府軍馬張之諫陳説出兵不便，惠卿怒其異議，奏黜之諫，於是部將恐懼。既而三月六日赦敕繼到，又有折克行引赦書指揮申説，而惠卿不聽，使克行等於四月十七日並十九日入界。

又稱：或謂惠卿恐於赦後曾有奏稟，臣以爲不然。蓋三月六日赦，計程到太原當在中旬間，而出兵在四月十七日，則必非奏請得旨而後行也。借如曾有奏請，亦是違赦；如許之出兵，亦止是三省、樞密院經歷去處，不合依從施行，而於惠卿擅興之罪不繫奏聞，皆無所逃也。

又稱：惠卿自以罪大，必將有禍，遽然託疾颺去，力求宫觀差遣。意謂朝廷雖有行遣，不過如此，故先自處置，此足以見其姦猾。今陛下若謂惠卿已是閒局，有所寬貸，乃是正中其計，則朝廷法不復可振，而悖慢之臣無復忌憚。非國家之福也。

又稱：惠卿自罷執政，日夜規圖再用。謂非造奇功則不可以復得兩府。故逢迎朝廷，專意邊事，陝西已然之禍更不復論，自初至河東，即爲將士分番之制，變亂戍守舊法，故兵制大壞，邊備浸弱。調麟府兵民遠出，以耕塞外從來兩界不耕之田，虚内以營外，坐困三州，虚張所入，欺謾朝廷。

又稱：惠卿天資凶險，其辯詐如少正卯，其姦邪如盧杞。始自小官附王安石進用，事王安石有父師之契，一日當權，遂與安石爲死讎，起鄭俠之獄，以廢逐安石弟安國。平時與安石以利相市，以私相求。及黜知陳州，乃盡以安石所通書簡繳奏上，以傾安石。棄理背義，天下賤之。兄弟前後於淮、浙怙勢殖産，脅州縣，其事非一，四海所共知。今來違敕起兵一事，尤駭群聽，實見無君亂常之心。伏望早賜誅竄，以快中外之憤。

劾韓縝

竊以聖人於天下，有一物不安其性命之分，則盡然傷之，以謂己使然也。一物失所，猶引以自任，況夫民命之重哉！是故先之以仁，後之以政，彼其有罪而入吾法，猶哀矜惻怛，不得已而刑之。夫以人君之勢，其重愛天下猶若此，況人臣分憂共治，而敢有專殺者哉！

祖宗仁愛萬方，官吏之入人罪者皆有法，而故入者特深，夫意雖有故，然猶假文法以致之也，而已爲祖宗之所不容，又況專殺無辜者哉？

臣謹按前知秦州韓縝，因飲晏至中夜而罷，指揮使傅勍持燭侍縝，入於門，縝見之怒，明日杖勍背一百，三日而死。其家持血衣以訴於朝廷，始者下本路按劾，而縝輒自有論述，然其大要雖過爲詞説，亦不能文殺人之罪。其後但聞朝廷數數有體量之旨，至於今數月矣。

臣竊以縝之與勍，雖貴賤有間，要之分職共事，陛下之臣也。勍有罪耶，則有陛下之法在，當寘有司閲實而斃之，今乃肆一時忿怒，捽首鞭背，非理踰法，杖至一百而死之。方太平之世，内外莫不畏法令，蹈繩檢，而縝以帥守，快私乘恚，蔑侮典憲，暴殺官吏，意輕朝廷，不識朝廷尚何所疑，而體量委曲如此徐徐耶？議者以縝家世，其親戚交游，多在勢貴，根株表裏，誰不爲力？使孤孑單貧無援助者，敢殺一無罪，必不優游遲久至於如此。將使延及明堂之有也。

臣又聞王韶之來，頗聲縝冤。韶昨以邊地欺朝廷，坐降一官，而縝乃保蔽以實其事，故韶極力游説，以惑朝廷，奸利相市，意在報縝。若朝廷萬有一信，則恐死冤不伸，國法不正，非陛下爲人父母之意。況縝所至暴戾，肆爲不法，殘人害物，前後非一。今邊隅未靖，不重績責，不伸勍枉，恐無以感士心而得其死力。伏望速賜施行。

劾黄隱

臣伏以國之教化，出於學校，學之廢興，蓋由師長。故聖人既建庠序，必立之官，苟非博通經術而有德行者，則不能使學士誠服而心悦之。祖宗以來，莫不慎其選任，而仁宗慶曆中最號得人。如胡瑗、孫復、石介，實爲之首，育材之效，後世有攷焉。神宗崇儒重道，大建學制，訓發經典，以幸多士，恩施甚厚。今在學學者衆多，與古争盛，而師儒之位，豈可以非其人。

伏見國子司業黄隱學不足以教人，行不足以服衆。於學之政令，惟攷校課試，遷補職掌最繫勸奬，不可不公，而隱違法徇私，事皆有狀，以致大喧物論。多於生員試卷之末立詞説，出牓以示衆，變棄義理，疑惑學者，陰附權要，奬進浮薄。故使學衆不伏，怨猜洶洶，至有騰爲嘲謗之詞者。議者謂近時學官之肆爲私枉，無若隱之甚者。按隱本無術業，使在此官，非其所長，恐不足以表率士類，奉宣教法，無以稱陛下首善造士之意。伏請罷隱職任，除一外官，以安學者。取進止。

貼黄

故相王安石經訓經旨，視諸家議説得先儒之意亦多。故先帝以其書立之於學，以啓迪多士。而安石晚年溺於字説、釋典，是以近制禁學者毋習此二者而已，至其所頒經義，蓋與先儒之説並行而兼存，未嘗禁也。隱猥見安石政事多已更改，輒爾妄意迎合傅會，欲盡廢安石之學，每見生員試卷引用，隱輒排斥其説，此學者所以疑惑而怨之深也。夫安石相業雖有間然，至於經術學誼，有天下公論在，豈隱之所能知也。朝廷既立其書，又禁學者之習，此何理哉？伏望速賜罷隱，以允清議，以一風俗。

乞不候結案行遣吴居厚

臣伏見前京東轉運使吴居厚、吕孝廉，昨於本路科斂掊刻，違法害民，朝廷罷逐其職任，按正其事，及今半年，尚未結絶，風聞勘司方於本路州縣遍行取索居厚等到任以來逐件興置，伏緣事在累年，案牘不一，檢討齎送，重爲煩擾。謹按居厚、孝廉奉使無狀，不爲陛下愛惜百姓，専以朘削爲事，剥下罔上，意在徼倖市進，民不堪命，愁怨以目。自聖明照知，二人去任，一方始有更生之意，其罪惡亦已暴著，四方莫不知戾。今覈治節次，方爲此徐徐，使外疑惑，誠恐所司有所顧望。欲乞速賜指揮，不須更候完結，徒爲追擾，據已體量到罪狀，重行竄黜，以明典憲，以謝疲氓，以戒曉諸路，使知二人不法聚斂，非朝廷本意。

乞罷蹇周輔及其子序辰

伏見刑部侍郎蹇周輔及其子員外郎序辰〔一六〕，昨日以鹽事奉使江西、湖南，而相繼創增賣額，州縣畏懼承望，皆出配抑，使人陷罪破産，數路愁怨，朝廷已遣使按正其事如聞。周輔無所忌憚，復自論列，以飾非文過。而父子方雍容侍從，出入朝省，此豈待罪者之所宜！衆人莫不指議。臣誠恐周輔等懷患失之意，或致别爲經營，以圖倖免，有失公議。伏請罷周輔、序辰現任職事，各令補外，候察治到事狀，别聽旨。

殿前副都指揮使建武軍節度使賈逵謚武恪謚議

賈逵少以氣略雄毅聞，及服事邊圉，周旋兵間，料敵致命，嘗爲士卒先，故所至數有功。皇祐中，智高擾南鄙，狄青表逵從行，歸仁之戰，青令於軍曰：「有輒動者斬。」及前將孫節覆於賊，逵度賊必將乘勝薄我，而視地形有便利可據者，即不待令，引所部疾趨之，甫成列，賊果至，因得乘高鼓噪大呼，馳擊逐之，遂潰其衆，焚城以遁。方此之時，非逵應機達變，不以全軀保私爲計，則勝負殆未可決也。

至於築堡河外以居蕃户，使免西人之所驅掠；置軍壁於鄜延，以蔽二城，杜絶寇兵臨瞰之患。在秦州及并代〔七〕，多提輕兵遊察境上，地雖險絶，人罕至者，亦必深造之。或召羌族與之較射藝，執其酋領，使還所掠，得邊民數千人，釋而歸之。以故戎人懾服，疆埸以安。

大抵其所施爲，出於忠義果敢奮決，雖有浮言流議，一不以自卹。其周扈王室，典治禁旅，嚴而不苛，寬而不弛，使軍士懷上而畏己之持法，出入二十年，無纖毫過失，寵禄倚任，克有始終。

夫謚者所以公善惡之實也。按逵之居邊也，遇事輒奮，果於有爲，時或脱棄拘攣，務以建立事功。至在近衛，則恂恂謹密，舉蹈繩檢，外内異迹，若非一人所爲者，蓋亦可謂之勝任矣。謚之法，有奮其威勇曰「武」，謹具官次曰「恪」，節惠攷行，伏請謚「武恪」。

張康節謚議

公德厚而政易簡，業隆而心恭慎，不匱於惠下，不亢於履高。夫惟簡也，所以爲不匱；慎也，所以爲不亢。公之治郡若縣，凡十有一，寬而信，敏而靖，與民之所同欲，而去民之所同害，所至有政，民愛之若父母。密州續用，尤大較著，遭歲凶饉，哺活流餓二十餘萬。

在朝廷侃侃正色，其所建明，多國之大事。如誡寵倖，擊奸權，申誣罔者，其危言正論，今落落具在也。仁宗立嗣，秉公力啓，自爲御史丞、雜以及大位，益三請之，卒至天子感悟，定策受遺，遂預有功焉。凡皆志立而後發，慮定而後蹈，以忠報爲守，不卹身利害，故多得其言。至於周旋二府，不爲勢焰，門無苞苴，客無私謁，不以富貴異廉儉之舊，不以寵利嬰清方之介，脱榮名，享眉壽，其於成物行己，終始出處，可以爲無愧者矣。

謚法，安樂撫民曰「康」，能固所守曰「節」，以公之行，合之法而參之公議，於是爲稱，請謚曰「康節」。

校勘記

〔一〕迫於非時　「迫」原作「本」，據畿輔叢書本改；長編卷二二三熙寧四年五月乙未記事作「出」。

〔二〕又自差官採漳堤榆柳及監牧司地内柳株共十餘萬　「自」原作「有」，據長編卷二二三熙寧四年五月乙未記事及文義改。

〔三〕村農惟以麥藍等燒用　同上書是句下有「及經冬泥補」五字。

〔四〕而昉等妄奏民間已料一萬餘工　同上書於「民間」下有「不用」二字。

〔五〕差本司土兵散就州縣民田内自行收刈　「土兵」，同上書作「兵士」。

〔六〕諸處無不闕事　「無」字原缺，據同上書補。

〔七〕形跡州縣　「形跡」，畿輔叢書本作「驅迫」。

〔八〕或隨馬披告助役法不便　「役」字原缺，據長編卷二二四熙寧四年六月乙亥記事補。

〔九〕並升起户等　「起」同上書作「超」。

〔一〇〕今竊見趙子幾別舉發到知縣賈蕃在任日貸借官錢與手力　「貸」原作「代」，據同上書改。

〔一一〕是以前日聖旨指令體量此事　「指」，同上書作「止」，義長。

〔一二〕廼僉緣發運使以均輸留之　「使」，同上書作「司」。

〔一三〕劾太原擅興狀　畿輔叢書本作「劾呂惠卿狀」。又，長編卷三七九元祐元年六月甲午於是狀後有貼黄，今據補。

〔一四〕莫大於發政行令而人敢違　「人」上原有「無」字，據長編卷三七九元祐元年六月甲午記事刪。

〔一五〕故下恢吏不赦使自殺　同上書作「故下吏不赦，使恢自殺」。

〔一六〕伏見刑部侍郎蹇周輔及其子員外郎序辰　長編卷三六一元豐八年十一月戊申記事於「員外郎」上有「司封」二字。

〔一七〕在秦州及并代　「秦」原作「泰」，據宋史卷三四九賈逵傳改。

忠肅集卷八

啟

謝免省啟〔一〕

比年課藝，幸據上游，今日程文，復叨優等。爰充名於桂籍，行待問於楓庭，得非所宜，愧不能稱。

竊以先王育材於學，本以取人，君子修善於身，固將從政。惟所用出於所教，故能言必其能行，詩、書所稱，豈有異致，公卿之選，悉由此途。凡其一時出長入治之庶官，固莫非六卿時書季攷之多士，待以積久，取之盡公，斯民所以直道而行，在昔稱爲至治之極。降及後世，溺於末流，以六藝爲繁文，謂上庠非急務，太常受業，徒評平日之空言；列郡應書，盡出臨時之私意。上之所求，幾於無用；下之所學，亦非可行。不知操縵之爲安，烏有畫餠之可食，曠矣千載，循乎一塗，此衰世之軌所以相尋，而聖人之道未知能復。

恭惟國家承百年之積弊，恢列聖之大猷，泛觀古今，洞見根本，謂兩漢而下所以失，由觀人以一日之長，而三代之治所由興，蓋入學者中年之攷。迺闢黌舍，以來俊英，增弟子之千員，頒新書之萬卷，春誦夏絃而經以師授，月書季攷而士由舍升，既攷之於尋常，復試之於倉猝，且環橋者億萬，不已多乎？及揚觶之再三，僅有存者。故自元豐之肇造，迄乎紹聖之纘承，雖有求者，累年於兹，而所得者，數人而已。宜獲異材之間出，以彰新法之大成。

如某者智不適時，學方爲己，徒以雙親孝養，未忘干禄之心。三舍序升，式重興賢之禮，俛首百試，旅身七年，幾成上攷之功，猶屬中變之法。頃造公選，再程斐文，言實工於前時，名亦玷於異等，知其非倖，許以從新。方虞再鼓而衰，甘爲殿後；不謂適矢復沓，優入彀中。退慙毁瓦之無功，進喜望雲之有日，蹟其所自，敢不知歸？兹蓋伏遇某官頃膺明命，兩董學宫，幸升夫子之堂，獲就諸生之列。參乎未達，方求一道之歸；偃也何如，或許片言之是。待以殊等，出於衆人。雖華塗寖進於台司，而雅意不忘於璧水，龍門益峻，猶許再登，駑馬方疲，幸叨一顧，緊餘光之下庇，使朽質以生榮。故於選掄，誤備收録，力探聖賢之閫域，誓窮師友之淵源。

謝薦啟二首

過賜寵嘉，特形外舉，自反而視，内媿以兢。惟本朝任官之公，得君子舉類之法，然取之頗泛濫而不審，故進者亦坌至而叢來，銓選困於平衡，真僞揉於一律。今之議論，舉患才能之不多，攷其源流，豈非法制之甚弊？是故近歲之講計，增損舊令而改爲。内之貴仕，凡文武之人，悉止其歲貢；外之使者，與守相之薦，均殺其常員。向舉以親民者，且俾之從軍；近所謂監郡者，皆不得應令。雖未足大清乎多士，亦庶幾少制其末流。顧進退之尤艱，亦知人之豈易？又況刺數千里之部，察十二州之官，人人飭修，家家廉茂，就而求者，當以褎然。

某昏愚之人，孤子以仕，講學不足以瀕道德之畛，爲文不足以望述作之藩，曩常有志於斯民，今已無異於羣衆，日思投劾以自去，慮煩汰礫之不容。伏遇某官以經術謨明，嘗盡心於御史，以忠恕簡重，今握節於外臺，如陵善養而材無不包，下車未幾而聽有所過。喜爲李君御，悵龍門之未登；請從郭隗先，雖馬骨而猶市。是爲不德之德，應於無求之求。敢不迪忠清之大方，安性命之常分，窮不失義，進無尸官，庶期終身，無辱高誼。

向者誤采孱愚，特形慰薦，惕然自視，愧以無容。某支離之人，孤孑以仕，學問不足以立己，才智不足以合人，比遭休明，嘗備任使，器非大受，進曷補於涓埃；恩勸後來，退猶逃於鈇質。省非無益，竊食更優，會諸公之有容，垂三歲以自庇。深惟過幸，常已厚顔，敢謂某官以清通簡重之政而綏安一方，以公明樂易之德而鎮慰羣下，乃兹不肖，上辱一言，舉不使知，仰古風之猶在；恩無所謝，愧士禮之已隳。敢不自深砥礪，無負提携。

謝館職啟

禁林課試，辱奏等之不遺；册府備員，荷詔恩之均被。名浮其實，寵至爲憂。竊惟古今建邦，率以經籍求治，蓋君臣父子之大本，而禮樂教化之所興。故建府以寶藏，且命官而典正。漢之石渠、天禄，别夫中經；唐之麗正、崇文，校夫四部。國家之盛，祖宗以來，大闢儒館而聚蒐藝文，樂養人材而增置員品，上繇番直，下底校讎，小言之則訂正國籍文字之異同，大言之則預聞朝廷政事之論議，雖清流之可貴，亦任責之豈輕？故國之用人，非以榮之而將以攷其實；士而居職，非以慕之而求以稱其官。某也寒生，出於下國，讀書薄聞乎大道，修辭有媿於古人，性愚不能以頡頏，材樗不可以鎸刻，出慕斗粟，蓋有爲貧，其猶雙鳧，曾無所補，兩河試邑，北楚從軍，顧常懷功名之心，頗亦究義命之説。踽踽自守，無意於舍龜，伥伥何從，僅同夫即鹿。

恭惟治平之特詔，並命四輔之大臣，俾類求於能儒，將器養於文館。顧惟一介之在遠，乃辱諸公之爲言，神聖嗣天，都俞繼志，所舉二十人者，無一遐遺；不越四三年間，以次召進。

惟時江湖之賤，起預鸞鴻之游，龍禁景長，玉堂春晚。地近清切，方塵觀之坐驚；事非故常，忽天題之拜賜。求之以農桑爲政之論，策之以治亂歷代之原。劉蕡忠嘉，雖不避誅夷於斧鉞；仲舒淺陋，而不能别白於文章。僅足成言，曷副垂聽？聞一知十，良謝於該通，書等入三，誤膺於題品。奏篇待罪，晝可湛恩，幾汰礫之不容，偶續貂之有取。深惟孤進，何補斯文？雖俗吏服勞，一紀始書於六考；然選人入館，本朝不過於數公。足爲幸榮，良有前地。

斯蓋某官登翊聖治，籲求俊心，高誼有加，士以爲權鑑；一言所掖，國以爲蓍龜。如薦清廟而雜用庶羞，如成大裘而畢收衆腋，致兹孱訥，曲冒寵靈。敢不迪忠清之大方，安性命之常分，退不失義，進無尸官，仰酬覆燾之私，次答陶鈞之施。

謝文太師張宫保韓大資范相公啟

奉被制書，延登宰席，循墻以避，雖極於深辭；反汗爲難，終成於虚授。此蓋某官至仁成物，盛德憲朝，服膺善人之心，能舉其類；推轂天下之士，先爲之容。常愛忘其弗堪，俾馴致於此地。據非所稱，懔不自安。師仰高風，庶立儒夫之志；瞻馳材館，莫陪下客之游。徒感愧之在誠，欲名言而莫得。

謝轉官啟

祇應寵命，積愧恩榮。伏念某諸生陋儒，四海孤進，學徒知於適道，才不足以趨時，試邑冀方，曾微善狀，從軍楚北，益乏能名。慢浪逾夫十年，日月累夫六攷，仰緊造化，獲保寒微。比投銓攷之書，以就叙遷之課，中緣詔試，擢預俊遊。書林未久乎對讎，吏部爲言其功狀，特蠲常制，就錫寵名。佐述史於蘭臺，仍校經於儒觀，皆所謂文章之選，夫豈宜疏野之人？此蓋某官弼成治猷，敷引士類，繩墨一正，材各入於輪轅；雨露所施，物不遺於蕭艾。

致兹愚品，冒進官聯。敢不益修厥身，仰奉高誼。

滑州到任謝政府啟

比承詔札，猥賜守符，驅馬過家，懷章入部。以才能之素薄，當責任之匪輕，惟感與憂，俾夜繼日。伏念某降才不腆，賦命多奇，每遭選掄，秖速罪戾，免官歸里，滿歲奉朝。豈謂聖主推匿瑕之仁，諸公篤念舊之義，屬補郡之多故，使假守以備員。當殘廢不完之餘，況事工方造之始，大非守拙所克堪承。此蓋某官因能任才，爲國造士，不遺一介之賤，兼聽百官之成。儒者遲緩養名，願以爲戒；古人造次集事，敢不自强。庶酬己知，且避官謗。

辭免右丞上政府啟

非常之恩，内省而懼。竊以廟堂之任，世所具瞻，丞轄之官，今爲執政，擢寘此位，詎容匪才。某學不高明，識惟淺闇，幸遭盛治，稍玷近班。雖殫千慮之愚，無有萬分之補，日虞汰斥，敢意超踰？名忽假人，驚如墜谷。方嗣聖之求助，適諸公之在朝，聚精會神，同德協志，固已副仰成而治矣，奚取於不肖而參之？屢貢懇辭，未聞可報。伏遇某官朝家之柱石，國論之蓍龜，願借一言，仰達天高之聽；庶回誤寵，使逃器滿之傾。

除右丞謝政府啟

比者誤被制檢，進丞中臺。名器假人，循墻而莫避；負乘致寇，反己以爲憂。矧惟省轄之官，實預政機之論，用人當否，繫國重輕。而某所稟尋常，逢辰教育，悵古人之不作，慕直道之可行，漫歷歲年，何裨任使。執法憲府，愧繩愆糾繆之風；侍經帝闈，無引古諷今之益。方期汰斥，乃此超踰。斯蓋伏遇某官謀謨信於朝廷，德義明於天下，蚤嘗借論，樂於成人。顧駑馬而一言，以倍其價；器蟠木於萬乘，先爲之容。遂致孱愚，叨塵光寵，愧感之厚，豈易布宣！

除左丞答謝外路啟

蒙被恩書，進遷位序。辭不獲命，方深非據之憂；德在成人，特枉相先之慶。内惟凉瑣，仰識謙隆，媿荷之懷，敷陳莫罄。

除中書侍郎答謝外路啟

左綱承乏，方俟於黜幽；右省躋榮，復叨於遷次。惕以自視，愧無所容。此蓋某官有德以成於人，引重而爲之地，致茲懦品，玷冒寵光。方具私書，遽詒榮問，感慙不敏，紬繹莫窮。

除門下侍郎答謝外路啟

發政西省，無補於毫分；出令東臺，復遷於位叙。辭不獲命，榮以爲憂。此蓋某官引類惟公，成人以德，務匿瑕而借論，常推轂以爲容，致此衰孱，益叨進寵。方裁誠以通悃，蒙貽問之見先，愧懼之深，敷叙難罄。

除尚書右僕射回謝外路啟

奉膺制命，延寘宰司。恭極循墻，雖自量而懇避；令難反汗，終虛授而冒居。愧不遑安，懍無所措。此蓋某官至誠與善，盛德成人，左右以容，器輪囷於有用；吹揚維力，致糠粃之居前。上何以塞厚恩重責之所加，下無以慰多士大夫之所望。深惟兢愧，啓處不遑。

鄆州到任謝政府啟

祇膺中詔，許錫左符。寬尸素之大阿，釋顛危之重負，開職禁殿，相居便藩。喬木故存，未覺去家之久；先楸所在，更諧上塚之私。獲此叨榮，過於自擇。實二聖矜憐而善貸，亦諸公輔道而曲成。遵職之初，撫心增感。重念疏愚之迹，方依陶冶之私。屬歲序之沍寒，望門闌而日遠，仰祈保衛，少副願言。

答文太師乞政啟

薦上囊封，懇還公紱。方睿眷之增厚，宜中懷之莫伸，雅詔弗俞，羣言允協。某官文武具德，廟朝宗工，風烈憺乎華夷，勳勞光於旂鼎。方雍容師席，以鎮天下之望；而逍遥達觀，以慕聖人之清。蓋唐室尊賢，裴令常爲之輕重；姬王貴老，周公不去於朝廷。願迴遺榮知止之心，少副尚齒貪賢之願。敢期謙德，過賜函書。徒敬服於高風，念難施於末議。感慙之臆，敷叙莫窮。

上歐陽觀文啟

一間門墉，屢環歲箮。泰階輔政，徒望於昭回；大鈞運和，陰煩於造化。未嘗輒通於懇款，蓋虞自犯於僭踰。恭審被命制函，均勞方國，仰旌車之甫舍，宅福祉以日蕃。某官學茹古今，才張幽渺。當今名世，孟氏自推於天；以道覺民，伊尹素爲之任。泰紫闊步，虹蜺飛光，先諸老以告猷，倡斯文而還古，憂勤許國之志，慷慨得君之忠。公府勳勞，歌咏於四海；賢人事業，效見於三朝。注意方安，露章懇謝，秩文昌之正位，職祕殿之隆名。偃息南邦，行奉袞衣之賜；歸來東土，永諧霖雨之求。某賦職遐方，瞻風前屏，春餘氣潤，淮服地清，更冀示我高明，用資陶冶。

賀富丞相啟

奉被制書，冠居台席。聖志先定，發於大明，天下傾心，仰夫舊德，休命所及，歡誦舉同。某官國家宗工，文武元老，贊襄而陳九德，皋陶夙惠於帝謨；以道而覺斯民，伊尹素爲之己任。望鎮四裔而不敢侮，勳載一府而皆可歌。緝熙百工，康保萬物，向偃藩而得謝，比均佚以彌年，曰咨多故之時，爰即來朝之詔。袞衣既襲，有光東土之歸；巖石所瞻，尊據上公之宰。宗廟增重，泰階以平。致君堯、舜而賡載乎明良，如古房、杜而無媿乎禮樂。旂常有紀，天地無窮。某自惟寒微，久在陶冶。案此下原本缺

答北京韓相公乞致政啟

薦上囊封，懇還公紱。屬眷懷之方厚，宜沖志之莫伸，雅詔弗俞，公言允協。某官出處安乎一德，勳勞被於四朝，正期袞繡之還，亟有軒裳之厭。雖心知止足，欲退慕聖人之清；而國有典型，其孰如天下之老。願回達人遺榮之尚，以副明主貪賢之勤。特辱函書，備形謙德，雖高明之是仰，愧末議之何施。

賀鄆州李太尉啟

拜恩北闕，易地東藩，戎旃十乘之容，甫聞弭節；鈴閣數人之衛，已樂輕裘。寵簡上心，歡符士論，緬惟鎮撫之裕，休有福祥之歸。某官剛厚稟中，輝光燭外。旂常有紀，功懋於姬庭；親賢並隆，德毗於漢室。均佚勞於右輔，統連帥於東方，清照兼資，長城是倚。琱戈金鉞，方重專征之權；淑旂綏章，行光入覲之錫。某里族單陋，材性朴疏，惟是鄉楸之微，實居台曜之庇。眷言天幸，獲陶沐於至仁；尚以州符，阻趨承於前屏。更祈上爲廟社，下庇兵民。

答北京馮太尉啟

賜節東吴，偃藩全魏，已下車而涓日，初開府以臨民，溽暑方熕，福基增厚。某官粹和清敏，惇大靖深。輔政三階，休烈銘於宗廟；宣勞四國，膏澤下於生民。爲時重輕，以道出處，乃眷北門之鎮，曰咨舊德之賢。上將用儒，盛齋壇之尊寵，離宫有守，符留鑰之謹嚴。國依長城，人瞻巖石。佇被繡裳之賜，弗容煖席之休。方具慶儀，首承榮問，感仰之素，布叙莫窮。

答馮太尉免新命啟

薦上囊封，懇辭帥節，方睿懷之所注，宜沖尚之莫伸。某官學深天人，德備文武，出處不渝乎一節，勳勞先被於四朝。惟皇思賢，乃眷圖舊，倚以北門之留鑰，建以南國之將旄，詔號有孚，師言已穆。願迴持謙難進之志，少副注意分憂之咨，乃枉珍函，過垂敦諭。惟高風之是仰，念輕義之何施。感服之心，敷叙安究。

答北京馮太尉啟

報成美政，孚號大廷，就更西鎮之旄，仍付北宫之鑰，上恩協稱，歡議率同。某官德在四朝，功高羣辟。人思衮繡，期政路之調元；國倚翰垣，尚璽書之增秩。忽貽榮教，具示沖懷，願亟拜於恩輝，庶仰符於眷委。感仰之素，敷叙莫殫。

答郭太傅謝宫觀啟

懇上左符，榮膺中詔。宸宫列將，莫若上衛之崇；琳觀奉真，實重養賢之地。某官學深文武，功在廟堂，夷夏想聞其高風，出處不違乎大義。殊庭謁款，聊適於曠懷；召節走趨，佇光於圖舊。豈其謙厚，特枉緘封。感愧之懷，叙陳莫悉。

賀胡少師啟

懇還公紱，得謝帝庭，升拜宫師之崇，榮尊國老之重。清風迪古，聖人究出處之歸；全德鎮浮，天下無始終之議。仰大臣之達觀，均四海以載驩。某官統概蹈中，靈襟秉哲，誠窮人物之盡，學富古今之儲，當天聖之開符，覽德輝而薦祉，泰紫闥步，虹蜺飛光。正議鴻詞，倡斯文於禁掖；嘉猷亮節，運大政於天樞。勳烈被於三朝，忠勞篤乎四紀。爛焉鄉錦，仕孰樂於過家；確乎囊封，禮弗容於賜几。沖和天爵，鎮拂世風。固將安車駟馬以游乎親賓，清泉嘉木以適乎嘯詠，逍遥賢者之樂，拱揖聖人之清。憲而不煩，方典型之所在；浩然善養，宜壽祉之無窮。某材稟下中，世親幸會，昔者先子，識寶氣於星津；其後諸孤，聯榮名於慶閥。迨兹勉强以就仕，屢辱薦延之大恩，賢哉嘆嗟，固已倍都人之慶，形於歌頌，又將酬國士之知。

賀王參政啟

奉被詔恩，進陪政論。大臣重國，畀自聖人之明；賢者得君，慰夫天下之望。陶鈞所迨，歌誦同辭。某官業履大醇，輝光外燭，非今儒者尋常之學，有古君子久大之儲。言行弗渝，求聖賢而允蹈；進退有裕，適義命之所安。禁中甫告於嘉猷，天子頗嗟夫見晚，故進處四輔而非有左右之助，度越諸老而不聞先後之言。昔之爲國者，嘗患賢之不同時；士欲致主者，或嗟才之不見用。深惟求治之日，復此逢辰之亨，明良一時，社稷盛福。某預聞休命，屬在遠方，莫遂龍門之登，願爲燕厦之賀。

問候河陽李資政啟

懇謝繁機，均勞近屏，瞻言旌旆，悵遠於風徽；畏是簡書，阻伸於郊餞。傾依之戀，紬繹難窮。

上政府啟

食浮之久，曾何補於涓埃；材散而蟠，徒陰煩於造化。去違台屏，淹革歲箭。伏惟平運萬機，贊襄九德，天相炎歷，日擁太和。某官誠格天機，德符坤厚，馴二府之注意，迪宗工之大猷。稱百官而鎮四夷，平三階而遂萬姓。發忠定策，國倚泰山之安；熙載亮工，民陶元氣之運。憂勞逾乎二紀，功業被於三朝。盟府藏勳，方茂皇天之業；中書有攷，永光巖石之瞻。某材非敏明，志已衰竭。駑馬十駕，知致遠之已艱；鷦鷯一枝，祈庇身之有地。

迎中書侍郎啟

祇事西陵，言旋北闕，適冒風霜之候，宜多車馬之勞，即遂瞻承，預深欣慰。

上中書吕侍郎奉安神御啟

恭扈威神，往臨原廟，謹輿仗侍承之職，御風霜偃薄之勞，仰冀保頤，以符瞻系。

問候中書侍郎啟

奉軒后之威容，即漢陵之别廟，扈從於邁，夙夜載勤。方冬序之始嚴，惟福基之增厚，益祈保衛，以副瞻馳。

賀吕樞密啟

祇膺掄檢，進貳幾廷，聖賢同時，朝野胥慶。某官元精毓粹，名世應期，挺特千載之英，危壓四方之雋，自結明主，雅意本朝。鎮靖西州，眷倚長城之固；經綸北省，仰資大計之煩。上方纂緒先猷，急圖極治，顧軍師之重柄，繫宗社之大謀，權出幾微，地居宥密，參議乃事，誠難其人。惟公勳閥之高，爲國老成之選，注意所在，具瞻已歸。行傳丙、魏之聲，即慶韋、平之拜。

賀宋舍人啟

奉膺詔制，榮步掖垣，賢能進升，遠近欣悦。國家號令，上應於五星；朝廷文章，遠同於三代。王言至重，國論所關，奉之以媲夫絲綸，施之以示乎戒福，誓敕軍旅而齊其勇，誥命四方而等其功。總爲贊書，其任乃古之内史，觀諸上象，其文猶天之紫微。職重而清，地高而近。精求文學之老，能達訓詞之深，發揮帝謨，如開日月之照；鼓舞神化，以肅雷霆之威。惟今得人，與古同盛。某官言高壇宇，道濬淵源，研摩六藝之歸，博極九流之要。校文册府，克家素重於劉歆；視草禁塗，繼世雅同於賈至。實聖賢之盛際，增臺省之榮光。典贍應機，宜有五王之册；清修素履，早探二酉之醇。欽聞寵章，曷勝歡誦。

答韓左丞免新命啟

伏承詔綍，進總臺綱，四輔得人，多士相慶。某官高才應世，一節承家。論議有經，推丙侯之寬大；險阻不撓，抱胡公之中庸。亶世德之逢辰，偉聖朝之求輔，遂膺帝簡，入秉國成，顧枉誨音，具形沖尚。願亟承於涣渥，庶仰副於虛懷。感頌之深，敷宣罔悉。

答蘇左丞免新命啟

側承明詔，登用舊儒，四輔得人，多士交慶。某官治行高妙，誼蘊粹深。蚤以繼世兼人之能，蔚有先生長者之望，白首一節，清明四朝，士心所居，上簡攸在。玉堂典誥，極將明之功；幃幄侍經，多道義之益。肆疇賢譽，來秉國成，顧枉誨音，具形沖尚。願即承於涣澤，庸仰副於虛懷。

答胡右丞免新命啟

光被詔綸，入司臺轄，寵章誕布，歡議率同。某官學足以洞先王之微，知足以經當世之務，心兩忘於出處，節一致乎險夷。時然後言，天下服其忠諒；義形於色，朝廷爲之尊嚴。果奉眷圖，進承幾政，士相爲慶，民用具瞻。惟聖主得賢，方側聽諸生之頌；而君子難進，尚未承三揖之求。特辱誨音，具形沖尚。願亟膺於渙渥，庶上副於虚懷。

答王右丞免新命啟

丕承帝簡，參秉國均，成命式頒，輿情交慶。某官德業致位，方正立朝，文爲儒者之宗，望出廷臣之右。周旋國器，揚歷禁途，京兆攷功，德威夙著；文昌典政，績用有成。果膺綸綍之音，入拜丞疑之任，至公所屬，枚卜已從。佇觀久業之施，以副具瞻之意。豈期沖旨，特示巽詞，願即拜於寵章，庶上符於睿眷。其於感服，紬繹奚殫。

答陳州傅待制啟

拜職延閣，請符近藩，亦既下車，云初開府。某官誼藴閎博，德名光華，弗渝之誠，貫於金石，後凋之操，見於雪霜。以奥學侍經幃，以大節專憲席，國所倚以立邪正之辨，士所賴以識是非之歸。懔然清明，無所吐茹。出處有道，佚勞斯均，即被鋒車之還，豈容坐席之煖？敢期謙眷，特枉誨函。

答河北都運顧待制啟

陞華延閣，杖節北陲，涓日之剛，下車云始。方暑序之煩鬱，惟福基之靖康。某官學誼本經，文華貫道，險夷一致，義無愧於神明；出處兩忘，節不渝於風雨。輟柬臺之獻納，付朔部之澄清，行以節趨，豈容席煖？方斯誠懇，遽辱貽書。感仰之懷，敷叙安究。

答永興李待制啟

被寵制書，陞華延閣，兼提請詔，就帥全秦，伏惟慶慰。某官學通古今，材適正變，名實高於士論，術業著於吏師。以從官之嚴，盡護諸將；以元戎之重，外總十連。坐收靜勝之功，行被節趨之召，下車云始，滕翰見詒。慶仰之深，布宣難悉。

答江寧蔡待制到任啟

更賜左符，徙臨近屏，涓辰受事，視履介祥。某官望重士林，學優聖域，禁塗陟降，日告於嘉猷；南國蕃宣，勤敷於惠政。茲惟易地，益便均勞。恐席煖之未遑，以節趨而來起，豈圖謙德，遠貺書音。慶感之深，布叙奚究。

校勘記

〔一〕謝免省啟　按此啟有「故自元豐之肇造，迄乎紹聖之纘承」句，紹聖時劉摯屢遭貶逐，並於四年去世；又有「如某者智不適時，學方爲己，徒以雙親孝養，未忘干禄之心」云云，據宋史本傳，劉摯「十歲而孤，鞠於外氏」。均與劉摯生平仕履不合，疑此啟非出自劉摯之手。

忠肅集卷九

啟

回鄭學士啟

試可榮庭，進明儒館，伏惟慶慰。某官樂道深造，修辭大醇，覽皇德之光輝，收士科之高妙，儒雅政事，羽儀朝闈。惟蓬萊幽祕之廬，蓋賢傑萃升之地。尚書給劄，獨善於奏篇；廣内校文，寵躋於華貫。盛兹得士，實繫斯文。雅意不遺，嘉音爲貺，顧馳誠之獨後，荷推禮以見先。

回孫學士啟

賜命帝庭，升華册府。郵音遠布，士列榮觀。某官識貫天人，才爲國器，文章純簡，雅得聖賢之歸；議論深閎，能通古今之變。洪惟上德，崇右道真，垂精藝文，留意儒館，專賞不靳乎金幣，遺編具積於邱山。嘗謂久於寶藏，慮或魚蠹，以簡編之脱爛，則義理不屬；以文字之重複，則句讀可疑。務得人而删修，將垂世於永久。登用豪傑，整齊缺訛，鉛槧功施，是非堅定。劉歆經術，總七略以諭人；班固史才，别九流而原道。寵遷廣内，位正清塗。遡聞休命之行，增喜賢才之進。

賀鄭内翰啟

拜命黼軒，躋榮鼇禁，仰聖賢之盛際，發中外之歡言。某官性德淵靈，文章英發。當今名世，孟子自信於天；以道覺民，伊尹素爲之任。忱明足以御萬變，恬靖可以敦薄夫。氣莊而仁，有古大臣之體；節安乎義，非今進者之心。仰聖旦之右文，闢玉堂而宅俊，職備顧問，地親禁嚴，陟降夙夜以奉乎清光，言語學術以謀乎密命。惟時授受，繫國重輕。亶惟天下之才，增大朝廷之任。五直一僚，方視草於鑾扉；泰階六符，期亮工於天秩。斯文所主，於道大光。某椎然賤生，晚出門下，菁莪長育，常費阿陵之仁；大厦穹隆，不無燕雀之賀。坐縻吏狀，迹遠台廷。

答計内翰啟

被恩宸檢，入直禁林。朝盛得賢，士相爲慶。某官誼藴通博，文章秀醇，出處有古人之風，勤勞得多士之譽。簪筆持橐，豈惟求論思夙夜之功；論道經邦，遂將副左右弼諧之託。無緣慶謁，特辱誨函。感頌之私，敷叙難罄。

回趙内翰啟

榮趨使節，召直禁林。進德則朝廷尊，大孚於士議；承家以儒學顯，尤重於世官。某官文章秀醇，誼藴浩博。立朝方正，得多士之望；以道出處，有古人之風。潤色論思，豈獨求語言之妙；弼諧左右，遂將膺公輔之圖。枉飛蓋以見臨，辱緘牋而申貺，寵綏無似，感佩難名。

賀崔直講啟

已奉恩書，入趨召命，得人之盛，有光朝廷，逢辰之亨，下勸士類。某官敏識好古，純履蹈中，學誼造夫經綸，文章底乎述作，綽然廣譽之弗願，而有大臣之爲言。幕府賓筵，階榮於賢路；廣文師席，傳暢乎道真。出處是宜，名寵相得，不遺遐外，見枉緘縢，佩風誼之相先，極懦衷而增愧。

上揚州王密諫啟

近赴山城，獲趨藩府。籍龍門出入之舊，拜台曜熒煌之文，未遺疏愚，見遇優厚。嘗枉事而臨寵，繼加豆以從容，銜德重深，以心銘鏤。朅來敝邑，恭承簿領之初；託在下風，有意光休之被。矧敝封之密邇，繫帥節之統總。炎序方蒸，福基增厚。某官傑然望實，華於盛明，文章天下之宗，道德禁中之老。十連有帥，聊故國以均勞；四輔爲鄰，竚嘉猷之入告。更冀爲國自重，副人所望。

賀馬諫議啟

被恩宸詔，進職諫廷，寵簡上心，歡符士論。某官清通迪哲，儒雅蹈方，覽盛德之光輝，進由直道；奮大賢之事業，見於四方。惟時諫諍之員，上繫國家之體。樊侯將明於周德，望之謇諤於漢廷，人物之難，古今爲重。惟高誼之甚盛，協寵明之所歸。臣有七人，寧久外臺之寄，召以三節，竚陪近輔之鄰〔一〕。

問候長沙燕諫議啟

越去台垣，洊更歲筦。瑣然羇賤，困南北之無歸；仰止光塵，徒昭回之在望。比審輟班漢省，分節楚都，下車逾時，已洽宣於治效，卧閣緩帶，惟日擁於天祥。某官質方而清，樂易以正，善行足以帥世，恬節可以鎮浮。山甫將明，内裨於衮職；望之謇諤，世補於郡條。

國優宗工，士望元老。南邦是式，雖樂於均勞；小毖有求，方隆於舊德。行趨召節，入輔大猷。某早以無庸，獲出門下，方賤官之有守，叩前屏以無階[三]。

問候唐殿中丞啟

輟從憲臺，分符藩治。下車周月，視事協辰。獲藉餘光之依，實深私懇之附，惟始夏之清暑，仰休履之攸祥。某官奮覽德輝，出華王國，以富文典學，羽儀於朝闈；以純概大忠，擢倚於御史。論議聳聞於天下，剛方能世其家風。故事避親，聊貳方州之治；清衷思治，行膺召節之還。某榷然孤生，且出門下，雖登龍之願，未獲賤私，而賀厦之心幸依鄰庇。

答西京留守啟

申畫郊圻，地隆於京邑；保釐宫鑰，禮重於居留。某官勳績著於本朝，威聲憺乎殊俗。賢輔繼世，克有扶陽之風；德化同時，復居大馮之後。使節戾止，民謠藹然。行且詠衮衣之歸，於以增巖石之重。方修慶牘，首祝華緘，荷德意之相先，撫愚衷而增抃。

答西京留守到任啟

奉被申檢，保釐西郊，涓辰之剛，視政兹始，伏惟慶慰。某官功施宗廟，澤被生民，方注意於太平，俄均勞於近輔。上眷東洛，地嚴別都，守橋寢之山川，謹漢宮之筦鑰，非夫勳德之重，曷稱居留之崇？方厚顧懷，行膺召拜，傾頌之懇，布叙難周。

答外州前宰執啟

拜恩中檢，移節名邦，亦既下車，云初開府。方暑時之蒸鬱，惟福履之清嘉。某官德被華夷，功施廟社，上之泰階平而六氣正，下之萬物遂而四民康。比偃息以均勞，繼盤桓而易地。恩隆於義，周公之過親親；時止而安，孟子之心綽綽。日佇衮裳之眷，來還鈞軸之尊，永綏斯人，益究遠業。方裁誠而修問，蒙過顧而貽書。感仰之懷，敷陳難喻。

答永興安撫啟二首

分閫偃藩，下車開府。周以上公分陝，外率十連；唐以宰相臨戎，總護諸將。某官變通而裁以義，剛厚而本乎仁。賢業著於三階，膏澤加於四海。出處以道，逸勞是均。金鉞專征，聊寬於西顧，繡裳入署，即慶於東歸。益峻具瞻，永綏全盛。方裁愚訥，首枉誨函。感仰之深，叙陳莫盡。

論本朝屏翰之勢，莫重關中；推元帥統馭之才，誰出公右？某官厚德世矩，高文國華，動勞昔著於秉均，風烈今高於分閫，撰辰開府，闔境嚮風。雖上無西顧之憂，而人有東歸之詠。方圖修問，首沐貺音。佩荷之誠，布宣難究。

回運使趙司業啟

輟自成均，按臨東夏，凡居庇賴，孰不欣瞻。某官風節著於南臺，名實高於東觀。虞庠教育，樂於得才；漢節觀風，慨然攬轡。皇華在望，黎庶傾瞻，欣忭之私，叙陳莫盡。

賀吳省副啟

奉膺恩檢，榮貳計廷，伏惟慶慰。某官業藴端閎，風徽敏裕。唐學士之清選，望重士林；漢使者之觀風，才高課等。惟時司會之府，實制中邦之財。調度虚盈，聊煩於鈞畫；弼諧侍從，行賴於謨明。慶頌方深，音封首及。長荷相先之顧，第增不敏之慙。

問候宣州宋少卿啟

報政中宸，解符大國。秉圭入覲，趨節還臺。久叨鄰庇之餘，深極歡誠之附。某官民物先覺，國家宗工，忱明之才，素高於吏表；清重之德，雅鎮於世浮。三年小謝之邦，雙闕子牟之志，治有異等，既奏於計書，入補三公，行光於故事〔三〕。兹云云。

開封府迎國信使啟

奉將聘節，來會慶辰。涉春夏之清和，勤川涂之跋歷，茂惟嘉祉，休有善祥。聖德開誠，時紀露囊之節；寶鄰修睦，歲瞻軺傳之華。首夏在辰，修途久御，伏承飛蓋，已次近畿。深惟徒御之勤，小展饎羞之勞。伏審慶禮迄成，歸輈載御，居官有守，出祖無從，已具菲儀，庶伸餞禮。

上張安道啟

過聽庸虛，特有論薦，褒辭浮實，媿汗溢顏。

某官文武宗工，廟朝大老。謀猷本正，深簡於清衷，出處惟時，不渝於直道。生民所望，以惠綏而康保；君子所恃，以宗生而依歸。繫時安危，同上心德。夫人而立於世也，其重如此，則士之出其門者，將誰爲宜？

如某性資滯冥，學術淺陋，不爲枉尺，雖緬慕於古人，未可與權，故難諧於世用。比從謫籍，復被恩書，俾脱迹於荒遐，獲備員於左右。區區自效，願竭於斗筲；泛泛無裨，終同於梟鴈。矧以憂患孤危之迹，立於得失利害之途，非由藏垢之深，安得庇身之久？永惟過幸，已不自勝，敢謂高明而有容，忠恕以行道。察其所履，未至於小人之歸；疑有可收，遽屈以國士之遇。欲使孤進，辱借一言。馬骨本駑，顧眄以倍其價；鐘聲既啞，調審以發其音。敢不迪忠清之方，慎義利之嚮，退不失志，進無尸官。

上蘇子容啟

某罪戾之迹，沈廢已甘。誤蒙國恩，既還其職任，又得門下，以爲之依歸。内自省循，曷勝感幸！

某性學中下，材資闊疏，早游書林，旋備憲府。不佞薄聞於大道，竊思有補於斯民，無益聖辰，自投謫籍，官趨三楚，地近五谿，冒險風波，幾於萬里。庇身筦庫，及此四年。敢興去國之嗟，但積素餐之愧，豈期霈宥，不遂棄遺。

某官道德深造，文章大醇，非今儒者尋常之爲，有古君子遠大之識。周旋獨立，義無愧於神明；出處兩忘，節不渝於風雨。輟承明之近直，保留鑰之别都，泰然忘勞，恬以卧治。

念昔龍門之峻，蓋嘗許登；於今燕厦之成，敢無自賀。

上王潭啟

一暌門坂，幾易歲元。奉緘縢之私，曠時而禮不講；懷通德之重，愈久而心益勤。律中春陽，氣暄澤國。茂惟福履之相，休有天祺之繁。某官明敏中和，淵忱莊厚，善政師乎當世，高行鎮夫末流。潁水再來，有次公之寬惠；南邦是式，如申伯之蕃宣。久矣佚勞之均，隱然中外之望。某忝恩中檢，貳計外臺，望大國之睚眦，冀餘光之可託，良深幸會，尚遠參依。

書

謝舉薦書

伏蒙知聽之誤，辱賜慰薦。自視愚陋，感媿曷已。

某聞古聖人如堯者，以知人爲難。當二帝時，其民淳以直，機僞不作，其内外厭然如一。以堯之聖哲，而其民且若是，宜若易知然也，其猶曰難者，豈堯不以知人自任歟？世降三代，士尚名譽，乃始矯性徇物，申僞情，立奇節，以求聞於天下。浸淫習俗，靡然以至今。今天下教化益不行，士生不知禮義榮辱之大分，日益惕迫於外物，而失其性命之守。作於外者，或不可求之於其中；見於頃者，或不可覆之於其久。出彼入此，以奇合正，欲左而右，求白問黑〔四〕。傴僂而希合似和，拒閉而爲我似介，默然而無能似德，皎然而屬物似才。風俗世變，君子日少。世之職在進退士者，頗不敢以風鑒自任，時時援堯以藉其口，而國家之意，亦不以聖人所難者，求人於必能。故官人保任之法，無大賞罰，惟受賕者同坐，舍是一切不卹。嗚呼！人遂不可知歟！

夫大人君子能養諸己，故有以待於外，明吾之性以觀人，充吾之誠以知類，物來而應，情至而格，以一迎萬，以虛觀動，如鑑燭物，如機釋括。守之以至信，繼之以無吝，彼真僞千百，雜然前陳，將自我而變化，烏有難知者耶。孔子曰：「聽其言而信其行」。孟子亦曰：「吾善於知言。」

某不肖，貧無以生，勉强而仕，其性頑惰，不可鐫刻，顧自知已審矣。而無所望於當世，明公下車，遽收齒於門下之録，豈疑其有可取而取之歟？是特矜其孤立，察其所爲，不至爲小人之行，遂欲挈而使之有以自振歟？推聖人不求備之心，故不深責以吏效；知易象失前禽之吝，故不顯比於所應。若茲無譽之地，或當雅意之取。敢不守忠信之大節，安性命之大分，進無媿於禄，窮不失乎義。某之所欲無辱於門下以爲報者在此。

記

楊氏樂養軒記

巴陵楊君總公元尉江陵之石首，治東軒於其廨中，以奉二親，而名之曰「樂養」。

楊君修身力學，爲名進士，起而中科選，其禄雖約，蓋無欲然於義者，斯固足以爲親之喜。由邑以望其鄉閭，才百里而遠，伯仲六人皆服儒，其已仕者又皆在夫左州右邑之近，安否之問，日交至於庭闈，而君方以勤毖外服於公家，以恬正事其上，以和信得其朋友，無一可爲親憂者。入於閨門，怡聲妥節，先意以候親之所嚮而恭順之。至婦子侍御，化君誠孝，相與以給其力。故凡以佚氣體而遜心志者，非有三牲八珍撞鐘列鼎之富，與夫金玉文繡之麗而後然也。隱冠靚服，慈顔壽髮，軒堂之上，對几而居，僊杖而游，其色辭笑貌，油然而順適，祺然而夷預，以安饗乎子職之奉。嗚呼！養之道不在乎物，惟盡誠以得其親。斯天下之深樂，雖富貴遂其欲，有不能以致之，而君之所自得也。

人知楊氏之慶，而不知君之樂於心；知君之樂矣，或不知君之所以致其樂。君於是以屬府從事劉某曰：「願有述。」乃推其心之所以然而序之。既又歌之以詩曰：

孟軻有至樂，父母兄弟間。曾參稱能養，豈謂口體然。二者任君家，寓意名東軒。啜菽盡子道，綵服承慈顔。潑潑水中魚，采采江上蘭。誠至物則腆，君子得親歡。

南嶽御書閣記

南嶽釋文政，於其所居勝業寺建大閣，置太宗皇帝御書其上，來請文爲之記。

竊嘗讀國史，恭惟太宗皇帝以神武聖謀嗣太祖開基撥亂之後，薅洗四方殘餘之孽，曾不數年，天地清明。兵革偃而法度修，嘉與天下同休息乎無事。文武二者，思有以張弛之。於是嚮用儒學，尊尚經術，觀書稽古，多所述作。於其閒暇，則又玩意於翰墨之間，凡所謂退朝之樂，皆不以易此。至真宗始聚其書，詔儒臣章別次第，著定爲一百二十卷。刻之金石，副在有司。又以分藏於天下之名山，凡道宮佛寺，往往得被其賜。每歲推恩，度其守藏之學者一人，至於今且八十年矣。嘗得即其書而觀之，蓋其所自論著，爲世謨訓者，固皆原於道德之意。而其餘書帖亦多雜取六經、諸子之要言正論，至或選摘衆流異傳佛老之説。説雖不同，要皆有益於修身治心爲天下國家者。以是私嘗推求聖人之意於道德教化，其心蓋未嘗須臾離也。故雖當閒宴，猶從容發見於揮毫之際，然則又知其所以勤勤於文墨者，豈獨以爲娱樂而已哉？自書之頒布，其藏之者，或以旁廡庫室，禮事不謹，徒知蒙被其澤，而不知尊安振顯之，甚非所以報盛德之賜，揚萬世之休。間有知此者矣，或未知聖人之爲是書，其心之所存蓋如此。於是既嘉文政能有所建立，以致臣子之奉，又嘗與之論是書之所以然，故書其本末，俾刻石於閣下。

熙寧七年二月太子中允監衡州鹽倉臣劉某記。

臨湘縣閲武亭記

祕書丞衛君塾，字文叔，治岳州臨湘之二年，以書謂余曰：「使天下不如古，吾知其有人焉。謀己而偷者，固漫不省利害，及夸而高言。」又曰：「吾方志遠大，彼細務瑣瑣，烏足爲是。二人者相與從事，積微寖著，天下頽政，何可勝數？吾則不敢，吾之邑右帶長江南，東地大倚山，民剽猾輕爲盜，既慙古人，不能使民不爲盜。又不知禁其已然，尚曰爲政耶？縣所賴以索盜，有所謂弓手者，今在吾籍八十人。前時聽其便私，散居廛閭，呼調不一，難以應猝，及去而擾平民。今吾能不取官與民，作區屋以萃之，凡若干，統以大亭，牓曰『閱武』。以時臨視其藝，衆既團隸有地，稍稍就律，其材漸若可用，而無里巷講競犯法之患。此縣令小事，非以爲功。然願有記告來者，使勿廢而已。」

嗚呼！余知君不好小事名也。雖然，罔忽諸小，然後可以任夫大，俾天下得縣令皆用心如此，循而望古有路矣。即以其所以謂余者書之亭上。

壽州學記

今上臨御四年，詔有司始以經義取士，增太學、郡國學官，設三舍。既十年，閔學者之未大成，法雖立而教養之意未盡宣，乃慨然更新之。自太學始，其法損益可論定者著之書。曰敕，曰令，曰式，選建官推之，其弗可者，使輒言上。天下之士，於是益曉識上指，至者輻凑，視舊所增，蓋以千數。

方是時，膠西韓君晉卿，守壽州一年矣，君材强敏，至州閱月，視州之學，歎其庳隘，無以承明詔，迺得轉運判官廢廨，請於朝遷焉。日與通判州事新昌石君麟之躬自臨治，經地度材，新故相參，公無調費，人不知力，凡爲屋百一十楹。孔子廟居其中，師堂、生舍列其旁。賓有次，射有圃，樓廡庖湢罔不具。邦人既享學之成，皆大説喜。君曰：「未也。」爲具道天子所以養士意，勸掖率厲，使及時進於學。又請建官爲之師，遂以其事屬余記之。

蓋吏不得良法而行，法立而淺聞，弗能究宣，皆甚所悼也。以上所建立且十年，而太學猶以故未就緒，郡國尤闊不聞問，私嘗疑其説。今太學更令，幸親睹其始，而壽州之請亦適至，故樂道其實，記二君首能不失職，以告凡吏之忽此者。

嘗聞之：天下之事有甚盛極利，特以施設盩其本而效不著者，可以條數，而其一學校是也。學之論曰，置生欲多，賦廩欲豐，課業欲勤，糾禁欲嚴，如是以爲盛。此言可爾，尚所謂見其末而忘其本也。恭惟上之教士，始於一好惡，明是非，嚮經術，俾士知所趨，而後申法令以輔焉。其法之詳，又使論者無不厭。此所謂末與本稱，本末具而猶曰效不著，則尚誰任其咎？是惟吏不奉宣故也。

抑聞之：道可言而不盡可言也。故六經而下，傳載不可盡，則古人固以待後世之自得也。今士以經進，裦然待舉，聞其言矣，卓然有得乎古人之所待者，豈嘗有人乎？而末之見也。夫本所求者士，士志於道，而不加力乎所自得，則雖侈廟學，嚴法令，坐聖賢而師之，猶爲觀美而已！豈上所望者耶？然則咎非特在吏，而學者其可以不思？是故並以告焉。

元豐三年十月記。

家廟記

元祐六年，議者謂河間劉公歿於衡州，藁葬僧寺，因其地所在，其後汶上之葬，招魂而已。此議既興，聞者無以明其不然，或以問其孤某，某曰：「此事未嘗有也。」然此言必有所起，以今觀之，實狀可按驗者四，事理可察見者三，而議論所從起者一。

昔公以祕書丞治道之江華，子男某未冠，而公夫人之季弟進士陳孝若實同行。踰年，公鞫獄於衡，得疾不起。訃聞，孝若走衡，與郡所委官吏葬於花藥山僧舍。事畢，孝若返江華，挈其孤。而夫人陳氏前亡，權厝在縣，至是議以其喪北歸，經由取道。復俱至衡。會公伯兄鄉貢學究允恭，率其子鄉貢進士延年自鄉里亦奔訃而至，衆與其孤定議，火化爲兩函致其喪，使孝若、延年扶護陸走，而允恭買舟載其孤以歸。允恭父子與孝若今雖死，其妻若子若孫若族屬皆在，悉見其事。實狀可按驗者一也。

允恭與其孤既至汶上，而外氏祕書監陳公希古尚無恙，遂留諸孤，鞠養於家。而延年獨護喪陸抵永静，安厝於僧寺經藏院。其主僧曰某僧，判官曰永善，小師曰文昌，及其徒甚衆。某歲時自鄉而往，展省祭祀。凡永静之親屬故舊無不見之者。自康定戊寅至熙寧庚戌，凡三十餘年。歲月久遠，不容僞爲。實狀可按驗者二也。

熙寧庚戌，既卜葬於鄆。某躬至永静，迎公與夫人之喪抵鄆，權厝於僧寺，西禪院僧崇賢，及其徒亦甚衆，今多存者。實狀可按驗者三也。

熙寧辛亥八月，某舉葬公與夫人之喪於鄆之須城縣大谷山之原。親族故舊鄉人送葬者，先後凡數百人。改造棺槨，增易衣衾，與凡送之事，人人爲助。初無招魂之事。借令人有不幸，旅櫬亡失，則招魂變禮，亦古今所有，不必遷就以諱其事。自須明設招魂之儀，顧豈能隱於鄉閭親族故舊之間？若一有此意，人誰不知者？凡今汶上之人，皆可詰問。實狀可驗者四也。

實狀如此，然聞之者難使人人往按其事，則又有事理灼然，可以一言而虛實立見者。初，公之亡在寶元二年八月上旬，孝若聞訃而至，復走江華，猶在是月。某及鄉里親屬皆會於衡，在是年冬。孝若以數日之間，權莀僧舍以待復來，其勢安肯遽然卜地殯葬，遂爲久遠之計？某與親屬既至，三數月間，又安得遽已失其地之所在？況郡委官吏實預其事。事理可察見者一也。

熙寧辛亥七月，某由御史謫官衡州，八月賜告於朝，許葬訖之官，明年二月到貶所。誠如議者之言，謂心知留殯於彼而未獲，則得官於衡，正訪求之時也。豈有身將往而不少俟，先爲招魂虚僞之計，既葬而又往返訪求？參之人情，殊無此理。事理可察見者二也。

某與伯父、從兄、舅氏之在衡也，夫人之喪先自江華焚化。扶護而至。豈有夫人之喪則扶護以行，而公獨留殯於經由羇旅之地？謂貧不能舉喪而歸，則卜地殯葬，與舉喪而化之，其費孰多？謂皆留殯，則江華何獨無夫人之殯？且陸走兩喪，何自而得之？事理可察見者三也。

雖然，議論如此，必有所因而起。某之官於衡，凡州郡召宴於花藥寺，常以舊經菆厝，辭不敢往。或曰：「位次非一，惟所菆之舍則宜避，一概避之，非也。」故嘗究尋菆舍之所在。衆曰：「菆寓之日不多，而歲月經歷已遠，莫能記矣。」訪求之議，其殆起於此乎！知之審者，謂所以訪求之意如此；知之略者，與展轉相傳而知者，遂皆以謂訪求殯葬之地而不獲也。然某在衡三年有餘，以及元祐，幾二十年。初不聞有此言，逮蒙恩任使，責望既重，始有藉此言而至者。元祐五年，有僧某至京師，自云花藥僧也，山前近得一墳，林木甚盛，指以爲劉公所葬，願得奏賜紫衣。始聞之駭然，徐令詢問，攷其證驗本末，皆無所有，知其爲誤妄明白矣。欲延見之，則其言無實；欲言於有司治之，則干求希望之情，類此者非一。因使人諭以本末謝遣之，愧怍而去，其後不復見之。然人遂多傳其事者，或信或不信，大抵皆自寺僧發之。此議論所從起者一也。

某不孝，所以顯揚其親者不著，而使此言在人，某之罪大矣！不可以有加矣！雖然，言在人而欲人人曉之，力不能也。存其實以待察，則可得而勉焉。故私載其事蹟本末，與公及夫人之誌銘，並藏於廟。

元祐六年十一月，嗣子觀文殿學士、太中大夫知鄆州充京東西路安撫使某謹記。

鄆州賜書閣記

元祐七年正月乙未，臣某言：「臣所治鄆州有學，學有師生廪食，而經籍弗具，非所以訓道德，厲人材，願下有司頒焉。」詔可。州迺選於學，遣二生聽命，粤十月甲申，得書二千七百卷至自京師。州人學子，頓首幸甚，請紀其事。

某昔者結髮就師，從先生長老姜潛、劉述、龔鼎臣輩治經藝，習文辭，上下凡十餘年，實在是學。於時少長嚮勸，程課甚密，而書籍殊尚缺，然至嘗外假穀梁春秋傳、范蔚宗漢書手寫讀之。其後出入仕宦，又餘三十年，假守復來。覽觀廟學，雖舍宇有更徙，而風致宛然如故，學生三倍於昔，振振焉，洋洋焉，甚可觀也。顧太守老矣，無益學者；又不能勸駕隱約之士，顯之朝廷。徒幸遭遇天子崇儒右文，加惠學校，又以某常待罪左右，素憐其愚，所請或不忍輒報聞罷，以是故能爲諸生獲此賜書。事雖適然，而上之所假寵，有在乎是。且學興於景祐戊寅，實在慶曆立學詔令前，歷年最久，盛冠東方，而未有是賜，如有待者，是誠不可以不紀。迺即學之中，構爲層樓，樓書其上，而經傳百家篇帙之名數，與典領禁戒之法皆揭之。使以時攷之，若夫身與諸生從事講誦。識其大者，毋爲書羞，則有學官在；而探討勤怠，有得無得，則又在諸生自爲之。某也尚欲何言歟？夫閣之工費細故，皆置弗論，獨敍其本末，以告凡在學之士與後之人，使勤守焉。

八年正月癸巳，觀文殿學士、太中大夫、知鄆州事劉莘老記。

校勘記

〔一〕 竚陪近輔之鄰　文淵閣本、畿輔叢書本此句下有「方具私書，先具教幅云云」十字。

〔二〕 叩前屏以無階　同上書此句下有「伏冀云云」四字。

〔三〕行光於故事　同上書此句下有「某限兹云云」五字。

〔四〕求白問黑　「問」原作「向」，據畿輔叢書本改。

忠肅集卷十

序

荆南府圖序

江陵府於禹貢爲荆州，於分野爲鶉首，於辰爲巳，於春秋屬楚，爲郢都，文王自丹陽徙之。於秦爲昭王所拔，徙置南郡。於漢爲荆州，武帝置刺史治於此。於魏其地爲吴、蜀所分，而荆州之名，南北兩立，魏治南陽，吴治江陵。晉以荆州治南郡，梁湘東王繹承號建都，尋爲元魏所陷。隋大業爲南郡。唐平蕭銑爲荆，乾元元年置節度使，上元中爲南都，天復中，以高季興爲留後，梁祖授以節鉞。尋通吴、蜀，築城壘爲僭竊計，後唐莊宗封南平王。季興卒，子從誨嗣。誨卒，傳子保融。融卒，傳弟保勖。勖傳融子繼沖。五世通五十七年。而皇朝一天下，建隆四年，沖納土趨覲闕下，移鎮徐州。

府境東西五百五十里，南北七百五十里，領江陵、公安、監利、建寧、石首、松滋、枝江、潛江八縣。主客户總五萬四千，夏秋賦租通四十二萬三千貫、斤、石、束、匹。兩府縣官六十四員，牙吏若干。屯兵三十五指揮。外城周十八里二百一十六步，濠深一丈二尺，闊二十五丈。子城周四里三百一十五步。倉庫場務内外五十八，左右廂八。坊巷五十四，橋梁内外六十六，江湖四十七，祠廟七十一，宫觀二十七，寺院五百五十。

漢地志曰：「楚有江、漢川澤山林之饒，民食魚稻，以漁獵山水爲業。」隋志稱：「荆人勁悍決烈，蓋天性也。然地據上流，故三國争之，而民苦於兵。」自唐至德以後，中原多故，鄧、襄之民與兩都衣冠多趨荆、楚，故人物始盛。乾符以來，遂爲戰巢。高氏於兵火瘡痍之餘，招徠撫集，數十年間，逮爲王民。歷太平者又逾百年，教化涵養，安佚而富庶，凡浮江下於黔、蜀，與夫陸驛自二廣、湖、湘以往來京師者，此爲咽喉。又兩蜀之人出而宦游者，多家於此。是以今最盛，爲西南一都會。其游觀獨龍山渚宫號稱勝地。

民間不務蓄聚，不幸小遇乾溢，往往轉徙而瘠。其人尚鬼，病者先巫後藥，其亦習俗所安歟！暇日繪府爲圖，因題其概。治平甲辰觀察推官劉某序。

文瑩師集序

文瑩喜讀書，才思清拔，博知世故，久以詩聞於人，而不知其始何爲落於方袍中也？夫萬物受材分於天者，必皆有職，若瑩者失其職矣。

予以嘉祐三年，識瑩於荆州。後八年，治平之丙午也，予入荆州幕，而瑩亦在。既別去，又三年，熙寧之壬子，予南竄，復遇於長沙。是歲遂訪予於衡陽。蓋相與周旋二十年之間，其詩每見而每精。嗟夫！瑩老矣。以其平生之所學，與其高明之才，既皆無所用於世而一措於詩，宜其所得如此，豈所謂詩待窮而後工者歟？雖然，其辭氣象巧，尤不覺其爲窮人老夫之所作，是可喜也。

自翰林鄭毅夫爲其集叙，而其後至於訪余也，又出若干篇以爲後集，曰：「爲我題之。」而其作猶未已也。昔滄浪蘇子美嘗稱其作曰：「篇篇清雄，有古作者氣態。」而鄭公之叙曰：「不類浮屠師所作。」以謂往往似杜紫微。二公之言如此，爲天下取信，余尚何辭哉！獨書其所以與之離合之故，致余意焉。癸丑夏五月題。

雜著

興龍節疏

律旋大呂，氣應二陽。聖運超期，適契千年之命；梵筵申頌，庶憑諸佛之慈。恭惟皇帝陛下合德乾坤，紹休祖考，聖孝能饗，昭格三靈之歡；璣衡當天，光符七政之叙。會開祥於虹渚，度修會於祇園，旅集净徒，繹宣密義，憑大覺能仁之果，效華封獻祝之心。伏願衆聖儲休，諸天融祉，明堂之受神筴，長佑寶圖；天保之歌南山，永綏壽歷。

壽聖節疏

元春首祚，靈月生明。天地開祥，肇發流虹之命；聖祥膺運，光符繞電之期。紀是慶辰，著爲甲令。書文所底，動植交歡。躬詣祇園，前陳梵席，香花惟潔，鐘唄以時。演龍藏之祕言，極人天之幽贊，庶憑妙果，恭協盛期。伏願睿算無疆，常保天行之健，炎符煒耀，更同地久之昌。

坤成節疏

歲德在金，辰躔逾望。篤生元聖，符五鹿之開祥；尊御東朝，協千秋之紀節。湛恩下逮，歡頌舉同。爰集祕章，恭陳告祝。伏願太皇太后陛下憑無邊之力，建不拔之基。益隆文母之尊，永垂聖孫之養。德無前比，非徒嗣太任之音；治與古侔，庶幾享三皇之壽。

追薦英宗皇帝疏

杞國天墜，軒湖鼎成。臣子摧心，仰仙游於莫挽；法王有教，資覺慧以申虔。恭像黼筵，祇陳梵會，廣香山之妙供，宣海藏之秘詮。伏願英宗皇帝締集勝因，自適冲虚之御；佑延寶命，益滋歷數之休。

英宗小祥齋疏

靈輿不返，已嚴廟貌之觀；歲曆奄更，今迨基祥之祭。憑法王而伸薦，板海宇以纏哀。恭惟英宗皇帝德紹祖宗，仁函夷夏，天開神筴，方受朝於無疆；仙去鼎湖，忽攀龍而莫及。燧穀有變，霜露感時。罔極在天之思，適臨奉諱之日。臣任叨守土，哀欲忘生，祇設黼筵，仰成法會。香花唯潔，鍾唄以時。譯海藏之真詮，盡人天之幽贊。伏願乘兹勝果，超覺路以陞真；佑及寶圖，錫洪休而過曆。

追薦神宗皇帝疏

湖劍空遺，莫挽鼎湖之御；杞人何恃，竟纏天壤之悲。萬國崩摧，三靈震越。念仁恩之欲報，憑寶覺以致虔。延振淨徒，肅瞻黼座。嚴祇園之梵事，譯海藏之秘詮。以是因緣，庶伸薦慕。伏願神宗皇帝以往世之功利，安在天之威靈，賓御白雲，超九清極樂之上；佑延鴻緒，永萬世無疆之休。

追薦宣仁聖烈皇太后疏

欒乘白雲，莫返賓天之御；悲摧黔首，同深喪妣之情。啓梵席以歸依，廣真乘之幽贊。伏願宣仁聖烈太后超陞覺路，諸天極樂於非非；延佑寶圖，備福更資種種。臣無任。

慈德殿開啟莊惠皇太后三週年道場疏

丙殿上僊，欻周於閏歷；蘭場集福，是薦於神游。追慈闈保助之勤，均昊極劬勞之感，特緣道蔭，前啓齋科。備熏板以方初，達高明而有冀。竢圓浄果，另罄哀悰。

路王宫開啟魏國肅成賢穆夫人五七道場疏

寶宙垂明，善應存於嚮答；幽塗拔苦，冥福濟乎神游。眷若卜卜乳之勤，遘徂運收華之痛。特緣齋旦，恭啓道場。庶邀冲貺之蕃，緬篤舊思之報。哀悰所叩，靈境焉依。

春賽諸廟文

諸侯祭其境内，古之制也。惟神以聰明正直，庇佑一方，所謂有功於民，而應禮之祀，春陽仲序，歲事有祈。祇承舊章，以承貺施。

秋賽文

稼穡之事，民力固勤，乃此有成，實神之賜。春祈秋報，祭有舊章，粢醴潔豐，敬用昭告。

滑洲祀神文

國家以正月某甲子，推恩四方，凡載祀典，俾所在致禮焉。惟神降依此方，應是詔享。粢盛牢醴，既潔既豐，庶幾欽承，降福王室，尚有報祀，神惟歆哉。

祀諸廟文

惟神盛德在人，休功及物。並應典祀，廟食此邦。國家寅天愛民，霈宥區宇，俾秩時祀，奉承靈休。謹以詔書從事，肆儀備物，伏惟尚饗。

荆州祈雨文

荆州田品居下，而人不務蓄聚，使常得善歲，猶汲汲不能裕公私之充。矧天不雨至於四月！陂澤磽赤，一種未入。比者穀價已翔，民駭然以相顧，守土者惕然自省以爲憂。心雖憂之，而雨不可以力致也。雨，神之所能爲也。今油然屢雲而膏屯不施，或者重其德，待其有請而後與之耶？豈特民一歲之望！至於爲牲牢粢酒，所以承事於神者，亦有繫焉。

應詔祈雨文

謹以清酌之奠，奉宣天子之意，而致之於高山賢聖之神曰：京師畿輔，天下根本。乃去年冬，迨今暮春，不雨不雪，民心焦然，天子仁聖，咨顧惻惻。並走羣望，日徯罔應。尚念神之主山川者，有山川之守；食其境内者，有境内之責。疑其有此分職，而不可以奪之，故又詔天下求神之未秩於祀典，出處可以自得。靈施休應，民所依信。如人抱道德，蓄膏澤，不在其位，需時見求，然後一紓非常之功，以爲國家補者，俾以禮祀之。今府吏民於是咸以神爲言，若夫驅移風雲，飄忽變化，朝夕萬里，而轉災爲祥，此神之所以不測，而震靈乘會以赴功之時也。

謝雨文

比以旱熯爲災，有禱靈宇，曾未終日，神意顧歆。油然興雲，霈然霔雨。苗將槁而茂遂，物既瘁而昭蘇。敢言克誠，能速休應。實神之德，相佑斯民。謹涓剛辰，躬具菲禮，有祈有報，祭之義也。惟尚終始，以底有年。

祈雨文

年穀既粒，螽孽未殄，實由秋陽沴氣之所容養也。又八月勸麥之候，而行澤失時。如炎如焚，民駭相顧。惟神食於此土，必能聽其吁嗟，爲興雲雨灑濯之。則吏與民敢怠昭事之報！

青州祈雨文

維青邱帶山爲地，氣深土渴，藝植之事，天澤是賴者，視他方爲亟。歲春將窮，而時雨未霑。宿麥既苗，將戹其長。盛陽驕燥，疾沴且興。守土之吏，不能率衆戚以籲於神，吏則失職。惟神操縱陰陽，用贊化育，降食此土，休戚與同。若乃時其雨暘，相厥歲事，則神之職，又何失歟！

建壇祈雨文

旱熯爲災，至於此極！羣祀徧走，膏澤尚屯。今將求龍，啓壇此地。惟神矜恻農事，鑒此至誠，毋或阸龍，不俾顧享。苟獲多應，神預有功。

請龍神文

伏以元陽之沴，粤自仲夏至於九月，歲旱不免，而此太甚！夙夜以懼，咎不勝執。謹稽用古法，以詔書從事，繪圖靈象，封牲奠酒，祗伏壇次，傾吐至誠。蓋行天召雲，飄忽變化，一振甘潤，以捄焦灼。此龍之一戲，足以不勞而神者，其幸賜之，敢忘昭報！

祈晴文二首

春夏旱乾，歲已無麥。民恃爲命，惟指有秋。稼穀芃芃，度越常歲，迺復淫雨，將害其成。率籲羣咨，潔誠有請。神食此土，可無意乎！日雨日暘，萬物之命。苟不適節，沴其生成。今澤氣乘春，淫雨降害。害我穡事，以及粢盛。養民事神，一歲何賴？率呼衆慼，乞靈於神。

謝晴文二首

屬以雨溢，害於農功，即神以祈，蒙被靈應。天清日潤，陰闢陽紓。揫斂順成，物得其性。耘登播種，人遂厥功。惟神之庇佑此邦而愛是守土者，其德可謂終始厚矣！敢忘恭報，以侈神休。

比以春霖爲害，並走靈祠，神意顧歆，闢除陰沴。陽功紓發，日以烜之。粒我來牟，以及禾黍。深惟長民守土，何力其間？猶能以粢酒牲牢，仰答神貺。有祈有報，祭之義也。

祈雪文二首

惟州之土壤，白墳廣瀉，水泉易消，今歲且窮矣。潤澤不至，風霾晝冥，積燥所乘，濫炎屢起。守土者惟夕惕負咎，然歲惡民病，祭祀不能修。則神亦將預受其辱，敢固有請。惟轉禍爲福，呼吸致功，神實能之，亦惟時哉。

方冬盛陰用事，而寒氣不效，時雪不降。宿麥在野，既無潤澤之養；春氣相乘，將有疾癘之變。長人守土，惕然憂心。心既憂傷，何所致力？念民休戚，惟神是賴。爰走靈宇，瀝懇有祈。羣心嗷嗷，日徯嘉應。

祭土牛文

粵若自古爲國，事莫重於農耕；有功於民，禮具存於祀典。土膏奮動，天駟南躔，爰攷舊章，用祈純嘏。惟神祐此耘穫，屏其札瘥。俾迓有年之祥，以永事神之報。

忠肅集卷十一

神道碑

畢文簡神道碑

故丞相文簡畢公，既以景德三年葬鄭州管城馬亭盧村之原，而隧道之碑未果立，後八十餘年，公諸曾孫從周、仲達等，乃相與經治紀刻，而使仲游抵書叙其故，以銘見屬。某視公之時良已遠，然攷其事蹟，有門生故吏之狀，幽宫之銘，太常有議，國史有傳，家有譜集，又雜見於他書傳記，與夫章章在士大夫者，類非一事，參驗可信，皆合不誣，於是獨掇大要而論次之。

惟畢氏出於姬姓，周文王之子高封國於畢，後以爲氏。後漢兖州别駕諶之五世孫曰衆慶，爲宋兖州中正，又五世曰憬，仕唐至計州刺史。憬二子，構爲户部尚書，謚景公；栩爲鄜王府司馬。栩曾孫諴相懿宗。構五世孫積，爲振武、天德營田判官。積生宗昱，是爲公之曾王父，爲代州雲中令，王父球，本州別駕，考乂琳，澶州觀城令，及公貴，褒贈雲中而下三世，爲太子太保，太傅，太師，追封曾祖妣吴氏鄧國，祖妣史氏韓國，妣藥氏代國，祝氏鄭國，並太夫人。上世始居雲中，太師既終，祝夫人謂公曰：「學必求良師友。」乃相與如宋，又如鄭，得楊丕〔二〕、劉錫、楊璞，使公與遊而卜居焉。今爲鄭州人。

公諱士安，字仁叟，以學行爲名進士，乾德四年，王晉公祐知貢舉，第公甲科，辟邠寧幕府。開寶三年，爲濟州推官，太祖皇帝召對，廷授兖州管内觀察推官。太平興國初，改大理寺丞，領三門發運事。吴越錢俶入朝，選知台州，既至，言：「錢氏上圖籍，有司皆張侈賦數，今湖海新民始得天子命吏，宜有安輯，且州縣文書具在，願一用舊籍，以示惠澤。」詔從之。明年，以治最遷太子右贊善大夫，徙饒州，改殿中丞。歸朝，爲監察御史。知乾州，以便親改監汝州稻田務。雍熙中，諸王出閤，召爲左拾遺、冀王府記室參軍。太宗皇帝延見，勞問蕃錫，遷尚書攷功員外郎。端拱中，詔王府官各上所爲文，帝問近臣曰：「文吾既知之，其行孰優？」皆以公對。帝喜曰：「是也。」以本官知制誥。淳化二年，召爲翰林學士。大臣以張洎言，帝曰：「洎視畢某，詞藝踐歷固不減，但履行遠在下。」遂爲學士。於時宋興四十年，中外幾平，文學、政事、言語侍從之臣輻輳朝廷，至論德行，則常以公爲稱首。明年，知貢舉，轉主客郎中，以疾請外，改諫議大夫、知潁州。真宗皇帝以壽王尹開封也，召充府判官。爲皇太子，以兼右庶子，遷給事中。及帝踐阼，即日拜樞密直學士、工部侍郎、權知開封府，以嚴正稱。凡官府常從授庭職而補外任者，必遣至公所受戒飭。時近臣有怙勢爲不法，强買民家定婚子者，公請對，白其横，奪還之。而公亦以禮部侍郎罷府。還爲翰林學士兼祕書監。時，契丹謀入寇，公首疏五事應詔，陳選將、餉兵、理財之策甚備，常多納用。於是中書闕宰相，乃准公吏部侍郎、參知政事，入謝，帝曰：「未也，行且相。」公頓首辭謝。帝曰：「朕倚卿以輔相，豈特今日。然方多事，求與卿同進者，誰其可？」公復頓首謝曰：「宰相者，必有其器，乃可居其位。臣駑朽，實不足以勝任。寇準兼資忠義，善斷大事，此宰相才也。」帝曰：「聞其剛使氣。」對曰：「準資方正，慷慨有大節，忘身徇國，秉道疾邪，此其素所蓄積，朝臣罕出其右者，第不爲流俗所喜。今天下之民，雖蒙休德，涵養安佚，而西北跳梁爲邊境患，正若準者所宜用也。」帝曰：「然當藉卿宿德鎮之。」不閲月，拜公本官平章事。寇公實並命，而以公監修國史，位在上。

既而契丹益犯邊，北州皆警，二公始合議請帝幸澶淵，時景德元年九月也。契丹統軍順國王撻覽引兵分掠威虜〔三〕、順安、北平，侵保州，攻定武，數爲官軍所却，益東駐陽城淀，遂攻高陽，不得逞，轉窺貝、冀、天雄，兵號二十萬。帝坐便殿，問策安出？公與寇公條所以禦備狀，且言澶淵之行，當在仲冬；寇公謂當亟往不可緩。卒用公議。

初，咸平六年，雲州觀察使王繼忠戰陷敵中，至是爲敵人奏請議和。大臣莫敢如何其事，獨公以爲可信，乃贊帝當羈縻不絶，漸許其成。帝謂：「契丹凶悍如此，恐不可保。」公曰：「臣嘗得降人，言今雖深入，屢挫，不甚得志，陰欲引去而恥無名，且彼寧不畏人乘虛覆其穴？此請殆不妄，繼忠之奏，臣請任之。」帝喜，乃手詔繼忠，許其請和。

時已詔巡幸，而議者猶鬨鬨，二三大臣有進金陵及成都圖者。公亟同寇公請對，力陳其故，堅定前計，帝乃幸澶淵。軍數十萬，契丹大震，然猖狂乘衆，猶掠德清，至澶淵北鄙，會官軍伏弩發，射撻覽死，衆潰遁去。而曹利用使還，亦具得要領，與其使者姚東之俱來，講和之計遂定。嗚呼！朝廷惟無大事也，事一動，利害繫其中而人蔽所見，甲曰如此，乙曰如彼。方是時，非沈幾達識以定其是，真忠大器以任其決，一反乎爲全軀保妻子計，其成敗之機，亦曰殆哉！觀景德之事，所以威靈抗於上，和好成於下者，公本精於策畫，排紛決疑，力引寇公故也。

初，帝嚴兵將行，太白晝見，流星出上台，北貫斗魁。或言兵未宜北，或言大臣應之。公適卧疾，移書寇公曰：「屢請舁疾從行，而手詔固不許。今大計已定，惟在君勉之。某將以身當星變而就國事，所願也。」已而少間，追至澶淵，見於行在。及從還兵罷，乃按邊要選良守將易置之：雄州以李允則，定州馬知節，鎮州孫全照，保州楊延昭〔三〕。他所擇用，各得其任。令塞上得境外牛馬類者悉還之，以示信，遂通互市，除鐵禁，招流亡，廣儲蓄。未幾，夏州趙德明亦款塞内附。二方既定，中外略安。量時制法，次第施行。如榷酤毋得增額，平反已決死罪，録爲勞訟不干己者坐以重，至今不易。復置賢良方正直言極諫等科，以廣取士。每對，必爲帝言崇儉息民，近忠直，遠諛佞，是爲政要。故未幾，天下無事，號爲至治。

公素羸多疾，歲中求去位，章至七八，皆不許。二年十月十二日將朝，至崇政殿廬得疾，詔問絡繹，帝不俟輦，步至公所，敕太醫及近侍隨護，肩輿還第而薨，年六十八。帝即日臨奠，哭之慟。贈太師、中書令，廢朝五日。制服發哀，以皇城使、愛州刺史衛紹欽治葬，有司給鹵簿，大鴻臚持節護葬。謚曰文簡。

公資端重，偉儀觀，少以名節自厲，貫於夷險，白首不易。平生無一語過差。雖貴，奉養無異平素，未嘗殖産爲子孫計，故天下稱其清。而其亡也，帝謂寇公曰：「畢某君子人也，事朕南府、東宫，以至輔相，飭躬慎行，有古人之風。」晚年益觀書，所藏經史，字皆方寸，手自讎正。其文章典雅，以古爲法，集爲三十卷。平生慎交遊，無黨援，爲王晉公、呂公端見引重，王文正公、寇萊公、楊文公億相友善。王翰林禹偁、陳彭年皆門人也。公既引寇公同政，而寇公守正疾惡，小人多不便，日思所以傾之者。布衣申宗古告其交通安王元傑〔四〕，寇公惶恐，莫知所自明。公力辨其誣，下宗古吏，具得姦罔，斬之，寇公乃安。禹偁，濟州白屋子，嘗以事至公官舍，陰識其非常童，留之教以學。誨育獎進，學業日顯，後遂登科，進用更在公前，及公繼知制誥，其命乃禹偁辭也。公去潞州，州事連禹偁，亦謫黄州。公猶厚資其行，人稱公知人爲有終始者。後王文正公爲相，嘗面奏曰：「陛下前稱畢某清愼如古人，在位聞之感歎。仕至輔相，而四海無田園居第，没未終喪，家用已屈。今其妻有貸於臣家者，其清可見。真不負陛下所知。然使其家假貸爲生，宜有以周之者。竊謂當出上恩，非臣敢爲私惠時也。」帝聞嘆息。賜白金五千兩。

公娶駱氏，封陳國夫人。二子：曰世長，公薨時爲太子中舍，終於衛尉卿；曰慶長，時爲大理寺丞，終於太府卿。孫九人：從善光禄寺卿，從古駕部郎中，從厚、從誨檢校水部員外郎，從蘭惠州博羅令，從道殿中丞，從範山南西道節度推官，從益太常寺太祝，並亡；從周今爲朝散郎、知洋州。曾孫仲達而下若干人，官多至郎、大夫，入文館省寺，或出爲郡守使者，世以爲盛。公以雅望耆德，被遇三聖，出入禁省，莊靖慎密。及在大位，知賢能薦，謀慮國事，惟幾惟深。輔政雖纔逾年，而克有勳烈，中外乂安，郡國豐登，刑罰衰減。忠清之德，有始有卒，天下至今稱爲名相。銘曰：

真宗允文，攷慎相臣。孰以德進，畢公其人。帝曰畢公，文考之錫。尹正於京，予曰羽翼。東闈左右，忠孝子迪。景德之始，旄頭騰芒。戎馬空國，塵我北方。公來相予，賞罰紀綱。公拜稽首，臣朽不勝。有大忠義，以茹斯征。協於一德，引宫應商。圖上吴蜀，彼誰弗臧。兩公諤諤，駕言觀兵。六飛絶河，於橋之陽。威既遠加，乃錫之平。帝還曰咨，釐我庶治。材鉅守方，審政張弛。惠經中國，底定四裔。公在相位，時無幾何。有事有勞，有成可歌。逝也胡亟？帝慟而嗟。三師正令，襚賻有加。溱洧之右，既葬既久。立碑墓旁，龜趺螭首。鋪張清風，以詔不朽。孰究孰營，公有孫曾。清白之祉，百世之承。

唐質肅神道碑

公諱介，字子方，姓唐氏。惟唐氏世譜，其始遠矣。至漢初，厲從高祖起豐，爲斥邱侯。後十七世彬仕晉，封上庸侯。又二世輝爲前涼臨江將軍，始居晉昌，稍分徙太原、京兆、北海。北海之後瑾仕周，開府儀同三司、臨淄公；臨爲唐禮部尚書，天寶之亂，子孫又散去。有爲唐山令曰熊者，居餘杭，生子曰希顔，天復中，以明經爲建威軍推官，是爲公之高祖。

曾祖仁恭爲吴越鹽鐵巡官，尚書水部員外郎。祖渭仕皇朝，至尚書職方郎中，始自餘杭家江陵，遂爲江陵人。考拱左班殿直。公既貴，贈曾祖太子太保，追封妣盛氏英國太夫人。祖太子太傅，妣夏氏嘉國太夫人。考太子太師，妣兩崔氏崇國、光國太夫人。公十三歲丁太師喪於漳州，家故貧，州人賻之者，泣謝不受。侍母夫人護喪歸江陵，養親終服，無違於禮。

天聖八年第進士，爲鼎州武陵尉。郡掾鞫獄實，既決，猥曰：「驗死不明，乃尉之罪。」私請曰：「驗罪輕，鞫罪重。」公憐其言，爲受罰。調岳州沅江令，縣民龍氏上書訟分田不均，坐不實，徙以死。其子陳冤，更數令不得直。公躬至田所，按圖契，是非立辨，遂均其田。州民李氏以高貲爲上下所漁擾，或者不厭，因告其祠鬼用人。守喜擊斷，則速繫其家百口，極獄之慘，情不得。奏公治有能名，專屬之。公攷閱實非殺人者，守又奏以爲未盡。詔殿中侍御史方偕移劾於澧州，卒用公所具獄不能變。以武康軍節度推官知夔州奉節縣。寶元二年，轉運使應詔舉充三路知縣，遷祕書省著作佐郎，知莫州任邱縣。縣當信使驛，往返誅索繁急，其下因緣爲姦利，異時俛首趣事，莫敢何辨。公爲作區畫，預居其物，每使至，親坐驛門給之，一以法令從事，應復還而毁失者，移文取其償。故過者皆戢，上下便之。塘水歲浸邑田十一村，而塘實中人主之，州縣畏其勢，無以拒。公募民自高陽起隄，亙鄚十餘里蔽之，其患遂息。丁光國太夫人憂，服除，知相州安陽縣事，改祕書丞。皇祐初，河決，其所監司舉公通判德州。二年，改太常博士，徙通判廣信軍。未至，召爲監察御史裏行，轉尚書主客員外郎，殿中侍御史裏行。宗室請買官地，公言：「可予則賜之，不可者勿聽，而使輸直，非也。」內侍督作龍鳳車於啓聖院，公言：「此太宗神御所在，爲後宮輿服故，喧黷其中，又車飾金玉過制，皆非是。」詔罷之。張堯佐以恩澤，一日除宣徽、節度、景靈、羣牧四使。公言不可，因引唐天寶所以致禍敗者。既累疏，乃與諫官等七人極論殿上。又白御史中丞留百官班，將廷議，卒奪其景靈、宣徽兩使。明年，賜五品服。未幾，堯佐復爲宣徽使，知河陽。或謂補外不足論，公曰：「宣徽次二府，不分內外。」獨力爭之。仁宗皇帝諭曰：「除擬初出中書，公言是，當責執政。」退請全臺對，不許。自請罪，又不許。章十數上，遂劾宰相附會堯佐，諫官朋比，事及宮掖。因請采公議，別擇用大臣。其言堅直。帝亟召二府，示以疏。公面質宰相曰：「自惟有是事乎？君前禮毋得隱者。」樞密副使麾公下殿，猶爭益切，遂貶春州別駕。明日，改英州，遣內侍隨之。制出，人情驚愕。於是敕朝堂告諭百官，又明日罷宰相，黜諫官。公怡然南去，絕口不爲人道。當此之時，天下士大夫識與不識，聞風歎慕，聳然有立志，往往作爲文章以頌詠其美。自是言事官以畏嘿爲恥，而大臣亦知所鑒戒云。四年，檢校水部員外郎、全州團練副使。監郴州稅〔五〕，稍復祕書丞，又復主客員外郎。

外郎，通判澶州。五年，復殿中侍御史，知復州。未至，召充言事御史。帝遣中使賚告身就賜，乘驛赴朝，蓋皆異禮也。入見，帝曰：「知卿守節，謫官以來，無私書至公卿間。」公頓首謝，退就職言事，無所避如故。假工部員外郎、直集賢院、開封府判官。至和元年，知揚州。辭日，帝復諭曰：「卿孤立不移所守，今雖在外，無忘規補。」賜服三品。俄徙江南東路轉運使。嘉祐元年，侍御史吳中復請還官言路。時，潞國文公再當國，亦言唐某頃爲御史，所言皆中臣病，而責太重，願如中復言召之。遷工部員外郎、河東轉運使。戎人侵耕，河西經略使令築堡限之。麟州守將輕出按視，賊奄至，與戰而没。朝廷罷易帥臣。公攝事，即絶其互市，盛兵境上。戎人懼，乃來請議，事平，多如公策。三年，徙淮南、江、浙、荆湖都大制置發運使，入爲三司度支副使。四年，以本官拜天章閣待制、知諫院，同提舉萬壽觀。帝自至和後，御朝淵嘿。公言：「君臣如天地，以交泰爲治。願時延訪羣下，發德音，可否政事，以幸天下。」又言：「賞罰不可以貴賤輕重，如孫沔、吕溱侈縱，宜深責必行，則衆信矣。」論宫禁干丐恩澤，其命不由中書，此古所謂斜封，非盛朝所宜有。請裁放後宫冗數，罷祈禳齋醮之不經者。諸路走馬承受使臣淩擾郡縣，可罷勿遣，以權歸監司。天下配軍，至死無赦，與古律意異，宜令有司差其重輕，有所縱遣，仍著爲法。又言士節不立，願委大臣進敦朴忠厚之士，稍抑聚斂文法吏，以銷刻薄浮競之風。國朝祖陵在保州，自楊懷敏廣塘水，稍稍侵近，議賜錢改卜。公言遷久安之神，以其地與水，非尊祖之道。兖國公主夜開皇城門入禁中，請重責守者，以嚴宫省。是年，充北朝生辰國信使。五年，轉禮部郎中、權發開封府事。時，御史中丞劾宰相未報，乃自去官號不出，宰相亦待罪。公與諫官、御史連請辨其曲直，於是罷御史中丞。公亦求外補，得知荆南。而門下封還制書，謂公不宜處外。乃留，復知諫院。言新除樞密副使與内侍通姻，不可大任，屢疏，卒罷之。而公亦去知洪州。翰林學士胡宿等七人上書懇留，不報。七年，拜龍圖閣直學士、河北都轉運使。

明年，英宗皇帝即位，遷吏部郎中，除樞密直學士，高陽關路安撫使、知瀛州。治平元年，召爲御史中丞。首言：「先帝在位四十餘年天下樂利，惟仁治而已。願恢聖度，廣恩德，則爲善繼，四海蒙福矣！」帝重其語。公前後三在言職，名鯁切無所回忌。明年，拜龍圖閣學士、知太原府、河東經略使。至則首戒邊將毋生事。初，代州岢嵐軍西夏數擾邊，公遣兵撤其所築境上堡柵，又移文諭以利害，嚴守以待之，遂不復敢動。其後寇大順城，環慶路帥移檄出兵牽制，公曰：「守邊之策，莫如自重。奈何以小侵故，使鄰道勞費？非至計也。」以事上聞，詔以諭西帥。公雖居外，意未嘗不在朝廷。於是濮王園廟之議起，言者多得罪，公憂形於色，密疏請還臺諫官之謫者。

四年，神宗皇帝即位，遷給事中，召拜三司使。有司議增官屋僦直，公以謂京師狃於恩，不喜擾，唐稅間架，可以爲鑒，恐所得不當所損。奏卒罷之。請出汴河運船於江湖轉東南之粟，中外爲便。熙寧元年正月拜參知政事。公自以進由直道，感慨知遇，益致所以事君之義，純誠盡公，多所獻替。用人明言其才否，不立恩，不避怨。與同列論政事，反復再三，終不屈。祖宗法有所更，近臣有所進退，尤極其慎。雖在帝前，必究切辨析要是非之歸，未嘗反顧。帝以是益敬信之，而天下翕然想望其風采。二年三月告疾，帝遣高醫相屬，内侍入問狀，驛召其子淑問於復州歸侍。四月，帝幸其第臨問，出涕久之。某日薨於寢。車駕臨奠，哭之慟。明日，遣中使以禁中舊所畫公像付其家傳之，輟視朝二日，賻卹有加。贈禮部尚書，官其子孫及外姓通九人。喪歸，所過治道發卒護送。太常議，以公正而不阿、剛而能斷，謚曰「質肅」。以四年二月某日葬於江陵府江陵縣龍山鄉太師之塋次。

公端勁之質，出於天資。立朝風格懍然，遇事立斷，初無留思，而邃於學問。待人恂恂有禮，自奉簡約，未嘗問事有無。將終，屬其子以修身持門户而已。輔政裁逾年，年止六十，不得究施其志，此天下所以歎恨也！有文集若干卷，奏議二十卷，邊防利害五卷。娶楊氏，諫議大夫生之宗女，誥封魏郡夫人。子五男：淑問朝奉大夫，嘗爲御史，有直聲，能世其家風；義問某官；待問早亡；嘉問宣義郎；之問承事郎。二女：長適寶文閣直學士、通議大夫謝景温；次承議郎王某。孫十七人。今上元祐八年，將建碑墓上，來請文。乃論次其實而系之。以銘曰：

謇謇唐公，媚於三宗。好是正直，有言有庸。公之於言，剛不違義。伏奏殿楊，面劾大吏，引而質之，在列汗愧。不貶不明，瘴荒萬里。人於禍福，有擇而言，則迎則嘿，久酣爲安。虓然大聲，震彼惛惛。皇思其忠，士慶其返。乃踐中外，乃都休顯。公長憲府，人無邪譸。公總財省，民飽而裘。乃登輔弼，彌論政猷。祖宗典則，惟帝之求。國惟其仁，毋變以利。物惟其常，毋鑿以智。有或出此，予曷敢同！以劘以守，惟理予從。斯道之恃，隱然在公。天畀公厚，胡缺者壽？帝咨不憖，士民永疚。龍山之藏，有銘詔之。神隧之表，次詩在碑。百世無斁，正直之思。

墓志銘

天章閣待制郭公墓誌銘

郭公諱申錫，字延之，大名人。天聖八年以進士起家，釋褐瀛州河間縣主簿。丁父喪。服除，調蘇州長洲主簿，以親嫌易常州晉陵尉。邑民告賊殺其弟，公案之，其哭不哀而色懼，械付獄，果自殺之。民夸爲神明。移永寧軍博野縣令，用薦者改祕書省著作佐郎、知深州束鹿縣。通判雄州。會河決商胡，故相賈魏公薦知博州。墊溺之後，歲饑盜起，獲繫填獄。公曰：「良民失職至此，請以輕典從事。」詔許之。因招集拊循流亡來歸。妖人王則反貝州，調發佐軍爲諸郡最，璽書褒諭。賊平，民猶以習妖、告訐，公謂汙俗未革爾，多從末減。有戍卒謀亂，取其首惡刑之，餘置不問。仁宗閱奏，謂大臣曰：「小官行事能若此！」嘉歎久之。以尚書屯田員外郎爲御史臺推直官。數上疏論事，大臣或不便之，會慶州有滯獄，遣公就鞫。既還，復以非職而言，戒敕之。由是顯名。

盜發濮州張郭鎮，執通判井淵。以公知濮州，賜五品服，至未逾月，滅賊。徙遂州，未行，召爲侍御史。會靈容議復作，公上疏曰：「古者兆四望於四郊，山川邱陵，各因其方坎壇而無位貌。今哀方嶽之神，廟食京師，非典禮。殆天廢之，宜勿復。」未幾，充言事御史。儂智高寇廣南，帥臣欲藉兵交趾。公言：「小醜竊發，不時盪撲，更不須啓四夷輕中國心，不可聽。」遷刑部知雜事，判大理寺，吏部流内銓。貴妃張氏薨，贈后，議禮如嫡。公言：「位號尊卑，死猶生也，不容僭瀆。」請下議者去其非禮，由是多所裁正。論狄青除樞密副使，賜第、官二子，恩過優。曹彬平江南無此賞。且智高尚在，邊境未寧，宜慎賞以勵有功。宰相妾張氏殺其婢，開封府鞫治闊略，公請移別獄。上憂大臣，弗許，争不已，因劾開封撓法，宰相竟去位，府官吏多罷者。翰林學士歐陽修、韓絳以論斥時政求補外，公曰：「二人名臣，官在左右爲重。」得俱見留。至和中，契丹欲遣泛使議事，公言：「河朔財匱民困，吏苟簡曠職，軍旅不練，甚非所以建威消萌。」上嘉之，賜三品服。明日命爲河北體量安撫。傳至部，閱吏甚無狀者黜數人，事所廢置不一。歸，條備邊大務十餘章，多見納用。拜三司鹽鐵副使，遷右司，充契丹國信使。嘉祐二年，塞六塔河，與河北轉運使李參典其事。初，皇祐中，議開六塔，使河東行。公言其非是，後果不成，東北被其患。至是議塞，而參意異，詔罷參。公因疏參他過，坐知濠州。丁母喪，服除，知滑州。拜直史館、知江寧府。轉禮部郎中，知滄州。

英宗即位，遷户部。未幾，復召爲三司鹽鐵副使。入覲，首言滄州北近邊，東循海，至青州殆千里，無障塞之阻、節制之統。謂宜以州建帥府，分河之東六郡隸之，爲一路。下其議，識者是之。拜天章閣待制、知鄧州兼京西南路安撫使。

今上即位，遷左司。軍士賞賚，或以不足，欲貸之民。公發封樁錢益給之。僚佐以文爲言，公言：「有責守臣任之。」省符至，如公畫。從河中府召還，同糾察在京刑獄，判太常寺兼禮儀事。知滑州，請補北京留司御史臺，改左諫議大夫就判。二年，連請老，遂拜給事中，以待制致仕。熙寧七年五月八日終於私第，享年七十七。累階朝散大夫、勳柱國、爵文水郡侯，食邑一千二百户。

公資安和而内剛不苟，自奮苦，有志於當世。喜待士，推輓廉畯，人不可干以私。自奉平約，雖貴顯不易其度。守九郡，政明而下肅，人不見其所以爲者。獄之隱微，於談笑間得之。累官言路，自以遭人主眷納，遇事必盡言，慮遠而力彊，無所回忌，有大體。嘉祐中霪雨，詔求直言。公言：「陛下享國久，皇嗣未立，人望無所屬，天下事寧復有大於此者乎？願推大公，早於宗子有所擇，以定國本。一雨沴未足以爲憂。」上與論政，有焦勞願治意。公曰：「股肱得其人，則陛下處於無所爲可也。願止以擇宰相爲事。」上高其説。嘗論之曰：「人臣爲小吏時，多喜奮擊論事，至稍用則緘默，是資言以進爾，朕所弗取。若卿可謂終始不二者。」公頓首謝。雅喜論兵，嘗著邊鄙守禦策，叙邊外山川風俗爲詳。种諤取綏州，公以謂「貪尺寸地，使國隳大信，邊患將自此始」。及諒祚死，又請捐前故，許其子襲爵以示懷柔。嘗對上曰：「二寇賴歲賜金幣以爲國，數渝盟非其所利，必有以致之。但得重將守塞，不要功生事，則無寇患矣。」退休與賓客語及邊事，輒慷慨喟歎，忘其身之老也。

曾祖簡。祖晉。父悦，贈工部尚書。母李氏封仁壽縣太君。娶李氏、陳氏、吴氏，封江夏、潁川、濮陽郡君。子三男：仁約大理評事；義方太常寺奉禮郎，早世；禮立守將作監主簿。五女，博州博平縣令賈行先〔六〕，陵州仁壽主簿李奎，永州祁陽縣尉鞏固，湖南轉運副使、太常丞、直集賢院蔡奕，興國軍永興主簿宋文虎，其壻也。孫男三人：志經試將作監主簿，秉德、慎行。女二人。明年十一月二日葬公於大名府元城縣孝義鄉感義里之先塋，三夫人祔。銘曰：

遠矣郭氏，出周姬宗。武封諸弟，虢叔有功。地入於鄭，至於平王。邑以陽曲，繼絶存亡。轉虢曰郭，後所以氏。支微派遷，大家於魏。煌煌代公，相唐元勳。惟文水侯，實其後人。侯有志學，善養而用。惟精惟深，罔釋弗中。諫官御史，前無彊權。善善惡惡，皇惟其言。謂仕不顯，論思左右。謂志達乎，澤未下究。進退直道，不辱其身。有善有施，在其子孫。有思在民，有譽在士。兹謂不朽，昭於千祀。

校勘記

〔一〕楊丕　宋史卷二八一畢士安傳作「韓丕」。

〔二〕威虜　「虜」原作「擄」，據宋史卷二八一畢士安傳、宋會要輯稿蕃夷一之二七改。

〔三〕楊延昭　「昭」原作「明」，據宋史卷二八一畢士安傳、卷二七二楊業傳附楊延昭傳改。

〔四〕布衣申宗古告其交通安王元傑　「申」原作「甲」，據文淵閣本、宋史卷二八一畢士安傳改。

〔五〕監郴州稅　「郴」原作「彬」，據宋史卷三一六唐介傳改。

〔六〕博州博平縣令賈行先　「博州」原作「專州」，宋無專州，按元豐九域志卷二、宋史卷八六地理志河北路有博州，轄有博平縣，今據改。

忠肅集卷十二

墓誌銘

東上閤門使康州團練使陶公墓誌銘

公諱弼，字商翁，少孤，慷慨有氣節，儀幹偉然，刻苦好學，經傳無所不讀，尤喜兵家書。從諸生科舉，不能投世俗所好，去而安貧事母，以經術教授鄉里，若無意於世者。慶曆中，莫猺諸唐寇略州縣，提點刑獄楊畋被詔督捕，以禮奉幣致公幕下，公喜，幡然以起，爲盡謀畫。俄率所募士破賊於桃油平，以功補衡州司户參軍。又破太平峒，調桂州陽朔主簿。皇祐中，徙柳州司理參軍。歲饑多盜，繫者滿獄，公爲良民失職至此，多以傅生議。儂智高反，詔畋安撫，復辟公參軍謀。公自曲江下，會諸將議救廣州，賊既解圍而西，公至太平塲，會蔣偕軍覆於賊，餘衆潰走山林，公慮其與賊合，亟以便宜取白旗數面，大書曰：「招安散。」遣人持徇，悉收千餘人，所在貸糧以食之，送帥司，畋大喜，以公爲知權。畋還朝語人曰：「吾平賊湖外，所得者一陶某而已。」

用舉者移陽朔令。爲治有本末，號循良，勸民植木夾道，以庇暑暍，使者下其法他邑。桂之靈渠水，自秦開導，下達江湘，歲久堙廢不通，公因攝興安，抵書安撫使蕭固，請加浚治，轉給邊食，可無勞民。固不省，後轉運使李師中用其言，果大利。熙寧安南之役，移粟百萬，實由此渠。

嘉祐初，改大理寺丞，監潭州糧料院。六年，師中時爲提點刑獄，薦公知賓州。未幾，詔換崇儀副使，以本路安撫都監知容州。明年，改六宅副使，知欽州。數以母長沙縣張夫人太君年老，乞歸養，不許。八年，遂丁喪，乞解官終服，又不許。

治平元年，英宗即位，遷内藏庫副使。明年，拜崇儀使、知邕州。熙寧元年，神宗即位，轉六宅使，招納訓利等六州蠻獠萬餘口，撫定廣源會千餘衆之内附者，加右騏驥使，再任。邕自經皇祐兵火，守將數易，百綱頹紊，一以苟簡從事。公至，罅者苴補之，窒者疏剔之，磨以歲月，遂爲治府。左右江州、峒五十餘，酋率强虐漁利，其下苦之。公爲作約束，曉以禍福，違者一繩以法，莫不帖然畏服。歲滿，以請知鼎州。

初，熙寧初廣源賊酋劉紀請太平寨置和市，使華夷貿易。公測紀言，蓋交人之謀，將出入省地窺虚實，屢却不聽。至於安撫司，不深惟利害，輒上其事。公亟爲書數千言，馳告於樞密院曰：「邕有土人十數，類無他材幹，告邊事爲市。至右職乃有假守於彼，嘗斥遠之，未嘗聽其言，故疆境幸按堵者凡七年。今聞桂管惑紀奸謀，實由此曹助成之，决非所以安邊，將産患無疑。」既而和市議行，無幾何，交人以劉彝、沈起戰艦陣圖事爲辭，寇陷欽、廉、宜三州，人服公精識。

六年，朝廷遣察訪使處置南江諸蠻，舉公知辰州，且言公恬不上吏課者二十年，特遷皇城使。奉詔措置北江，北江溪州彭師晏桀黠難制，公用間使其黨爲仇相攻，師晏因以衆數千來降，羈首領十有九人致闕下，取其地建五城堡。詔加忠州刺史。王師問罪安南，以康州團練使知邕州。於時邕人之不死於賊者，往往逃匿山谷，人情恟恟不敢進，單騎先入左江峒，民聞公再至，欣然次第來歸。乃籍丁壯得二萬七千，分隸諸將，凡大軍所謂蹋白開道及致輜重，皆峒丁濟之。方此時，元帥大兵壓賊境，以公兵精鋭，忌專有功，乃使之殿。然軍中事舉以咨訪，其禮遇之隆，他將不敢輩也。

富良之役，賊請降以款我師，元帥召公計之，公曰：「明公來時，陛受聖算云何？而棄垂成乎！」元帥不之對。然竟納降，諸將入賀，公拂衣去，坐帳中拊髀歎曰：「三州之民，無幸屠死者數萬，今舉士馬十萬衆，賊已在手而縱不取，以遂賊，使國威靈不暢，三州寃不復，沮一方之心，有可痛無可賀者！」聲氣奮厲，聞者感動。師至宵還，既無前令，中軍先一夜引去，衆大擾相蹈藉，賊夾對壘，陰伺我隙。公居後安坐，下令休士，遲明整衆按行，賊不敢動。

元帥於是請城劉紀所棄廣源地爲順州，以藉口擇守者，皆憚行，乃以屬公。公初無難，未幾，賊取我桄榔縣，意圖廣源，然其民懷公恩信，賊一動静，必以告公，故每先事遏其萌，賊終無能爲者。乃躬督版築，上冒氛癘，下涉榛莽，撫士卒疾苦，恤其死亡。閲歲，順州之城成，而公亦病矣，猶日飭將校以守禦計。詔加東上閤門使，因辭之。一夕，大星隕於庭。公曰：「吾死於職，得其所矣。」無一語及其私，遂卒，實元豐元年十一月十二日也，享年六十四。

公資性莊重，篤學能文，尤長於詩。年三十起從軍，善御士，與同甘苦，得其死力，處倉猝若無事。守邊務簡静，謹斥候，最不喜疆吏生事徼功賞，故所至蠻落畏懷，無敢侵竊者。忠義亮直，白首一節，賢士大夫皆譽之，謂古名將無以加。然公以習知嶺粤情僞，人安之也。每滿歲，輒增秩見留，曾不得内徙。嗚呼！如公之志業，使得馳騁西北，擾服鞭笞，必有軒然可觀者，而終老於一方瘴癘之域，材不得盡其用，此議者之所惜也。有文集十八卷。

卒後十年十月，葬於零陵金釜山之原。

惟陶氏世家潯陽，靖節先生之後有避地湖、湘者，公之高祖矩至祁陽，樂其山水而居之，今爲永州人。曾祖綱。祖鈞，贈殿中丞。父岳，以儒學有名，仕爲尚書職方員外郎，累贈刑部侍郎。初，丁晉公一見公，器賞之，妻以先兄之子，封錢塘縣君。生一子通，早世。取兄之孫同爲通後，爲臨桂縣尉，又卒。六女子，其二人亡，其次適邵通、裴彦黄、吴括、鄧良臣；朝廷以公勤勞南方，恩録其遺，皆以異等，四人並補三班奉職。後數年，又以同之子世延爲借職，所以褒勸有功，於是不忘。銘曰：

暨暨陶公，將以儒術。方嚴而仁，敦大而栗。公在軍旅，謀定其微。出奇制勝，釋括於機。公在邊圉，罇俎談笑。民嬉於生，士勁而飽。蠻戴父母，恩信則然。有政九郡，邕至七年。始時邊人，取功以鑿。公不可欺，縮手誰作。釋賊富良，亦何賀爲？落落奇語，人今誦之。惟公之才，兼具文武。施之四夷，霍、衛方虎。云何弗契，一生炎荒？瘴谿險微，摧此堂堂！天命在上，人爲在下。雲臺煙閣，彼獨何者？公也不朽，有譽有功。有詩千篇，厥聲無窮。

直龍圖閣蔡君墓誌銘

君諱奕，字如晦。蔡氏，宋人也。曾大父陟，仕爲國子博士，贈太子太傅。大父希言，軍事推官，贈太師。父挺，由樞密副使拜資政殿學士，判南京留司御史臺，贈工部尚書，謚敏肅。母王氏，追封汝南郡夫人。

君幼端重，與常兒異，世父故吏部侍郎抗心奇之，以之爲子，補太廟齋郎。進士及第，除常州無錫縣主簿，以侍親嶺外，不赴。丁母張氏夫人憂，服除，守將作監主簿，罷，簽書成德軍判官，侍親知秦州。上即位，遷大理評事，通判乾州。服侍郎喪，終制，勾當在京步軍糧料院。

熙寧三年，詔置審官院主簿，君以薦補。東院、西院吏列房曰闕陞，曰磨勘，曰差遣，一官攷擬，房相參互，而案牘首尾離異，稽留墜散，至緣爲奸。君乃各析爲三房，隨官品分屬之，人大便。建言門蔭初調試詩，不若試經若律義爲有補於政，諸路薦舉宜裁限員數資序，所謂親民者必歷知縣，議皆施行。

四年，青苗、助役法出，選建諸路使者推行之，曰提舉常平倉兼農田水利差役事。君得湖南，既對，語當上指，遷太子中允，改轉運判官領其事。是時，所置遣多不深惟法意，奉宣或繆盭，君能親行州縣，視人力物地宜，度出而賦之入，公私曰便。明年，齎其書來朝，上滋喜，使議司農，無以易君者。遷轉運副使，賜五品服，頗采其議可通行者下他路。

潭、邵間所謂上下梅山，其地千里，馬氏以來，猺人據之，號莫猺。國朝有厲禁，制其耕墾出入，然歲久公然冒法，又稍招萃流浪。君曰：「省地養此，後日爲大患。今變猺爲漢無難也，開其酋以禍福，使爲土民，口授其田，略爲貸助，使業其生，建邑置吏，使知有政，如此而已。」於是面敷其説及區畫之序，上嘉納其策。會今門下侍郎章公惇察訪本路，即付其事同君經之。檄入其境，果大歡。從授冠帶，畫田畝，分保伍，列鄉里，築二邑隸之。籍其田以畝計者二十四萬，增賦數十萬，遂招懷邵之武岡峒蠻三百餘族，户數萬，歲輸米以萬計。納其所畜兵仗，以其地建二寨。六年五月，上遣使者勞君，賜名邑曰新化、安化，寨曰武陽、關峽。遷君太常丞，直集賢院。敏肅時在政府，辭其命，手詔不許。又撫納邵、徽、誠等州鎮蠻族之歸附者，皆以補吏。因言治新民法宜有張弛，願假臣便宜。詔可。長沙諸邑負茶租、田税，積爲緡錢四萬，請如赦蠲除；議全州不可廢，乞行保甲法以防盜；置錢冶衡州，以權物輕泉重之敝。皆從之。敏肅以疾去位，乞還君。君亦以侍郎後有二子矣，數自言，遂歸其宗。

八年，再任。十二月，交趾入寇，徙廣南西路轉運副使，權桂州經略安撫司事。時，賊已陷欽、廉、邕三州，內地城皆晝闔，吏民多逃散。君至開門，日會賓僚某酒，鎮以暇豫，人恃以安，去者來歸。簡料丁壯，戒期自將擊賊，賊聞不敢內窺，引去。乃請蠲復三州，完其傷痍，老弱皆有所養。更軍制之不便者，儲械峙糧，以待王師問罪。遂城邕州，鑿井三十，師至無需不充。時九年九月也。已而隨軍南行，方廣西財力乏，而轉餉流衍出境，所支尚足數月。十一月，軍駐思明寨，聞母濰陽王夫人喪，去官。其後四十日，班師於富良江，而主將以縱賊無功，猥曰糧乏，坐是奪君太常丞、直集賢院。未幾，忠愍公徐禧來會軍費，上君狀實，於是朝廷知君爲有勞無罪也。元豐二年，猶監曹州倉米赴軍。丁敏肅喪，服除，換通直郎。

兵出西鄙，河東餽運不繼，使者皆得罪，上特起君管河東轉運判官事。徑如鄜延，會王師，治運事，還部條前運七失，遂上因糧摺運法，運夫皆以親民官部督，故無遁散。分屯軍還，或扇搖以再出，稍避匿至聚爲盜，亟出牓開諭，以道安定之。城石州一寨，具舟通道，紆阻以濟。議河外五堡小而密，徒分形勢，有警不足守，可留平時戍望而已，遂大省儲饋。轉運使陳安石入對，上曰：「事一委蔡某耶。」因屢稱獎。

五年十一月，以本官直龍圖閣權發遣秦州兼都總管經略司事。儲威積粟，休養民力，治綱領，簡節目，而肅於軍政，嚴於治盜。階州及甘谷城蕃部間出没窺抄，君授方略諸將，使以奇捕逐，皆懼遁去，聲實隱然，完重一面。州南河匯他水，歲敗北堤，久受其患。君增築大堤，民不聞役，後雨大水，安居無虞，秦人德之。六年閏六月二十二日，晨出黄堂坐僚屬，奄忽感疾，遂卒。中外之人言人才者，莫不失聲痛歎，爲朝廷惜之。

君天資沈明，而彊於自修，多識事變，有父之風烈。嘗言天下事無不可爲者。遭上識拔，感發奮厲，於其造爲，省而後釋，物迎所投，節開理解，無迕其間。當煩潰艱劇，跋谿莽，冒暑瘴，皆夙夜祇力，以身臨之。招攜開拓，未嘗張皇勞費，而妥妥就功。享年止四十四，自少慕親側，又四服大喪，計其在事職裁數年，而其所立如此！外莊峻若不可即，而中寬容，與下論事，曲折往返，能聽其盡。事親至孝，與朋友有義，與族姻有愛教。育侍郎二子，所以成就之者，曲有恩意，内外皆與之俱。爲秦州，奏其長潛管勾機宜文字。初登科，與兄昕天申同年。敏肅位樞密時，君使湖南，又與兄曚天申分領三路漕事，及秦州，實繼侍郎之治，士大夫夸榮之。其配郭氏女，封壽昌縣君。子二男：曰蕃，曰芝，皆承務郎。一女，嫁蔡州西平縣令趙伯通。孫女一人。文集十卷。明年十月七日葬於應天府宋城縣七里村先塋太傅之兆。某視君實從母妹之壻，而又女歸其子蕃，故爲之銘曰：

遠矣蔡宗，肇侯自周。以國爲氏，著於陳留。君七世祖，稍從宋邱。遂有顯人，以衍厥流。肅肅秦州，克紹世緒。適時之逢，涵蘊弗茹。天子曰材，濟予時汝。有疇必咨，罔擇夷阻。方盜跳南，輒使自楚。本根西師，往率秦府。士飽千巘，羌攝吾圉。中以誣斥，默無一語。亦既昭之，天子之明。以右以陟，肆底其成。車流馬舞，方駕而傾。概乎善惡，不在死生。刻詩竁石，以慰諸冥。

右司郎中李公墓誌銘

宋忠義憂國之臣李公，在仁皇帝時，天下平治，人習靖佚，公固已慨然論事，書屢奏。及由小吏至大官，所歷見四方利弊，輒條上經畫大計。與他有司議，率常公所議可。最以國儲未建爲慮，天下君子小人不辨爲憂，其言懇至，而未始以安危計其身，朝廷一時知公爲有經世才。逮神皇帝擢士，以不次超遷從官，更帥西北，遇事益發憤，顧卒以上書論高坐廢。嗟夫！公之才無不可，尤長於應變，其於治道，自以爲曉然，遭世用事，未大振顯而落落不偶，至老且死，豈非命歟？

初，公爲世父龍圖閣直學士紘所愛，遺奏以官，而推與其孤弟，其孤弟詣闕上書，下宰相問狀，復官之，又不受。既再辭官，益刻厲好學，中進士第，歷官十八遷，所至必見稱述。

在洛川縣，原鄉教大意，條著爲令，屬民讀之。民歎曰：「前時令治我以法耳，今令乃幸教我。」相戒以無違。安撫使調諸郡税輸邊，已而返之，盛冬大雪，勞費不能返者，賤直於兼並家。公曰：「他州亦吾民也。」令過邑願輸者聽，躬坐庾門，執契以待，數日得粟萬石。使者下其法他縣。

在延州，夏人以歲次金帛後時，移文「願毋逾歲暮」。詔邊吏牒報從之。公筆改曰「如故事」。因奏言：「許西夏者不一而足，今聽之，啓僥倖，傷威重。」或劾擅改制書，公曰：「郡牒，非制也。」朝廷是公議，而猶坐贖。

在三司，會河數決，公上河策百餘事。異時州郡類以河清卒應他役，歲更調夫，若客軍代從事，以不習，亡溺者叵計。公請增募河清，立宂占法，遂以不擾平民。請繕治曹村隄防，謂河必決。此後不二年果決，如公言。

在廣南，儂智高特納款，而邕守將蕭注玩寇要賞，不以時撫定。公檄注詣府詰責，注自詭以功贖罪。會蠻人申紹泰並邊追亡者，而巡檢使宋士堯擊之，反遇害。注遂爲駭奏以聞，天子旰食、遣使，公馳奏無足憂，願一屬臣，因條上邊計宜施行十二事，劾注奉使亡狀，當斬，注坐再貶官。頗采漢李固議，上宜柳州土丁法，因及他州。自是得勝兵數萬，以時練習，戍卒大減。蠻賈人乘舟貿易，多抵欽、廉等州，公陰察疑有奸，戒所在善伺之。公去未幾，交人寇邊，果以舟入自欽、廉。興安有靈渠，自秦以來通漕，歲久石積淺隘，設斗門，十八里至三十六所，命焚石鑿之，才留十門，舟檝以通。邕州置馬車五百，馬不能夏，多死；芻秣不給，又折取税米他部。公以地皆險阻，無所事騎，奏罷之。復建置和市場，以懷遠人。實邊廩，募民墾曠土，薅草薙，疏瘴癘之氣。攝官差選無法，吏肆爲奸。公第其名，使待除於家，毋輒詣臺，人大便之。方經略府饗士，諜言寇至，公飲自若，中起更衣，自草爲六牓，馳揭境上，已而飲如初。民吏始囂恐竄匿，羣不逞陰洶洶，公鎮以無事，遂定。賊見牓，亦以公具得其情，逡巡莫敢動，即日遣貢方物請命。使者至，公弗見，爲草惡具，俾將吏接之，且論前害士堯罪未治也。紹泰聞之大恐，委巢穴遠去。初，智高平，其子宗旦及黨聚保有火峒，或出入省地尚猥，衆無所屬，前將規討擊幸賞，賊遂固守。公揣其情，移書諭禍福，皆泣。即遣其子曰新率孥族三百並酋長六十九人，以地内屬。其後安平州、古萬等峒争效順，公因請以恩拊納，使受命爲國捍蔽。

在陝西，詔以班超傳賜之，而公亦雅慕李牧、馬援爲將，故持重總大體。前此重兵盡屯極塞，寇至，與戰則方其盛鋭，勝未易決；不戰則内無重勢，以遏其入。公謂本末失其應，且兵惟戰守而已。乃以善守者列塞上要害，悉廢諸小堡；而料善戰者頓内地爲援，增繕伏羌城。令曰：「寇至，守兵深溝高壘勿與鬬，寇去，戰兵裹糧襲擊之。」軍中熟公約束，常以取勝，威望隱然。建言：「弓箭手雖土著，而惰於耕，宜倣古屯田法，率百人爲屯，聚一堡，頗立勤惰賞罰之格，使人人加厲自好，則視公戰爲私鬭，計莫此便。」王韶既以招懷邊羌爲事，而其族叛攻渭川堡，射傷守吏。公責韶失計，因進兵掩破之。嘗奉手詔，列攻守方略十餘事，其後朝廷所施，多公計策。大凡公之行事，章章在人耳目者如此。至其遇事明達，灼見理間，危疑繁潰，沛然迎解，無有留處。退而察公聲氣，怡怡如不能，人莫測也。

公貌不逾中人，志尚高甚，前後所上奏，及間召見顧問，多陳天人之際，君臣大節，闊略細故，稽古自漢以下不道。請以進賢退不肖爲宰相攷課法。謂：「古者有命然後爲士，故士貴，今人自爲士，故士賤。宜倣古先命士而後命官。」在官不貴罰，務以信服人，至明而恕。嘗言曰：「爲帥有體，立功有時，慎重當如泰山，見幾不俟終日。」其將邊大指如此。去官，百姓遮泣，不得行。好施予，趨人之急甚己事，買田數千畝，刊名爲表，給宗族貧乏者，至今號「義莊」。與廣南轉運判官劉牧友善，牧死後，公論邊事，盡以功歸之，求官其後。又以女妻其幼子。稱薦山東儒者王建中、姜潛，以身下之，皆至召用。杜正獻公、范文正公、富文忠公交口薦公有王佐才。退治居汝陽，園池松竹，蕭然有勝概。日與賓友飲酒賦詩。其文章落落，憂思深遠，尤喜章奏，世多傳誦之。蓋晚節雖屢黜，而志不以故少衰，輒忘朝廷。將終，猶語客以大河未塞爲憂。士大夫識不識，皆咨嗟感慨，以不究用公爲朝廷恨。

嗚呼！然則所謂命在天者，又奚道哉？

公諱師中，字誠之。上世趙人，唐丞相吉甫有孫煴，爲宋州城令，遂家楚邱。自煴七世爲楚邱人。至公徙鄆，爲鄆人。曾祖壽，太子中舍致仕。妣鹿氏，繼妣張氏，福昌、清河兩縣太君。祖某，贈吏部尚書。妣朱氏，金城郡太君。考某，贈户部尚書。妣何氏，繼妣張氏，嘉興、清河兩縣太君。

公閥閱自并州推官，以龐丞相薦，知鄜州洛川縣事，又薦，除太子中允，知延州敷政〔一〕、興元府褒城兩縣，改管幹鄜延路經略機宜事。由太常丞遷博士，通判澶州。繼丁内外艱。除喪，知臨江軍，爲三司渠司幹當公事。拜尚書屯田員外郎，提點廣南西路刑獄，權經略事，就除轉運使。轉度支，丐使郡，知濟州。英宗即位，遷司封祠部郎中，辭疾，提舉兖州仙源縣景靈宫太極觀〔二〕，遂知州事。神宗即位，轉度支，直史館、知鳳翔府，拜天章閣待制、河東都轉運使〔三〕，改秦鳳路經略安撫使、知秦州。遷右司郎中，坐與韶意異奪職，降度支，知舒州。復右司，歷知洪、登、齊三州，復待制天章，高陽關路安撫使，知瀛州。應詔上書，貶和州團練副使，本州安置。稍徙單州，復右司郎中，分司南京。再提舉仙源宫觀，遂以疾終。實元豐元年四月七日，享年六十六。夫人王氏，樂安縣君。四男：修，登封縣尉，卒；价，左班殿直；偁，濟州推官；伉，將作監主簿。三女：長嫁供奉官宋玠，次許嫁進士劉澤，次幼。孫男三人。公文集三十卷，奏議二十卷。以某年某月日葬於鄆州須城縣某鄉某里。銘曰：

李實顯姓，肇祥自聃。牧君武安，膺尹河南。太尉相唐，德修有子。八世至公，文武是似。仁祖烝哉，感格以言。神考烝哉，顧倚於藩。公蓄不窮，仕也孔構。而以才屈，於是歸咎。汶山巘巘，其水洋洋。委蜕在是，公則不亡。

宮苑使閤門通事舍人王公墓誌銘

公諱易，字悌卿，姓王氏，開封人。曾祖知緒，贈左武衛上將軍。祖繼凝，皇右騏驥使、宜州刺史，贈左監門衛上將軍。父元慶，皇内殿崇班〔四〕，贈左武衛大將軍。

公乾興初以祖任爲三班借職，十五遷官至宮苑使，其四以泛恩，一以功拜。初巡雍丘、襄邑河、秦州催綱，已有能名。爲麟州兵馬監押，塞上無事。官吏多宴集，公每間起，登樓堞，省防備，或以爲過。公曰：「並邊其敢亡警戒乎！」康定初，召試策藝，以本官授閤門祇候，爲鄭州原武三縣巡檢，河中府八州都巡檢使，未行，改涇州駐泊。康定中，夏人來寇，與官軍遇於好水川，公逆策成敗，謂宜持重。主者不省，迫使出戰。

公以二千人當萬衆，而伏兵起其後，臂面交中流矢。俄休其衆據小山，身先趣戰，橫戟疾呼，人競致死，敵騎遂却，多所斬獲。是時大將失律，故公之功不復明，宣撫使忠獻韓公言之，除儀州制勝寨主，知乾寧軍。

慶曆末，歲大饑，河決商胡，軍當下流，前無隄防，水暴猥至，環壘幾没。公親慰恤其人，與同休戚，晝夜督吏卒防塞，約以軍法。既免墊溺，遂奏發粟以哺困餓，濟活甚衆。因起大堤城南，至今賴之。使者言狀，遷西頭供奉官，再任。俄充契丹國信副使，以益、利路兵馬都監知利州。

皇祐初，廣源儂獠初平，逸其酋智高，或言轉劫雲南，將寇兩州，人大驚譁。公泰如平時，綏輯慰勞，兩路恃以安，而密飭所部嚴繕守禦。未幾，文州蕃部王仰東掠邊地，以備素具，民不知警。

賊誅，就移河東沿邊安撫。契丹侵爭失地，公詢耆俗，按圖記，得其實，移文核明之，契丹詞屈服。奏弛府州酒禁。用安撫使故相龐公薦，除閤門通事舍人，改河北沿邊安撫。前時疆臣類喜生事，得細故輒張之，徼倖以市功。敵出巨舟數十，往來界河，欲造端爭產。公但授方略將吏，使謹備之，徐遣人諭以利害，逡巡皆引去。

以高陽關路鈐轄知冀州。會英廟登極，大錫兵伍，故事，三司用未足，率假民以應卒。

旁郡有立威將誅豪右以竭私藏，公能第次其力，隨所甘入之。冀人尤德公，以此也。歲滿歸高陽，又知廣信軍。俄選爲益、利路兵馬鈐轄，特遷皇城使。以母長壽太君郭氏高年，並辭之。改定州路，坐前任獄失，移滑州鈐轄。未幾，改知趙州。丁長壽喪，解官卜居衛州。服除，遂不復出仕。元豐四年十月四日以疾卒於河南澠池縣令其子冒之官舍，享年七十八。

公篤於忠義，而恬和簡重，居官明以燭理，寬以盡下，志在寧人利物而已，不樂爲皎然近名者，故所至人安樂之。尤審知人，凡薦者三百餘員，間聞流言，而恥自訟，竟未嘗有爲累者。諸公前後薦其才者數十百人。博知書史，尤喜莊、老，能用其說以自治，至於吐納導引，得養生之妙。晚節閒居益淡泊，不屑世故，十餘年間，蕭散閭里，自適以享壽考。臨終恬然，無怛化之變。嗚呼！公之所自得者豈少哉？其可以無憾矣！公娶劉氏，封仁和安吉縣君，先公亡。一子，冒也。孫男女七人。遂以卒之明年正月乙酉葬於衛州共城縣處賢鄉之原。公之爲冀州，某其屬邑令也。於是前葬，冒來請銘。爲之銘曰：

或於功名，鑿取以奇。公在疆埸，人無憂危。歷政有惠，所去輒思。不累乎物，廉靖粹夷。保和貴真，以正壽命。後將求公，斯文有訂。

校勘記

〔一〕知延州敷政　「敷」原作「鄜」，按元豐九域志卷三、宋史卷八七地理志延州轄有「敷政」而無「鄜政」，宋史卷三三二李師中傳正作「敷政」，今據改。

〔二〕提舉兖州仙源縣景靈宫太極觀　「景」字原缺，據宋會要輯稿職官五四之五補。

〔三〕河東都轉運使　「都」原作「郡」，據宋史卷三三二李師中傳改。

〔四〕父元慶皇内殿崇班　「内」原作「丙」，據文淵閣本改。

忠肅集卷十三

墓誌銘

贈諫議大夫西門公墓誌銘

公諱某，字某，姓西門氏。其先魏令豹，有善政於鄴，歷戰國、秦、漢，子孫遷散，其譜不叙。公六代祖自邯鄲以其家避唐亂於滄州之無棣，稍徙棣州之厭次，今爲厭次人。曾祖某，祖某，隱居鄉里。父某，以經行爲鄉人所尊。

公，皇朝景德中，明法起家萊州司法參軍，再選儀州華亭尉。丁父喪，服除，以勞遷商州商洛縣令，瀛州景城縣令。丁母喪，服除，爲冀州南宫縣令，以疾去官。明道元年某月某日卒於家，享年七十三。

公以法進，而寬平毋害。萊守苛深，嘗有强盜，欲寘之死，使高贓估。公閲案請估依犯時，持議甚堅。會使者在郡，守語先入，交以責公。公益不屈，二囚遂不死。華亭極塞，蕃、漢雜居，多盜。公部督追胥，教以捕法，賞募惡少，使與出入致其情，雖劇盜必得之。終公去，邑人無警。商洛有兄弟訟財，引其父爲左，公戚曰：「所貴乎人者，爲其有恩也。今何以自別於異類？雖然，豈天性本然哉！利蔽亡之耳。姑歸，推吾言思之。」於是相與泣於庭曰：「某曹小人，今而後知利心不足以移親愛，實自長官賜之。」拜而去。一邑感動。前日之父子異居，若親在別産者，於是皆合。

渭水經邑可溉，而民不知用，公親相地形，率並水居人爲圩堰溝塍，使之殖稻，教以灌引蓄泄之法，刻其法於石，田歲增溉，皆爲沃野，民賴以無饑。景城地卑而素無水防，天聖初大霖雨，公曰：「前幸河安流，今萬有一決，吾民其爲魚。」乃白州預爲隄，上下諠曰：「無故勞民，非是。」公曰：「請三思。」遂調夫二萬，横起大隄二，甫半，水已大至，躬晝夜趣成之，邑賴以免。

南宫既疾，或勸以致事，可得叙官於朝，公曰：「病不能事，又意於利，是欺也。」亟移告以歸。

公資淳茂，其利人之事，出於誠心，故所至有惠政，人愛之。及更代，往往遮馬，久而得去。仕三十年，當官行己，不問人之知不知，所謂通塞，未嘗以經意。徘徊小官，無不足色。

其行事雖古所稱循良吏者，不過如此。以子故贈左諫議大夫。初娶王氏，再娶高氏，封渤海縣太君，後公十年卒。子長男儆，次介，累官尚書屯田郎中。及二女，並亡。孫曾男女若干人。公没後若干年，諸孫葬公於某所。爲之銘曰：

有以愛人，有以直己。誠故能化，忠故弗詭。世所觀慕，雖不熠煒。有政積善，施於孫子。刻詩幽宫，令聞曷已。

正議大夫致仕龔公墓誌銘

公諱鼎臣，字輔之，姓龔氏。世爲淄州高苑人，至公改葬其先於鄆，今爲鄆州須城人。曾祖倫，祖凝，皆潛晦不出。考誘衷，鼎州武陵縣令，累贈特進；妣羅氏、穆氏，贈淄川、千乘兩郡太君。

公實穆夫人出，幼孤自立，擢景祐元年進士第，爲鄆州平陰縣主簿。始至，決田訟之久不决者，疏泄潴水，得良田數百千頃。調孟州司法參軍，以舉，爲泰寧軍節度掌書記。故相梁莊肅公、杜正獻公繼爲州事，皆大愛重，薦之，遷祕書省著作佐郎、知萊蕪縣兼冶事。前時賦民車運鐵，人大勞費，公至罷之。正獻嘗語江休復曰：「龔萊蕪氣和而直，宜深交之。」

徙彭州濛陽縣，轉祕書丞。丁母憂，服除，知密州安邱縣。轉太常博士，賜五品服，知渠州，拜尚書屯田員外郎。州故僻陋無學者，公請於朝，建廟學，躬率邑子爲生，以時釋奠，退而講説，立課肄之法，人大勸化，始有登科者。郡人繪像事公。

召還編校史館書籍，轉都官。始在萊蕪，大臣薦試館職，以善石介不召。及安邱秩滿，上策二十篇，以賢良方正召試祕閣，又以不合報聞，議者大爲公恨。然朝廷寖知公，遂擢起居舍人、知諫院〔一〕。公亦感遇自奮，以言任責，搢紳翕然推重。論奏中人鄧保信罪狀；言蘇安靜年未五十，不可爲押班；董淑妃賜謚非是；三司開封請法外斷獄，率直可之，願先付執政參審稟畫；凡大禮赦，請准太平興國詔書，前期下禁約，後有犯不原，以杜指赦爲奸者，宜著爲令。兖國公主與駙馬都尉李瑋忿争，瑋坐謫外，仁宗臨朝不適，公引睽上九義，勸上少鎮安之，待其疑亡則志適矣，已而果復和如故。上喜曰：「如卿所言。」嘗請遣親信近侍，以君臣父子大義，趣諭皇子入侍。尋兼管國子監，判登聞檢院，詳定寬恤民力奏議。淮南災，以公體量安撫，蠲逋振貸，全活甚衆。除北朝正旦使，公奏：「昔契丹犯淄、青，祖父母、兄、姊皆見略，義不忍往。」許之，詔後子孫並免焉。

俄拜户部員外郎兼侍御史知雜事，賜三品服，轉吏部、禮部郎中。論宗室宜歲試補外官，請汰濫官，銷冗兵，蓄財用，禁奢靡。連劾薛向奸暴，鬻鹽市馬皆罔上。謂昭陵宜儉葬，景靈神御殿不宜增侈，以稱先帝意。屢請英宗延訪臣下，親決政事，上疏勸皇太后捲簾還政。事皆人所難言者。蓋公前後在言路，闊略細故，至大事無顧忌，必言之。其言優游，不亟不緩，平心據理，務使人主易聽而已。恥爲表表，買直近名，退亦未嘗以語人，故其事多施行，而世頗不知自公發也。

改集賢殿修撰、知應天府兼南京留守。徙江寧府，轉户部。召還，判太常寺兼禮儀事。判吏部流内銓。選人得官，待班謝辭率留滯。公奏易爲門謝辭，至今便之。其後議明堂配享及王丞相荆公坐講事，益不合，求補外，以知兖州。是時遣使方田，其法物色土宜爲十等，以均地税，而使者所辟置意倖功賞，田既不得其實，而概取税之虚名詭額及常所蠲者，加入舊籍，刼制州縣，上下騷然。公曰：「税有重輕，均固可爾。今增之，非朝廷本指也。」獨不肯增，人危公，公卒以州籍常數均定，兖人至今德公。

或論公八年不遷官，特改吏部。又求閒地，提舉西京崇福宫。魏國公忠獻韓公曰：「端良之人，皆喜静處，龔君心不營禄，禄亦不及。」秩滿再判太常寺，再留守南京，轉太常少卿。陛辭，神宗顧語移時，喜甚曰：「人言卿憊，而精明如此，行用卿矣！」公頓首謝。

時，河決曹村，流民無所屬，殍死道路，公勞來賑拊，歸者不可計。使者奏狀，拜諫議大夫、京東東路安撫使、知青州。又遭北方歲饑，活流餓視南京滋多。官制行，改大中大夫。

請老，提舉亳州太清宫。今上即位，轉通議大夫，遂以正議大夫致仕。

公道學文義，内外絶美，事上應物，一以不欺。及退居里舍，著書講誦，澹然自樂。門生弟子，造請質問，從容相對，日以爲常。鄉人有善，孜孜稱述，惟恐不聞；其有不善，則召而告之，矜戚見於顔色。其人至感泣自新，以是鄉里無貴賤少長歸心焉。公好學出於天性，既以經行顯名朝廷，雖有任用，涖劇煩，亦未嘗輒廢書，至老學益深，行益粹，可謂一德有始卒者。元祐元年十一月二十七日以壽終，享年七十七。

兩夫人：李氏，都官郎中之女，追封贊皇郡君；某氏，光禄卿希仲女，長樂郡君。子十一人：男祥權濰州昌邑縣令，先亡；羣開封府玫城縣主簿；義林州録事參軍。女嫁宣義郎張仲适、殿直張景山。餘早卒。孫男女十五人。公有東原集五十卷，諫草三卷，周易補注六卷，中説注十卷，編年官制圖各一卷。

某少以諸生從公學，又以應天府官在公幕下，公之見知甚厚。而諸孤出公遺命來請銘，將以二年三月二十一日葬公須城之登賢鄉特進公之兆次，義其可以辭乎！爲之銘曰：

侃侃龔公，令德之世。光禄耆老，水衡循吏。公言正直，皇則好之。糾繩左右，是是非非。以天行止，疇尼吾志。歸善一鄉，士知法義。魯兩先生，徂徠、泰山。門人達者，公得其傳。惟深斯水，惟厚斯岡。凡我鄉人，敬公之藏。

朝奉大夫致仕梁公墓誌銘

君諱師孟，字醇之，菑川人。曾大父昭懿。大父邈，試祕書省校書郎。父肅，大理寺丞，贈中大夫，有惠政於閩，閩人思之，至今生兒有以梁爲名者。

君方童時，吴文肅公一見奇其秀穎，使爲詩，頃刻輒成，大異之。年十八冠鄉舉，名聲籍甚，諸老先生喜爲推引。嘉祐二年擢進士第，調沂州費縣主簿，遷邢州龍岡縣令。丁母憂，起爲相州湯陰令。文肅薦其才，擢國子監直講。熙寧二年，改祕書省著作佐郎。太學策諸生，有對語病新法在高第者，大臣怒，盡出學官補外，君簽書淮南節度判官事，轉祕書丞、太常博士。元豐改官制，換承議郎，通判隰州，賜緋服，轉朝奉郎。今上即位，恩選朝散郎，遂致仕。以子登朝，經兩郊恩，爲朝奉大夫，階護軍。元祐六年十月十八日以疾終，壽七十二。

君彊毅篤實，少刻勵於學，老不輒廢，博知古今論議，以忠義爲主。其文詞雄深有氣，樂善疾惡，出其天資。視世事有弗可於意者，慼嗟痛歎，至或流涕，不能浮湛俯仰，故與世齟齬，而世亦卒不得君用。雖有窮塞，恥以一毫近人，居京師七年，未嘗造請。初，天下轉運司辟置管勾文字官，河北以君名聞，於格不應，詔特從之，而當路者亦頗欲因是近君，君不願也。其後中執法有聞君之名，欲一見之，薦以爲屬者，朋友更勸往見，君曰：「士而自鬻，何義也？」卒不往。方時天子慨然求治，更造法令，拔蒐人才，宰相大進退天下士，士皆奮待，同争前恐後，君獨顧慮逡巡，依流隊牒，録録以老。暨二聖在御，振用淹滯，而知君者六七要人，皆同時在顯處，争欲薦用之，或抵書勉其出，人亦謂君且得志無疑，而君笑曰：「吾與世不諧，老矣，此而進，是持平生爲今日資也！」亟謝事而去，時年六十四。於是識者知君非苟爲異以取高當世者。晚節居鄉里，自號「般陽居士」。觀書賦詩，蕭散自得，鄉人親敬之。

前夫人李氏、竇氏，故尚書都官郎中丁、職方司員外郎緘之女，追封真定、中都縣君。今夫人仙源縣君王氏，比部員外郎孝和之女。子三男：先朝奉郎，充青州臨淄縣尉，允舉進士。二女：嫁隰州永和主簿董昱、沂州司理參軍李翔。孫男女六人。文集二十卷。卒之明年十一月十七日葬於萬年鄉零召村之原，二夫人祔。予故善君也，先於是來請銘。爲之銘曰：

嗚呼梁君，學無所不知也，行無所不修也。謂無心於世乎？服膺降色，其見善也；捼手齘齒，共聞惡也。謂有心於仕乎？不攙乎上，未老而歸也。嗚呼！士之於世，合則從，不合則去，進退之正也！然是猶爲在人者也。乃若時可以行而自止，招之以道而不來，非在我者重，蓋不能也。嗚呼梁君！剛不屈者也，能行其志者也。

侍御史黄君墓誌銘

君諱照，字晦甫。曾祖餘慶，祖深，皆不仕。考禰，贈尚書職方員外郎。黄氏世家長沙益陽縣，其後徙江陵，今爲郡人。

君登慶曆六年進士第，除歸州司理參軍，移岳州華容縣令。至之日遭歲大饑，亟諭富人出米，繼發官廪，以哺流餓，蓋活人以萬計。邑西有田數千百頃，皆腴田也，而夏燥秋潦，民棄不耕。君築隄置門，以時啓閉之，遂常爲豐歲。楚俗死者焚，而委其骨於野。君爲訪諭使收瘞，至輟俸以濟之。小吏敏秀可教者，授以經業，多至成士。民之輸賦於府者，有洞庭之阻，回險淹費。君請受之於縣，於是上疑下誹，而君亦自信不易，其後遂以著令。改著作佐郎、知道州江華縣事。靖民成物，益用愷悌。以祕書丞通判桂州，遷太常博士。嘉祐六年，詔遣使人分行天下，以寬民力。而君當使廣南，受命明日即行。奏蠲僞劉以來丁米，民始不以多男爲患，父子始不以避重就輕相去。廣州增外城，人驚不寧。君疏曰：「無故起大役，非所以綏邊，且城議有三，臣請詰之：其欲依海者，海旁之地不能尺則及泉矣；欲撤室廬者，城本以保衆，而顧可先毁其居？欲即於城東劉氏故城者，其地荒陋多瘴氣，豈便民之意？皆非是！」詔爲罷其役。朝廷第使者之狀，君爲諸路最。

英宗即位，拜尚書員外郎。故唐質肅公辟從太原機宜，府改都官，福建轉運判官。治平三年，用今參知政事王公珪、馮公京、致政范公鎮、故侍郎彭公思永前後薦，召以爲侍御史。行次衢州，五月二十六日以疾終，享年五十四。

君性端敏，治身立事，皎皎不妄，以才遭時，其小者略已有試而已能如此，其大者朝廷方將聞之，世方待其有軒然可觀者，而君既亡矣。豈非所謂命歟！疾革，猶扶力占疏以極論當世事。嗚呼！斯可以見其志焉爾。仕二十年，不爲私計，賙族人之孤窶不能娶嫁者十餘人。好文嗜詩，類數百篇曰漫爲集。

初娶陸氏，再娶王氏，封德安縣君。子六男：友端，友聞，友顔，友益，友諒，友直，皆舉進士。一女，歸殿直柳棨。

某先人嘗從政於江華，後二十年而君至，事經先人所畫者，一皆循用，吏民莫不以便安德君，而至今歌思之。有「前劉後黄」之語。今上熙寧四年，友端使來乞銘。遂以七年十二月初九日葬君江陵縣龍山鄉水青里。銘曰：

士難者才，時或不以。二物之會，十百一爾。亦既有之，亦又遽止。方驅而顛，胡自不俟？嗚乎艱哉！誰詰斯理？刻詩幽宫，以慰千祀。

職方員外郎李君墓誌銘

君諱樞，字應機。咸平四年進士及第，除蜀州推官。逾年，丁父憂，服除，再爲(案原本缺)州推官。真宗東封，君督治道，視他州爲謹辦，車駕過有褒言，因詔使扈從。及還京師，特改大理寺丞。又五遷爲尚書職方員外郎。歷知越州蕭山縣、滑州韋城縣。用舉者監在京百萬倉，坐不謹火禁，謫監真定府酒税。通判鄆州，知雅州。以天聖五年十二月十七日卒於官，享年三十八。祥符、景德間，四方争奏瑞物被賞，蕭山芝生縣庭，吏民讙夸，願以聞。君曰：「吾方嫉世之因緣僞欺以徼倖者，顧忍自爲哉？」因謝止之。方是時，宰相晉國丁公權傾天下，雅知君，嘗薦其才，數欲提之，皆逡巡以故引避。其後所附者多得罪譴。嗚呼！臨義利，視禍福，不以動其心，而不失其所擇，非明識信道，疇克卓立，有是哉？

君之配張氏，封清河縣君；鄭氏，滎陽縣君。六男子：曰察，曰宇，曰宷，曰寘，曰實，曰寅。察，舒州望江令；寘，舉進士，授河南府助教；四子皆服儒。五女：嫁士人。其六子亡者五人矣。君卒後五十九年,當元祐之丙寅,寘始克葬君於鄆州須城縣登庸鄉之原,實閏二月十有四日壬寅也。

李氏上世爲趙郡著姓,攷其譜緒,蓋趙之廣武君後也。仕唐末爲殿中丞曰稹者,於君爲曾祖。殿中生廷韞,任石州刺史。石州生君之考曰戩,贈尚書刑部侍郎。自五代之亂,遷徙居鄆,今爲鄆人。銘曰:

仕不顯,志則彊。壽雖嗇,名不亡。歸矣新阡,萬世之藏。

兵部員外郎直史館梁公墓誌銘

公諱蒨,字夢符,姓梁氏。其先襄陽人。曾祖諱處厚,以高貲雄鄉里,好義致客,賢士大夫多賓友之。祖諱湛,并州録事參軍。考諱錫,巴州軍事推官,贈職方郎中;妣沈氏,仙源縣太君。

公天聖五年以名進士起爲博州軍事推官。守貪政不善,公告以理,又告以福禍,皆不用,後守果敗。再調鼎州團練推官。江上夜覆舟,提家人投舍民家,明日,主人出百金爲公裝,卒不取。至自裂衫裹赤兒懷去,緣牒旁州還。偶重獄將決,覆之有疑,亟白州爲上其狀，得不死。與司理參軍雍規敀同滿，皆缺一薦者，使者薦公。公曰：「規同年進士，而其母老，願先規。」以故復爲武勝軍節度推官。秩滿，改著作佐郎，知河南府長水縣。取豪猾一人抵法，邑大安治。

慶曆中，契丹每入邊，以選通判雍州事，守者欲大新城櫓，賦之民，公曰：「乃先擾吾人乎？」持不可。未幾，契丹泛使至，用故事，以通判護其行，素狂嫚難肅，以公體制嚴重，皆帖帖進止，無輒敢譁。已而徐示以恩，因盡得敵所以遣使指，飛奏之。接伴者既交使，是夕其衆遂大肆，從有司需索百端，郡邑困之。皆服公，以爲不可及。敵使入朝，進其國書，仁宗顧宰相曰：「一如梁某言。」使愕，並閉所欲言不敢發。徐曰：「小臣妄刺臣國事。」於是言者以雄州用通判非是。而接伴使後不戢敵，恚公形己，亦曰不當先入其私所問。朝廷規安其心，乃徙其守滄州，公德州，改祕書丞。

居數月，通判大名府。程文簡公琳方居尹，與轉運使張公昷之以氣權相睨不安，以公張所辟，疑陰爲其用。公以誠心事二人，無所左右，循事議理，是非必盡，久之通其所閡，二人卒相歡，以公爲長者。騎士缺馬，久或匿名以書告反狀，文簡驚莫能如何。公曰：「是不足慮，小人意在馬爾。」退如平時，稍因事籍馬盡補之，果無事。

用安撫、轉運使薦，知深州。遷太常博士，知雜事。御史言公才堪御史。上曰：「是嘗接蕭階者，吾知之矣。」階，前日契丹使者。即召爲監察御史，中外以爲得人。俄出使制獄，以疾力請補外，知磁州。

是時兵臨貝州，調發聲援，每先期會，優詔褒之。前此在大名，轉運使以冀州妖人李生獄屬公，李生既前死，獨刑其餘有差，號稱詳平。至是李氏怒怨，生父覃妄言生不死，有中人故仇轉運使，頗居中訌其事，遂付御史獄，鉤按雖力，卒不能變。然皆以吏議挂之，宰相畫特旨奪官，同列奏留，以爲太重，中丞、翰林亦更爲論辨，猶貶秩祕書丞，監衡州稅。未赴，改唐州，頃之復爲博士，通判汝州，移襄州。

皇祐祀明堂恩，拜尚書屯田員外郎，復以殿中侍御史召。時議開六塔，以行大河。公言騷民逆水，非徒無益，且有後患。卒如公言。奏罷張堯佐宣徽等使。唐質肅公介以言事貶嶺南，隨以中使。公言：「陛下愛介，故遣護之，不幸介以疾死，天下後世能無以殺疑乎？」上曰：「誠不思此。」亟爲還中使。

改三司度支判官，又判開拆司，出爲京東轉運使。前時類進羨贏蒙遷，以故東方財屈。公言：「民困歛不可浚，願戒諸路毋得進羨財，凡三司横有取，輒還其檄。」因蝗災，請以米募人鑿取其種地中，對以斗斛，其孽既易殄，而方冬春艱食，又可以補民。其後遂著爲令：州郡所饋，一切不取。轉侍御史，還臺。請裁任子令，謂當自宰相始。俄乞解言責，改刑部員外郎、直史館、知襄州，賜三品服，徙邢州，轉兵部。嘉祐四年五月十三日，以疾卒州之正寢，享年七十。

公性孝悌，數歲失母，職方公再室趙氏、柴氏，公事之皆以謹順聞，而兩夫人尤篤愛公。凡親疾，無晝夜侍側；醫雖遠，必徒步自致之。後繼居喪，哀疢毀棘，有以過人。學問本六經，於文章喜司馬遷、班固，其落筆必雍容渾灝，有作者風致，爲名輩所推。居官以鋤强梗、養善良爲政，其敏發以静下，不見其所以爲而吏莫得動，故所至民惜其去，遮哭不得行，去久猶思之。更御史三院，彈劾無所顧望，奸權斂懼，朝廷爲尊嚴。其言順不迎上，直不媚世，皆出天下公議。猶喜論人物，每對，從容指别善惡，所當用不用，未嘗以小是非名目士大夫，故其言多見行，而世或未有深知者也。

夫人劉氏，魯人，封壽安縣君。勤儉仁愛，治家有禮法，與公同寒苦，至進顯，無愠喜色，後公二年十二月一日年六十六以終。六男子：肅殿中丞，集賢校理；餘早世。五女子：適鞏堂、張景真、范遵道、張伯卿、席延年。孫男女若干。初，公愛鄆，將徙居之。於是肅卜熙寧十年舉公夫人之喪，以八月某日葬於須城縣某鄉之原。銘曰：

梁公侃侃常厥德，踐取幽渺如今昔。有韡其文爛雕織，有邕其鳴表羣翼。克施有政審則釋，物物迎刃莫吾逆。蒐拔良禾善使殖，濟明以恕民不亟。儀曹御史治百辟，有或諼側，毅以塈。臧謀良言，帝嘉得緩而不迂，切不迫。視大義利，正趨擇，進斯有禮，退以色。妥妥陛級，循寸尺，終民莫得被大澤。孝子作龜，没之北，泉深壤厚惟墨食。公燕順祥兆幽宅，詩以詔之罔窮極。

屯田員外郎蔡君墓誌銘

君諱天球，字粹夫，世爲宋人。曾祖贈太子太保諱陟。祖贈尚書祠部員外郎諱希顔。考尚書屯田員外郎、贈都官郎中諱極，妣萬年縣君季氏。

君慶曆六年進士及第，爲宿州觀察推官。會歲荒民饑，詔所在選官賑哺，君所活數十萬人，以功補近地，爲澶州節度推官。數以義理劘正其上官，無小大，不直不已，有能名。丁父喪，服除，調亳州觀察推官。時陳恭公罷宰相判州事，嚴嶮少所與，獨善君，薦其才可用，又請越常次改官，許之矣。俄丁母喪，服除，改祕書省著作佐郎、監杭州樓店務。英宗即位，遷省丞、知蒙州。不鄙其民，爲立學校，開以教化，人人嚮勸。轉太常博士。今上即位，拜尚書屯田員外郎，通判乾州，轉都官。熙寧二年九月二十日以疾卒，享年四十五。

夫人張氏，故天章閣待制昷之之子，封長安縣君。九男子，皆先君夭。一女，嫁横海軍節度推官淩浩。

始，君學於徂徠先生石介，年雖少，已卓卓有聞。於吏治敏以達。在蒙州，躬攷覈板籍，得隱税積錢至百萬，監司言狀請賞君。君曰：「是固不足言功，誠因此得推法天下，庶乎爲有補爾！」代還，又上書言：「二廣荒遐，州縣蓋有不足置者，勞敝遠民而公私亡所利。議者方愛虚名、甘實患，非是。」未幾，詔諸路併廢州縣，以寬役省費。而三司亦置帳司，列賞罰，以專鈎會矣。由是以觀君，足以知其欲有所爲，而其智能宜可以爲今日用。方天下興治，以因任爲事，君之從父既以勳業進樞府，或在侍從，諸子弟又與士大夫争奮其材以赴功名，人樂道其盛，而君於是時獨不少待。嗟夫！其命之不相謀也。

初，仲弟析産，君不取，以與其兄之孤，以故貧。而父兄猶在殯，每日廉約，營積調度，方將及葬而亡，亡且無子。嗟夫！君志之不就多矣，其可哀也！於是以十年五月二十三日並舉君葬於宋城縣三陵村先塋之北，實其夫人經治之。所著易論十卷，孝經二卷，雜文詩百餘篇。銘曰：

有輝其實，亦厚我期。坦坦以御，孰僨其馳。不在其身，或以承之。云胡善澤，斬焉莫詒。萬世共盡，夫亦奚悲。冥冥可作，慰以銘詩。

刑部詳覆官朱君墓誌銘

君諱述，字傳道，姓朱氏。其譜曰：七世祖端生鄂、岳巡官頤；頤生尚書户部郎中起；起生比部郎中祕；祕生君曾祖江陵府當陽尉葆光，贈兵部郎中；當陽生翰林學士昂，仕真宗爲名臣，贈吏部尚書；翰林生虞部郎中正暮，贈兵部侍郎。

君，虞部第四子也。初以廕補太廟齋郎，皇祐元年舉進士，中甲科，除荆南節度推官，避親嫌，换鄂州觀察推官。丁母夫人駱氏喪，服除，調并州推官。安撫使故相龐公辟掌機密文書。後徙定州，以疾免。復用大臣辟，爲大名府推官。俄召爲刑部詳覆官。治平二年五月十四日，年三十五，卒於京師。

君九歲即喪其父，哀慕如成人。家故大族，君雖幼而於屬尊，每時節當諸姪慶拜，能各爲禮意以接之，有年長數倍者立其前不敢懈。性高明疏達，儀貌秀揚，篤志於學，好論議，讀書不從世人蹊徑，務求其精微，至於自得之而後已。故其疾革神奪矣，猶能誦其書累日，至有終篇無差者。

與人交有情文而不失於正，視世故若不足以經意，察其事至而應之者，每當其理。尚氣節，臨利義知所擇。族人買婢，有攜稚子求並售者，君疑以詰，至再四，曰：「實欒氏，華亭尉高陟妻子也。夫亡無以朝夕，因此以苟生。」君戚曰：「陟雖不識，而吾同年得科名者也。」亟命留之，爲具其嫁。家人發空橐笑示君，君曰：「有竭吾力而已。」至質其帶鐶得銀數兩及褫家人服物。既而，今參知政事馮公、故翰林學士沈公皆同年，相與義之，助以錢，遂濟其行。龐公去定州，代者武人，不善君，故謝病以歸。僚友更諫之，不肯留。或謂數日考滿當改官。君曰：「以此易吾心，是謂屈身以徇物，豈所謂義哉！」既去，貧久困甚而處之自如。其配王氏，故相沂國公之從孫，有賢行，生一子脩平。

熙寧七年，君兄之子提點湖南刑獄、太常博士、集賢校理初平謂某曰：「吾少孤，所以教之學，視以爲休戚而終始成就之者，實吾叔父之德，常懼無以報稱。將以今九月某日葬於龍山鄉某里之原，子其爲之銘。」某嘗游趙、魏間，又從事江陵，得君始末。士於生死蓋不足道，獨悲君質良材完，所以修爲厲飾之又如是，天生之宜若有意者。然不少寬其年，使有見於世而死之速，何謂也？當然而不然，不當然而或然，古聖賢以爲命也。

朱氏上世，有仕唐爲治書御史者，家京兆之萬年。昭宗末避亂，其族南徙，自翰林顯於本朝而卒葬江陵，今爲江陵人。君能詩，清麗有思致，集賢君搜類之，得百餘篇行於世。銘曰：

學明志傑，才揭揭兮。蕤蕤其秀，褎以發兮。不畀以實，遇孰嗇兮。詩遺於後，慰幽穴兮。

贈朝請郎楊君墓誌銘

京東轉運副使、左朝請郎楊君康國，狀其先君平生，持以來請。曰：「楊氏魏人，世澹泊隱居，大父以行義教其五子，鄉黨皆稱爲善士。嘗語人曰：『吾之業所成就，孰與金貲多哉？』先人實中子，事父母，接兄弟，以孝友聞。既孤，捐其家所有以委兄弟，一毫無取。出讀三墳書，得所謂養生治病之學，精通而善用之。喜曰：『此古聖賢事也』。樂以其術濟人，多有功。性仁好施，侈於賙人而嗇於自奉。有貸取弗償，輒折券不問。鄉人益以爲長者，敬而賴之。以大父所以教子者教諸子，而康國遂得由進士竊禄，以奉榮養。熙寧十年，天子親郊，以恩封大理評事致仕。其後侍奉衛州，以壽終於康國官舍，實元豐七年七月十七日也，享年七十三。康國既免喪，奉母氏壽安縣太君呂夫人復出就禄，追惟先人啓手足之時，語諸子曰：『鄉里今並河可虞，吾於衛也，甚樂其土風。瞑目後，其歸我此地。』康國奉治命，卜衛之共城縣楊呂館某鄉之原。將以元祐八年四月日奉大事。康國由貧賤輟耕讀書，豈自致及此？實先人種德所詒。惟先人之德弗顯於生矣，冀不泯於後者，顧不在君子之言以銘其藏乎！敢以請。」

嗟夫！士之立於朝廷者，類得以天子之爵歸榮其親，非特以慰其爲子之心，而天下之爲父母者勸矣。惟君力於爲善，陰德所儲，雖弗振耀於世，然教子之功，卒獲其報而身享之。晦之有顯，兹孰加焉？今其子由御史、諫官出奉使指，議論政事，爲朝廷聞人。孫曾蕃衍，以學爲業，嶷嶷有立，則楊氏之顯可以勸者，滋未艾也。於是不可以不銘。

君諱整，累贈左朝請郎。父諱懷德。康國，君仲子。康元、康民與幼皆亡。孫男十六人：挺三班借職，餘舉進士。女六人。曾孫六男、十二女。銘曰：

共山淇水，土厚俗爜。人擇其生，我擇其死。志則無違，惟是有子。善非期報，要毋怠止。

承務郎李君墓誌銘

天章閣待制李公，有高才大志，仕先帝時嘗顯矣，晚坐言事再奪職，死謫中。吾誌其墓曰：

公才無不可，尤長於應變，其於治道，自謂曉然，所以深哀其既遭世而不合以死者也。沒後十年，其子上書闕下，追訟其忠，章至十數，朝廷矜之，詔復以待制，告第其子，即君也。

君名伉，字常武。見其父志不就退廢，則竭力家事，疏園沼，植花木，究所以爲親娛者。母王夫人抱沈疾，服勤侍藥，衣不解者歷年。前後持喪，盡禮無違。君既以名臣子篤於忠孝，而所上書文義怛惻，益知名矣。然澹於榮利，雅無仕進意。幼以父任得官，逾四十歲家日貧，乃始起調單州監酒，從辟改鄆州，再歲以疾卒，元祐八年五月三日也，年四十六。妻孫氏。二子：舉進士曰周南；登科爲魚臺縣主簿曰召南。一女一孫尚幼。

君好學，博記誦，於書通大原，不從舉子畦徑。生不見喜愠，接人無厚薄，中所識判然。風韻閒遠，嗜好古雅，學鼓琴，書字精於隸，有法。尤工爲詩，取離騷、陶、謝古體師之。有集十卷。先進、長老及其父時賓客，咸與之交。女兄嫁宋玠，玠戰死，家寓鄜州，躬往力致之歸。朝廷録玠後及異姓，玠家以周南列奏中，推恩既下，君辭不受也。兄偁死官太原，又疾馳護喪歸葬，哀感道路。治家妥妥有法，善於兄弟，嚴事寡嫂，嫁妹及兄之子數人。喜賙貧乏。即以八月一日葬於鄆州平陰之先原。

初，吾臨其喪，二子伏曰：「先人受知厚，願得銘詩以終賜。」哭甚哀，無以辭也。惟君嘗有言曰：「爲善行己，士之道當然也。世之有作以近名惟恐不皎然者，竊嘗惡之。」然則凡今所書，在君志皆爲不足道，念不書無以示後而慰其子也。餘所當詳，見天章公墓刻云。

銘曰：

缺然如不能，其德之成。頹乎其無競，其中之明。畀之以完，覆之以傾。胡牾諸冥！付壯子，從先人，惟永寧。

清海軍推官吕君墓誌銘

治平中，予從事江陵，僚友吕君者，君子人也。日羣居幕府，人以君寡言不表飾，多易君，君退然坐自如。獨予察君非苟然者。居久之，與人益有意，事不譁而治。吏抱文書次至，君則摘閱反覆，小謾必得之，府無失政，多君是賴。人乃大親服，而與予相好。至三年先後攷滿，蓋無異初相從事也。後十八年，君之子仲敏抵書於予，言先人捐館，貧不克葬，今始卜葬，惟壙中之文，敢敬以請。昔者雅多君行義，今嘉其子之能大事，乃論次其終始。

按，君諱昌辰，字伯熙。起居郎龜圖之曾孫，宰相蒙正之孫，光禄少卿務簡之子。以世父廕調和州歷陽、漢州雒縣兩主簿，徙江寧建寧令。父喪不之官。服除，調萊州推官，以舉者死，不得磨勘。遷荆南推官，又補商州，坐州將累免。以山南東道推官知金州石泉縣，改清海軍推官，知桂州修仁縣。某年某月日以疾卒，年六十一。

君生長貴家，而廉約刻苦甚寒士。性静慎好學，無競其中，善之惡之不可欺。從公謹繩墨，不爲皎皎，吏民宜之。上官應謁則往謁，不肯間見，無意於人之知不知。家極貧，不以一毫取人，人亦不知干以私。死也至無以斂，蓋其節如此。夫人劉氏，繼卒。子男六人：仲敏今爲通直郎、知鄆州陽穀縣，仲履、仲棐舉進士第，餘早死。女一人。以某年月日葬某所。銘曰：

不知而愠，以得爲賢。人無異趣，君獨不然。以節自終，遺子清白。君子無憾，歸此安宅。

校勘記

〔一〕知諫院　宋史卷三四七龔鼎臣傳作「同知諫院」。

忠肅集卷十四

墓誌銘 墓表附

潛山黄先生墓誌銘

先生諱孝綽，字公裕，姓黄氏。上世爲建之浦城人，自其考徙居於舒州之太湖，今爲太湖人。舒之望曰潛山，其下號丹霞府，蓋養仙之所棲，幽人有道之所潛，先生遊而樂焉，因自號「潛山叟」，而舒人尊之曰先生。先生者，道德之號也。

先生於孝弟有至性，事父母竭力至誠，而時察其色辭以爲憂喜，能如古人所謂養志者，侍疾居喪，皆有以過人。家貧口衆而制之必均，養嫁諸孤女，過己之子。周人之窮，不計有無，往往衣不兼食不屬，而先生處之自如。居鄉與人子言必以孝，與人弟言必以順，所居人用化之，至相詔語曰：「毋或作非，使黄先生知也。」

其子莘居官，每歸省，必問今日治事何如，使條其狀，聞其當於義理，則歡然爲之飲酒。常謂曰：「吾所以不仕者，爲有子仕，足以行吾志，汝視義利是非，可不慎所蹈歟！」先生少舉進士，兩至禮部，遂不應。其後天子推恩，當特奏名，而先生亦不復起也。士之不仕，蓋有之矣。或厭濁以遠引，或異學以離世，或求焉而不得，既去而徜徉懟嗟，超脱禮法，誦誕宕之言以爲歸。如先生皆不然，仕之志以其子行之，仕之道以其身行之，恭順於父母兄弟，行誼信於鄉黨朋友，以爲是足以盡吾職，而恂恂於名教，不知仕不仕之異。非孔子所謂「孝乎惟孝，友於兄弟，是亦爲政」者歟？嗚呼！先生可謂純厚知德君子也。熙寧三年二月十日卒，享年七十四。

曾祖�。祖元吉，嘗仕江南李氏，非其好，去之；有詩名，後贈大理丞。考覺，任殿中丞，仕以清直聞。詩益有名，翰林楊文公、劉子儀、章郇公、宋宣獻公皆稱之，多與之唱和。先生遂世其家，尤善書，其法本二王、顏、柳。其配裴氏，屯田員外郎求己之女，有賢行，後二年亦卒。子五男：莘著作佐郎，勷、藝、荀、蘧皆服儒，能如先生教。一女，歸國子博士張慎言，早卒。

六年，著作君以書謂予曰：「黄氏世以仕貧，自莘祖不克歸閩而葬太湖。今莘又以仕來北方，川路岨遠，不孝不敢以柩行。於是卜之地，得鄆州須城望山，而日得十二月之壬申吉，將合葬焉，幸畀之銘。」某久與著作君游，而未及見先生也，然觀其子之賢，則先生可知也已。於是論次而爲之銘曰：

孝哉先生，德成諸身。施於其家，及其鄉人。所性在是，進退兩忘。以至於命，曰壽而康。汶水北原，安此新宫。刻詩幽石，以昭無窮。

朝奉郎致仕黄君墓誌銘

君諱莘，字任道，姓黄氏。自少奇穎有器識，以文行知名一時。皇祐五年登進士第，爲揚州天長主簿，徙恩州清河令。前時黄河在州境而縣並河，歲輸芻茭，後河去猶賦之，至是積逋十四萬於數十貧户，都水督責鞭笞不已，六年無可入。君條列於朝，悉蠲之。時遣使寬恤民力，欲一切罷河北驛傳之須於民者。君言騷民故當禁，而事繫國信往來者，亦何得廢？獨可具民所勞費，以其數當税役，朝廷行之。至今公私爲便。使者吏卒過境，小有貪緣爲擾，必按以法。歲饑，部使者不肯賑，遂發寧化鎮倉，人賴以活。秩滿，改祕書省著作佐郎，知曹州濟陰縣事。神宗即位，遷祕書丞。廣濟河決勢蹙，乃詢邑人，議破南堤以分水，水去病鄰邑。君曰：「此於法甚重，其可以累他人。」極自劾。韓魏忠獻公、吳正憲公暨御史臺吏有論救，知冤句縣事張復禮至請納官以贖之，朝廷亦嘉君意，止奪一官免，邑人繪君事之。魏公留守北都，薦教授國子監。丁内外艱，服除，復前官，直進奏院。召對，上猶以濟陰事獎勞之。除提舉河北常平倉，改東路轉運判官，徙西路。水沴穀貴，奏罷市易司，增價以糴，免民艱食。繼又賑之，遂無轉流。

遷陝西提點刑獄，駕部員外郎。汲逢坐市易事繫秦州詔獄，逮三百人，久未決。主者幸有功，慘覈巧詆，先紿移逢病於州，君方攝事，亟遣醫，得逢無恙狀，乃檄問所以爲不實者，主者情見趣竟獄，不敢小出入。逢得無冤，坐輕，詣君位謝曰：「獲更生，實君賜也。」

官制行，換階奉議郎，召入尚書省，爲職方員外郎，轉承議，賜緋衣、銀魚。久之，求補外，知汝州。元豐八年，今上嗣位，遷朝奉郎，以足疾，請致仕。十二月四日卒於州舍，享年六十五。

前娶皇甫氏，追封永安縣君，後章氏，封武寧縣君。子三：材婺源主簿，樞睦州司法參軍，杞興化主簿。女二：長適朝奉郎王續，次進士蔡居厚。

君事親至孝，友愛諸弟，與人交有終始。性諒直，勇於爲義而廉於進取。臨事不惑，所謂禍福利害不以動其心。聞人善喜，切切稱道，其不善，亦不能隱，必面告之使改。嘗謂天下大分，惟是非黑白爾。要不可使淆。見小不明則咄嗟憤歎，其爲治倣此。故所至大有聲，而亦或以不得於人。政事本於仁厚愛民，爲監司不事邊幅，未嘗置人於法。布衣時聞舒州望江令豐有孚能，吏以誣繫獄，即馳見轉運使王素，白其冤，素立釋之。君故不識有孚，有孚亦未知也。晚年益喜論事，憂深思遠，過於在位者。嘗上疏論免役錢不當及下户，大臣不禁賓謁。與人語簡雅有風致，文章豪健潔齊，源遠而氣正。有集四十卷，藏於家。

曾祖元吉，仕江南。祖覺，仕皇朝爲殿中丞。父孝綽，號「潛山先生」，以君仕於朝，贈朝奉郎。元祐八年十月辛酉葬君於鄆州須城之望山其父墓次。某識君三十餘年，潛山之葬實銘之。於是諸子復以爲請。乃作銘曰：

黄氏著姓，江夏其初。有避唐亂，閩浦城居。逮君皇祖，爰徙於舒。既没而窆，遂葬太湖。潛山子仕，奉親北方。終養又卜，汶山之陽。神靈安之，遷徙何常。有美惟君。志大氣剛。學以澤之，蔚有辭章。力善徇義，其身可忘！謂逢文明，騰淩頡頏。誰斯所儲？屯閟弗張。間出一二，已韡其光。老以一郡，止於散郎。才之不契，由古則然。有城有室，附於潛山。刻詩諆實，以詒後傳。

太常博士彭君墓誌銘

君諱慥，字公謹，世爲潭之湘陰人。祖晃，考鼎，皆以輕財樂施稱於鄉里。君第皇祐元年進士，除復州景陵尉。丁母喪，服除，調復州司理，舉爲江州彭澤令。丁父喪，服除，入祕書省爲著作佐郎，知澧州石門縣。今上即位，恩遷省丞，移知南儀州事，改太常博士。熙寧四年七月十三日以疾卒於官，享年四十六。

君莊重而可親，樂易而有守，心無曲思，面無徇笑，居鄉有行義，仕宦二十年有清概，未嘗問其家有無。

至和中，辰州起事蠻溪，調諸州兵議所以窮討，君獻策任事者，以謂：「中國能使邊夷服者，爲有恩信爾。險穴莽谷，其民類禽獸不可使，而其土不可耕，使吾得志，正所謂石田者，何事以爲我勞？今獨宜有以綏懷之而已。」方是時，喜事功名者皆以爲擊之是，已而師老財困，朝廷屢遣使者，卒如君策。

彭澤有修山觀，唐狄梁公買田千畝與之，於是觀有堂以祠公。大吏欲移其田他觀，君請留半奉公祀，屢爭不得，至以其議聞於朝，卒從之。石門得民僞爲印者，法可以死，情可以生，死則得之者免遠官。君戚曰：「殺人以自利歟？」遂傅生議。交趾歲貢，所過郡皆以鄉兵護送，民病其騷，獨君南儀罷之。

君平生不樂爲皎然者，而歷宦多在偏州荒邑無事處，故逡巡不大振作。而其因物有作，間見而時出之者蓋如此。嗟夫！君之不得其壽也。

君升朝，贈其考大理評事，妣許氏孝感縣太君。娶戴氏，封永安縣君。子男二：子民，子中，皆舉進士。二女，未嫁。以六年二月甲申葬君於歸政鄉永寧里土塘之原。子民嘗從予游於荆州也，於是請銘。迺爲之銘曰：

有幽斯宫，窾崇阜兮。萬古一化，孰天壽兮。不瑕其德，義不疚兮。斯於博士，爲不朽兮。

范聖涂墓誌銘

君范氏，諱遵道，聖涂其字也。士仕而不知其道也久矣，苟焉者固漫不省可否，惟利之故；及狷者又頗亢激，以輕去就爲事。如聖涂幼已得官，不肯輕進，方且博學深養，有以自得而後起。既仕矣，有所不合，終不詭隨，從容潔身以去。夫必欲自信其所養，吾知其非無志於仕者也；不枉己以合人，吾知其非有求於仕者也。進不爲苟得，去不爲矯亢，豈不賢矣哉！雖然，抱其所有，不少見於功用，又不得壽而亡，此古之人於天道報施所以致疑。嗚呼！是可哀也。

聖涂康定二年用從叔祖祕書監諷廕補郊社齋郎。歲十一而孤，二兄故已夭，獨端飭自立，事母李氏以孝謹聞，養孀姑於家而與其子遊，出處友愛，人不見其爲外兄弟也。聚書延師友，以名教爲樂。賙人之急，親朋多賴以濟。嘉祐二年始調鄆州須城尉，隨改徐州司户參軍，未赴，丁母喪。服除，調青州千乘縣主簿。令之政多不善，君以忠道之，又劘以理，又争以義，皆不聽。州察其然，因從君刺令事，君謝不知。退而笑曰：「此豈我事？而我亦安能徇物乎？有去而已。」因鎖其廳。舉進士，遂不復出鄉里，益治所居，闢園圃，築室臚水上，超然孤往，臨流坐石，吟嘯其間，世故一不以掛齒。熙寧三年十二月十四日以疾終，享年三十八。

君性寬厚静重，寡言精識，曠度有過人者。讀書不爲蹊徑，務致其極。爲文章嚴簡有趣，嘗兩試禮部，喜事多學，至星曆氣數皆通其術。篤於朋友，忠信樂易，久而不渝。而與予相好也。故其卒也。姜先生潛自魯來，與其姑之子張君褎經治其葬，而使來趣銘。

君之先自高平徙河南，後有官東平者，今爲東平人。比部員外郎諱正顔者，君曾祖也。

君娶故兵部員外郎、直史館梁公倩之女，生二男，德方於是始十歲，德恭三歲。二女，長許歸姜氏，次幼。遂以明年二月甲申葬君於鄆州平陰縣安樂鄉樊山原先塋之左。銘曰：

大車六轡，載鸞載斿。不可以徑，寧柅而留。往既艱矣。又薪其輈。嗟惟聖涂，誰司諸幽。北山磻固，君卜先邱。聖涂歸哉，閟此千秋。

劉子中墓誌銘

君諱常，字子中。嘉祐八年進士及第，補祁州司理參軍。治平改元，君上書言：「天下平治，由先朝臨御久，德澤、法度所以馴致之，以遺今日。今命元之意非是，宜於本功所自來，慎始昭孝，若曰：『承之』而已。」時韙其説。治獄明以恕，多所平宥，數與上官相可否，事未嘗屈。二年七月十七日，享年三十八，以疾卒。

君幼喜讀書，長益自刻苦，沈酣出入，非若世俗口誦而膚取之者，於寢食造次，不輒廢書，以爲天下之至樂在是，而世所謂樂無以易。其發爲辭章，清拔有思，尤長於引古以視今。性和静而疏達，與人交忠信不渝，鄉人有過誤者輒不校。居官閒則與士子講學，所以教誘之甚厚，人大向之。以名節痛自砥礪，欲求天下之善以身蹈之，冀有見於世而志不就，蚤死，其不可悲也哉！

劉氏，濱州渤海人。曾祖諱應圖。祖諱爲，濰州昌邑主簿。父諱庚，河中永樂主簿。世貧業儒，至永樂滋貧，流寓四方，時爲名公大人邀客之。博學多識，善教諸子，而君弟蒙有文行，故門内講習，自相爲師友。其後蒙被召試校書郎，知唐州湖陽縣，以不合投劾去。君既没十二年，永樂及母夫人相繼以逝，又一年，並蒙亦亡。嗚呼！其不重可悲也哉。自永樂徙河陽之温縣，於是君季弟頤復晉，與君之配李氏，及其孤弼直，遂舉諸喪並葬於王屋縣玉陽鄉之北原，實元豐二年七月七日也。君所著文三百篇。一女，前亡矣。銘曰：

嗟惟劉君，其士之良。涵茹探履，學敏以彊。騤騤天驥，志騰八方。蹶足跬步，孰有而亡。將概諸理，君乎何傷。

國博陳幾道墓誌銘

公諱修古，字幾道，姓陳氏，自太邱徙東平。曾祖某，祖咸卿。考肅，贈吏部侍郎。公少嘗舉進士，以兄任爲郊社齋郎，調瀛州樂壽縣主簿，改潤州司理參軍。丁母喪。服除，舉監大名府酒，遷武定軍節度推官。治平中，用薦者改大理寺丞，知虔州安遠縣，以親嫌自陳。徙監海州税。今上登極，恩遷太子中舍，賜五品服，監開封考城縣酒。轉殿中丞，知博州聊城縣事，未滿罷。又知劍州尤溪縣事，不行，轉國子博士，糴在京常平米，坐法免歸。居七年，以元豐四年六月十二日卒，享年七十一。

公性孝謹，少孤，事母夫人無違及執喪，鄉人稱之。精敏善治事，在樂壽，民大饑，州委公賑之，活者十九。在大名，課溢緡錢三十萬。在武定，鞫正疑獄之久不决者。自聊城罷，縣人遮道，久不得去，前後當路争薦之。晚節失官，退處里舍，和易寬静，以酒自娱。親戚故舊相對，怡然無不足色。雖老，精力强壯過絶人，臨終授治命其子，如無疾者。嗚呼，公尚何所慊哉！

初娶梁氏，封仙居縣君。生子二人：男丙服儒，女嫁國子博士聶伯堅而亡。再娶何氏，封福昌縣君。遂以其年七月十一日葬公鄆州須城縣南留村先塋之西。某妣仙源夫人，實公兄祕書監諱希古之子，以是知公之詳無若某者。丙前葬，又以狀來。謹序次而爲之銘曰：

物有得喪，人用笑嘻。彼自來去，胡轉而隨？公以是故，失也安之。既康既壽，世考所詒。

國博陳長孺墓誌銘

公諱孝標，字長孺，姓陳氏。曾祖諱咸卿。祖諱肅，贈吏部侍郎。考諱希古，贈祕書監。公以廕補太廟齋郎，調保州保塞縣主簿，光州司法。以處州龍泉縣令舉監汾州永利西鹽。得眼疾，所謂内障者，求醫以歸。又二年致其事，除太子中舍。英宗即位，改殿中丞，賜緋衣、銀魚。今上即位，進國子博士。熙寧五年六月五日以疾卒，享年五十有九。

公性至孝，幼失母，實鞠於祖母永安太君方氏。及長而祕書公分務南都，退居東平，其所以奉親自養，禮賓友，内外晏然，無所不樂，而忘其身之疾者，由公於子職盡也。如是凡十餘年。既居喪，而方夫人猶在寢，及事其季父，益以謹順聞。與諸弟友愛相與，以安貧服禮爲事。歲時恭慎祀饗，自始事迨卒祭，朝服以俟，酌酒饋食，有數有序，每獻再拜，興俯屏息於几筵，如親其聲容而有所受命者。至婦子侍御，率以祗恪無敢跛倚。與朋友久而不渝，和易以愛人，雖賤夫遇之有禮。自祕書公之亡，於是三十年，鄉里之亟盛亟替，朝譽而暮毁者凡幾家。至論清白有常，能持其門户，則人必指陳氏，而稱公曰「吉德君子」也。雖然，臨之以義利，蓋有不可動者。保塞上官或屬以私，公謹對曰：「不可。」僚友誚之曰：

「以是居卑，非身謀也。」公曰：「士窮達得失，不有命乎？而道固若是。」議法有守不可撓，而本之以恕，疑者必傅輕，多所平宥。汾州課增衍，於格當賞矣，俄以疾廢而至於亡。鄉人莫不咨嗟，以善人不得報爲惜。

公少舉進士，有聲名。善作詩，晚讀佛、老書，信事頗篤。夫人李氏，故崇儀使、榮州刺史緯之女，生四男：昭早世，熙、煦、默皆服儒。一女，歸鄭儒。繼室，夫人之妹，封金華縣君，先三年亡。生一女，不育。七年四月二十四日葬公於鄆州須城縣盧泉鄉酇上里先塋之甲穴。公，某長舅也。方不幸幼孤，實公字之，又教之，以俾成人。於葬也，其可以不銘？銘曰：

洵惟博士，孝悌有儀。惟蓄不施，惟善不耆。惟其命之，是以順之。惟德不疵，何公之悲！

陳仲明墓誌銘

君諱孝嘗，字仲明。某生十年而考、妣棄其孤，實鞠於外祖父贈祕書監陳公。是時，公以疾退居東平里第，將没，以劉氏孤屬其五子某。當時竊自惟念，親既不得而見之，終乃幸得諸舅從之，其庶矣乎！其後長立，竊食於仕，出處二十年間，舅氏之相次亡者四人，獨君一人者在，而以風痺卧家。雖然，每以事若告假過鄉里，時得拜其左右，瞻候其安否，語言相問訊，尚足以自慰其念母罔極之意。而今又亡矣！當時之所從吾母之同氣，於是遂盡。嗚呼！其不可悲也哉！

君，祕書公第二子，性謹孝，侍疾執喪，能盡其志。與兄弟相友愛，交人有信義。少時讀書作文辭，尤刻苦爲詩，旁治醫藥、陰陽之學。將葬，患葬師多拘，因自究其書，有所去取以從事，無違於禮。尤喜佛書，通性宗，蓋有自悟者。其論雖禪學老師往往爲屈，故恬夷安分，無慕乎外。初，祕書公爲尚書屯田郎中，年六十得疾，求致仕，以恩任君。君曰：「大人小疾輕去而爲其子計，某未安也。」公遂分司南都。

曾祖諱咸卿。祖諱肅，贈尚書吏部侍郎。祕書公諱希古。君娶馮氏、龐氏，子男五人：曰浩，曰湜，曰沖，曰淳，曰洵，皆舉進士。浩、沖嘗與計偕。七女子：二已嫁，四幼亡，一在室。君之亡，實元豐五年七月三日，享年六十八。遂以其年九月二十八日葬於鄆之須城縣盧泉鄉先塋之原，合以馮氏。銘曰：

嗚呼陳氏，遠有德祉。中嘗振顯，報施未侈。逮君之世，寖微弗興。而以孝弟，鄉里滋稱。學行恂恂，視其諸子。德後必昌，庶將在此。

陳行先墓誌銘

君諱孝若，字行先，姓陳氏，東平人。曾祖咸卿。祖肅，贈吏部侍郎。考希古，贈祕書監。君資夷謹持重有志識。祕書公仕有清節，爲尚書郎，以疾分務南都，居里舍，教諸子以學。君嘗讀書自刻勵矣，已而幡然曰：「親疾而養不足，吾於子職，將擇其力易而功近者。」迺獨以治産自任。服勤勞，躬纖嗇，始於至微，粟儲而縷積之，闢田桑以植本，又有所懋居以化有無。蓋其性仁故知所取予，智故知所變通，信故能交，約故能持。居久之，遂以富稱鄉里。自祕書公捐館久，其叔若兄仕不達，兩兄以病卧家，食口滋衆，緩急皆賴君以濟。鞠養叔、兄孤女，以禮嫁仕族。舉大喪六七葬之。人有所謁，隨事周給。至於自奉養，簡儉不易儒素。晚年薄滋味，嗜好益淡泊，向有所營殖者，皆寖不復爲。故嘗觀君之於財，其所以生、所以用與所以守者，其道蓋出於此。則與夫詐力貪刻、賤義放欲亡厭以爲富者，甚異矣。喜讀佛書，談性命，疾革不亂，自制棺，圖像遺其子而卒，元豐三年四月十日也，年六十。娶楊氏，尚書比部員外郎歸一之孫。子三人，長男女皆亡，幼曰慥。孫曰詡說。其年七月十一日葬於鄆州須城縣南留村先塋之西。

某妣陳夫人實祕書公長子，方先君官湖南，祕書公爲遣君從行，逾年，先君、夫人繼棄其孤，其孤既幼，喪事皆君治之。及某依外氏爲學，至長立得官，所以成之者，君之德居多。於是前葬，慥來請銘。銘曰：

積惟仁，用惟義。饗惟吾之力，又自居其薄田。毋浮吾德。嗚呼尚哉！昭之幽刻。

宋宗室慈州防禦使宗博故夫人普寧郡君郭氏墓誌銘

夫人郭氏，曾祖暉，贈太子少師。祖守文，贈尚書令、譙王。父崇仁，贈安國軍節度使。夫人幼失怙恃，養於寡嫂王氏，逮成人，奉其嫂如所生。年十八歸於皇叔慈州防禦使宗博。夫人性仁惠端静，奉姑舅以孝，接宗婣以禮，撫羣下以恩，輔贊君子，休有令德。累封普寧郡君。熙寧三年十一月二十五日感疾殞於寢，年四十一。一男一女皆早世。訃聞，上震悼，恤禮加等，寶慈宫嗟惜，爲之出涕。遣内司賓中貴人庀事，殯於京南奉先之佛舍。明年七月十四日葬河南永安縣之塋。有詔詞林爲之銘，曰：

展彼夫人，柔温静嘉。蒿魂奄忽，戚里賫嗟。西原瀰迤，行楸靃靡。勒銘幽堂，淑聞不已。

壽安許夫人墓誌銘

壽安縣太君許氏，贈諫議大夫黄公諱洪之夫人。熙寧七年十二月二十一日以壽終。明年春，其子太常少卿師道泣以謂某曰：「吾少時被夫人教曰：『黄氏世積德善，將必有發。豈不在吾之世？爾曹其可以不學！』即佐先子教訓頗力，其後吾仲弟師説早世，獨與季弟師旦以進士同時得科名，起家就仕，獲以禄養。師旦既以都官員外郎終，吾日懼衰薄，無以奉夫人。今不孝，夫人即亡，將葬矣，惟是幽宫之銘以累子，其毋辭。」方是時，某謫官衡州且三年，因詳得夫人之行。

夫人世衡陽人，其父勝，好施有遠識，衆以長者尊之。夫人爲女，善事其父母；爲婦，又善事其舅姑。睦其族姻，内外無間言。諫議公喜賓客，食飲其門者無虚日，皆夫人身自供具。内治不苛，上下安之。二子寖貴顯，饗封受祉，更仙源、仁壽、長壽三縣君，以及今封。晚年不樂出鄉里。太常公爲請近郡，又兩監南嶽祠，遂居里舍以便奉養。晨夕省侍，竭力致誠，察其顏辭，以爲休戚。歲時率婦子孫曾奉觴執膳，爲夫人壽。夫人顧之喜，每合燕親族，笑語酬酢，終日無倦。閭里於是咨嗟歎慕，凡語門户之慶者，莫不指黄氏。以夫人爲有備福，而稱太常公曰「孝德君子」也。

夫人性慈仁，尤喜佛事，誦其書凡十八萬卷有奇。平生少疾，將終，神明如常時，言語不亂，召族屬持其手各有所囑，安然以逝。嗚呼！人之所慕而難至者壽，既壽矣，或眊昏疾苦，淹淹不支。不然，嗇其子孫，幸而有之，不克肖似。若夫人享年八十八，身終康寧，有子甚賢，一女歸士人，孫曾男女至三十人，而補仕者五人，皆材良自立。嗚呼！夫人可以無憾矣！是年某月某日葬於某鄉某里諫議之塋。銘曰：

女婦惟孝，母也惟仁。惟睦惟則，以昌其門。福施厥德，天畀之年。有子惟卿，由教則然。定省左右，綵服華顛。及其三世，詵詵在前。豈無智達，或累死生。臨此大故，夫人不驚。嗚呼賢哉，世攷斯銘。

仁壽趙夫人墓誌銘

知恩州事、尚書比部郎中王君諱荀龍之夫人仁壽縣君趙氏，上世洺州人，自曾祖羽徙博之聊城。祖韜，父繼永，皆不仕。伯父繼昌，事太宗祇候閤門，任事北邊有威名。

夫人幼善事父母，既嫁，其姑路氏有賢行，而嚴正少可，惟夫人能得其意。及將終，語人曰：「始吾兒早孤，求配常危慮無以成王事者，今得吾婦，死瞑矣。」後比部君寢顯，夫人益以禮自約，每臨居養之華美者，未嘗不戚然興言，念其姑之不待饗，而已乃有此也。愛諸子均一，人不覺其有異出者。比部當任子，欲先諸從子，夫人欣然成之。養孤族子數人於家，恩意無所間。蓋婦人之行，於是爲甚難，而夫人優爲之。

平居寡笑語，御家有法，事至雖煩，而徐應之必中理。日誦佛書以爲常，性寬而正，故人或可以欺而不能以妄説之也。嫁三十七年，年六十一，元豐三年十一月三日以疾卒於其夫官舍。初封孝義，後更今封。

生三男子：長巖叟河陽節度推官、監晉州煉礬務，好學有節行；次濱叟、堯叟。六女，嫁者四人，其二與次二男皆早亡。孫男女七人。明年三月葬於濟陰廣武原之先塋。銘曰：

孝至於不忘其親，愛至於不獨其子。厥家日興，不享禄祉。是惟令德，而壽此止。貴孰共之，欲養不俟。夫哀子慕，嗚呼曷已！

吳郡君墓誌銘

濮陽郡君吳氏，世家撫州之崇仁縣。贈太常少卿諱鍇之孫，故都官郎中諱有鄰之子，故給事中、天章閣待制致仕郭公諱申錫之夫人。郭公始娶陳氏，實爲我妣之妹，既蚤亡，而再室夫人。某以陳夫人故，數出入拜夫人，今諸子舉公夫人之葬而以銘見屬，宜不可辭。乃爲銘曰：

懋惟吳宗，篤生夫人。其字道卿，其名嗣真。幼不戲嬉，獨近文字。性敏以勤，有誦輒記。至凡女工，不學而能。事親克孝，善養善承。父母以是，賢之篤愛。好逑亦多，慎擇厥配。二十八歲，乃始有家。不逮事舅，姑壽則遐。承顏順辭，始終不替。藥劑膳羞，必躬乃饋。陳氏有子，六人皆幼。夫人撫之，己子不後。陳氏兄弟，間至猶昨。夫人遇之，己族不薄。給事立朝，侃侃言路。不以家卹，夫人之助。謫官濠梁，不以憂戚。姑尤安之，以時分力。居姑之喪，哀毀不勝。廬居墓下，又以孝稱。自其爲女，爲婦爲母。動止有節，言語不苟。持循家法，不以智更。諸子自教，卒俾有成。內外睦婣，法度妥妥。尤喜事佛，晚益不惰。治平五年，從夫河中。九月十八日，感疾以終。壽五十一，弗克永年。行豈不淑，而報乃愆。有男禮立，主將作簿。女亦一人，嫁宋文虎。居仁和縣，郡封濮陽。既歿七年，給事亦亡。熙寧八年，仲冬一日。遂合陳氏，從夫幽室。嗚呼夫人，始卒不虧。宜詩厥美，以永孝思。

李夫人墓誌銘

夫人李氏，東光人。贈職方員外郎昭度之孫，故崇儀使、榮州刺史緯之子，故祕書監陳公希古之冢婦，故國子博士孝標之妻，而某之舅母也。

榮州本以儒者進，嘗鈐轄廣東，守北邊，更數州，皆有聲績。始與祕書公相友善，夫人數歲，常使出拜而約之婚，年十八乃歸焉。既不逮事姑，而祕書公以疾退居里舍者十年，凡其食飲，夫人非自烹飪，藥非親調，皆不以進。疾甚，則出其匳中物以有所祈請，無不至。及居喪，哀毀過人。

方是時，祖姑永安太君方氏在寢，祕書公二弟，博士之弟四人，族屬蕃大，而門內之治，夫人實主之。上事旁接，各得其歡心，御下雖嚴而人愛之。博士於祭祀特兢慎，夫人克相成之，既恭孔時。

性聰明，曉音樂，略知書翰，事佛甚謹。皇祐五年七月十三日以疾卒於光州其夫之官舍，年三十八。子男女五人。博士既賢夫人，而未嘗忘李氏也，故以其妹繼室。而仲婦又取其弟之子。夫人既葬八年，當熙寧五年，博士亦亡。其子熙以七年某月日合葬，而取銘於某。某幼孤，蓋依夫人以生者也，是宜銘。銘曰：

循法度，共祭祀，惟夫人克有是德。不愆壽，不侈葬，從其夫，永安此。

贈刑部侍郎孫公墓表

公諱成象，字乾曜，姓孫氏。世家長沙。五代末，馬氏據有湖南，將吏皆其所自補。公之曾祖全以材武爲潭州醴陵縣鎮遏使，庇憂捍患，當危亂中，衆恃以休戚，實有德於一方。生匡替，始仕皇朝，爲揚州廣陵主簿，以清白著名。生雋，隱曜潛行，治居郡城南，輕財樂施，教子有方，里人以爲長者。而湖湘衣冠論凡治家可法者，至今指城南孫氏，是爲公考。生子五人，而公次居長。

性篤孝，事親能竭其誠力，而友其弟以愛，居父喪致哀謹禮，鄉里稱之。好學問，爲文章，長於歌詩，善書有法，有名場屋間。聞善見義，篤好而力行之。娶夫人李氏，家多貲，嘗析其屋，同門壻以女分，每將有訴，公曰：「婚姻以利，末俗事也。而又以訴乎？是非士人之所爲。」因謝絶之。

後以事出旁郡，而母夫人以疾亡。既還，伏棺悲摧，累日不能飲食。忽撫其子曰：「吾不爲無後死，當免於聖人乎？其從先君遊無所限。」語已，號頓而終。年三十三，天聖元年二月二十七日也。夫人後公二十四年卒。

二子：頎今爲朝議大夫、荆湖北路轉運使，顒守桂州靈川縣令。一女，適進士丁咸。孫男四人，曾孫男六人。朝議君以才顯於世，自其升朝，每國家有事郊廟，推恩其子以及其親，於是累贈刑部侍郎。嗚呼！公雖無所饗於其生也，而殁也被名爵，燕世緒，子榮而孫承之，則爲善必有報，顧遲疾異焉耳。

公既殁，二年十月二十三日葬於郭下鄉露仙里。又五十三年，當元豐四年三月二十七日，開封府推官、奉議郎、充祕閣校理劉某以文表於墓。夫人李氏，萬年、旌德縣太君，自有誌銘。

嗚呼！公之死，可謂過於厚者也。古之人制中以爲常，然亦曰喪過乎哀，雖過而不可議者，厚故也。公視其子足以立，知其不爲無後而死，則公之志，可哀也而不可議也。夫厚其親而死，人莫得以議，斯可以無憾矣。而尤有可哀焉！誠在公有高於人者未及施，而止獨施之其身而已，此其命也夫！此其可哀也夫！

祭文

滑州祭鄒國公文

自夫子没，邪説肆行，歷歲百餘而孟子出，以身徇道，於是夫子之道明，人到今師之。歷世緬邈，弗知所報。國家選講師，設科目，以其書繼五經後，又詔封鄒國公，配享夫子廟，位亢國公之次。學士大夫頓首幸甚，以謂是夫子之心也。州以詔令從事，將擇日置像位焉。敢具昭告〔一〕。

祭沈太常文

惟君之生，冥孰宰持，才高而莫致，蓄大而不施。世之人徒愛其外之英華兮，曾未見其中之磦砢。好之者雖衆，莫能以力兮，惡之者亦足以顛擠。惟古人之莫不爾兮，亦惟君之所自知。

祭趙元考文

維某年月日，某官某致祭於故翰林趙公元考親家之靈。

惟公德行之稟兮，清淳而精粹。學問之積兮，該通而博備。自文字以來兮，前言之與故事，雖幽渺詭祕兮，罔散殊之弗記。其中無不有兮，人名之曰「武庫」。與物未嘗競兮，世推之爲國器。系靈源之休兮，克承厥世。覽皇德之光兮，亦華於仕。外若可以親疏兮，内挺然其志。玆俄鎩翼而南飛兮，亟輿疾乎澧之涘。曾未云更晦朔兮，遽大故之及止。惟死生固自有命兮，公已久明乎此理。曰憂患爲傷其生兮，是世以進退爲休戚者之言爾。嗚呼哀哉！予與公交兮，以澹而成。三十餘年兮，事予以兄。館閣各途有並游之樂兮，婚姻晚契締深好之情。駭書音之來訃兮，浩哀涕之如傾。胡善人之不淑兮，儻所謂天道之誰與明！傃沅江兮緬緬，望楚雨兮冥冥。蘭芷兮香歇，猿鳥兮悲鳴。慨予方繫跡於蘭溪之濱兮，不得祖飛旐之東征。聊寓情於斯文兮，代望門之歌聲。敬致薄奠兮，以薦斯誠。

祭丁上杭文

維元祐八年歲次癸酉二月戊申朔某日某甲子，具位劉某，奉故友上杭府君公明丁君之喪，葬於鄆之北原，謹遣隨行指使、三班借職王穆致肴醴之品，而祭之以文曰：

嗚呼公明，曩時盛年，氣挾雲露。顧語富貴，可以指取。千金盡散，以交雄豪。志願立命，不相爲謀。爛漫醉吟，清新窈妙。天葩寶璣，霏落談笑。造次居養，不啬於窮。服必華潔，食必珍豐。薦進吹颺，豈無知己。至其得失，誰使誰尼。晚假貴侯，以紆青綸。萬里逾歲，亟聞匶還。今我東來，燕樂故里。魁壘軒昂，獨不見子！想象生平，綢繆話言。磅礴之氣，得於遺編。嗚呼公明，紛紛古人。才不盡偶，惟有所傳。恃以不朽，獨念子世，寖微寖艱，客骨地上，垂三十年。爲子買田，北原龜食，土水深厚。佳城吉宅，以子之考。及二妣喪，劉氏、朱氏，庚穴之藏。子及室邢，窆於甲位，左右相望。冥豈不慰？不易舊斂，周以重棺，日時協良，歸哉惟安。嗚呼公明！誰語皎皎，没而無知。來歆罇酒，副此悲思。

熙寧九年祭先塋文

維年月日，孝孫男某，謹遣新婦任氏，長男跂，躬詣先塋之次，用某日具清酌庶羞，致享於三代考妣之靈。

惟某幼而孤，流離四方，弗克踐先王恭信哀三禮，得罪於上帝神明不敢逭。乃天實悔禍，保佑先人緒餘，弗俾失墜，以活其嗣人，猶傷於貧，三十年於兹，始克大事如是。其在某之身何有？惟心以率力，守視灑掃，恪恭於墓次，終以報稱先人，則曰豈敢。如以自竭其愚，則曰庶幾哉。然方有罪於朝，爲世大僇，志弗克遂。又五年於兹，雖日哀疚，繼之以夜，其心惸然。而官禁有誅，祈天天高，亦罔克有濟。蓋蚤夜惟念，古之人有禮，祭祀欽承，婦子是賴。用敢祇承禮意，命之從事，以代不肖之身。明德加惠，尚顧歆兹。乃若敬念所願，則忠心於是，終身如是，曷云敢忘，曷云敢違！

祭韜文

祭於亡男奉議二郎之靈。

惟汝孝於父母，善於弟兄。行己應物，一以至誠。橫逆不校，憂樂不驚。少自刻苦，以取科名。安其所傃，克有厥聲。士林同詞，期以公卿。嗚呼哀哉！德吉氣静，此壽之理。吾謂異時，必將賴爾。天胡奪之？遽先吾逝！白頭衰年，哭爾壯子。事之顛左，有至於此！嗚呼哀哉！書來報疾，汝批紙尾，凡數十言，常時無異，云偶大病，十去八矣，醫言無他，數日可起。本不馳告，念非得已，地遠思親，願遣一弟。意緒昭昭，有叙有紀。但怪所書，多不成字。中心閔默，憂恍如醉。亟遣醫先，翊日訃至。嗚呼哀哉！天之賦汝，亦既粹美，反嗇其生，使不少俟。冥誰宰持，必有所以。豈曰偶然？自生自死。殆吾不修，釁惡積累。罰鍾汝身。汝則何罪？聞汝臨終，妻孥守視。汝父汝母，汝兄弟妹，無一在傍。四顧歔欷，若有所屬，索筆與紙，手不能持。强語其子，曰幸千萬，可獨寫此。嗚呼哀哉！又聞前年，赴官邊鄙，出門傍徨，密語二季，曰此行役，忽不自意，安得休哉？同此庭侍，祝勿告吾，懼詒親累。豈汝自有所知？魄兆已至。使吾蚤聞，必留汝止。而不吾告，何所牽制？嗚呼哀哉！又聞初疾，風寒爲厲，頭目痛昏，火壯軀體。付之庸醫，語爲脚氣。諸所毒藥，連投大劑，一晝夜中，數十下利。陽脱陰轎，外浮中痞，寖以滑泄，上益嘔噦。才十餘日，摧此魁壘。至於大故，神不亂昧。醫乎不仁，殺人何易！數雖有定，豈無冤者？嗚呼哀哉！人之有生，會歸於無，浩浩萬古，瞬息須臾，其間長短，何較錙銖。古之達觀，宜此萬殊。禍福同户，彭殤一區，忘情齊物，與天爲徒。吾視斯人，豈無愧歟？情累纏著，若有根株。八月庚申，見汝喪車，慘慘儀象，纍纍縗麤。聲慟親友，歎聞道途。天高神幽，吾哀莫呼。江盡海竭，吾淚有餘。髣髴面目，嗟何及乎！惟有盡心，撫汝諸孤。松楸之下，一室山隅，以候歲月，歸汝先墟。

校勘記

〔一〕敢具昭告　按各本於滑州祭鄒國公文之後均有祭丞相韓儀公文，全文如下：「維大觀三年歲次己丑十月壬申朔初二日癸酉，奉議郎、武騎尉、彭城縣開國男、食邑三百户、賜紫金魚袋劉某，謹以清酌庶羞之奠，祭於故丞相儀國韓公之靈。惟公氣間堪輿，秀鍾嶽瀆，來輔昌運，協興盛福，自結明主，孰云夢卜。高陽開府，初叨采録，及長天樞，復備僚屬。飲食教誨，始終樂育，卒議姻好，不遺寒族。逮予南遷，仲婦晝哭，雖反於室，公睠彌篤。瘴嶺蠻陬，問遺以續，高誼仁心，迥出流俗。疑丞得謝，脱屣寵辱，樂道恬養，淡然自足。天下具瞻，日徯還復。衮衣龍節，匪暮伊夙。天難諶斯，云何不淑！哲人已萎，百身寧贖。常水之陽，西山之麓。鬱鬱佳城，吁嗟埋玉。斐辭告哀，曷展心曲。」此文云「維大觀三年歲次己丑十月壬申朔初二日癸酉，奉議郎、武騎尉、彭城縣開國男、食邑三百户、賜紫金魚袋劉某，謹以清酌庶羞之奠，祭於故丞相儀國韓公之靈」。按劉摯逝於紹聖四年，大觀時已作古多年，又官銜等亦與摯迥異，此文必非摯作，今移入校記。

忠肅集卷十五

五言古詩

讀書

西風入梧桐，白露下雲漢。灑灑晚秋色，清涼復神觀。歲月不我與，料理前日慢。念此平生心，所樂在黄卷。太羹與玄酒，梨樝及俎簺。滋味要足口，更復恨未見。燈火夜可親，巾箱字甚憚。紛紛事是非，碌碌世治亂。千古守糟粕，未免斵輪歎。聖賢有堂奥，大道堪夷坦。是爲名教樂，足以了衰晏。惜日營珠金，投身醬歌管。彼志各自言，難以一理貫。

老子畫像

濊周僿於文，老子談大道。仁義已末流，禮法固行潦。虚無抱元珠，清浄爲至寶。掊斗息羣競，死聖止大盗。謂可愚斯民，狂瀾復既倒。不知世大變，萬僞火就燥。欲以區區言，反俗入羲昊。渾淪五千言，道德何浩浩！漢嘗求其説，施用未深造。衣食已有滋，煩苛已能埽。惜哉衰世士，學術失探討。流而爲刑名，慘礉極枯槁。但見多申韓，學皆罪黄老。聖人無常師，有善取輿皁。問禮固有然，誰謂孔徒小。遺貌知是非，君無論醜好。

雜詩六首

四序若轉轂，萬物變秋風。蕭騒簾邊月，赫赤江上楓。寒鵶坐晴屋，陰蟲凄暮叢。靈鳳杳何許，寂寂朝陽桐。

咬咬籠中鳥，食飽勤好音。雖懷主人意，豈不思長林。出處謬前算，老大故谿心。秋衾耿寒夢，玉露曉如淋。

古人有高致，妙與天地通。讀騷飲美酒，揮絃送飛鴻。杖藜步梧竹，閉户閑僕僮。禍福有倚伏，念當守蒿蓬。

我思彭江州，行己有風績。與善忘畛畦，麾邪立崖壁。堂堂生民望，奄奄斯道寂。何時持雞酒？就子墳上瀝。

播州遷劉郎，夜郎放太白。秀木風所仇，人情有欣戚。嚴霆無終朝，斯文豈遂戹。我願蘇與黄，壽命等金石。

至人有神遊，坐淩八荒邈。一息如鵬圖，萬里御羊角。蒿萊彼頻頻，晨夜自喔喔。仙人喬與松，誰云不可學。

西齋觀雨

末庚謝餘炎，大火躔西極。開軒對朝雨，拭目看秋色。雲空相晦明，風縷乍斜直。聲繁自飄蕭，勢急忽淙激。方塘濳浪潮，萬瓦亂珠射。巢燕倦翻翻，庭蕪長紛籍。閒花洗幽素，秀木舞凉碧。清氣醒筋骸，餘爽入几席。跡希蔣詡徑，興高陶令宅。繞郭聽懽聲，登秋飽豐澤。良辰感孤宦，念我久行客。窮年不自樂，心跡兩何益。功名羞詭奇，歲月易類斥。聖人堂有奧，大道坦可適。胡爲世俗間，區區較尋尺。

縣齋秋日雨後寄李聖和

置閏歲八月，祝融冒秋權。當代不肯歸，滯暑歊以延。金行奮剛義，天令懲驕愆。一雨惡氛死，百物疲瘵痊。陰陽戰既定，灝氣蘇天淵。揫斂物得性，豐給民有年。小軒占幽寂，危坐涼翛然。身如赦炮烙，蓬山弄飛泉。冷風嘯梧竹，清響摇碧鮮。净几少喧蠅，高簷除嘒蟬。煩心爽已蜕，塵觀清疑仙。於兹飭前懈，圖書獵陳編。晤言隔朋類，披卷盟聖賢。樂此懷高風，北望心悁悁。

縣北馬上

五月暑雨過，緩轡來城陰。朝暉粲林莽，涼風弄衣襟。敢辭鞭策勞，邂逅得幽尋。斯人勤歲事，樂此膏澤深。芃芃黍稷壟，藹藹桑柘林。田翁可指食，蠶婦期織紝。稇儲與衣褐，卒歲無崎嶔。陶民帝有力，養物天之心。忘言樂其樂，此意良自諶。紓爲馬上句，比和擊壤吟。

答黄莘任道代書見寄

吾生本放浪，自比林壑人。謬此紲官組，試邑漳水濱。疆田占瀉鹵，户俗籍羸貧。驛涂搔左臂，河流齧西湑。役者動淪産，居者無儲稛。科求困府調，期會嚴吏文。儒生仕學古，志在膏斯民。慨歎適於此，踸踔徒自勤。亦嘗紓厚斂，粗使窮褐温。原注南宫夏税折色視他郡最重，前歲特爲申請，乞隨市直估折，不用諸色，得旨蠲三分之二。勞心米鹽屑，秉筆朱墨紛。尚賴厥俗古，椎然猶朴淳。因時罕訟訴，得以親舊聞。瞻言君子治，百里相依瀕。廚傳候使介，南北交歡忻。議和六十年，中國勞耡耘。脂膏瘠黔首，歲月肥醜獯。燕山本華土，石晉真自焚！祖宗赫大業，此願嘗經綸。遺憤鬱未泄，壯士常云云！天運無盛衰，吾民繫康屯。遠御在廊廟，勿憚躬觴飱。小官惠不恥，委吏孔所伸。原注君爲清河令，當信使驛路，時有供饋送迎勞困之嘆。故云。我亦走除道，折腰邊馬塵。緣兹有境會，每得言笑親。代去各匪遠，木落秋風辰。知倦黎侯寓，來卜子騫鄰。原注君始寓衛州，今見詢欲謀居汶上。東平我客久，蕃阜誠罕倫。

齊魯儒學地，遺風今尚存。禮讓行比屋，弦誦傳里門。玉京輦路近，非煙望氤氳。梁岑聳秀概，回源號通津。炊玉北陂稻，鱠霜南浦鱗。名園富夏果，冬山下寒薪。滋味閩越足，物色吴楚賓。人物盛著録，衣冠若雲屯。交朋三數子，英英鸞鶴羣。文章與言行，玉潔芝蘭薰。方舟洞庭雨，載酒樂郊春。羡君此謀吉，不必龜筮詢。我馬固已秣，君車亦宜巾。瑶音枉嘉問，淩紙天葩芬。聊兹締里社，愧匪金玉珍。

中秋招趙混

浩然天地秋，凉風日蕭索。憲也固非病，回焉不改樂。公秫已堪釀，冰輪有近約。以此邀子車，主禮豈云薄。

送趙混遊邊

風霜日夜肅，關寒塞草白。之子倦蓬蒿，結束遠行役。尺劍有壯懷，短褐無寒色。禮臺多黄金，義橐富白璧。河山數千里，趙魏繚遺跡。大事今在邊，爲我盡覽歷。威懷用表餌，是非入奇策。豈如滎陽秀，出以屢空迫。

白鷺亭

危亭跨城巔，因洲名白鷺。開軒二水上，寓目萬景赴。風濤豢魚龍，煙雲變汀渚。孤禽點鍾山，片席下吴浦。閒人得閒愁，憑欄歎今古。脈脈臨長江，寒潮自來去。

過彭澤

孤舟倚彭澤，高節懷淵明。缾粟曾幾許，忽歸無留情。士生於内外，貴識所重輕。山高暮寒聳，江闊春風平。絃歌絶遺響，秫田今誰耕？我方事奔走，嗚呼愧先生。

庾信宅

南都號多士，庾信乃辭客。承家富縑緗，摛文爛組織。應教來春坊，日坐學士席。翩翩宮體謡，江左變風格。巨盜掀臺城，狂飆鎩孤翮。南飛江陵宫，杖策赴王繹。經綸投中興，感憤補天隙。大厦豈一士，終此陽九戹。陸機趨洛陽，夷吾入齊國。濯足聊委蛇，懷邦已悲惻。惜哉不遭時，洪泯無偉蹟。王室與身世，淪離兩何益？暮齒哀江南，聊將賦心跡。楚郡故城陰，或云此遺宅。寥寥舊山川，莽莽親黍稷。是非不可求，秋風暮煙白。

馬融絳帳臺

東京尚經術，人皆挾師才。惜乎章句間，門户各異開。馬融號耆舊，太守南郡來。横經坐絳帳，自處何崔嵬。帳前列徒弟，帳後歌弦陪。書生貧賤志，遽以聲色回。於今數百年，巋然但高臺。舊址半傾圮，欄檻生莓苔。溪光貯襟袂，南風動樽罍。高簷日向暮，燕雀亦徘徊。

題公安知縣柳應辰屯田默庵

語默本無常，此道知者寡。君子默諸心，志氣納陶冶。至神所安潛，可使萬物化。精微與道契，密不見纖罅。世俗默在口，鈐若偶人者。至其中所騖，逐逐散萬馬。我來觀默庵，虛白非外假。天地冥毫芒，今古一晝夜。物至紛無窮，酬酢甚閒暇。清净老聃燭，寂寞揚氏駕。養此將有行，性命妙天下。相對坐終日，心愜如啜炙。賦詩尚何言，聊爲默庵謝。

寄題柳郎中留客潏

主人真愛客，留客徹歸路。清溪環醉堂，客起驚四顧。人生異智愚，所急隨所慕。僕僕聲利徒，晝夜無息慮。雖有此不樂，身留意已騖。惟同主人心，乃知此中趣。主人韻瀟灑，恬不役世故。對物心有忘，簡言理自悟。清風元紫芝，令德黄叔度。即之久益親，不知變朝暮。况復樽有酒，琴奕左右布。魚鳥馴不驚，孰與醉妖嫮。主人意於客，可謂甚無負。速應架溪流，坦坦堂下步。客至不須留，聽客自來去。

次韻王潛江見索近詩

與子一睽索，俄經百朝昏。塵勞觸新累，病懶荒舊聞。强之旋放失，殆若溝澮源。新吟妙思致，天葩發靈根。澹然體大雅，理愜如忘言。鼓旗締友社，壯志壓僅存。譬以趙魏弱，仰關支秦軍。君無疑敝橐，薏苡非珠琨。

送鄒澤民還澧陽

人生寡會合，世路多穽機。吾得二三友，老鈍諧所依。澤民氣閎侈，詞筆如戈揮。狂鸚但思擊，生馬不可鞿。彦修韻寒苦，獨以經史肥。捩眼鄙俗調，攘臂談聖微。直夫名流子，學性無愆違。冰玉瑩表裏，芝蘭自芳菲。嗟吾實款段，騏驥安可希。清樽寫江海，日獲從西圻。吟鋒互矜軋，醉笑相嘲譏。方懷青蒿愧，忽見黄鵠飛。明哲慎所蹈，勿與矰繳幾。秋風病池樹，苦雨沾裳衣。行矣歲華晏，重感人事非。玉音儻無斁，時有北鴻歸。

次韻晉陵吴秀才傳見貺

予本疏野人，出處心已果。孔患四未能，嵇慵二不可。長年足憂勞，中懷幸安妥。風瘍卧疲軀，手足困攣跛。思君淳乎淳，處俗我爲我。玉軫黄金徽，手開萬古鎖。天地自然聲，聽者不敢惰。君有元氣舟，微風以爲柂。我亦薄外機，庶不攖世禍。儻伴荆州行，春江醉輕舸。

荆門軍惠泉呈李使君舜卿

蒼山抱西城，蒙泉發山麓。一泓養虚净，大名圻巖澳。源脈潗潗來，星珠沸相續。何人豬方池？不使聲瀑瀑。四圍疊琳琅，百丈蔭雲木。波底金蓮花，萬葉緑綺縟。畏清無魚蝦，固亦遠鷗鵠。俯視洞五臟，安敢濯兩足！循池隅西南，漸見泄泉溜。怒聲始可聽，勢如脱桎梏。涎沫卷飛練，潨鳴射碎玉。曲折谿路長，幽響遠連屬。安得朱絲絃，爲寫滄浪曲。派澤山下田，歲常稔鞣穀。憧憧負缾盎，清入郡人腹。惠名由此歟？圖牒曾不録。崔碣鑱文章，無數不暇讀。亦欲有佳句，恐爲惠泉辱。使君心自清，館宫泉上宿。一勺蛻塵肝，豈比樽酒渌。磅礴壯士氣，常爲山水伏。天下幾林泉，無金買卜築。空茲嚼屠門，野人真碌碌。

煎茶

飯後開都籃，旋烹今歲茶。雙龍碾圓餅，一槍磨新芽。石鼎沸蟹眼，玉甌浮乳花。詩思一坐爽，睡魔千里遐。茂陵病解渴，頓覺肺氣嘉。玉川風腋輿，直欲淩風霞。論功著爲經，宜得鴻漸誇。膏粱麯蘖士，此物無與賒。

石生煎茶

石生蘭溪來，手提溪泉餅。謂言長官政，如此泉水清。歡然展北焙，小鼎親煎烹。一杯酌官壽，雲腴浮乳英。慙非百壺餞，真意不自輕。澗沼蘋藻細，王公享其誠。冠蓋豈不至，紛紛空涕橫。珍重石子者，端有古人情。

游白雲山

西山矜霽色，林嶺遡晨光。萬象露榮秀，熙然數盛陽。扶筇喜暄暖，更得春日長。迴阡互虧蔽，叢薄紛青黃。溪橋覺飛動，漲水起連航。杳杳巖壑步，翛翛松桂香。道人誦所聞，坐使身世忘。誰我共出處，閒雲澹徊翔。風鈴有妙想，天樂浮圖傍。非徒愛石壁，行將營草堂。彼哉楚人子，記恨擷幽芳。

馬當山

馬當天下險，崔嵬大江邊。翠碧倚千丈，峭立萬仞淵。其背領羣岫，其麓匯飛漩。鬱葱巖間桂，窮冬華葉鮮。豈無神仙人，縹緲居其巔。猿猱肆健捷，攀躋到雲煙。揚帆過其下，瞥若飛鳥然。仰觀動精魄，但見嶄青天。吾生媿仁智，而於山水便。終日叩舷坐，無暇窺塵編。有嗜固爲累，觸險不自憐。

湖溪道中

夜雨聲緜緜，朝雨勢未歇。行役良間關，炎歊暫祛暍。蘋藻香幽幽，陂池水活活。咫尺迷見聞，淋漓徹衣褐。坎泥甚膠凝，塍路無尺闊。饑僮與羸驂，十步九顛蹷。皷鞍髀欲僵，風蓋手屢脱。驚目不暇瞬，危魂亦已怛。處險貴能安，欲速或未達。聖禹嘗輴行，文公尚胡跋。彼勤事業大，吾勞簿書末。香城到長隄，軒眉解蹙頞。大道吾所歸，寧爲險途奪。

久雨次路韻

江國多陰霖，雲氣所儲積。貫月仍彌旬，窮朝復竟夕。太陽暗經天，莫見黄道迹。風霏淋牀帷，簷溜穴砌石。春澤農之瑞，泰甚豈其益。人言雨有數，四時合均適。前多後將少，物理固明白。我居苦湫陋，安得爽塏易。棟梁生菌苔，書藥漬汗液。塞漏除泥塗，紛紛課奴獲。淩虚逃重膇，頗思兩鳧舄。坐觀久溟濛，風伯豈無責？慰彼望歲人，私我窮居客。兹事但置之，一觴聊自釋。

富池口

順風雖宜帆，顛暴亦難用。浪擁江逆流，雲狂日昏霧。天公容飛廉，槖籥大開弄。蛟鯨快乘時，驤首出洪洞。舟檝多深藏，灣浦投缺空。我行斯可時，要當審静動。況復舟弊鈍，羸師困僵涷。時止聖所臧，欲速禍或中。坐期天清明，連檣欣所縱。且傾渌酒樽，慰此清夜夢。

泛舟

湖光漾碧霄，飄然一方舟。緑舲屢環復，檀槳雙夷猶。雨色芰荷晚，風香蘋藻秋。鳧鷗解相信，隨橈過前洲。落落二三子，載酒相與遊。清言愜素尚，大笑忘幽憂。洞庭醉淵明，剡溪浮子猷。人生似飄瓦，所願非所求。濯纓漁父達，佩蘭騷人愁。不須吴姬婉，蓮間聽淫謳。鄙哉遁功業，方爲五湖遊。吾曹詩酒中，此樂爲最優。

憶山

昔者氣少鋭，狂走登泰山。東峰候海日，危磴躋天關。上攷秦漢事，遺文大碑頑。南浮九江會，廬阜幾往還。雙林到如家，瀑布聲潺潺。扁舟上湘水，南衡若屏環。魏闔坐杳靄，祝融費躋攀。幽尋恣所適，曾不虞辛艱。其餘林壑趣，可數皆班班。逮今歲十改，志氣日以孱。前時兩河吏，風埃走青綸。荆州乃澤國，自昔登臨慳。佳山到郢盡，平地千里閒。塵耳憶猿嘯，屐齒生苔斑。安得蒼翠姿，下落樽酒間。平生林邱志，未去心如瘝。去就不勇決，將見移文訕。

送吴雍平涼令

洞庭葉微脱，衡陽鴈未歸。秋雲招客思，偏向隴頭飛。風霜過商郢，飄泊游子衣。行邁豈不遠，在彼渭水沂。早寒關草白，九月邊馬肥。西州氣俗厚，長官民政稀。洪河繚勢勝，大山四蟠圍。登臨賦今古，壯志相發揮。宦遊子誠樂，孤陋予何依。念此性疏朴，動輒觸世機。相逢幸燭理，義愜不謂非。扶持失其直，曲逢嗟願違。朋友日已削，道義誰與幾。離騷默自慰，但寄黄金徽。

寄潁州顧子敦

念君去南州，歲月忽如埽。豈無胇腑言，難爲音書道。客來自汝陰，盡説太守好。黄堂日無事，仁政浹稚老。承顔奉親歡，甘旨富魚稻。時時過西湖，樽酒媚花鳥。兒童争拍手，共笑玉山倒。都城亦何爲，風塵驚昏曉。投身非所謀，養氣安能浩。思君便便腹，中有無價寶。昔者定交分，我已愧枯槁。豈知鴻鵠飛，翩然異鶬鴰。人生出處間，得失不在早。君看松與桂，俱有歲寒操。何時臨清觴？爲子傾懷抱。

送僧常蔭

吾師來曲江，落落偉丈夫。靈標峙松雪，清韻輝冰壺。談高文字間，欲趨仁義途。飄然跡無累，青天白雲孤。振衣下淮楚，遂欲游京都。京都貴人多，駢門耀金朱。仁義卜知己，誰不顧子廬。況子兼外學，妙達性命樞。言隨禍福應，名利惟所呼。一出玩世故，應憶舊山隅。

庖婢病跛自臨鼎俎有詩

塘頭買鮮鱗，戢戢楊柳貫。不憂一日飢，遂可支兩膳。北方貴鯽魚，豈異此中鰓。但求杯盤充，焉問名實眩。芼之薑芥蔬，雜以紫蓴綫。雖非粱肉豪，鄉思已過半。甘芳漬蒙茸，輙白分片段。佐我新炊秔，珠琲光粲粲。春羹遠無慙，枯鯗不足羡。吾於叨餐衰，安此輭煖燕。昔人意不佳，多緣噉脯麪。聖賢親鼎俎，毋庸厭烹饌。

夜發白碑

晝行苦炎蒸，秣馬戒夜發。清夢失歸路，微風弄纖葛。星疏天無雲，獨有亭午月。太空生白煙，浩蕩萬里闊。細碎草木香，淋漓露氣滑。戚戚寒蟲聲，逐馬不暫歇。我行何區區，無乃害慵拙。傳聞猛虎多，宵路時出没。四顧林莽中，精靈動毛髮。求全得憂虞，禍每乘所忽。君子審重輕，無勞避途暍。

冬日遊蔡氏園次孫元忠韻

偶來梁宋遊，得子共閒冷。杖藜古城陰，邂逅塵外境。怳思闤闠中，喧卑真坎井。晴霜蔽陰崖，朝暉潤陽嶺。田翁醉年豐，曉夕不知醒。園逕迎幽尋，林屋到深静。凍禽時自驚，古木坐移影。憶雪指寒荄，占春驗枯梗。求田計良難，旅食飽已幸。暫得酒中趣，詎須求酩酊。短影忽催歸，何時後期請？

次韻吳戶曹師道秋雨古風

西風日已肅，凉雨霏層陰。豐澤飽歲事，徂節驚壯心。寒蟲攪夜思，滄浪夢秋衾。欲謝茂陵病，誰憐莊舄吟。

題句龍緯職方海棠軒

使君西州客，慣見海棠紅。彫纓出故里，揚馬來漢宫。醉賞坐乖隔，年年夢春風。荆州蜀門户，地脉風氣通。此花何從來，根本移化工。使君有新第，幽寓此山中。小軒面城麓，交柯植雙叢。年光錦宫遠，顔色故園同。想當春葩麗，無日樽酒空。繁豔燒醉眼，顧眄增冶容。地勝不在大，意適物易充。雙輪粲兩朱，行將指炎封。

寄題定州楊君園亭

隱不在山壑，名園抱南城。梧竹有遠韻，泉石非世聲。林花品莫數，野鳥馴不驚。主人堂其間，對境心已清。舉遺笑録録，放言獨冥冥。新詩寫閒逸，其聲自和平。吾嘗攷風俗，燕趙義而誠。自古志慷慨，其人尚功名。苟非勝絶地，烏可奪其行！士於内與外，罕能權重輕。主人不待識，定無世俗情。

御史臺柏下有叢竹久荒雜殿中劉中叟洗之監察孫君孚有詩知雜事劉某次韻

老柏寒昂藏，叢篠下紛列。未須論晦明，均敢犯霜雪，塵埃深蔽埋，蕪蔓困籠結。槁悴屈子容，饑癯伯夷節。殿中秉高義，利刃勇分別。病穀除蒿根，蝕月救呑齧。還君歲寒姿，清風自交徹。念昔繞荒欄，三嘆生慕悅。重來十五年，笑我壯心折。幽懷耿相對，欲語不得説。

觀音院餞送章子平出守鄭州探得近字

大梁三尺雪，冰泥變塵坌。千騶國西門，儼若鐘在簴。使君御之行，往殿股肱郡。玉符佩祥麟，車旟舞飛隼。去國雖所懷，而在百里近。朝方背象魏，暮已跨封畛。滎陽介兩京，左右事控引。咽喉半天下，客車日交軫。閉關非人情，飾傳古所哂。使君錦幖仙，才業苦清敏。故應毀譽忘，要使仁義盡。昔賢此爲政，遺愛浹微隱。國人賦緇衣，千載聲亦泯。

二者在君興，無嗟設施窘。

送文與可同出守湖州

東蜀老儒者，吴興新使君。前更四州守，風政超古人。歸來天禄閣，袖手隨衆羣。一毫不染指，世味從甘辛。謂柔未易招，謂剛可以親。渾然鎮冒器，承以綷䌽文。詞章謝剞劂，天葩出靈根。冥冥古咸池，衆聽所卧聞。外物了無累，獨愛霜中筠。應憐歲寒節，落筆收天真。「七賢」與「六逸」，林下仍溪濱。對之浪狂醉，顧豈知此君。比年不多寫，造化慳至珍。而我得二紙，毫素餘清芬。留當雪霜展，可慰思慕勤。煌煌鐘鼎具，未許刊名勳。聊復詠黄鵠，南國垂朱輪。拔足出埃壒，投身當水雲。人與境相得，長鯨卧天津。冰壺地千里，雲屏山四鄰。醉月若下酒，芼羹沼渚蓴。仕宦子雖適，孤陋予何伸！曲蓬誰與直，坐遠蘭蕙熏。臨風寫高興，願寄江南春。

天蘇酒成次韻

粤嶺酒萬户，醞者無刑章。以兹於釀事，家家致其詳。羈人亦隨喜，聊自慰空觴。頗收諸家法，曹高及張王。不復使鄰舍，更笑甕下狂。輭熟秋穤潔，芬烈吴秫香。堝頭沸珠蹚，竿面澄玉漿。人情喜自譽，謂可官法當。方時見初菊，熠爚浮泠黄。頽然此中趣，不覺鄉路長。格高氣淳聖，何至腸腐傷。區區美芹意，欲以酌后皇。餘醺到郡郭，恨無嘉賓將。增釀更加數，從今百憂忘。

食鱠

知幾張季鷹，歸懷託江鱠。鱸魚今不數，未若魴鯽最。棖齏檮椒蘭，蘆菔碎珠貝。盈盤玉葉鋪，千縷紅雲碎。佐以晚菘羹，玉飯香藹藹。飽行慙素餐，捫腹放衣帶。昨來溪夏乾，市空無可奈。徒有彈鋏吟，何能飽幼艾。安得東海鯨，不憚生物害。揮刀滿金盤，對列酒池外。

植菊

春花悦時人，賞玩紛僕僕。南園一夜風，地上紅盈掬。我似鹿皮翁，秖愛晚秋菊。團團緑玉叢，移趁煙雨斸。願言早芬敷，重陽日已促。煌煌想金葩，況此風露足。豈止插滿頭，服之明兩目。滋養溉清泉，圍護編翠竹。多開萬鈴奇，勿變桃花俗。酒熟落帽天，不作牛山曲。

菱角

洪池富水物，擘波收紫菱。春華雜青黄，夏蔓相牽仍。迨彼風露足，芒角秋實登。剛銛事利觜，扶挾如有朋。雙鋒尚可嘬，四出尤足憎。昌歜固有嗜，蒺莉非所憑。外觀乏婉輭，中質韜玉冰。取物取諸内，惟彼識者能。

朱李

珍果繁西園，登盤得朱李。白雪凋春花，縹丸結夏子。肉理漿包寒，膚衣粉凝紫。細碎輕菱芡，甘輭異瓜柿。不須論投報，聊復冰寒水。伯陽指仙宗，房陵詫遺美。鑽核乃獨善，王氏亦已鄙。味苦吾所幸，道旁豈云恥。君看齊物人，無用乃天理。

行藥

行年將七十，衰病乃其時。引兹地氣沴，州在大澤陂。一昨度炎暑，林莽居舍卑。山色不到眼，地無清泉滋。晴暘則鑪冶，陰濁則蒸炊。氣脘疲嘔洩，軀骸醉支離。節氣近寒露，生意稍可支。故人在秦晉，知我窮至斯。匧封衆藥品，皆自州土宜。形味紫團寶，苗榦西岳奇。靈如雪山草，秀比商嶺芝。是身本無有，疾病何用治。自愛聊爾爾，道人毋我嗤。丸膏或㕮咀，何復求良醫。策杖行東圃，運動疏通之。收復我沖粹，驅散彼邪疵。養生固有道，一溉非難爲。千年鮑昭後，復有城東詩。

焚香

清泉鷖石餠，南海寶洲香。下簾隱几坐，煙霏散央央。春雲乍凝聚，玉穗忽纖長。瑞鴨戲歕吐，雙卧不肯翔。佛國寶芬欝，仙團花氣芳。真靈格杳冥，邪厲敺幽荒。安得逍遥人，肯顧來此堂。說我無上道，德音斯不忘。

虎枕

耒陽得奇枕，狀比猛獸姿。呀吻目睛轉，中有機紐施。持鬚世所戒，羊質還可嗤。莫作邯鄲想，曲肱吾所師。

忠肅集卷十六

七言古詩

汶上送黃任道游吴

屑霜飛空木葉脱，長河波光碧玉滑。江南仙客厭塵埃，歸夢寥寥向吴越。故溪時到春未還，正是梅花弄香雪。太湖寺下吟新詩，姑蘇臺邊醉寒月。江橙甘熟霜夜酣，吴酎香醇凍醅撥。遼東歸鶴悲是非，鍾阜曉猨驚契闊。嗟予不得從之行，兀若孤鷹歎鞲紲。東南山水游子多，航深屐險無時絶。去非賈道百不一，寂無風詠十常八。君提吟筆尋鄉邦，詞源浩若天潰决。形容物象空巃峰，搜摘祕怪窮禹穴。人生難足惟勝游，意適何勞計窮達。峥嶸歲律南浦寒，早晚歸艎櫓聲軋。不獨孤陋勤所思，雙白應須念親髮。

秋收

農家之富秋始見，十色田利皆豐登。擔贏車載上場圃，環舍隱積如高陵。園蔬林果不足數，山雉野兔霜未增。連村簫鼓謝神貺，穀黍换酒無斗升。田家之樂豈不好？胡爲不歸邀我朋。榜舟梁澤稼汶北，咄哉反此如韝鷹。

社日陪祀渚宫退作長句呈聖鄰屯田

楚鄉地薄氣不密，寒燠開閉無春冬。盛陽不效二月尾，日夜霰雪雨以風。社壇汙潦害展祀，奠獻蕝席移渚宫。層臺大厦禮少變，餼羊不去精享通。須臾已事雲解駮，象緯落落天曈曨。起憑危欄久顧望，肅然羽翼開愁胸。怳疑身世此何地？蓬瀛岌岌三山宫。平湖無波萬籟息，但見橋影僵雙虹。豈無林花與嘉木？蕩摇摧折今一空。枝頭尖纖卷寒緑，水面狼籍浮殘紅。荆州獨此號勝地，經年未始來其中。夤緣陪祀幸一至，豈期端值青春窮。嗟吾老去少懽緒，况乃人事多怱怱。與君却作避暑約，解衣岸幘看雲峰。攜壺挾策無不可，此樂豈特春游同。

送客渚宮歸至學舍覽君佩獨登城樓詩次韻奉和

淵明田蕪猶未歸，胡爲簿領甘沈迷。樂時選勝豈無意，政值一春風雨淒。但宜夜几守黄卷，酸寒擁鼻燈火低。盛陽充發破陰沴，幾日天氣回慘悽。朅來送客過楚渚，平湖緑浄凝玻瓈。乍驚物象豁塵眼，亦有亭榭堪攀躋。草光浮浮古岸北，花氣靄靄層臺西。杯盤共坐蔭清樾，歌笑起行循大隄。鳧雛鷺子漾淺曲，絶勝乳燕巢深閨。幽尋踽踽不自覺，城陰步滑猶春泥。心閒漫隨流水遠，境浄却增幽鳥啼。何時短艇弄明月，安得巨筆淩長霓。歸來學舍坐搔首，外物何足于天倪。闊疏但愧事業淺，剛褊分與時俗暌。如君年少喜學問，青雲萬里端可梯。城頭新篇真自得，豈假朋友相招攜。我亦林泉偶尋勝，因君成詠初無題。登高能賦子之職，敢以城闕譏挑兮。

承牒荆門呈諸友

方城道中詩墨新，（原註）澤民近沿牒方城有詩。荆門山下有行人。同盟邇來無髣髴，傍馬欲去尚逡巡。荆門西行一百里，玉泉之境天下聞。諸君不能伴康樂，請賦黄鵠飛秋雲。

次韻王潛江馬上長句因招之

雙鳧飛下王喬縣，别後緒言談未遍。君能有意齊是非，吾久無心恥貧賤。青袍塵滿高情倦，急索歸鞭重增眷。陶家池榭雖所懷，楚渚林亭應未見。

題致政朱郎中适園林

南宮仙郎緑髮翁，歸來甲第荆城中。翁家祖世有名德，至今孫子傳清風。園亭繼繼事營治，增華到此窮智工。鋪張百物皆有職，峥嶸一界疑壺宮。清明過去春事老，林叢暗緑陰相通。朱欄曲檻巧暉映，曉風夜露香溟濛。溪魚野鳥樂晴昊，碧蘿怪石依長松。方池清泚雖可濯，主人纓上塵久空。年年三日縱士女，觀遊思與鄉人同。及時娱樂日月邁，肯使蟋蟀悲晉公。閣書深藏一萬軸，牙籤錦帶嚴編封。脱巾解屨游覽倦，燕坐自有黄卷功。三年羇客偶幸至，歸來搔首嗟蒿蓬。生涯適意最難事，安用勳業銘鼎鐘。鄉人勿笑翁不出，門外勢利方憧憧。

贈穆道士

離石道士心跡閒，學行已老猶少年。昔游京師友豪貴，聲名成就來淮山。恬然頗已厭俗累，靖館嚴密諧新安。朝真香火儼畫殿，步虚聲謠鏗夜壇。六甲星辰逆禍福，一鑪龍虎誰神仙。北州有客性疏野，誤爲世網相拘牽。時來與子款譚晤，閒心慰愜愁病蠲。曾將出處大計説，聞吾至論頷曰然。東風滿江春瀲灩，孤帆曉掛荆州船。他年會合未可約，訪子應在蓬萊顛。

次韻晉陵吴秀才傳見貺

道卿詩思清如水，披衣霜夜吟寒星。意深調苦悲萬古，平明寄與鍾子聽。北牕病客爽心骨，若飲甘露枯腸盈。嗟夫世故玩形器，智者營役奔風霆。區畛大小各爾志，不可慕者鴻冥冥。吾於世紛粗有覺，未逢燭理瘖不鳴。短篇講好聊寫意，弱趙安敢當秦兵。

小孤山

萬山逶迤起彭澤，齊驅擁立江東隅。水西平地曠千里，惟此一峰高日孤。氣嚴勢峭鬱獨立，意不與彼爲朋徒。夾水對峙寡當衆，衆色媿慘驚頑麤。天公結融若有意，以此壯我淮甸無。青天長劍倚千丈，碧玉大笥巍一株。古今畫工昧好惡，峨眉鴈蕩争爲圖。方言訛傳楚俗鬼，立廟更以「孤」爲「姑」。我行不暇諭父老，正是北風吹舳艫。

自福巖至後洞記柳書彌陀碑

一盂僧粥三鳴雞，漸望天角生晴曦。積陰凝靄不得肆，蕩滉破散争紛披。清明物象各有職，如再開闢平艱危。游人襟韻廓以喜，遠指後洞都忘疲。小楚亭北望明滅，宛宛一徑微如絲。問云般舟道場路，從此亭背無險巇。寺久荒寂無足往，念有子厚彌陀碑。獨趨一里轉巖腹，剥粉敗赤逢門楣。村童開闗語嘲哳，似云乞米僧未歸。亭亭故碑立青玉，覆以老屋疏且攲。常嗟古人不可見，尚喜書法存於斯。世言書字出心畫，體制類彼人所爲。子厚少年頗疏儁，字合飄逸狂不羈。胡爲氣質反端厚？至今觀者多有疑。或云彼以竄逐久，氣志輭熟非前時。又云高才尚薄世，故獨立法無所師。吾嗟世俗日無理，好惡不正論苦卑。臆决萬事豈獨此！此書何媿人不知。碑陰三百四十字，疏瘦勁麗何精奇！九十三人姓名具，陳纘寶曆元年題。云此柳書一碑者，元和三年刊厥辭。至是二月始建立，都其事者陽與倪。塵蒙壁礙世未見，自我訪尋初愛之。嗟物晦顯似有數，恨不從事氊與椎。巉巖西山邃無數，行及二寺方晨炊。東南谿磴斗孤絶，下及平壑如懸梯。南朝佛子謂慧海，卜庵於此存遺基。鬼神饋食以車運，石崖轍跡如在泥。智不足以盡萬物，敢决真僞論是非。

老僧夜語亦有理，明發策杖猶遲遲。

代書寄文瑩道人

白雲孤起飛杳冥，光如片玉輕如冰。出山歸山兩何意？行止偶然無滯凝。故人浮舟數百里，得得訪我湘江稜。二十年間四相遇，童顛疏鬢霜各增。寒齋笑語極微妙，共以身世均鷃鵬。瞥然去矣不我告，振錫忽借南風乘。聊一徘徊駐衡嶽，遂能放意窮臨登。崔嵬老骸不知倦，輭輿蠟屐勤躋升。窮巖險谷訪祕怪，往往清嘯猨鳥驚。長泉落石響寒玉，故意寫在朱絲繩。仰揮雲煙斂羽翼，俯聽譽毀真蚊蠅。書來所説謂如此，而惜攜手無友朋。又云吾廬已堪唾，況彼城市尤足憎。意若欺我在遷謫，故以勝事用夸矜。嗟如予者安足道，進退大計兩未能。平生雅志在林壑，誤落世紛親繳矰。悲吟黄鵠慕越客，謝病高居思茂陵。羡子徜徉類雲鶴，顧我拘窘如韝鷹。故應題詩遍崖壁，曷若寄我勤緘縢。山童癡立索書去，寫此安足傾愁膺。

春日述懷

祥風靈雨過二月，陳根新種苗争抽。早蠶生齊漸如蟻，温飽指此無歲憂。春酒未盡社已過，節物又近清明頭。茜裙纈袖事來往，方盤小榼相餉酬。田家之樂世皆慕，貴仕難去賤易謀。行矣請謝茂陵病，一廛一耒歸先疇。

崔仲岳鶴舟

緑髯滿頷光且修，紫石雙眼寒鋩浮。茫然襟韻自軒豁，見於聲貌非懦柔。昔隨羣衆退禮部，歸來便作滄浪遊。笑買漁艇出巧思，飾以丹白名鶴舟。長鬚赤脚分相與，鱸魚美酒他何求。高吟清風洞庭晚，一笛明月吴江秋。白雲無心伴疏散，丹經有訣窮祕幽。志非謗國慕處士，性欲避俗追浮邱。不山不淵隱無跡，時時飛棹來皇州。保康橋前艤清夢，峨冠爛醉都城樓。胸中有物齊出處，天下無方隨去留。太平取士有階陛，幾人年少能公侯。公侯未有君所樂，一時外物爲贅疣。束之簪紳豈其性，軋以利害仍相矛。婞婗稻粱效雞鶩，賤官藍綬誰不爾，應書隨俗卑可羞。鶴舟之樂慎勿棄，勸君起者非良謀。〔原註〕諸公詩勸君棄鶴舟就以舉，故云云。馳逐羶穢爭蚍蜉。相逢感慨慕黄鵠，嗟我方以斗禄囚。

虞城早起道中寄公秉幕府諸友

屋角一夜羣枯號，曉來曠野風如刀。峨峨殘雪路摧馬，格格寒氣冰生袍。四支僵痺非我有，況彼鞭鞚難持操。天東朝日凍應澀，亦戀暘谷猶深韜。居常誰不事行役，我行適此時令遭。因思都府盛僚友，人物一一皆賢豪。想今酣寢夢方足，初離密幄驚寒朝。左承右侍各以職，氣語蘭臭顔如桃。奉持巾匜事盥櫛，傅脣澤面供香膏。不容髮緑一點變，亟以寶鑷爭除薅。炎爐却坐日當卯，進酒爲壽傾葡萄。捋鬢束帶欲出户，問訊分付猶忉忉。體舒意適自温暖，洋然盛氣虹霓高。此時豈復念寒旅，嗟我勞佚何相遼。入趨留守退幕府，坐據大案臨諸曹。曹司進若魚在貫，文書盈抱紛牛毛。爭前鬬敏請莅職，研磨濃墨揮長毫。左手鈐前右摘尾，落紙葉葉如翻濤。逢姓書字且不給，何暇可否知根巢。坐中耳目已煩困，庭下敲扑仍喧囂。伏膺胝手腕疑脱，退食筆硯方能櫜。乘除賴有此事在，庶幾可以均吾勞。人生誤落世網内，區區係累安足逃。要之虚中日自静，不使内外相鈎膠。無窮來物彼千萬，坐任變化無吾騷。峥嶸年華已遒暮，不日春意生蘭蒿。一樽相與莫相放，天下萬事從滔滔。

還郭祥正詩卷

李杜酒死詩不作，風雅三百年來窮。世儒未必甘汩没，才不逌志終無功。汾陽有人字功甫，歘然聲價來江東。當時未冠人已識，知者第一惟梅翁。翁主詩盟世少可，一見旗鼓欣相逢。當友不敢當師禮，呼以「謫仙」名甚隆。〔原註〕聖俞以右爲李白後身，故諸公皆以「謫仙」稱之。君亦自謂太白出，世姓雖異精靈同。姑蘇江水瑩寒鑑，江上碧玉排羣峰。壯吟豪醉售佳境，日題百紙傾千鍾。折腰印綬豈所樂？養親斗粟曾未充。蓬萊幽夢掛寒月，青山歸思隨飛鴻。書來寄我三巨軸，華緘開破溪雲封。駭然按劍覽珠璧，悸若赤手劾蛟龍。長吟千言短數百，造語險怪神爲工。四明賀老忽去世，伯牙悲愴閒焦桐。嗟予蓬子衆人後，今其所得何最豐。前日過我北池上，正是清露沾高松。涼軒坐聽哆宏辯，瀑布千丈懸秋風。「謫仙」有此願自重，世俗酣尚惟纖穠。彼其耳目不自信，滔滔誰樂聞鼓鐘。勿意雅人興禮樂，一日鑒賞期至公。煌煌帝業子當頌，勿歎憔悴空山中。

送蔡景繁赴淮南運使

新隄洛水東風峭，下入長淮春浩渺。淮南使者蓬萊仙，疊鼓鳴鐃畫船曉。旦時契闊慕聲名，曉歲綢繆親紵縞。磨鉛並直登瀛州，對案同廳佐京兆。青蒿長松慚異質，流水高山喜同調。雖當倥偬喧囂地，不廢罇罍與吟嘯。歲月撲面來紛紛，冠蓋送客聲擾擾。北園去歲賦紅梅，南浦今春歌碧草。黄金龍節使光華，白面書生才縹緲。世高臺閣與省府，偏從容譽清劭。投虚餘刃無足爲，澄清百城付談笑。時行有命又有義，所遇何多又何少。未應刻意懷軒裳，知有高情在魚鳥。黄鵠千歲淩長風，奈此沙邊老鶬鴰！朝廷羽儀重人物，行聞追鋒賜嚴召。玉音寄我其無忘，時有歸鴻下雲表。

酬寄

趙郎趁我弛擔初，爲寄肘後楊炎書。盈編專備瘴嶺病，仁及來世功誰如。城南老廬有別舍，我來埽榻成燕居。坐忘不復一念起，寸田自治何須鉏。養生防患不知此，從事方藥亦已疏。飛鳶未妨墮溪水，黄茅正使侵庭除。元膺晨漱已可飽，脯膳況復餘米魚。聊將此書一過讀，寄語庶不憂鄉閭。

跋覽前此唱和詩卷有詩次其韻

窮不廢詩真技癢，筆研風雲日相向。聖賢發憤乃有作，三千餘篇自古上。荒城誰我同此聲，惟有哀猿嘯青嶂。窮人所作誠已難，平淡豐腴乃嘉唱。横槊壯氣雖蕭蕭，擊鉢争先猶行行。敢懷修門成怨騷，亦防飯顆嘲苦相。江湖千里山千重，朝夕洪吟紛萬狀。閒適非以娱時人，可口甘酸勞醖釀。〔官本案〕後詩韻此處缺兩句。大兒歸不開卷軸，喜我窮通心已忘。種瓜頗欲學東陵，醉尉亦從呵故將。古人能輕萬户侯，爲有千篇相等量。

再作

何事勞心四愁望，側身泰山日東向。君子九夷猶可居，已謀築室金溪上。距江藍輿才兩舍，遶郭屏風列千嶂。門中翰墨傳風流，自爲師友相賡唱。曹氏聲名父子間，謝家文章弟兄行。古人至樂蓋在斯，得意未肯博公相。頓挫萬象歸毫端，雕刻丹青盡名狀。古風嚴重周廟鼎，小律輭美楚人釀。居人惻惻盈錦囊，游子篇篇出驚浪。苦心頗恨語不工，故實仍嗟老多忘。憊休矍鑠空據鞍，鋭勇終輸少年將。主盟定霸益勉旃，少陵勳名何可量。

長句送跂之官蘄水

前年東秦夏六月，望日拜恩初賜玦。降秩削職遷黄州，倉皇束裝三日發。故國東平不入城，北山一夜辭松栝。親朋問訊若夢寐，骨肉分留作胡越。論罪豈合有民社，抵巇正欲加鈇鉞。仇家之議不盡用，天地寬仁日月察。纔令分司置之蘄，上表謝恩秋已末。以御魑魅乃其分，欲居蠻夷聖猶屑。蘄也雖僻自善地，回環山溪富林樾。平生雅志在江湖，頗與蘄人相締結。收拾孥屬已團聚，南北無心更分别。白魚煮玉秔炊珠，佐以秋菘與春蕨。築室求田雖未就，典衣賣裝略無闕。大謬不然心已忘，笑人非工己愈拙。人生端若夢栩栩，事去何庸書咄咄。大兒調邑换江南，要雖分房無遠别。地劣兩舍不宿春，晨起爲書午可達。邑四萬户號難治，民雜江閩吏貪猾。鋤彊洗惡勿著意，魚逃至清人忌潔。化以誠心磨以久，教而後刑不怨殺。得聞無毀亦無譽，以慰蕭蕭雙白髮。

易元吉畫猿

槲林秋葉青玉繁，枝間倒挂秋山猿。古面睢盱露瘦月，氄毛匀膩舒元雲。老猨顧子稍留滯，小猨引臂勞攀援。坐疑跳躑避人去，彷佛悲嘯生壁間。巴山楚峽幾千里，寒巖數丈移秋軒。渺然獨起林壑志，平生願得與彼羣。吾知畫者古有説，神思爲易犬馬難。物之有象衆所識，難以僞筆淆其真。傳聞易生近已死，此筆遂絶無幾存。安得千金買遺紙，真僞常與識者論。〔官本案〕此詩據聲畫集補入。

五言律詩

秋日縣齋

節物秋將半，疏慵日益加。不爲投劾去，徒有折腰嗟。味酒懷江鱖，乘風憶海槎。東籬滿涼露，已約伴黄花。

九日再招趙湜

夜露感庭鶴，秋風吹海槎。相思悲歲月，寂坐望雲霞。終久孤蟾魄，重陽近落花。君無鄙貧令，金藥徧陶家。

和移居二首

作邑風流在，新居卜築完。清懽橐書入，小隱奉親安。日淡城樓曉，霜深囿樹寒。吏塗何所得？試向静中看。

境物生新趣，蒿榛失舊墟。避塵深户牖，待月廣階除。醉夢飛鴻外，吟懷晚雪餘。相思歲將晏，誰叩草元居。

登徐州城樓

彭城樓上望，曠然今古懷。山形東負岱，河勢下通淮。白鳥孤雲並，荒煙萬木排。吾觀茲有得，興欲拍洪崖。

山口

古渡倚雙棹，蕭蕭秋色殘。山川南去遠，風雨北來寒。極望銷魂易，清吟得句難。依稀故園夢，千里下雲端。

送曾繹松滋令

粹行完圭璞，譚經得聖真。青袍尚腰折，素藴喜民親。友益予孤陋，官閒子隱淪。風騷應賦古，亭下蜀江春。

次韻耒陽鄒明府庸

初作南冠至，隨聞墨綬來。猶憐百里遠，時見兩鳧回。江日披梅雪，春陽動琯灰。論文須太白，還憶一樽開。

泊漢口

大別山前晚，維舟望古津。孤煙漢川樹，長笛武昌人。珠曲今何地？蘭洲欲暮春。文王嘗美化，無復見遺民。

舟次胡陵中秋不見月

舟泊古城下，重雲埋桂宮。舊期今夕負，清賞一年空。遠浦依微笛，陰崖斷續蟲。篷牕强樽酒，聊更約秋風。

秋泊

寂寞將軍港，船頭撞岸蘆。寒濤能灌口，幽鳥勸提壺。水漲江魚絶，秋深野菜無。如何晉張翰，歸思爲蓴鱸。

梁澤雨中

點細波鱗淺，聲繁客袂涼。山煙藏晚翠，水荇濯秋香。帆槳無聊國，蓑輪自在鄉。風騷已多感，更欲上瀟湘。

次韻楊郎中洙早春

病客疏慵甚，江城節物新。東風驚柳思，暖雪鬬梅春。老信來雙鬢，閒愁著一身。賤貧非士恥，漉酒有陶巾。

次韻呂書記隄上見梅花

多病逢多事，窮年負物華。探春輪野客，騎馬看新花。南國稀江信，東風恨笛家。瓊枝心願見，行亦下隄沙。

潭州湘陰縣萬氏積慶堂（原註）堂在塋旁，以歲時祀享。

慶自前人積，堂因孝子成。惟時傳有後，於此事如生。喬木風煙老，佳城氣象明。謝庭蘭玉盛，知不負家聲。

送永州黄判官並寄丁郎中

零陵古佳郡，山水楚南奇。太守逢康樂，佳賓得杲之。翩翩漸高陸，逐逐就新羈。別子東歸去，長沙風雨時。

唐誦甥二首

唐生四方志，投筆慕前人。此日免魚腹，異時觀虎臣。茅柴酒亦美，玉縷鱠應珍。莫恨衣都典，歸來是早春。

因滯江州久，謂爲千里遐。欣曾逢漂母，幾欲賣朱家。癡坐瞻雙櫓，東行負九華。歸須談旅瑣，勿作勝遊誇。

次韻聖和仲秋十六日夜對月

緑桂西風老，金波玉氣明。清霜酣夜色，羣籟息秋聲。毛骨無遺照，關河共遠情。十年吟塞曲，畫角厭悲鳴。

病起酬聖和

安佚失於恃，病邪乘所虚。遂嬰漳浦卧，便憶茂陵居。幸爾筋骸立，頽然鬢髮疏。煩君山柏句，慰此不材樗。

留符離待鄉信未至

先隴封楸後，羈臣賜玦時。放舟初草草，去國合遲遲。珠滑新粳粒，金酣早蟹脂。南遷真不負，屈子獨何知？

豐齋道中

路遠程難計，人慵馬自遲。草蛛横布網，桑螻亂垂絲。村落黄粱飯，墻籬紫菊枝。時豐物皆好，客思在青旗。

送王子正寺祥斷

君仕本儒雅，故宜京國游。官趨廷尉府，心異法家流。白草侵寒驛，清霜拂曉裘。行行句應好，雲日望神州。

小駟送錢中道

老馬久勞力，主人真寡情。知非換妾去，頗作戀軒鳴。楚豆不爲薄，江芻無限生。誠能懷舊德，時借爾山行。

次韻王仲達龍圖

常慕詩之學，今逢將者才。諷吟真嘬炙，畏默若銜枚。天地秋風老，江湖醉夢回。韶英方合奏，難使擊轅陪。

早行寄田七

鞍馬三更夢，江湖萬里心。辨途聽犬吠，占曉望横參。浩露濡衰鬢，微風動醉襟。輸君正酣寢，鼾鼻沸雷音。〔原註〕君善鼾。

簡定國〔原註〕時以目疾在告。

原子貧非病，張生心不盲。興隨緣自足，嬾與拙相成。竹葉疑無分，金徽尚有聲。幽懷誰晤語，空此望東城。

送席汝明

得子固已晚，嗟予材滯頑。義合乃朋友，不在疏密間。江闊東風冷，梅披臘雪慳。扁舟共春色，相約到淮山。

送計希顔

翩翩遠游子，驅馬亂山岑。丹穴飛鳴處，高堂日夜心。春風巴峽曉，晝霧楚城陰。家世文章事，仙臺紫桂林。

題貴池亭次蹈韻二首

一夜山南雪，清寒江上州。年華隨水去，客興爲魚留。聞鴈思湖表，看梅寄隴頭。檣烏風信好，紞鼓洞庭舟。

魚味年年美，何須問舊池。江山清不改，陵谷變難知。節物驚冬至，蕭條使客悲。「謫仙」游賞地，空有白猨詩。

丙子元日三首

瑞歷開三朔，祥風驗八方。年華恨催老，節物喜隨鄉。鬱壘須時設，屠蘇獨後嘗。佳辰誰與醉，夢繞故溪傍。

爆竹驚山鬼，雕幡戴楚冠。祝延千歲酒，練氣五辛盤。江冷東風外，天回北斗端。羌城霖雨甚，從此看春寒。

遥想千冠佩，朝元太極天。鳴鞘開殿户，索扇起鑪煙。慶事通祥表，和聲入樂懸。江湖祝堯意，仁壽萬斯年。

和吴端甫書懷

舊學驚心在，窮居惜鬢華。詩書憑净几，水竹抱鄰家。霜雪巴西夢，風波楚北嗟。知君厭留滯，我亦正塵沙。

二月二日

江鄉春值閏，二月似深冬。雪濕妨挑菜，雷寒未起龍。雞蟲閒得失，蠻觸小交攻。稍覺雲天霽，西山上翠峰。

送僧懷善

獨鶴翩無累，孤雲晚倦飛。羣山帶江處，一錫背塵歸。妙學窮神祕，高懷熟世機。漳濱多病客，空此望巖扉。

過桑八墓

夫子能詩者，寒吟四十年。於今傳好句，無處訪遺編。古意哀東野，窮愁死玉川。惟餘北山塚，松柏鎖秋煙。

寄長吉孫二首

別爾忽經歲，言歸欣好音。神清率更瘦，學苦鄭玄心。竹徑依山遠，沙溪過雨深。世科思汝父，即已御祥琴。

賞罷盧溪菊，來尋楚澤春。蘭舟逾百日，椒酒值佳辰。勉爾青箱學，寬吾白髮人。小園遊息地，松竹更相親。

次長庚孫自汶寄詩韻

近就陶家舍，扶疏草木周。頗移蘭就水，已計竹爲樓。飲食隨宜足，光陰任自流。爾曹來伴老，日問下江舟。

輓慈聖光獻皇后二首

四紀坤儀正，三宮册號尊。蚤還明辟子，坐見太平孫。治誥遺神几，歛衣出寢門。如何天下養，難駐白雲軒。

聖孝心崇報，宮庭詔屢頒。喪期逾易月，陵兆改因山。已想天人樂，猶睎藥使還。蟠桃舊亭上，時節壽觴閒。

輓濮安懿王任夫人二首

自昔商任貴，於今慶裔光。來嬪周季歷，有子漢宣皇。柙玉輝幽竁，車雲擁畫裳。哀榮無所憾，新廟五陵旁。

鹵簿三川晚，佳城一品尊。翟衣新襚命，神寢舊王園。淒斷風鈴遠，青蒼霧蓋昏。從今知聖作，大義稱私恩。

輓大行太皇太后三首

四裔柔懷外，羣生惠澤中。簾闈九年政，覆載一心公。馬鄧徒聞儉，姜任詎有功。風雲黄道静，杲日上天東。

典禮辭先后，恩私杜外門。虚心延衆正，損上益羣元。仙路三川近，徽音四謚尊。賓天去何恨，聖孝託神孫。

夕月沈金殿，秋風冷玉衣。臨當復明辟，忽自厭繁機。藥使來何暮，嵩呼數已非。孤臣恩未報，泣望國西畿。

輓中書侍郎懿獻傅公二首

里閈推前輩，臣鄰接近班。深心語默外，大節險夷間。付託龜趺字，哀榮馬鬣山。遥知濟源第，風月草堂閒。

公昨初移疾，予方丐一麾。尋聞升屋告，適是出關時。零落孤龍友，〔原註〕公與予及故孫莘老最善，約爲三友。綢繆記鳳池。白頭懷抱事，西望不勝悲。

輓右光祿大夫知樞密院事贈開府儀同三司孫公二首

岑令神情竭，裴公柱石衰。國貪黄髮舊，身負赤松期。人也將安仰，天乎不憖遺。延和聽詔語，深見兩宫悲。

樞極元豐議，人猶記話言。載來籌廟幄，遂見偃戎軒。一品哀儀重，三司錫命尊。綢繆承晚契，揮涕望西原。

輓司空文定張公二首

德業文章事，公平取數多。雖驚壞粱夢，會有望門歌。人贖心徒爾，舟移古奈何。青編如可託，後世看巍峨。

澹泊環中妙，超遥物外仙。百年從委蜕，一匱戢彌天！晚契承知己，遺風在象賢。東橋松柏路，不得望新阡。

輓司空贈太師中國呂公四首

元祐飛龍日，淮南卓馬歸。周人瞻赤舄，鄭國賦緇衣。曠度銷羣異，清言析萬微。方依泰山重，俛仰失巍巍。

衡鏡公多士，蓍龜信兩宮。羣生遂耕織，四海戢戈弓。奪去天何速？藏深壑已空。潭潭新府第，東閣閉春風。

玉輦躬臨奠，金錢詔治喪。繸宫周尚父，世爵漢扶陽。位席虚羣望，松阡竁舊藏。門中蘭玉盛，有以慰思皇。

歲有懸車表，新聞曳杖嗟。風雲四朝仕，公相百年家。故國山川近，西郊鼓吹譁。旂常難盡記，膏澤徧幽遐。

哀魯國宣靖曾公三首

桂石三朝重，軒裳五紀榮。忠勳等張霍，善慶似韋平。光氣收辰象，儀型失老成。易名宣舍靖，千古詔幽明。

鼎鉉調元久，貂冠就第閒。朝廷方憲老，夢寐忽頹山。白日佳城啓，東園祕器頒。深宮那可見，桃李在人間。

不憖天何理？云亡國所嗟。還應騎列宿，但説去流沙。清廟陪烝享，鴻樞見世家。悲風溱洧路，哀咽滿簫笳。

哀光禄王卿二首

天驥騰長坂，秋鴻御順風。俄從絳衣使，不待黑頭公。志藴留家集，光華掩竁宫。惟餘善人報，流慶在無窮。

義直中能恕，才高氣不矜。衆人疑白璧，吾道信朱繩。勳業無天命，文章有子興。冥冥何可詰，萬古一邱陵。

哀太尉惠穆公三首

奕世承圭衮，三朝侍冕旒。臨邊晉羊祜，坐幄漢留侯，樂易門多士，幾深廟有謀。那知天不憖，俛仰一山邱。

四塞宣皇武，殊庭遠世機。如何梁木夢，不待衮衣歸。門户傳蘭玉，忠勳載鼎旂。空餘殿盈字，鸞鳳五雲飛。

望履鴻樞府，熙寧始識公。容無高位氣，語有大臣風。感慨方山仰，驚悲已壑空。緇衣國人意，轉入薤歌中。

哀應真李先生三首

名教心爲樂，逍遥志自求。遂成君子隱，初異道家流。風月閒三楚，巾裳付一邱。空餘清泰院，雲蘚舊巖秋。

節行幽人正，林泉隱者居。忽歌東魯夢，未上茂陵書。世變還丹壑，門宏待駟車。衆哀無以致，爲託輓聲紓。

生死心先達，康甯壽亦遐。令威成白鶴，老子去流沙。妙意傳琴祖，微言補易家。試觀餘慶後，簪紱已光華。

輓秦國夫人三首〔原註〕安厚卿母

久被三宫眷，誰如五福純。脂田天府國，綵服斗樞人。枕夢華堂晚，仙期碧海春。尋常居養地，悄悄繡簾塵。

賻襚來中禁，簫笳去國門。素冠空列鼎，白髮但歌盆。彤管音徽盛，其泉像貌尊。所傳天下勸，豈獨慰兒孫。

夫榮子方貴，全慶獨乖離。晝静蘭羞歇，秋高薤曲悲。晴雲縈壽隴，霜日照銘旗。無復升堂拜，空餘執紼詞。

忠肅集卷十七

五言長律

縣齋歲晚寄萊蕪田同年〔原註〕鰋字直儒。

西北東南邑，相望歎索居。音塵路千里，契闊歲三除。薄宦隨羣衆，平生媿拙疏。茂陵將謝病，中散不便書。燕澤歸鴻盡，東山晚雪餘。江湖勞夢寐，風土污簪裾。塵卷吾成癖，囊詩子富儲。孤懷吟劍鍔，舊跡夢崑墟。今古看毫髮，功名賸贅疽。何時拂衣去，相與醉鱸魚。

渚宫

坤腹疏靈境，蓬宫抱故城。清風百年内，芳草幾番平。樹色埋危屋，湖光泛彩楹。真游三島近，仙界一壺清。外慮隨塵隔，虚懷敵水明。松篁煙翠老，臺榭緑苔生。攲枕巫雲近，披襟楚吹輕。舟横疏柳静，橋卧晚波晴。事往空歌嘯，人閒自醉醒。我來真漫興，魚鳥莫多情。

梁宣明二帝陵

〔原註〕宣明二帝，蕭詧、蕭巋也。初，湘東王繹平侯景之亂，即位江陵，改元承聖。三年，兄之子岳陽王詧引西魏兵攻繹，害之。尋臣於魏而稱帝於江陵。傳子巋，巋傳子琮。通三十年爲隋所滅。

侯景淪江左，湘東復有梁。經綸鍾尼會，禍亂發諸王。忍死瞻姑熟，尋戈起岳陽。車書千里蹙，符數百洲亡。二主非神武，開基挾北强。中興乖晉睿，慚德肖吴光。曆閏天餘氣，蛙鳴井底鄉。快心真噬腊，覆手已牽羊。臣妾隨三紀，圭衮隘一方。故都終契闊，宗祀各悲凉。雙塚留衰楚，遺孫盛有唐。神靈依古刹，雲木抱回岡。野火穹碑斷，秋風蔓草黄。樵童雍門歎，繐帳魏臺荒。天地雙單轂，興亡一酒觴。冥然無足弔，幽思漫徜徉。

送李祕監代還

天聖旁求盛，明公射策賢。三朝推國器，一節到華顛。卵翼千餘士，冰霜四十年。至誠忘畛域，端己笑韋絃。政愛偏東土，民謳載兩川。旄飄外臺節，貫朽大農錢。松柏風霜後，蓍龜禍福前。求開建封幕，又泛馬融船。士望儒林丈，官儀祕府仙，仁能化鴞泮，明不浚魚淵。蔽芾人人頌，京坻歲歲田。吟春西渚殿，醉月北樓天。五馬周侯覲，三公漢守遷。蜀江飛大旆，魏闕望非煙。賤子何爲者，名途秖偶然。世高劉表幕，才媿杲之蓮。願借今難及，遺恩久自傳。鄰哉拱堯舜，天下俟陶甄。

秋雨用唐誦韻

大雨餘炎洗，清秋爽氣回。人情醒委頓，物象救低佪。牕岫滋乾翠，田禾起旱栽。雲空明復晦，風縷密還開。草合門三徑，蛩緣壁四隈。藥奩烘潤醭，書几拂陰塵。蓑底漁情樂，沙邊客意催。簾幃晨氣溼，蕉竹夜聲來。想見天開月，行期菊滿杯。端居聊可喜，不用拂莓苔。

六月六日避暑山寺次瑫韻

楚國元卑溼，炎天更鬱蒸。風吟同倦虎，霄望劇愁鷹。渴肺塵將坌，流膚汗不勝。嚕肌紛暗螟，遶鬢鬧飛蠅。六月常難雨，三湘不識冰。爐烘一天地，火爇萬川陵。氣候金初伏，襟懷水未澄。高明尋偶得，林麓遠同登。此地聊幽遁，危亭更上層。泉聲懸㟗嵲，松影轉觚稜。汲井沈圓李，緣池摘翠菱。涼清生洞壑，秀綠動溝塍。佳氣西頻望，鄉欄北屢憑。有期羣野鹿，無法問山僧。雲石逢如舊，巾裾見若憎。聊堪優卒歲，不愧俯捫膺。

和路秋懷三十韻

天地炎氛退，江湖顥氣涼。西風來沆碭，久客興徜徉。夜匝烏南樹，心驚鴈北方。乍因鱸感慨，肯爲鵩憂傷。縱步青笻杖，投詩古錦囊。精熒籬下蓓，狼籍沼中香。妙理睎莊達，衰歌笑楚狂。是非來衮衮，光景去堂堂。別浦丹楓老，閒園碧草芳。林顛蟬嘒急，霄路鵠飛長。曉露清饒月，晴雲暖護霜。琴中知水意，樓上得山光。桂長金波外，槎沿玉漢傍。江天晚搖落，澤國少凶荒。竭作趨川壟，歡言治圃場。神祠鼓遞響，社甕酒初嘗。自昔悲時節，閒愁滿肺腸。宋生辭辨屈，甯子意歌商。代謝惟寒暑，平均彼昊蒼。放情羣鹿豕，度德負簪裳。致主深慚尹，汪陂又愧黃。無功可銘鼎，有學不鍼肓。賦興須潘子，詩懷勖謝郎。雖欣去酷吏，更憶舞商羊。不解葵傾日，寧忘鶴返鄉。錦封西澤鯉，珠剖北山粱。塞馬難前慮，江鷗肯下翔。無爲澤邊悴，更賣橐中裝。朝野多閒暇，洪纖遂樂康。何時放歸櫓？大艑水中央。

次韻跂蹈登護法院澄心亭

昔泊銅陵縣，重來跡可尋。洞巖一指顧，花谷記登臨。歲月回秋棹，江湖入醉襟。魚鹽腥邑市，俚語雜山禽。紫笋抽薑圃，朱丸綴柿林。長官誇樂歲，游子足悲吟。眺望春思曩，疏慵老嘆今。蓬牕把書卧，空此望澄心。

題和州雲蔭軒

古木無年歲，新亭託隱棲。交涂寒纛整，垂蔭亂雲低。明暗蒼煙合，深沈緑幄齊。雨回陰徑外，日隔畫簷西。凉露緣虚滴，珍禽占密啼。仙家青桂洞，隱士碧蘿谿。覆冒均松蓋，妖禨笑李蹊。坐疑秋色早，境與世塵暌。地惜開軒晚，名因寓意題。還當推大蔭，天下一民黎。

城北庭

邊草連沙白，燕雲擁漢青。將軍眠塞壘，使者拜王庭。金帛三十乘，和親七十齡。豺狼甘血肉，騏驥老林坰。秋色榆將落，書生涕但零。邊塵何日靖？願一震皇靈。

次韻輅氏東亭書事四首

寄隱無懷土，爲文倦解嘲。地閒從草徧，門静絶人敲。螳伏尋蟬捕，鶯斜趁蝶捎。楚冠誰問事，越鳥自知巢。罇酒欣常滿，鄰書得借鈔。援琴意流水，彈劍恨空庖。蘭徑深添菊，蔬畦浄拔茅。殷勤謝老圃，善惡不相殽。

幽懷樂所遇，且任北山嘲。世事棊枰變，年光石火敲。松筠陰自冷，蘿葛蔓相捎。草密蛇横徑，簷低燕露巢。楚醪無再設，蘄紙不重鈔。旋買秔留客，親科筍付庖。靈山瞻二祖，歸路近三茅。塞上藏憂喜，人心浪自殽。

朝夕此疏傲，東亭無我嘲。並城田鼓作，鄰寺食魚敲。樹密日先暝，竹長雲可捎。遠書惟鴈足，小隱是鳩巢。茶憶新團碾，琴繙舊譜鈔。懟時常笑屈，投閒實慚庖。霜雪期松柏，風雲富草茅。周郎晚菘近，有以代嘉殽。

自有逃虚樂，徒興尚白嘲。晚槐嘶意急，蠹木啄聲敲。犬傍青籬卧，童尋赤棗捎。微茫枕間夢，安穩睫邊巢。困憶石泉弄，渴思冰蜜鈔。襲香蘭入佩，益氣芑充庖。疏洗王家竹，誅鉏宋宅茅。東亭真可樂，萬事付紛殽。

寄長蘆福禪師

境與人相得，長鯨宅海宫。香花六時會，心跡萬緣空。地恐諸天接，江從九澤通。湖噴寺門冷，霞拂殿簷紅。暮鴈來淮北，朝帆下浙東。千重蒼桂霧，萬頃碧蘆風。衲擁山雲暖，缾函水月融。當年約蓮社，何日謝塵籠？

七言律詩

離冀州馬上示趙湜

馬蹄輕滑背城闉，廣陌朝暉健醉魂。暑氣泛清憐小雨，木陰環翠羨名園。宦遊淹薄風埃熟，時事侵淩耳目昏。獨有空愁慵病客，肯來吟嘯伴南轅。

紀南道中望荆渚

地經三國鬬龍蛇，江勢天形控蜀巴。藏雨鳥歸荒冢樹，採金人聚淺壕沙。子囊城廢今秋草，高氏宫遺昔井蛙。倦客詩情真劫劫，得於鞍馬似曹家。

雙橋

危橋相向翼高堂，步步行空跨石矼。漢外夜驚靈鵲度，雨中秋卧綵虹雙。煙開從此瞻瀛島，路遠何時過楚江。記得扁舟緑楊岸，畫欄朱柱對蓬牕。

將至監利先寄王令

屈指中秋六曉昏，大隄叢竹見霜筠。〔原註〕夏中奉有「隄竹成叢」之句。未乾醉月題牋墨，隨蹋還家走馬塵。撫景敢嗟經歷倦，軒眉頻喜笑言親。明年各是東歸客，羊酪蓴羹萬里人。

監利泛化丘湖遂至北洲寺

淼淼平湖闊楚江，方舟兩槳破秋光。罾風釣月嘉魚國，飛雨翹煙白鷺鄉。故老昔能悲岸谷，騷人今但愛滄浪。北洲更有忘歸處，寺壓蘋花千里香。

馬上和王監利見寄兼簡鄒澤民

憶昨西歸春未窮，重來隄竹已成叢。川塍足水稻齊插，霖雨漲江河欲通。一馬久期均物理，雙鳧安得快仙風。故人況有瀟湘約，應喜樽前笑語同。〔原註〕二君江南故人，而澤民亦見約會於邑中。

高唐孟延年明府見招

公幹方吟簿領迷，浩然詩句慰相思。壯懷已有潘毛歎，陳跡猶懷漢佩奇。塞下書音稀鴈足，江南秋味憶蓴絲。祝君多種官田秫，欲趁淵明釀酒期〔一〕。〔原註〕來詩有鬢絲之句，乃道昔年金明勝遊。

招鄒澤民

日借西園放客愁，忘機魚鳥分相投。水深碧沼前時雨，風滿高臺六月秋。蟬嘒已驚移節物，鷗羣何事亦沈浮？煩君試拔塵埃足，來伴元生漫浪遊。

次韻鄒澤民感事

河蝗蠛蝨玩天恩，餉饋驅馳不足論。陛下至神收廟算，諸公何術偃戎軒？凱歌計日登宗祀，歸將驚秋望故園。賤士江湖真碌碌，狂吟無以謝乾坤。

清明日至潛江馬上先寄王炳之陳子正

桃花飄泊萬紅英，獨佩詩囊傍水行。二月東風撩霰雪，峭寒天氣作清明。病懷敢有賢勞嘆，壯志徒因節物驚。罇酒喜親陶靖節，經帷仍近董先生。〔原註〕子正説春秋。

五月十日發俞潭先寄王潛江

雨過長風吹野塘，水深川路白泱泱。人如澤畔窮吟客，天似江南八月涼。陂下臥輪車乍歇，田間鳴鼓稻齊秧。長官應爲斯民喜，准備新詩賦萬箱。

戲呈詩會諸友

郢樓吟倡近蕭疏，椽筆貪抄未見書。〔原註〕澤民近多傳書。拙客懶同嵇叔夜，〔原註〕自謂也。少年文愛馬相如。〔原註〕彦修、直夫頗聞會賦。夜涼燈火心親古，秋老江湖興起予。欲整羸師尋戰地，清風無使舊壇虚。

月夜即席次韻

天帳空虚碧玉寒，露華應滿漢宫盤。十分月上星光掩，四坐詩成醉語闌。楚渚鴈歸驚客恨，庾樓風静足清懽。一年惟有中秋賞，銀闕鼇山夜未殘。

次韻直夫喜與炳之會

莫愁人事轉秋蓬，但使樽中酒不空。尺蠖屈伸今我倦，南鵬飛化昔君同。〔原註〕炳之，余同年。天晞殘雨偏宜晚，堂壓寒溪賸占風。合繼回源書讌籍，楚山堅石盡堪礱。

次韻炳之河亭

風拂藍溪舞翠綃，庾郎池榭旋誅茅。春蘋初見香生葉，夏果重來子滿梢。渌酒不空期霰雪，清談爲樂敵絃匏。塵埃久負江湖志，徙倚朱欄祇自嘲。

寄鄒澤民祕校

去年樽酒共論文，一别西園跡已陳。終日城頭憶王粲，清吟澤畔似靈均。懶書已負交朋責，滿秩初湔耳目塵。萬里江風秋思近，歸心聊復借鱸蓴。

送楊祕校

大檣雙櫓换巴船，美滿西風水接天。蘇子意飛黄鵠外，梁公心在白雲邊。蟹肥采石秋霜足，酒滑湓江夜月圓。綵服拜親無限樂，幾多幽思入新篇。

别田延年王潛江

才非王粲入荆州，淹薄三年已倦游。疏世自甘時不與，論交猶得子相求。學知所樂輕文繡，言至無瑕絶悔尤。大舜簫韶方九奏，佇看靈鳳出丹丘。

次李秬新秋韻二首

雨晴凉意日相親，物物秋容絶點塵。滄海誰期泛槎客，西風先傍憶鱸人。收還志業圍棋局，分付光陰漉酒巾。欲約一罇清夜話，月中凉露滿松筠。

風驚梧葉覺秋還，萬丈歸心到北山。已許生平江海上，坐求功業簿書間。頗聞都護刊銅柱，更喜將軍入玉關。朝野清明無一事，相從那使酒罇閒。

次韻李中舍秬秋雨

三伏方中火欲流，陰霖帀月氣争秋。坐愁屋底須持蓋，聞説田間可漾舟。狂草滿庭泛戢戢，溼蟲侵户聽啾啾。獨於水部添詩思，坐滴空階興未休。

次韻酬李秬

公幹長迷簿領書，渥言那似阮元瑜。闍投子有夜光璧，欲報吾無明月珠。急景壯懷悲劍鍔，西風高興夢蓬壺。勉强豈使今慚古，元白鄒枚亦此都。

出都二首

兩槳東飛下大梁，樽罍漂泊過重陽。江湖常恨連年隔，羇旅寧爲萬里傷。淮寺月寒蘆颸白，楚秋霜早菊迎黄。篋中諫紙餘多少？盡寫新詩入錦囊。

重入修門甫歲餘，又攜琴劍反江湖。乾坤浩浩何由報？犬馬區區正自愚。緣熟且爲蓮社客，伻來喜對草堂圖。西箱屋了吾真足，高枕看雲一事無。

初發梁澤

蒲側荷翻小雨收，鱸蓴高興滿扁舟。雲稀樹色偏宜晚，天借湖光賸占秋。孤鶩落霞閒上下，紅蓮白鷺各風流。此行誰與同樽酒？南國江山盡舊遊。

金陵

月滿扁舟久客懷，石頭城下暮潮迴。霸王基業從吴始，人物風流自晉來。大抵險深輸道德，於今榛莽蔽樓臺。吟毫千百年間事，賸寫江南庾信哀。

南臺寺〔二〕

天監禪僧此結廬，石頭高士有遺居。樓飛縹緲巖腰峻，庵静峥嶸閣道虚。雪後桂花香澗谷，春寒松霧滴巾裾。山中物色吟雖苦，盡是詩翁掇拾餘。

靈巖寺

先望靈端金碧明，久穿葱蒨踏峥嶸。山疑圖畫曾經見，地喜生平所未行。隨處石泉春渴解，上方雲屋夜寒生。主人著意開佳境，無負千年四絶名。

連年往返水陸萬餘里今自鄉中挈家南來已至江州行徹險阻喜而作詩寄之

亥宫驛馬歲翩翩，又作離鄉路數千。拔宅今爲大去國，出災休算小行年。訪尋前日停舟地，催迫窮陰舞雪天。屈指還家已無事，便應調拂武城絃。

舟次再寄

小孤風順水安流，溢浦欣聞已擊舟。幾日庭中折奇樹，從今江上解離憂。客心歲晚驚催櫓，雪意天寒入倚樓。東圃梅開酒更美，團圓無復越鄉愁。

岸次見梅花不果折

武昌江口見江梅，紫蕚瑶芳取次開。窮臘雪寒新霽後，滿枝春色爲誰來？坐嗟隴首無人寄，莫使城樓有角哀。猶喜東風慰岑寂，暗香時許度蒿萊。

自衡嶽至福嚴寺二首

曉指禪關入翠屏，煙嵐金碧旋疏明。旁看陰壑溟濛失，斗上雲梯傴僂行。漫興獨於元子愜，詩懷客與謝公評。區區出處勞分別，朝市山林各有情。

俯仰巖谿萬仞臨，恨輸飛鳥極高深。青雲平地人難到，流水殘花路可尋。稍覺衣裾侵小雨，漸聞鐘磬下遥岑。文人不厭頻來往，欲作香山得二林。

福巖寺呈貫之少卿並諸禪老

眼熟林巒認舊緣，耆闍峰北入非煙。雲房直上三千尺，蠟屐重來十五年。山奥坐能朝萬象，地靈深自接諸天。暫游久住均如夢，社客何須約白蓮。

至福巖寺得鄒耒陽書因寄

盡室攀蘿入五峰，峰前金碧寺飛空。山當星鳥離方鎮，地鬬天龍海上宫。喜我徜徉泉石外，憶君辛苦簿書中。登臨樽酒無因共，半夜題詩寄北風。

欲登祝融峰阻呈少卿

霧雨陰冥萬壑蒸，五峰當面失雲層。愁如藥使迷蓬島，路似仙溪隔武陵。已認神靈憎俗客，欲將魔障問巖僧。勞公爲我祈昭聖，暫借扶桑白日升。

贈南嶽黄少卿二首〔原註〕師道貫之管南嶽廟再任。

身在南山非隱淪，閒中官貴異風塵。清泉白石預何事，華髮綵衣今幾人。虛室圖書忘歲月，壽筵香火祝君親。朝廷不以忠移孝，又説恩函拜命新。

世人行止兩怱怱，公獨榮親禄隱中。清職正同香案史，曠懷都似漆園翁。南陵蘭茂晨羞潔，内鼎丹靈老頰紅。雖喜論心慰遷客，區區安足識冥鴻。

又贈黄少卿二首〔三〕

仙翁來自太常班，再乞林泉捧詔還。養志秖爲華髮戲，無心宜共白雲閒。一樽未厭塵中客，雙屐同躋雨後山。爲寄東宫舍人語，五峰新句兩難攀。

攜筇得得訪雲關，恰值東湖賀監還。泉石主人元好事，塵埃游子暫偷閒。心輕齊組知靈運，文滿浯溪服次山。秖恐東風喚歸棹，江頭楊柳已堪攀。

少卿送酒肴至山中

十里傳書厚意將，珍肴醇酎寄山房。定知僧舍饜疏食，更欲雲巖有醉鄉〔四〕。一飯常聞淮上報，獨醒徒使楚人傷。攜持明日到峰頂，試揖浮邱共此觴。

次韻貫之見勉冒雨至後洞

狂電驚雷曉未收，春雲能護洞天游。徘徊已盡剡溪興，祕怪難探禹穴幽。彊勉更須勞屐齒，龍鍾何憚過山頭。從今功德應圓滿，厚意成人豈易酬。

又次韻

已踏雲梯上翠岑，洞中聞説更幽深。夜驚寒雨生瀟灑，愁起孤猨助嘯吟。白日昔傳仙可學，青天今笑夢難尋。故應清興無時盡，肯爲淹留折此心。

登祝融峰題上封寺二首

磴險梯危路忽窮，勝遊須到祝融峰。九千丈外雲間寺，一萬年餘石上松。引手莫高疑觸斗，臨池毋久恐興龍。此山惜與中都遠，未得君王檢玉封。

寒風吹腦赤霄邊，飛鳥猶難到絶巔。下見人間又成海，恍驚身世此何天。巖腰半白春留雪，僧面多黔日冒煙。我亦淮安宗姓後，舉家應合到神仙。

貫之自嶽先還衡陽示詩見別次韻奉和

雲壑登臨杖屨隨，狂歌清醉樂忘疲。拍肩正賦遊仙曲，回首還吟陟屺詩。春草便驚南浦別，壽觴應慰北堂慈。區區流水高山意，常有孤音託子期。

校勘記

〔一〕欲趁淵明釀酒期　「趁」原作「稱」，據畿輔叢書本改。

〔二〕南臺寺　「臺」，畿輔叢書本作「喜」。

〔三〕又贈黄少卿二首　畿輔叢書本無「又」字。

〔四〕更欲雲巖有醉鄉　「醉」，畿輔叢書本作「酒」。

忠肅集卷十八

七言律詩

春日

小雪峥嶸變曉寒，舊年殘臘破新年。明生月魄初三夜，氣動春灰五九天。蓼甲韭黄隨緑酒，綵幡羅勝上華顛。故園欲告西疇事，思我楓林楚水邊。

游白雲山二首

籃轝微風迎曉凉，細碎草木無數香。千巖雲歸雨未足，幾衝水淺禾難秧。〔原註〕山中之田，每一水所溉，謂之一衝。如日一溜也。松下陰森石橋冷，竹邊曲折溪路長。西家又得避暑地，翠微亭在山中央。

行窮葱蒨坐清涼，隱几川原一炷香。小雨輕從前嶺去，高禾移就下田秧。禽聲不見山情悄，江影新生客思長。政使歸期猶遠在，白雲游樂未渠央。〔原註〕二月七日與客游白雲山，二子侍行，路有詩，次韻一首。

次韻跂蹈山行

舟伏盤渦傍淺沙，北風寒日氣清嘉。初從磯口詢漁舍，漸入雲林問酒家。萬里欲飛愁若絮，小爐危坐眼生花。筋骸養作衡山力，坐擁肩輿聽諜譁。

二子訪酒家不遇次其韻作

青旆不見山雲深，何以慰此二子心。阮修杖頭故應在，黄公舊壚無處尋。求有不得事當戒，興盡必返愁難任。仙家竹葉未必美，舟尾茅柴還可斟。

賞心亭

佳山逶迤抱故國，危觀突兀凌長波。仰憑飛景赤霄近，下瞰萬木蒼烟多。三閣繁華芳草在，七朝風物一禽過。後人未見興亡本，秖笑陳家玉樹歌。

涵輝閣

碧波瀰漫起春湖，草色黄深岸四隅。新謝小桃雙燕至，從南微雨好風俱。暫來秖是林泉客，長見須憑水墨圖。無數鳧鷗記相識，近人浮泛滿青蒲。

王母池

阿母宫前阿母池，池光清滑瀉玻璃。岸擎黼座涵佳氣，影上仙衣潤彩霓。靈液發源來海谷，飛花隨泛出桃谿。羽車鳳蓋無消息，寒月沈沈寶殿西。

次韻王太博闞太丞同游石鼓山

禮局仙人兩俊流，高才相敵異商周。北溟風水初登化，南楚江山晚並遊。契闊歲華歸大笑，留連騷雅入冥搜。江邊一醉驚離散，應有功名約白頭。

次韻陳秀才冑遊石鼓山書院

山頭雲木鬱青蒼，山下江流净鑑光。亭閣瞰臨懸舊句，巖溪開築想前良。心甘水石忘羈宦，耳冷絃歌歎士鄉。寂寞先生與叢竹，相看孤節幾秋霜。

元日寄耒陽

元日江湖萬里身，四方南北等埃塵。莫悲天地如行客，還喜瀟湘見故人。渌酒桂盤催獻歲，小花羅勝寫宜春。淵明秖向東風醉，應笑窮吟浪苦辛。

次韻耒陽鄒明府〔二〕

夢北光陰一鳥過，四年西渚負長哦。逢君舊眼青猶在，驚我寒鬢白已多。言偃政聲方浹洽，茂陵歸思獨蹉跎。何時又見揮吟筆，快若輕丸下峻坡。〔原註〕君詩思敏捷。

承以舊韻示喜霽詩次和

楚雪飄殘四望間，江山晴氣撲衣冠。曉餘霜日明崑嶺，清極人家在廣寒。賸琢瓊瑶君句巧，相當旗鼓我才難。青天寂寞浮雲盡，最愛春風幾鶴盤。

簡提刑朱仲隱初玉學士

當年蓬館近儲胥，紅壁東西對直廬。緜蕝同參曲臺議，芸籤分校御前書。竭來憔悴騷人國，隨見光華使者車。莊舄有吟皆病思，賞音徒欲慰頑疏。〔原註〕君詢索近詩。

次韻朱仲隱寄鄭寺丞

猛脱塵勞厭競馳，歸來不著楚騷辭。江家有宅能依竹，陶令臨流秖賦詩。簷北嶽雲供顧望，水西州市隔喧卑。康强八十人難者，此外窮通各一時。

送呂雅寺丞

玉府文華異俗民，丹山毛羽盡祥珍。伊皋相業光前史，王謝家風世有人。好學少年忘貴胄，摛詞奇藻敵陽春。如今四海皆桃李，曾見槎通萬里津。

路虞部得代還

東風楊柳認春天，轣轆車音向郢山。久客不知游宦樂，五年方喜取書還。邊兵近日屯湟水，漢將何時入玉關？自古西人多慷慨，功名無使壯圖閒。

次韻聖和還自京師途中見寄

郊原新雨静纖埃，路下非煙白玉臺。遼鶴應悲里中舊，仙梟今自日邊迴。雲端心望高堂喜，馬上詩尋故社來。牢落不才疏世者，尚貪斗粟變蒿萊。

次韻李聖和寒食郊居二首

春郊寒食歎淹留，巧映鞦韆樹色柔。杏蕚離披翻白雪，柳花輕薄聚圓毬。風光無賴撩歸思，節物相逢眷昔遊。塞下塵埃侵夢想，何時仙袂揖浮邱？

林梢黄緑野禽鳴，泱漭春陽泛地平。禁火人家甘冷淡，浴蠶天氣趁清明。誰將馬絡尋春去？獨佩詩囊傍水行。稚女弄花田叟醉，笑歌真是太平聲。

次韻李沖聖和秋懷

燕鴈南來久客驚，寥寥風色試寒輕。吟殘紅葉詩無味，歸識滄洲夢有情。歲晚壯懷同劍冷，樓高愁思共雲生。淵明無酒重陽近，幾日東籬繞竹行。

聖和受代

枉尺誠非聖賢事，守道固與時俗違。難哉仕者行己志，況復儒生疏世機。喜聞傳告令尹政，應歸湔拂塵土衣。快君高舉歎留滯，把酒爲歌黄鵠飛。

次韻王太傅同陳長史訪僧不遇陳君先歸

林宇幽深止秀奇，中間甯有大顛師。漫勞雪客乘舟去，却是雲僧採藥時。歸興忽同分嶺水，餘懷誰共一枰棋。故應重作春游約，已覺東風傍柳枝。

謁金鑾瑩禪師

西城十里入溪林，頓覺塵埃脱醉襟。淺渚敗荷縈白曉，淡雲疏木抱清陰。陶潛但有思歸賦，韓愈殊無喜吏心。遺照主人應念我，試將秋思寫瑶琴。〔原注〕遺照，堂名。

次韻王太傅答周郎中寄酒用前韻〔三〕

子雲寂寞歲將回，門静因逢載酒開。白雪雅歌郵置去，紅泥仙榼印封來。塵闌即日先稱壽，賓席何人伴倒罍？莫作獨醒孤遠意，杜郎新撥凍醪醅。

再酬王太傅

曲臺仙客苦能詩，思入風雲學有師。楚國大夫吟澤日，江州司馬愛山時。年華悄悄還杯酒，塵事紛紛付奕棋。想得懷歸心似我，越禽常自記南枝。

次韻王弱翁借書錢君

錢家書槖盛儒林，禹穴時容探萬尋。嗜好自同皇甫癖，寫傳應慰獻王心。此於取與無傷義，盍以幽奇付賞音。猶説冬官未通借，覽之安得有千金？

次韻弱翁早春病起

換骨欣逢九轉丹，東風迎歲雪梅殘。玉良試火增虹氣，鶴老經春怯露寒。詩就越聲驚惻惻，夢回天樂記珊珊。故應有德神明相，寧事祈禳叩夜壇。

次韻弱翁春中久雨

楚雨廉纖無盡時，園亭惟有草菲菲。桃花泛水飄紅去，燕子貪泥帶溼飛。潤徹玉琴春氣弱，聲侵羅幕夜寒微。東陽病骨疏慵甚，留取清樽待霽暉。

次韻王弱翁題承天寺萃景亭二首

左右青林抱邃深，徑隨蒼蘚上煙岑。陵遷漸失三湘事，春遠閒傷萬里心。我愛白雲親鳥道，誰臨滄海較蹄涔。北欄曾指鴻歸處，杳邈鄉山不可尋。

四臨千里一危軒，灑脱塵中兩耳喧。隱几風波隨客棹，對江金碧露僧門。數峰煙老靈妃國，三月花殘杜宇村。不得相從嗟筦庫，新詩猶喜慰冥昏。

次韻孫景修題萃景亭

公遊何似拙翁巖？〔原註〕公守桂陽，開鹿頭山，名其巖曰「拙翁」。盤磴先經釋子庵。視聽稍遺塵種種，高名聊換府潭潭。時驅萬象歸吟几，盡洗叢荒破暝嵐。更有風華入春望，名園都在面東南。

又次韻四首

於此登臨稱謝公，湘南奇觀欲吟窮。天沈暮鳥煙氛外，山抱春城霧雨中。陂岸放車看宛轉，寺簷飄鐸送玲瓏。老僧已許炎蒸日，爲借清風解簟筒。

縹緲飛亭倚半空，景來酬對不知窮。天開雲嶂輪環外，地蹙林邱尺寸中。時有桂花飄馥烈，恨無泉玉瀉玲瓏。楚人不識靈均意，江上年年費粽筒。

背倚叢岡面佛宮，登臨酸足喜途窮。白紅花意生洲曲，紫翠山姿落酒中。寒鷺見魚行歷刺，珍禽驚客語玲瓏。亭前雨足農知歲，免卜靈龜灼腐筒。

隱几憑虛萬景空，浯溪能使決山窮。於今川隴民歌處，曾是干戈霸業中。蘋末起風香細碎，水光浮日影玲瓏。苟能適意茅簷足，何必鴛鴦碧瓦筒？

送衡州王仲和郎中代還

鐃鼓催船下洞庭，幾灘冰澀滯雙旌。峥嶸霰雪暮寒重，早晚瀟湘春水生。君意喜先湖鴈去，我懷方共夜烏驚。明年奏課趨雲陛，拜罷當如漢仲卿。

寄湖北運使孫景修朝議

曾伴籃輿入翠微，杪齋終日醉春暉。親烹林筍班犀大，旋膾溪魴白玉肥。歲月幾經鴻北去，風雲應有夢南歸。猶令猿鶴無驚怨，聞説頻年見錦衣。〔原注〕公雖在北路，時以使事過湖。

秋日即事

湘城風物向秋新，興入羹蓴與鱠鱗。葉舞霽紅楓映寺，蓓含霜紫菊迎人。瞻望河漢乘槎客，歌詠倉箱擊壤民。欲放幽懷到滄海，徘徊黄鵠更傷神。

偶吟

平昔名場氣吐虹，青袍霜鬢老湘東。舊交半在雲霄上，壯志都銷水石中。樓上買魚乘酒熟，舍邊秧稻指年豐。清風令德人胥化，合使鄉閭號鄭公。

被旨還闕酬答諸公韻三首

楚雪三經橘柚天，君恩新許出湘川。雖非殿席虚中夜，且勝臺郎謫九年。歲晚病懷孤劍外，江寒歸思亂雲邊。妻兒莫恨歸裝薄，賸得諸公錦繡篇。

湘南竊食漢鹽官，長記靈煙魏闕端。隙過白駒三歲月，萍漂滄海一孤寒。九重寬宥環初賜，萬里歸心斗欲干。常媿主恩深未報，慨然真喜脱囚冠。

幾年南楚聽哀猿，自昔江湖憶帝閽。粉骨何裨天下事，賜環難報聖君恩。餘光久記仁人里，引重仍慙長者言。安得新官來棹速？更隨春色到鄉園。

喜跂蹈登科注官〔原注〕餘姚烏程。

祖門傳子又詒孫，善慶儒科燕後人。鴈塔繼題三世字，桂林仍見兩枝春。稽山照邑天如畫，霅水浮州地絶塵。我亦浩然歸思起，明年雙棹趁吴蓴。

倚舟崇福寺寄臨湘衡文叔祕丞

相逢相别立湖邊，幾見罇罍换歲年。簿領初離仲宣幕，政聲猶屈武城弦。歸舟落晚惟荒寺，病枕驚秋聽早蟬。咫尺松風亭下路，可憐雲霧隔青天。〔原注〕縣舍有松風亭。

行虞城縣早起寄公秉

一夜風聲海沸騰，束衣寒屋赴農興。雲吹慘澹天西月，馬踏玲瓏雪底冰。吏事不堪年老大，歸懷那復病侵陵？遥知宴息庵中夢，正在仙門第八層。

寄公秉李郎中

二月晴霜冷逼人，深紅桃萼爛繽紛。寒中悄悄春强半，湖上悠悠水十分。心厭留書期謝病，跡疏罇酒憶論文。東風留著芳華在，何日仙鳧下白雲。

次韻王定國湖上

君來惟有岸蒲青，落寞羇懷獨此行。深塢自迷春草色，緑陰初夏變禽聲。龜毛兔角知何物？鵬海鷦枝各有情。且共論文一樽酒，吴霜從向鬢間生。

和王定國

地遠城東得得來，正如湖畔共含杯。眼中故舊青常在，鬢上光陰緑不迴。歸去汴橋三鼓月，相思梁苑一枝梅。我閒時欲尋君醉，爲備芎醪更滿罍。〔原注〕病目，君爲置芎酒。

次韻定國約過李氏園池

年來高興滿蓴絲，寒薄春風駘蕩時。稍愛燕脂開杏萼，已驚香雪爛梅枝。老於樂事心猶壯，病得新詩和獨遲？何日華鑣向金谷，擬追仙翼到瑶池。

次韻答王定國

江州居士赴東城，旬月相忘不寄聲。閉户邇來能避謗，求田何處欲歸耕。筆端浩蕩詞逾壯，胸次崔嵬氣未平。我有白羊新賜酒，澆愁聊可一杯傾。

次韻王定國懷南都上元

九陌無塵夜霽天，兩都風物故依然。車馳馬逐燈方鬧，地静人閒月自妍。佛館醉談懷舊歲，齋宫詩思鎖今年。傳聞公子微行處，門外驊騮立繡韉。〔原註〕去年上元，南都同李公秉三四輩游静覺，遂飲上生院。今年致齋太常，聞定國游相國。

同孫推官迪李郎中鈞督役河上敘懷三首

時哉風物媚郊原，無賴禽聲對客喧。山色帶煙屏依漢，春陽凝日浪浮坤。河功田利兹爲重，士賤民勞豈足論。仙老不妨持道氣，朝餐華景望朝暾。

平湖勝勢抱南城，花氣濛濛馥近坰。黄變柳條歸老緑，紅殘桃葉换尖青。春乘病後成多感，事向閒中見未形。日日攜茶唤賓友，吴泉烹盡惠山餅。〔原註〕來詩問南湖事。

車馬傳聞漸欲還，河邊陳迹棄春灣。睽離心恨三秋月，積累成功九仞山。從事獨賢公弗歎，散材無用我宜閒。放夫急趨蘭洲賞，寒食光陰俛仰間。

送許敏修使二浙二首

大夫才業帝都俞，清潔寒冰在玉壺。流馬阜財求八使，鑄龍班節重三吴。海門曉日迎飛鷁，笠澤秋風趁鱠鱸。亦欲東遊聞米賤，行臺還可庇疏愚。

蒹葭曾愧倚瑶瓊，京兆經年共左廳。屢喜足音臨病几，〔原注〕卧病日久，屢蒙訪問。獨何才力致虚囹？〔原注〕君治開封有能名，比以獄空被賞，亦及不肖。閩山近部榮鄉繡，越客何人識使星？隨看鋒車下江海，歸來人物重朝廷。

題泰定小雒亭

名花多自洛城傳，物色春工十指間。漸買姚黄並左紫，恨無伊水對嵩山。主人妥妥多材藝，俗客悠悠幾往還。惟有萬竿亭背竹，霜青偏解照衰顔。

八月十二日同楊誠之馬全玉王似之泛舟至舊州塔下作

秋水瀰漫山翠微，西風清好坐吹衣。濃雲將雨東西去，白鳥窺人下上飛。陵谷是非詢野老，滄浪懷抱負魚磯。遲留莫聽嚴城鼓，待得雙橈弄月歸。

次韻趙伯堅令鑠郎中憶南都牡丹兼寄子由

芳叢百朵爛紅雲，曾倚西軒醉兩春。夢雨一驚巫峽曲，佩香常記漢江濱。病懷日負杯中物，花意今看檐上塵。回首東風君自問，欄邊更有後來人。

城北

寒門秋色陣雲飛，雉堞烟青畫角悲。河坼波濤含趙魏，星分畢昴半華夷。太原玁狁當征日，瀚海單于欲戰時。六十萬兵閒飽死，誰憐山後八州兒！

喜王彦祖新居

今見黄州慶有餘，侍郎門户已容車。風流地望烏衣巷，瀟灑仙人碧落居。三畝江家須種竹，一區揚子獨藏書。東平我久猶如客，何日菟裘近里閭。

北山道中

隨馬盧泉碧玉流，野林春鳥語鉤輈。桃飄殘蕚紅堆水，麥换新苗緑滿疇。世味淺深聊爾爾，生涯消息强悠悠。不如收拾詩千首，要似張家萬户侯。

題所居圓明庵

茅簷幽廬小圃東，葛巾藜杖稱高風。守方固恐形爲累，内照應知色即空。出入有虚還有實，輝光無外亦無中。世人欲識圓明事，盍問名庵隱几翁。

還句龍緯化文詩卷

誰識斯文久寂寥？希聲杳杳思滔滔。氣無外物纖毫累，才有靈光萬丈高。誤借鼓鐘娱海鳥，自堪奴僕命離騷。啞鐘亦欲煩君手，能爲孤音解鬱陶。

贈汪汾同年

往歲仙遊白玉臺，拍肩曾喜得洪崖。高門已覺陰功在，古獄猶嗟寶氣埋。風竹夜聲清醉枕，雨峰秋色滴吟齋。丈夫未老無多嘆，會見勳名與願諧。

祕閣曝書畫次韻宋次道

帝所圖書歲一開，及時冠蓋滿蓬萊。發函鈿軸輝唐府，散帙芸香馥漢臺。地富祕真疑海藏，坐傾人物盡仙才。獨憐典校來空久，始得今年盛事陪。

病起次和何溫甫祕丞琬雪中見寄

士譽民謳楚粵間，相逢傾蓋問南冠。吟餘候館春風峭，病後湖天霰雪寒。應喜白雲瞻望近，〔原註〕君迎親至此。獨憐滄海去歸難。雅歌贈我琅玕意，欲報慙無兩玉盤。

聞東園諸學生雪飲寄之

大雪填虛翻海波，袁安門户可張羅。寒驚春絮因風早，病覺空花向眼多。梁苑喜開陳桂酒，郢人誰已唱蘭歌？少年撫景應須醉，莫學衰翁著睡魔。

元日示彭器資御史

天歷開祥歲屢登，命元頒號繼熙寧。春風寒色猶燒臘，北斗杓端已轉星。初退賀班東上閤，却觀郊樂太常廳。便期節物尋樽酒，莫問吴霜换鬢青。

再和

大禘新元詔太平，萬方承慶百神寧。壽觴别殿稱山嶽，治象端門燦日星。放杖暫騎歸舍馬，束衣還就致齋廳。史官不用占風瑞，從此豐年紀汗青。

次林御史次中韻

一鶚將從北海飛，豈如窮翼老差池。方嗟簿領迷公幹，尚喜琴音得子期。别思俄聞賦南浦，殘花猶可醉東籬。留連且此同罇酒，歸去鱸魚未過時。〔原注〕時揚州陳丞相辟君幕府。

再次韻

昔歲相從向此都，重來風物變南湖。莊生達觀嘗齊鶡，張翰歸懷豈爲鱸？世事不窮勞强勉，官期猶遠盍躊躇。新詩易得皆精好，真似元和咳唾珠。

次和次中簡留守蘇子容

濉園文雅久湮淪，居守今逢紫禁臣。右客游梁似司馬，主人開閤等平津。不才亦預門生舊，承乏來趨幕府新。共喜風騷壇將在，簫韶時許擊轅親。

次韻次中喜子容還朝

公歸真足慰儒林，雲日重瞻帝闕金。聚散可驚陳跡事，行藏誰見古人心。春還漢省苔新舊，霜逼吴船水淺深。坐憶茂陵猶未去，悠悠徒有病中吟。

次韻次中題雙廟

懔懔英風數百齡，舍生知與義相形。莓苔老澀穹碑暗，雲木疏寒古殿扃。自許孤城摧虎兕，至今遺事炳丹青。二公死所真難處，獨恨臨淮有遁刑。

次和次中久雨阻行而聞浙中旱乾

積雨廉纖氣已凄，暝雲凌亂四天低。吟懷摵摵聲侵竹，歸思澐澐水拍隄。東海可能均霽日，北風曾未送陰霓。應須更問淮南米，莫厭留連鷁首西。

校勘記

〔一〕次韻耒陽鄒明府　畿輔叢書本「府」下有「庸」字。

〔二〕次韻王太傅答周郎中寄酒用前韻　畿輔叢書本無「用前韻」三字，似是。

忠肅集卷十九

七言律詩

正月十一日迎駕大慶殿次曾子固韻

錦繡龍鸞仗衛新，絳袍黄繖拜行宸。天開雲日端闈曉，歲謁衣冠別廟春。歸輦順風傳鼓吹，廣街嚴蹕静音塵。上元咫尺瞻游豫，更慰都城望幸人。

次韻和門下相公從駕幸太學

詔移清蹕下齋房，訪道天臨舜上庠。正坐横經開鳳扆，衮袍接武照鵷行。雍宫故事收炎漢，闕里斯文盛素王。宜有諸生知聖作，勉趨賢路起東堂。

立春後奉祠東郊呈器資二首

走馬東郊春早時，宿雲容與澹朝暉。溪邊水暖魚初上，塞北風柔鴈欲歸。君賞已誇梅白早，我來仍見柳黃微。年華恰恰催吟醉，從此朝回日典衣。

漠漠陰雲曉蔽空，稍看疏霧泛冥濛。郊原脉起新春雨，簾幙寒生半夜風。縱步杳難尋舊苑，習儀聊復望祠宮。霜臺監察心宜喜，聞有精誠禱歲豐。

奉祀南郊九日馬上口占

霜意雲情曉欲寒，城南驅馬面晴川。路尋紅皺黃團舍，興入丹茱紫菊天。摵摵園林驚晚歲，紛紛場圃見豐年。君恩未報歸何日，空使荒蕪靖節田。

清明日玉津園奉陪賜宴文太師

漢燭青煙下九閽，東風瑶圃燕元臣。詔馳御斝深行酒，露翦宫葩別賜春。不爲夢魂聞廣樂，許留光景緩嚴闉。曲江冠蓋華林客，未有三師解組人。

夜直中書省寄左省子容公

膺門早歲預登龍，儉幕中間託下風。敢謂彈冠煩貢禹，每思移疾避胡公。論文青眼今猶在，報國丹心老更同。夜直沈迷坐東省，齋居清絶望南宫。〔官本案〕此詩據宋詩紀事補入。

次韻謝師厚齋中有感

一庭春桂與秋蘭，元禮龍門笑閉關。不以使臺嚴陛級，盎然和氣見聲顔。平生懷抱風塵外，終日圖書几席間。天下蒼生瞻世德，東山寧許乞高閒。

殿廬次韻趙元考錦帶花

錦枝香浸碧琉璃，誰折芳叢下帝闈。橫㬪正疑豪客纜，雙垂曾見婦人衣。長條卧蘂勝繁李，密葉攢英似紫薇。繫取東風留節物，還家猶及醉春暉。

次韻錢純老密白錦帶花

天園節節見芳華，春暮重開白錦葩。鬭葉淺深瓊散蘂，封條勻鬧雪團花。玉翹舞日真仙國，月帔垂欄上帝家。若向閬都論品第，可容滄海碧桃誇。

宣徽王公太乙宮使還洛二首

四紀翺翔覽太平，三朝出入盛勳名。對勑徽省官儀重，謁款殊庭使事清。桃李春風多惠政，鸞皇雲路半門生。少貪嵩洛鄉邦好，人望巖巖在老成。

位並樞庭今四貴，官升太尉古三公。壽眉仙骨風塵外，琳館真都禄隱中。治第頗聞齊緑野，放心寧遂伴冥鴻。滿懷霖雨功猶未，勉起行看謝傅東。

送致政太師歸洛

元豐天子賜安車，黄髮翩翩翊聖初。坐省故攜靈壽杖，會朝仍駕虎賁輿。平泉花木春常在，遼水城池鶴自如。身是赤松無一事，乳桐孫竹看扶疏。

上洛都文太尉二首

慶曆承平已廟堂，三朝勳業徧旂常。昔雖郭令曾憂畏，今比留侯更壽康。賜餞饔人移玉食，寵行天藻爛雲章。想公賸覺西都樂，門外逍遥緑野鄉。

詔書新出未央宫，始識謀深别有功。就第願陪唐九老，臨軒方册漢三公。翩翩雛鳳仙山上，兩兩階星祖帳中。貴齒貪賢聖朝事，可須歸輿羡冥鴻。

薛景庸太丞昌朝守邠州

風霜烏府不謀身，丞掾鴻樞號得人。九轉已欣丹換骨，一麾聊免甑生塵。時今關隴煙雲静，地古岐周氣俗淳。正恐暫均勞逸去，肯容文酒戀朱輪。

次韻新陳州太守王彦祖侍郎

得郡同時下帝闉，相聞雞犬再冬春。名場步驟元希驥，官牒推移媿積薪。一笑醉餘雙白髪，千騶南去兩朱輪。勸公少樂淮陽卧，來伴林邊杖屨人。

九月十日趙韓王園同舍餞送王微之皙出守汝州即席次其韻二首

左符初作魯山行，便有蕭然物外情。出入宦游金馬舊，平生風望玉壺清。秋花黄紫羅千本，宴豆甘珍聚百名。談笑揮毫得佳句，從容聊喜暫班荆。

雲木疏寒天未霜，一塵清不點衣裳。白艫南國歸懷壯，黃鵠西風去路長。攬轡便看紅旆轉，銜盃聊共紫萸香。相思肯惜瓊瑤寄，時有樓邊雁北翔。

重送微之二首

瀛州日日聚華紳，舊德如公更幾人？寂寞窮經甘白首，風流投老就朱輪。光陰不負圍棊局，談笑須還漉酒巾。朝議雖知弱翁久，不如枋國慰斯民。

曩昔清襟江上開，九華山色照樽罍。中間世故何勝道，晚歲仙都幸一陪。康樂又從滄海去，次公曾自潁川來。春秋墜學應猶在，聞説新書勝玉杯。

重送文與可

神標人慕紫芝眉，襟韻誰量叔度披。相與論心惟有竹，未能無意獨於詩。東風臘尾消冰雪，南浦船頭轉鼓旗。想及下車春恰恰，汀洲煙雨白蘋時。〔原註〕君喜畫竹作詩。

送益路提刑謝師厚郎中三首

鼇闕崑峰路不賒，單車聊復向褒斜。東山行止繫民望，康樂文章自世家。政在冰壺人畏慕，詔移金節使光華。百城争欲扳遺愛，豈獨諸生戀帳紗？

叱馭靈關萬里行，爰書丹筆刺祥刑。過家舊社瞻鄉繡，入蜀何人識使星？梅福上封推變異，望之雅意在朝廷。華陰道過行臺路，共醉西湖賦鶺鴒。〔原註〕公之弟領漕西京，今往過之。

歲晏風雲劍外天，故宫形勢舊山川。地環錦繡三千里，兵後歌鐘一百年。金馬已陳公子賦，海棠應補少陵篇。官私侈忲斯民病，可賀於今使者賢。

送子容二首

文人家世積清芬，三許遺風見子孫。學問共推元凱庫，衣冠争望李膺門。西垣潤色文還古，東土留居政有恩。歸奉漢皇前席對，豈無今士所難言？

傾都冠蓋擁西圻，一節移歸四牡馳。魏闕雲烟天近處，隋河冰雪歲窮時。行藏粗識賢人志，疲拙難當國士知。妄欲與公論異日，區區何用召棠詩。

送次中

肯與衰頹論久要，愛君才健氣飄飄。聲名桂苑曾晞冀，〔原註〕次中先一牓登科。風節霜臺媿續貂。分落江湖驚幾歲，喜同文酒駐雙橈。天寒不奈隋河淺，又使清談付寂寥。

送呂戶曹仲敏

文章盈篋幾千篇，去有山濤吏部賢。梅意向人冬至後，雲陰含雪北風天。非今是古俗皆爾，歎老嗟卑誰不然？知子已能操學誼，行藏吾欲看他年。

送虞元叟大熙出守當塗

使旗獵葉櫓嘔啞，齋舫飄如上漢槎。待得江南鱸作鱠，暫從遼海鶴歸家。清談揮麈臨千里，隱几看山過兩衙。零落謫仙遺跡在，爲尋荒冢弔雲霞。

徐程致仕寄之

浩然歌笑脱青綸，高調冥冥綵服還。智達能遺名跡去，英雄宜爲泰平閒。秋風酒榼攜寒野，春雨蘭芽長舊山。養己奉親心兩得，世人行止是非間。

宿州靈壁張氏園亭舟過始知之

去國身隨濁汴傾，瞥然雙槳若孤鷹。不知隄木藏金谷，但見漁人説武陵。已許生平惟水石，坐看名利僅蚊蠅。從今所至停舟問，詩酒雖衰亦强能。

八月十五日宿平原寄跂蹈

去秋今夕艤歸船，雨溼溢江歎隔年。幸此一輪開霽魄，却嗟千里共秋天。更爲來歲悠悠約，安得清光夜夜圓。孤館悄然誰晤語，滿庭寒露溼蒼烟。

離汶馬上寄鄉中親舊

半月徘徊去魯遲，二年樽酒奉音徽。又貪聖寵移金節，還使鄉人笑錦衣。天地中間真遠客，田園蕪没盍來歸。東州不擬多時住，已傍盧溪作釣磯。

至金鄉先寄田直孺（原註）庚戌六月三十日。

京雒塵埃各未湔，古城瀟灑向秋天。今朝屈指終三伏，此地銜盃已六年。老喜交朋頻把臂，拙無材力可求田。君當記得鱸魚約，何日相從上釣船？

秋浦寄田同年鯁

三月鵬雲接翼飛，歲窮飄泊動相思。獨臨谿檻看山處，正是江天欲雪時。連轡都門君不至，〔原註〕約同出都，臨行君失期。合簪秋浦我來遲。明年尚好方舟去，醉到春風有舊期。

過任城謁田直孺

古邑東風桃李殘，故人高卧白雲間。我知原子貧非病，誰識蕭生志抱關？相遇正逢春事晚，已衰難伴醉鄉閒。卜鄰慙愧當年約，依舊無錢買北山。

寄尹元佐

都城分袂下長淮，聞説靈槎犯斗回。天上夜蟾千里共，江南秋雁尺書來。莫悲琴劍猶羇客，豈有英雄老俗埃。此去玉皇恩澤異，龍飛親牓看風雷。

寄高陽陳鎬

胸中奇藴入天淵，平昔英遊夢寐間。寶劍早因靈氣識，卧龍今惜壯圖閒。匈奴尚敢乘黄屋，漢騎新聞戍玉關。應共將軍話功業，酒酣朝夕望燕山。

寄長沙王源祖

湘水衡山冠楚西，逢君曾與勝游期。橋躋危蹬尋僧去，月滿歸舟載酒時。歲律别來驚易改，琴徽空自寄相思。試看湖上梅應老，不解東風贈一枝。

表海亭

到此翛翛欲羽翰，長簷危檻壓孱顔。高低步障千花磴，遠近屏風四境山。興爲南樓雖不淺，倦如飛鳥亦知還。偷閒擬上三年計，寧願齊侯五月間。

早春書呈溫甫用前韻

春皇消息到人間，屈指年華笑側冠。梅蘂暗黄初過雪，蘭芽淺紫未離寒。時哉物逐東風欒，老矣心于勝事難。惟有林泉隨處好，可須巖谷隱歸盤。

登照碧亭次韻燕若水

誰著蓬瀛向此開，清明簾幕望高臺。老慙蒼鬢親花萼，病負春風厭酒盃。青蓋綺羅尋徑去，畫船簫鼓轉溪來。不知好事樓前客，便有嘲吟倚馬才。

憶靈泉山寄龔輔之諫議丈

不到靈房二十年，背依叢嶺面平川。風吹檜柏周遭雨，地蹙岡巒寸尺煙。合有高亭臨緑篠，恨無長甃引清泉。攜筇占得頻來往，誰似香山白樂天？

次韻余翼贈陳長史繪

變化洪纖付一陶，中楹瞻望赭紗袍。有才元子名爲污，失意劉蕡策自高。青史異時觀壯士，黄衣何日調南曹。居閒更覺新詩好，詞力還堪僕命騷。

次韻觀棊

晝永風閒玉局平，機心相軋掌中兵。敵家只欲乘虚奪，元地何勞用劫成。縱使仲宣强記在，枉將陶侃寸陰争。旁觀有訣君須信，大抵驕貪悔吝生。

盛陶索詩録近作數篇以長句將之

太白谿邊思會遇，九華峰下共登臨。高樓一别江南醉，幾歲同爲塞北吟。〔原註〕己亥相遇池州，同飲於蕭丞相樓。漳浦舊懷多感慨，建安遺響未銷沈。言雖窮苦君能聽，試寫孤音入夜琴。

二月二日過吴德仁二首

清門令德江南吴，三紀蘭洲心自娱。明時中林隱君子，蚤歲東門賢大夫。老去笑談惟玉麈，病餘風韻更冰壺。世於出處罕無意，兩忘未見斯人徒。

三徑長籬依斷崖，築堂能向紫溪開。案頭日有青精飯，堈面常浮白玉醅。坐對雲山飛鳥没，笑看花木早春回。高情不厭城中客，更許時時杖履來。

貽致政吴德仁朝請

四十懸車三十年，白雲山下古溪邊。松姿鬱鬱霜中壽，鴻意冥冥物外天。歸爲田園陶令達，化行鄉黨鄭公賢。我慙出處今如此，應得高人一粲然。

初到蘄州

卜築南城三徑開，寬恩容此養衰頹。舟從灩澦堆中出，人是邯鄲道上回。憔悴幸非蘭澤去，因緣如爲祖山來。江湖本是忘機地，笑許殘年付酒杯。

寄鼎州陶使君商翁〔原註〕近蒙示詩。

詩壇曾識舊將軍，新寄長編慰俗塵。夢到鈞天醉聞樂，心疑明月暗投人。誰悲正雅全忘古，自是淫哇每亂真。安得高門占旂鼓？與公吟嘯武陵春。

舟次潯陽寄興國李使君舜卿

江南太守畫船飛，湘水羈鴻病翼遲。歲晏風霜時易失，人生離合事難期。相思坐歎瓊枝隔，寓意徒令玉軫悲。遥想翠屏山下望，樓中還有謝公詩。

送柳判官引對次鄒主簿韻

斯文復古魏郊東，〔原註〕仲塗先生自謂「東郊野夫」。落落名孫祖氣同。待詔方貪採蘭舍，最書催見受鼇宮。十年罇酒瞻燕碣，幾日歌吟笑郢中。天下求才君必用，莫悲長劍匣秋風。

赤岸過柳明之別業

主人瀟洒武陵仙，別業河東大道邊。心晝美田皆枕水，手栽佳木已參天。園林有地時難者，鐘鼎銘功事莽然。倦客過門空大嚼，卜鄰安得買清泉。

青山高竹樓別業昔嘗題詩其壁詩故在而竹樓物故三年矣感而賦詩

故人別墅俯青郊，曾許幽人近結茅。苔壁雨荒留舊蹟，竹林雲矗見新梢。樓成白玉山無主，鱗出黃金客有肴。悵念同游歌楚些，風聲蕭颯鳥咬咬。

上巳日泊桃源亭

桃源亭北值佳辰，桃萼飄殘畹晚春。緹幕惜芳林下子，綵衫修禊水邊人。風謡漸喜南音變，飾物偏於久客新。道不與時當勇去，歸心何必計吴蓴。

病中聞子容被召次中東歸

一夜奎星向紫微，朝來黄鵠又東歸。謝庭春入新紅藥，吴苑花迎舊繡衣。疲馬顧鳴還有戀，驚烏飛帀欲何依？無聊病況將離思，併寫孤音白玉徽。

再和

詩酒相從道久微，東西冠蓋兩將歸。許公文誥專鴻筆，太白江湖醉錦衣。攬轡慨然俱有意，繫匏於此獨無依。猶憐賸得河梁句，常與都人記盛徽。

送鄭毅夫舍人被召五首

金魚寶帶紫微仙，刺史荆州帝倚賢。仁入刑書無濫獄，政通和氣屢豐年。芝函曉下浮雲闕，奎曜宵還北斗天。士望區區翰林主，不知舟楫赴商川。

三國遺基楚子宫，洞庭游樂與民同。畫船載酒春波緑，疊鼓隨車夜燭紅。愛比南陽歌召父，學如西蜀化文翁。去思不用甘棠賦，恩在邦人骨髓中。

永昭陵上土新乾，又見弓遺四海冤。旒冕嗣天承顧命，金繒傾帑入和門。生靈困瘠悲邦釁，夷狄跳梁玩國恩。歸奉清閒疏奇藴，席前應講太平源。

旌旗占曉動星躔，冠蓋傾都海嶽旋。歸覲明常瞻日表，過家郥社卜松阡。郢山殘雪梅寒後，漢水東風柳暖天。無限春風入佳句，何時珠玉看盈編。

簪紱忘懷出處均，行行猶眷楚都春。嗣皇小毖方求助，太守三公古重民。燕厦久依王粲幕，鶚書曾媿孔融賓。士儒以義酬知己，敢向東原涕滿巾。

九日病起寄文瑩

春城别去已秋窮，猶喜音書繼遞筒。身外光陰一飛隼，天南蹤迹兩飄蓬。夜烏三帀驚明月，胡馬長嘶向北風。無酒無人更無菊，重陽愁過鹿皮翁。

春日書事

年華歎緒兩蹉跎，颺白浮紅日日多。酒怯病懷無舊户，睡便春晝長新魔。些思楚客招魂語，噫笑粱生憤世歌。鳥雀相忘來亦少，不須門外更張羅。

跂罷西邑時將營山居路有二詩次其韻

半年西邑秖徒勞，天數人謀兩不饒。分定一枝難駐足，時來三組倂垂腰。是非未了今猶古，飲啄誠安谷亦喬。何日一廛能負郭？杖藜春雨看春苗。

求田問舍此心勞，兩處如聞勝勢饒。張氏泉塍近城角，邵家林屋在山腰。倒冠來伴樊川杜，飛舄新聞葉縣喬。昨日雪霜枯槁地，百般蒼翠發新苗。

忠肅集卷二十

七言律詩

孫少卿鹿頭山詩並畫圖二首

誅茅搜險旋尋真，聞説山巖一日新。佳境留連應有待，先時登覽豈無人。披榛好石來如召，隨手清泉應若神。不獨山中興勝事，幾多風愛在邦民。

使君真愛鹿頭山，圖畫歌吟去爲傳，塵世那知武陵事，時人争誦永嘉篇。行春遊醉常勞夢，按部登臨又隔年。有客平生志林壑，坐憐雙眼隔雲煙。

次韻蔡景繁紅梅三首

故人江驛寄瑶華，紫玉枝頭散嫩霞。日暗露桃春尚淺，醉餘妝面粉難遮。緑溪地静東風過，雕檻香寒曉月斜。水滿琉璃聊自喜，不堪塵眼祇空花。

蕭疏仙梗擢芳華，巧刻圓瓊傅淡霞。素質本非桃杏比，酡顔聊避雪霜遮。香含暮雨欄邊散，豔倚春風鬢上斜。聞説樽前偏屬賞，青黄朱粉更無花。

仙圃瑶林冠物華，靚英明媚洗晴霞。酥裝却費臙脂暈，紈扇應煩絳粉遮。天上念奴春睡足，風前飛燕舞容斜。後房宜勸歌聲小，愛惜今年第一花。

再次紅梅二篇兼簡李質夫二首〔一〕

色不夭穠始是華，仙家林觀倚雲霞。春酣白玉醅香入，日射紅鸞扇影遮。攢蕚亂鬟能淡佇，抱枝寒蓓更疏斜。閬都誰與論高下，未愧蟠桃賞碧花。

春工著意與年華，换白添紅翦絳霞。肉色膩匀宜日上，天香清冷怯霜遮。半臨緑岸湘波動。巧映朱扉錦徑斜。爲寄瑶林主人語，争姸應有曲房花。

庭前有古槐一株枝葉扶疏廣蔭一畝每當月夕風晨輒為婆娑其下空翠沾衣心神清越感秋寄興情見乎詞

緑玉交柯蔽鬱深，碧蘿褰幄静沈沈。最宜初旭晞晴靄，時有珍禽宅翠陰。終日對爲佳客伴，幾年相慰故谿心。主人已有秋風興，更聽踈蟬抱葉吟。

盆中移白菊

九秋風露下星榆，玉刻圓錢散曉株。人住水涯多白髮，地應花谷近清都。挼香漬酒登新譜，〔原註〕君倚以菊釀酒。益氣輕身載舊圖。移取黄堂朝夕見，北洲亭遠故臺蕪。〔原註〕郡中舊有白菊臺，今荒廢。

次南陽錢紫微白菊

清根靈氣本仙通，白玉葩華緑玉叢。山遠莫尋幽谷水，洲香聊近百花風。神寒縹緲梅同格，英出繁多雪媿工。〔原註〕菊英二十一出。籬下區區醉金蘂，酈鄉應笑鹿皮翁。

次韻傅推官宏十月菊〔三〕

應憐陶令愛東籬，分付黄花特地遲。百卉浪隨秋色盡，孤芳自與歲寒期。冷香直欲梅相鬭，金蘂懸知雪更宜。空使詩人詠重九，天公造物本無時。

輓慈聖光獻皇后二首

翼子詒孫廟社功，憂勞嘉祐治平中。澤流自配皇圖遠，仙去誰期壽劫空。三獻奄違長信殿，萬神重會永昭宫。母儀五十年間事，愁入西郊鼓吹風。

孝孫皇帝念終天，毀慕難留玉座遷。廟謚易名尊四字，宸闈行服自三年。寶衣鸞鳳藏華殿，哀仗星辰下洛川。從此都人想游幸，無因重見九龍輧。

輓資政殿學士吏部尚書曾公二首

懷詔歸來望九霄，伾山纔隔渡河橋。履聲未徹君王聽，車左俄悲道路招。韋氏詩書傳舊閥，石家孝謹冠中朝。靈輀聞説都門過，愁向西風徹鼓簫。

百歲悲歡俯仰間，訃驚疇昔涕汍瀾。桂堂天聖傳先契，蘭省元豐事長官。〔原註〕禮諸侯行而死于道，則升其乘車左轂，以其綏復。先子出宣靖公牓下，元豐乙丑，資政前爲吏部尚書，時某其郎中也。寂寂塵書華屋閉，蕭蕭雲木故山寒。深心令德今何愧？付與無窮後世看。

輓宋次道二首

槖筆周旋侍漢宫，博知前載問無窮。朝廷人物儒林丈，家世文章太史公。俯仰頓驚華屋換，聲容徒望繐帷空。寢門一哭何嗟及，付與悲哀挽鐸風。

平生襟尚若清通，白首耽心翰墨中。萬卷囊書推沈氏，一時碑字貴顔公。塵栖材館稀賓至，山抱佳城與祖同。已矣善人那復見？蕭蕭溱洧秖秋風。

哀呂西臺行父四首

大夫門户斗魁旁，落落南宫舊望郎。收斂壯心書萬卷，沈浮高興酒千觴，乘驄始欲新年去，藏壑俄驚半夜亡。索我贈言曾未暇，哀懷今變紼人章。

仙骨蕭疏古柏秋，心於塵世合悠悠。人間未熟黄粱飯，天上新成白玉樓。隱几不聞遺治命，飛旐何日向西州。識君惟有崔夫子，〔原註〕伯益。預説衣冠一蜕留。

前月南河欲放船，壺觴一笑暫盤桓。唾霏珠玉音猶在，風折篔簹墨未乾。皎皎不應隨物轉，滔滔從此締交難。孤懷幽調誰知者？寂寞金徽不復彈。

吴興空望使君車，道厄陳州亦命歟。歸路自爲兜率去，遺忠誰訪茂陵書。粃糠世俗心無累，蘭玉階庭善有餘。一束生芻猶未致，春風洒淚滿襟裾。

五言絶句

次韻唐誦植欆櫚三絶句

亭亭圓幹直，翦翦翠輪齊。葉散夜叉樣，惡名誰品題。

榮悴逐時序，紛紛紅翠多。誰同歲寒操，旁有羽林戈。

種蘭不當户，李以苦見容。珍重主人意，東亭非要沖。

次長守長歷兩孫自汶寄詩韻

阿守似其父，敦龐仍秀疏。拜翁猶數月，書驛且渠渠。

歷也駒千里，新詩慰遠思，霜秋魚酒美，來趁壽觴時。

七言絶句

戲簡許教授

雖有虀鹽甘寂寞，如聞饘粥更艱辛。莫將秉釜論多少，聊爲君家拂甑塵。

馬融絳帳臺

漢守曾爲絳帳師，升堂高弟許摳衣。傳經無復當時事，只有沙禽自在飛。

國風亭

地靈真合有清辭，正是中和樂職時。誰道渚宮吟不盡？試看亭上國風詩。

復古亭

功大文雄歲月深，巍然高碣字生金。臺池得與吾民共，誰識邦家復古心。

穿楊亭

華構翬飛一望中，顏間篆墨揭秋風。休矜百步穿楊巧，未及當年射虎功。

迎春亭

亭接東風近曉霞，幾多和氣到萌芽。也知當日迎春意，不爲松筠只爲花。

朝宗亭

亭下長江走浪花，朝宗東委去無涯。何時上漢風濤穩？待泛仙人八月槎。

澂心閣

危欄倒影下千尋，空水無聲萬象沈。試問登臨來往客，幾人澄得利名心？

七瑞堂

草木生成亦偶然，誰將枝榦驗祥編。如何併作當時瑞，寂寞于今五十年。

水舫

天水相將遠欲無，扁舟雙槳似飛鳧。此身未是逃名客，且學鴟夷泛五湖。

雙橋

雙橋十里跨虚明，波面無風兩足輕。雨歇烟收人不見，路岐依約是蓬瀛。

十月六日與客游金山乾明宣塔戒壇彌勒舍利廣教七山寺三首

水落溪橋霜未寒，岡林平淺是西山。路穿峭蒨青葱底，寺在崎嶇屈曲間。

排門金碧七禪關，松閣相望石徑連。不爲勤求善知識，可能一日徧諸天。

行徹雲煙到上方，青林深壑對重岡。山中底處饒風月，要著江州一草堂。

偶作

春氣未强寒慘慘，羇人多病興寥寥。閒愁付與毫端遣，長日期於局上銷。

次韻張供備達夫觀回鴈峯二首

圖志分明傳者謬，峯名元在嶽山隈。邦人試看春巖上，豈有燕鴻到此回？

林麓坡陀湘水側，煙嵐朝暮楚城隈。峯前遷客翻堪笑，不及飛鴻一歲回。

樊山口二絶

洲觜嶄嶄亂石排，濯風寒浪踏蒼苔。長江萬里從西北，瀉向幽人兩足來。

無數江鷗似雪霜，暫來還去俯滄浪。幽人已自忘機久，卻恐窺魚意未忘。

九日依唐生韻五絕句

三歲重陽負玉觴，悲歡不定客途長。年光節物真虛擲，賴有新詩付錦囊。

白醪趁節醅已醱，黄菊候霜花未開。獨上荒城拱雙袖，風雲慘慘鴈聲來。

無處登臨百尺樓，若爲銷散仲宣憂。拒霜寒菊常煙雨，愁滿江城冷澹秋。

悄悄登山臨水興，紛紛泛菊佩萸人。不須吹落簪花帽，但願常存漉酒巾。

長松老桂風霜足，細草幽花雨露霑。天寒日下音書少，鴈自高飛魚自潛。

次韻燕中舍若水苦雨五絕句

湖水漫漫日夜添，茨芒蒲鍔鬭尖銛。不須更苦雨多少，且喜西窗緑滿簾〔三〕。

風欺炊竈晨煙重，泥隔賓車午枕高。誰記幽人張仲蔚，都將三徑付蓬蒿。

池蛙聯絡聲方旺，逕草縱横勢未鋤。不厭微凉生枕簟，只憂新蠹入圖書。

聲入高梧翠竹邊，故攜枕簟北牕前。無端喚起江南夢，記得扁舟夜不眠。

嘉穀連空指歲豐，幽潛無復有乖龍。何時浩蕩風吹日，照徹陰雲幾萬里。

泛舟南湖二絶句寄公秉二首

路轉芳洲面面風，回環𧃂媿刺船翁。畫橋東北桃花塢，時有飄紅落酒中。

不知芳物過春風，傲兀扁舟愜浪翁。得似王猷剡溪上，何須范蠡五湖中。

木芙蓉

誰染輕紅皺萬囊，靚如妝面照寒塘。蜀葵千葉仍陪菊，芍藥重臺更耐霜。

湖上口號三首

緑荷深不見湖光，萬柄清風動晚涼。莫恨紅葩猶未爛，葉香元自勝花香。

湖上清懷各自知，涼風吹我獨依依。吏曹姑去毋催我，待得臨流弄月歸。

柳色映花春岸北，人家臨水畫橋南。回舟却向東城望，恰似清溪玉鏡潭。

六月二十日湖上四絶句

蓮的紛紛玉手來，旋攀蓮葉卷狂盃。水漿未見菱腰折，珠實何時芡觜開。

紅蕖白藕塞平湖，曾愛新梢玉不如。今日水深那可得，野人盤上欠香蔬。

氣候淒炎頃刻中，晚涼宜此一樽同，乍收荷葉蕭騷雨，便得蘋花細碎風。

濃雲忽忽遍天圍，四面涼風弄客衣。霹靂一聲湖雨白，魚兒驚没鷺狂飛。

雪中次韻王鞏廷平四絶句

此時遥憶子猷家，幽興應思剡水涯。未向東風見瓊樹，且傳春色贈梅花。

漸飛大片紛如韈，更撲驚風亂似麻。爲謝妻孥衣但典，莫愁米貴酒難賒。

簷邊騷屑竹聲乾，爐畔龍鍾病骨寒。坐想蘭歌傾桂酒，清虚堂上有餘歡。〔原注〕君之西齋。

袁安秖有高眠興，謝朓空傷後會艱。十萬健兒春瘴近，飛花宜過海南山。

平原君

徒稱館舍三千客，豈捄長平百萬軍。焉在平原多得士，功名翻屬信陵君。

信陵君

徇趙亡梁久不歸，先王宗社若巢危。歸來未久秦金入，魏國存亡亦可悲。

甘羅

甘羅徒挾虎狼威，入趙安能策是非。大抵諸侯畏秦爾，一言輕得五城歸。

汲黯

汲黯剛純社稷臣，張湯巧詆更平津。賢人所貴忠邪異，惜對君王論積薪。

次韻龔諫議輔之同遊靈岩寺

琳宫仙老鬢雖霜，不厭山頭石徑長。杖履更爲他日約，姓名聊記舊碑旁。

戲李質夫

曾醉江梅爛漫時，北鄉寒冷見花遲。知君獨倚瑶林賞，不向春風贈一枝。

再贈李質夫

贈春須記折花時，坐恨江南信息遲。還向瑤林主人問，東風應傍去年枝。

絕句

日日新詩出錦囊，清才飄洒句琅琅。幕中病客疲酬報，走馬真難伴放羊。

東郊次韻器資子開六絕句

幾年空有憶梅詩，常恐江南驛使迷。慙媿一枝償病眼，春風須勸笛聲低。

刻玉沾酥三兩枝，霜空林杪早春時。蕭疏仙骨閒相並，縹緲幽香冷自知。

江南詩客兩仙才，攜手東原賦早梅。瓊樹令人常願見，還家何事不徘徊。

右見早梅

五日重來躡馬塵，比君時節已殘春。吹衣拂面寒猶峭，誰道春風似故人。

悄悄輕冰斷水涯，欣欣羣木媚人家。春風巧思無尋處，紅白青黄各自花。

昔年花卉爛春林，今日重來老病侵。歲月漫爲流俗歎，行藏誰見古人心。

右謾成

九月十八日離魏都寄内二首

南鴻無計與同飛，鴻翼翩翩我馬遲。若過平臺寄家信，爲言今日是歸期。

肅肅霜風吹客衣，客懷多少寄金徽。到家細説淹留事，應笑蘇秦困始歸。

寄倩

近時頗少飛鴻信，幾日應占喜鵲聲。相見便須持寶鑷，爲翁衰鬢摘霜莖。

題齊己草堂

一曲流泉對草堂，何人與續帳前香。清詩自共秋風去，依舊鐘聲送夕陽。

校勘記

〔一〕再次紅梅二篇兼簡李質夫二首　「二首」兩字原脱，據畿輔叢書本補。

〔二〕次韻傅推官宏十月菊　「菊」字原脱，據畿補叢書本補。

〔三〕且喜西窗緑滿簾　「緑滿」，畿輔叢書本作「青入」。

忠肅集拾遺

〔清〕勞格　輯

上哲宗乞召用傅堯俞等以銷姦黨疏

臣備位左右，憂深責重，雖夙夜盡瘁，恐終無所補報。竊謂國家先務，莫如得人；，迎臣事君，唯有進善。臣伏見知陳州傅堯俞、知齊州王巖叟、知潞州梁燾、通判虢州張舜民、知廣德軍賈易皆早蒙陛下識擢，分在言責，不幸志業未伸，謗嫉横作，罷職補外，各已數月。按堯俞等皆忠直之臣，守正不撓。在職未久，知無不言，此固陛下素所奬愛，必未棄捐。然臣私憂過計，恐有補外漸久，朝廷漸亦忘之之日，不避僭越，輒效一言。

夫人才不同，所用亦異。或長於政事，或善於文學，或言語侍從，或行義師表。今多士盈庭，於此數色固無乏事。至於公忠樸直，不避仇怨，不附朋黨，一節自守，可當大事，肯爲國家效死守法之人，則非獨今日難求也，從前世以來不易得也。譬如人之一身，耳目手足，肌膚爪髮，闕一誠不可。然而强四支者必以骨爲主，故自古人君崇奬忠直，謂之骨鯁之臣。

傳曰：「山有猛獸，藜藿爲之不采。」言猛獸在山，則山中之物不敢犯者。如直臣立朝，則姦佞有所畏憚也。今堯俞等皆有骨鯁大節，公論所重，邪黨所畏。况當今陛下明辨忠邪，汲汲進賢之日，而反使數人流落外郡，爲姦邪所快，臣實痛惜！兼觀近日言路，稍異有昔，雖章奏交上，議論不少，然而推薦者非豪强則親舊，所排擊者非孤寒則怨隙，朋比之心，公無忌憚。陛下試取近來言事章疏，密察其意，其間心出於至誠，言出於忠信，憂國如饑渴，謀議知大體，有如堯俞者乎？孤立不懼，彈劾權强，赤心事上，略無私意，有如巖叟者乎？守正堅確，不憚大吏，不黨同列，嫉邪指惡，有如舜民、燾及易者乎？以此驗之，真僞立見。今聖明在上，方修善政，而羣小不快，争進於下，布列朋黨，造作謗議，欲以傾陷善良，動摇政令，紛紛籍籍，甚可懼也。然上下相罔，誰爲陛下辨之者？當此之時，唯且收聚人才，使在朝廷，若正直之路廣，則邪枉之去銷，而治道成矣。

臣疏賤拙直，天下無毫髮親黨之助，獨蒙二聖選拔，致位於此。恩至厚矣，則報效之心，豈宜自比衆人？故當知無不爲，寧敢避罪！臣願聖慈深賜省察，特發睿斷，召此數人忠正之臣入備任使，以慰公議，以消朋黨，幸甚！

貼黄：吕公著等亦曾同議此數人，皆與臣意無異。但以未測聖意，所以未便奏陳，故密獻此言。若候因臣僚進擬而後召之，即不若特降中旨，付之三省，庶使恩命出於陛下。元祐元年十一月上(録自諸臣奏議五十四。)

張文定玉堂集敍

甚哉!辭之不可以已也。夫萬事異理,非言不命。四方異情,非解不通。詩不云乎:「辭之輯矣,民之洽矣。」傳亦有之:「子産有辭,諸侯賴之。」是以君天下者,必使其臣贊爲辭而後出之。周御史掌贊書,漢尚書作詔文,此其官之見於古者。歷代因之,其任愈重。夫以堂宁之一言,行乎四方萬里之外。不高深簡嚴,不足以重王體。又欲其誠之宣,不優柔曲折,不足以究民聽。又欲其言之約,三代而上,經聖人所定,不可尚已。三代而下,作者汙隆,隨時屢變。其間承平之時,訓辭深厚,號令温雅,有古風烈。而傾側之際,書詔所下,武夫悍卒,揮涕感動。終於享好治之譽,建持危之功。則潤色之效,豈小補哉!自慶曆至於熙寧,雖仁祖恭儉寬大,英祖克篤前烈。主上長駕遠馭,略不世出。三朝政績,巍巍焕焕,非尋常耳目所能觀聽。而於斯時,典册告命多出公手。上之仁心德意,國之威福所指,明布論下,昭如日星。學士大夫,都邑野人,莫不曉然知治道之所以然。雖政績固自卓越,而述作之妙,知有助哉!至於供奉歌頌,祠祝贊戒,勒之金石,播之樂府,多者千百,少數十言，體制紛紛，各得其度。衆人不給，我獨贏餘，又何其富也。

王開府行狀

維王氏得姓于周靈王之子晉，晉既仙去，而世人指其族曰王家。其後翦以秦將顯。東漢有處士霸，霸生孫甲，徙居于祁，自是太原王爲著姓。元魏時，固爲廣陽侯，侯二子：神念、神感。神念避亂南奔梁，神感北事齊，而其家散處宋、鄭間，子孫蕃盛。至丕又徙開封陳留之通許鎮，鎮後爲咸平縣，今爲開封咸平人者。

公之高祖也，世以貲雄；曾祖太師公，祖中令公，皆好義周急，畜德不顯；至考韓國公，仕爲江寧句容縣令，後以公貴，贈皆太師、封大國。追封曾祖妣李氏義寧郡太夫人，祖妣張氏同昌郡太夫人，妣張氏同昌郡太夫人、趙氏會寧郡太夫人、李氏吴興郡太夫人。

公吴興出也。少奇警力學，能文詞。天聖八年舉進士，仁宗廷試，以爲天下第一，時年十九。拜將作監丞、同判懷州，改潁州，以吴興憂去官。繼丁韓國公憂，居喪摧棘，杖乃能起。景祐二年，服除，改秘書省著作郎、直集賢院。建言朝享太廟祝文著后姓非是，請止以謚別之。廢后郭氏卒，詔葬以后禮，既啓菆，天子以上元御樓觀燈。公以謂春秋晉大夫智悼子卒，未葬，公燕于寢，杜簣諫止之。君于臣義且若此，矧后生雖見貶，而死被尊禮，宜有恩也。請罷元夕燈燕，俟十七日遣奠，仍禁士庶聲樂。

三年，充三司鹽鐵判官，賜緋銀魚袋。五年，權同修起居注，轉右正言。寶元二年，知制誥，充北朝正旦國信使。明年，賜三品服，判太常禮院、同知通進銀臺司，兼門下封駮事。同知審官院，當三班院。

公言廣南幅員千里，鄰控蠻獠，而節制所總，止桂、廣二州，追阻勢離，蠻或窺犯，緩急不及事。請倣唐制，以東路之廣、潮，西路之桂、容、邕，分五管以密援。疏上不報。其後十年，儂智高陷廣州，又二十年，李正德陷邕、廉、欽，于是人思公言而服其識。

明年，充益、梓路體量安撫使。是時兩川荒饉，公私凋殘。既至，奏蠲逋負，閱官吏良否，多所進絀之，人大慰説。蜀郡媪某氏，多貲無子，一孫才數歲，媪意以貲厚其弟，顧難于其婦，乃詣郡誣婦不善撫吾孫，願出之。獄具，公至，立姑婦于庭，置兒其間，兒急趨母。公曰：「豈不善育也。」媪伏誣狀。又里民孫氏産刀鉅萬，死而子幼，其妻念門户事，請其兄經理之。嫉者或告其畜禁物，州用坐長法，以徒當其兄。且誣其妻不睦于夫，常祀神呪詛，將以義絶出之。公曰：「良人已殁而妻以罪出，甥家犯禁而舅爲共犯，非禮律意，聞見所無。」皆奏正之。二事，蜀人夸以爲神明。未還，拜翰林學士。

慶曆元年，知審官院。明年，同知貢舉。是年春，其使劉六符謂館伴賈文元公曰：「南朝塘濼，何爲者也？一葦可杭，投箠可平。不然，决其隄，十萬土囊遂可路矣。」時言事者亦請涸其地，耕以養兵。仁宗以問公，對曰：「兵事尚詭，彼誠有術，不應以語敵，此六符夸言耳。設險爲國，先王所不可以已，而祖宗之所以限敵騎也。」仁宗深然之。其後神宗復嘗問之，公對如是，神宗曰：「正朕志也！」是北敵以王師問罪元昊，故謀爲牽撓，勒兵境上，使六符爲不可得之求耳。七月，富文忠公再報聘。既行，繼有詔附文忠以賜六符，文忠疑國書與政府口宣及詔語或參差，至中路啓書果異，遂倍道馳還，叩閤門請對，公方考試後殿，仁宗急召諭之曰：「毋須同列往，獨視之。」公歸院與文忠議，一夕易其書詔，大要以强中國絶後日牽制爲意。前此敵書，有太宗皇帝「于有征之地才定并汾，以無名之師直抵燕薊」之語，一時莫知所答。公獨請間曰：「臣知其故。」因奏書云：「太宗嘗駕并郊，匪謀燕壘，于是貴國剌梅里求致書行在，而反潛假其援兵。既交石嶺之鋒，遂舉薊門之役。」仁宗喜曰：「乃自有本末。」諭執政曰：「非王某該詳故事，殆無詞也。」

十月，敵泛遣蕭階來議事，公實館伴，階因請爲我禁元昊犯邊，而指在求賂。是時朝廷亦已厭兵矣，及階行燕于班荆，始詔公許階，誠能約束元昊，則當班師，可緣詔語付階。公以詔書予之，使常得持以邀我，非便，但詳諭階而已。還，奏之。仁宗善之曰：「唐之回鶻恃功，王室難制，幾有之也。」

轉起居舍人。十二月，知開封府，踰日都城肅然。明年上元，故事，籍嘗爲盜惡少，每至是拘之獄，公呼諭遣之，曰：「倘更爲官得盜，當除爾籍。」皆拜而去，五夜無警。

三月，以諫議大夫拜御史中丞。李用和以元舅除宣徽使，意不滿，不謝。居數日，除彰信軍節度使，同中書門下平章事。公言：「杜審瓊，太祖、太宗舅，事兩朝有勞，然終不至宣徽使，祖宗所以保后家也。用和無功貪驕，而陛下名器聽其所欲，恐非所以全安之。欲報母后。厚賜之可也。」

兼判國子監，請闢錫慶院以廣學宮，因請車駕視學。

夏文莊公經略西師久無功，移疾歸淮西，未幾，召爲樞密使。公言：「竦無忠諒之節，專爲身謀，當要重之任，不深惟報效，而以疾爲辭。今遽擢起，是避事爲得計也，無以厲世。」又入對極論之，而仁宗未省，遽起，公引帝裾畢其說，遂罷竦。石介作慶曆聖德詩所頌一事也。

蘇舜欽子美監進奏院，鬻故牘得緡錢數千，夜召朋友宴集，客或爲傲歌，有「醉卧北極遣帝抉，周公孔子驅爲奴」云者。公彈劾之，遂坐黜。又言：「中書、樞密院總天下機務，職分不明，執政之臣，勞而無功。日五鼓趨待漏院閱文書，以待陛奏，退集議，歸已近午，數刻之間，占書施行未既，已逼再集講明日事矣。酬酢有不逮，何暇安危遠慮哉？古所謂三公，坐而論道，作而行之，謂之士大夫，則繁簡固有節奏。請以今事細例孰者歸之有司。」仁宗既用公之議。

升章獻明肅、章懿、章惠皇后祔于真宗廟室。因言：「藝祖孝章皇后嘗正位號，而祀別室，非是。亦請升配。」時不見用，至元豐中，卒如公議。

李良臣陷于敵，數年來歸，議增六室，復閤門故職。公言：「良臣雖能終自拔，前不死戰爲賊俘，實有罪。今加賞叙，無以示後。李廣漢名將，陷匈奴得還，議當斬，贖爲庶人。蘇武不屈節，白首歸漢，才得典屬國。古之馭將法義如此，良臣宜待後效。」

興國僧紹宗鑄鐵象，妄言災福，惑衆聚財，士女傾赴之，以金銀器飾投諸冶，中貴人督作，宫掖出貲佐之。公以爲：「西師宿邊，而財費于不急，動士心，起民怨。」詔立還中使，禁止之。又言四月朔太陽當虧，經典所忌，請罷游幸西苑。諸后既升祔，賜羣臣帛有差，以公由翰林學士遷，特命倍賜與學士等。公曰：「不敢以臣廢法。」屢敦諭，訖不受。天章閣待制滕宗諒帥慶州，以邊事用度無藝，軍費幾屈，公累疏之，逐宗諒岳州。

五年，官伴北朝回謝使。六年春，復拜翰林學士兼龍圖閣學士、權三司使。

公言：「太祖時兵十二萬，太宗時十八萬，章聖時四十萬，今遂倍之。兵在精不在衆，冗數坐食，非計也。三司雖總財用大計，而事實在外。請太原、大名、永興帥臣，各帶計置一路糧草。」是冬請補外，改侍讀學士兼龍圖閣學士、知亳州，改鄭州。明年三月，轉給事中。七月，移澶州。明年，拜尚書禮部侍郎，坐舉張得一罷職。是年河朔大水，民流亡，朝廷分河北爲四路，冬置帥。公以本官充高陽關路安撫使，知瀛州。至則爲方略，振哺全活甚衆。皇祐元年春，復兩學士。五月，充永興路都部署兼安撫使、知永興軍。七月，改河南府兼西京留守。十一月，轉户部侍郎，河東安撫使、知并州兼本路計置糧草。四年，還朝，知審官院，充翰林學士承旨兼侍讀，判太常寺。

公在經筵，每進讀，必以古義反復勸上，以傅當世之事。仁宗于邇英閣置太玄經、著草，顧曰：「宫中每閲此。卿亦知其説乎？」公具對本末，因曰：「願垂意六經、正史，此非帝王所宜學。」翌日已徹去。

五年，知貢舉。至和元年，充三司使。充回謝北朝國信使，見敵主于混同江，敵每歲春帳于水上，置晏鈎魚，惟貴族近臣預，一歲盛禮在此，每得魚，必親酌勸公，又親鼓琵琶以侑之。謂其相劉六符曰：「南朝少年狀元，入翰林十五年矣，吾故厚之。」使還，除宣徽北院使。言者以公是行，遇正旦使宋撰于靴澱，撰與敵使争不直，公實與會。即改端明殿學士、知永興軍。

嘉祐二年，移秦州。羌族瞎欓、木征、唃厮囉，連衡更出，歲爲邊患，公以威信誘服，皆請吏修貢，西境無事。知河南府，知定州。八年，英宗即位，拜兵部尚書。治平二年，知大名府兼北京留守。京師大水，公上治平政鑒十篇，大概謂宜寅天尊祖，愼威福，判眞邪，愛民肅兵，以答天誡。神宗即位，拜太子少保，遣中使李舜舉詔曰：「卿曾獻忠先朝，今宜有輔不逮者。」公約政鑒之義，上聖政備覽十篇。明年，檢校大傅，宣徽北院使再任。

熙寧初，西邊久無事，而疆吏産謀造端，公極陳所以綏懷之者。夏人果使横山族殺保安守將楊定，繼遣使以其主諒祚訃至，公請選勇辨士詰取害定者，羌果送之，戮于境上，而受其使。未幾，邊將又遣兵攻羌境，羌復犯我慶州，我亦取其蒙古城。公知邊患未有艾也，復上疏言章聖得潘羅支而繼遷之患息，仁宗得唃厮囉而元昊衰。今横山五族與吐蕃董氊等衆族，世受王命，今宜以恩信深結之，可得其用，是夷狄攻夷狄之道也。又請按求唐韋堅、裴耀卿水運以實關中，唐引粟江淮爲回遠，今可漕太倉粟，則比唐爲易，其言道路甚悉。常因日蝕，上天下形勢、憂勤啓聖、爲政先後三論，召還。有大臣語公曰：「今大新百度，能少默當進矣。」公謝曰：「士固欲得位以行其志，然未聞枉志以求位也。」遂論新政，謂青苗、助役皆縣官漁利；謂諸役法困民，惟衙前籍上米石使相助，若可行以代吏禄，然是竭良民以養浮浪。公于是不得留京師，去，留守南都。

四年，判河陽。五年，再判河南府。八年，還朝，兼中太一宫使。言今天下兵分隸所謂三十六將，臣觀其人，皆闒將而已，倉猝當誤事。又言國馬大事，監牧不可廢。交阯襲邕管，罪不可赦，宜募兵江湖，使習風土，便器械，賦芻糧于荆閩，則無勞費。公懇求間退，章八上。

元豐元年，檢校太尉，南院宣徽、西太一宫使。賜金方團帶，先塋得置寺，皆異禮也。歸居洛陽，面辭，陳天下利害，有人所難言者。自執政而下侍從館閣士大夫，皆爲詩以美其行。

三年，彗出西方，詔求直言。公上疏，大要以愛民省事爲本，願振滯淹，伸冤枉，蠲逋負。秋大享明堂，詔入陪祠，既畢事，召對曰：「北門常須舊德，而卿故治也，當再勞卧鎮之。」又屈指數曰：「某年召卿歸矣。」時，三路籍民爲保甲，下户皆不免，日聚教之，提舉官禁令苛急，河北保甲往往爲盗賊，百十爲羣，州縣不敢以聞。公極論其弊，謂：「非止困其財力，害其農業，所以使爲不良者，法驅之也。將恐浸淫爲大盗，可憂，願蠲裁下户。」于是主者指公沮法，異國論。公曰：「此老臣所以報國也。」章入不已，天子始悟保甲之爲盗也。

六年三月，拜安武軍節度使，再任。八年三月，今上即位，拜彰德軍節度使。公再至魏，前後求退，章累上，不許。七月寢疾，詔遣中使挾國醫臨視。二十三日，薨于府第之正寢。訃聞，兩宫驚悼，遣使慰卹，賜予甚厚，又朝中貴人護喪歸洛，以開府儀同三司告其第。

公儀觀端秀，動容步武，皆有規度，語韻如鐘。于書無所不觀，博雜涵茹，而折衷于孔氏。爲文章渾厚清偉，尤長于比事儷辭。平生奏章，皆自爲之，至老不以屬人。對賓客喜清談論文，誦講古人詞草及國朝典故。少遭天下無事，仁宗嚮意經術，奬用文學士，公翺翔出入，論思謀謨，知無不言，言無不盡，指切權近，發明時政無回隱，侃侃謇謇，白首逾壯。故逮事四朝，多見納用，而眷遇深渥。在朝廷清塗要地，踐履周遍，外之名都大鎮，多再至者。所至首訪民所同患，所同欲，廢舉之，專以愷悌之情與人休息，人是以安樂之，去而思之深也。兩蜀、魏、定皆立生祠。士大夫皆曰：「王公之志，雖不得坐廟堂行之，然内外五十餘年，凡詔告于上，設施于外，其及物者蓋多矣。」累典貢舉，遇士有大體，號爲得人。

公少喜道家說，其于頤生練氣，蓋有自得之者，故年益高，神明益彊。臨終且索筆草奏，求輿疾歸洛，奏成而目瞑，詞氣不亂。或泣于傍，猶摇手止之。

兄弟十人，從子孫衆多，以公官、以公嫁者數十人。疏族寒士有謁必厚之。薨之日，橐無餘貲，而孫猶未有官者。

公娶薛氏，資政殿學士簡肅公之女，追封平樂妹，今封和義郡夫人。子男七人：未名而卒者四人；仕而卒者二人，曰正甫，奉議郎，曰端甫，大理評事；次曰晉明，今爲承奉郎。女八人：在室而卒者三人；嫁朝議大夫程詞恭，朝奉郎任公裕、孫亞卿而卒者三人；今二人之婿，曰節度推官石宗彝、宣德郎呂希亞。孫男七人：秉文、景文，並承務郎，敏文假承事郎，賁文尚幼，餘早卒。女三人。曾孫男女三人。

公所著内制、外制集各五卷，奏議十卷，文集七十卷。

王氏世葬開封府開封縣之蘇村，至公始葬其考翰國公于尉氏縣之柏子岡。今又卜之地，得于河南府河南縣教忠鄉府下里，而日得公薨之年十二月之甲申吉，乃葬公焉。公舊名拱壽，唱第日，仁宗面賜今名。謹具公世系官事始終，上尚書省移于太常，告于太史氏。謹狀。公是集五十一

謹案劉忠肅摯文集久佚，乾隆時館臣搜輯於永樂大典，編爲二十卷，用聚珍版排印，即此本也。惟收拾於散亡以後，故不免有漏採及誤收他人之作。兹據仁和勞格讀書雜識所補宋人文目内依以採補文二首，又從宋諸臣奏議内採補一首。其王開府行狀，聚珍本系誤編入劉敞公是集者，勞氏據長編元豐三年乙酉注文考正謂爲忠肅所作，今故即從彼集移補於此。以上共文三首，編爲拾遺。而集内「祭丞相韓儀公文」，則勞氏定爲劉安世所作。蓋據其文中有「高陽開府，初叨採録」及「卒議姻好」數語，謂與東都事略劉安世傳所稱「就辟高陽幕府」、長編載安世子娶韓忠彦女時事均相晷合，證據極確，其文應即撤汰，以此集傳布已久，改刻不易，記之於此，以告讀是集者。光緒乙未仲春既望會稽孫星華子宜謹識。

附錄一

劉摯奏議

上神宗乞謹好惡重任用

臣竊以爲治道唯知人爲難。蓋善惡者，君子小人之分，其實義利而已。然君子爲善，非有心於善，而唯義所在；小人爲惡，頗得依真以售其僞，而欲與善者混淆。故善與惡雖爲君子小人之辨，而常至於不明。世之人徒見其須臾而不能覆其義也，故君子常難進而小人常可以得志。此不可不察也！

恭惟陛下承百年太平，大有爲之會，痛寐人物，不次而用，至於今日，未見卓有功狀可以補國利民，仰稱詔旨而中外頗有疑者，比何謂也？豈所以用之者或未能盡得其人歟？臣且以將命出使者言之：其規畫法度皆受之於朝廷也，一至於外則大異矣！興利於無可興，革故於不可革，州縣承望奔命不暇，官不得守其職業，農不得安其田畝，以掊削民財爲功，以興起刑獄爲才。陛下振乏均役之意變而爲聚斂之事，陛下興農除害之法變而爲煩擾之令。守令不敢主民，生靈無所赴愬。臣以謂此等非必其才之罪，特其心之所嚮者，不在守義而已。故希賞之志每在事先〔一〕，而奉公之心每在私後〔二〕。故顛倒繆戾，以無所成。其能少知治體、有愛君之意、出憂國之言者皆無以容於其間。是故今天下有二人之論、有安常習故樂於無事之論，有變古更法喜於敢爲之論。二論各立，一彼一此，時以此爲進退，則人以此爲去就。臣嘗求二者之意，蓋皆有所是，亦皆有所非。樂無事者以謂守祖宗成法獨可以因人所利，據舊而補其偏，以馴致於治，此其所是也；至昧者則苟簡怠墮、便私膠習而不知變通之權，此其所失也。喜有爲者以謂法爛道窮，不大變化則不足以通物而成務，此其所是也；至鑿者則作爲聰明、棄理任智、輕肆獨用、强民以從事，此其所非也。彼以此爲亂常，此以彼爲流俗。畏義者以並進爲可恥，嗜利者以守道爲無能。二勢如此，士無歸趨。臣謂此風不可浸長，東漢黨錮，有唐朋黨之事，蓋始於斯！在易之象以君子道長、小人道消爲泰，小人道長、君子道消爲否。傳曰：「惟君子爲能通天下之志。」書曰：「皇建其有極。」又曰：「無有作好，遵王之道；無有作惡，遵王之路。」記曰：「一道德以同俗。」又曰：「舜執其兩端，用其中於民。」今天下風俗可謂不同，情志可謂險阻，而消長之勢可謂不明矣！

臣願陛下虚心平聽，默觀萬事之變，而有以一之。其要在乎謹好惡、重任用而已爾。前日意以爲是者，今求諸非；前日意以爲短者，今取其長。稍抑虚譁輕僞、志近忘遠、意於苟合之士，漸察忠厚謹重、難進易退、可與有爲之士，抑高舉下，品制齊量，收合過與不及之俗，使會通於大中之道。然後風俗一，險阻平，民知所嚮，而忠義之士識上之所好惡無有偏頗，莫不奮迅而願爲之用。則施設變化，惟陛下號令而已。臣謂方今之政，無大於此，惟陛下幸察。（録自國朝諸臣奏議卷一五君道門用人三。又見於歷代名臣奏議卷一三七用人）

校勘記

〔一〕故希賞之志每在事先　「希」字原脱，據名臣奏議、宋史卷三四〇劉摯傳補。

〔三〕奉公之心每在私後　「奉」字原脱，據同上書補。

乞增宗學官俸狀

臣所領職事，偶有管見，不敢自避僭冒之罪而苟簡不言。伏覩治平制詔，增立宗室教學之法，設教授官，通大小學幾三十員。其講授課試，條式明具。逐宫除本俸及月請飱錢六十千外，别無添給。而宫院承例，衆率私錢充爲月給，多者三五十千，其下不減一二十千。

臣等伏以請諸宫宗室聽讀員數不等，大學、小學亦復人數不同，而學官月給取足其間，故其斂率之法，參差各異。或以俸入均割，或以員數分定，或大小學通融，或逐學各自承數。大槩員多或俸優，則所斂輕而易供；員少或俸薄，則所出多而難集。取予緩急，亦又系夫賓主恩意得失之間，故輸者、受者皆有幸不幸焉。以至興訴投訟，本司爲之督索。蓋此錢本非官爲立制，互生詞説，理難齊一。

臣再惟教官於學者既爲仰給之地，則俯仰顧私，恐少肯以教人之意飭厲自任，至其甚者，將必有委曲諂媚，相事於讌諸宴集，以求容悦者。蓋利之所在，人之常情，師生之分，無由兩立。凡此甚非朝廷養訓宗子、崇嚴學官本意。臣等不勝愚欵，欲乞將諸教授比在京職事官，明立添支，稍優其數，舊例宫院所供月錢一皆禁罷。教者既無懷私之慮，得以展意於其職；學者又免會斂之煩，而不得持以相爲輕重。師道少抗，然後所謂程課可得而加察矣！臣等竊嘗計之，使學官員數常足而誠聽增俸之優，其所加費爲緡錢歲纔三數千爾。

恭惟朝廷養士之制新美完具，太學生千計，而郡國增立教官，緣學經費無請不獲，所以樂育人材，恩施甚厚。顧豈於宗學小費乃有愛惜？特有司未經申論，因循至此。伏望赦其愚，裁行之。（録自歷代名臣奏議卷一一四學校）

上哲宗乞復制科

臣竊惟漢制，因天見災異，或政有闕失，則詔郡國及在位舉賢良文學之士，天子親策，以求其言。至於國朝，沿襲故事，於是置爲賢良茂材科目，隨貢舉召試，其於得人，視古爲盛。近時之制，遂罷此制。

臣竊以爲國家之道，得士欲廣，故取之非一塗。謂常選不足以致異人，故設制科以收超絶之才。而每舉中等不過一二人而已。今夫官人之法，入流門户日益增多，未有澄汰，而於三年取一二非常之人，則廢其科不用。此何謂也？

臣愚欲乞復置賢良方正及茂材異等科，每遇貢舉，詔近臣依舊制舉試。所以廣言路、求人材、繼祖宗之制也。（録自國朝諸臣奏議第八十二卷儒學門制科）

上哲宗論僧惠信事〔二〕

侍御史劉摯言：看詳重禄吏人因事受賕，於法許告。法之所當告，則告之所當受也。

惠信之訟，祠部之行，皆是不違於理矣。大理以惠信曾有訴于開封，故取前案，將有所質。而開封前此謂惠信爲不干己，以杖一百坐之矣。惠信狀内若雜有干己不干己事，則不干己者當坐，而干己者當行。若狀詞皆不干己，則惠信雖坐，而僧司受贓，於開封爲所部犯法，猶當舉劾行之。故開封自疑不當，恐因罥罣，所以不肯出前案，及引六察舉劾須稟朝旨，謂祠部不當直送大理。爲此奏者，蓋所以護其失也。及朝廷取到祠部分析狀目以依法受狀送所司，未嘗及開封府前斷之當否。則祠部、開封互狀所論明白，而事在大理者，殊無相妨，自當推結。今乃因開封妄奏，遂罷祠部、大理所當治之獄，則臣所未喻也！若猶以祠部、開封曲直未明，故兩罷之。在祠部、開封則可也，而惠信無辜被刑，何其不幸！吏受贓得免，獨何幸耶！吏受贓已告，僧告之或誣，而皆不治，廢法也！許之告、許之受，而不行，廢法也！有司出入人罪而不問，廢法也！法者，天下公共，守在有司，雖人主不得而私之。今指揮若謂出之於聖意，緣天下之公法，陛下豈肯自廢之？故臣知其必不然。竊慮左右奏事畫旨日失於詳述是非，開陳滅裂，致有此處分。伏望聖慈更賜詳酌指揮，令大理寺將惠信所告事推究虛實，依法施行。若祠部、開封亦有罪狀，伏乞一就勘結，以正典憲。

貼黄稱：準國朝詔敕節文或詔令不允並仰舉奏。今上件公事雖繫已有聖旨，緣理有未盡，須至申請。内殿道場所用僧數不少，皆出入宫禁，而僧司並不選擇；又吏

人因而受贓，輦轂之下，敢冒法禁，理無可恕者。（録自續資治通鑑長編卷三六〇元豐八年冬十月己丑）

校勘記

〔一〕題爲點校者所加。

上哲宗論祖宗不任武人爲大帥用意深遠

劉摯言：先朝以昌祚嘗小有功，用之管軍，知延州，中外不以爲允。先朝升遐，召入宿衛，物議稍以慰愜。今者渭州之命，群議復駭。

臣竊聞祖宗之法不以武人爲大帥，專制一道，必以文臣爲經略，以總制之；武人爲總管〔二〕，領兵馬，號將官，受節制〔三〕，出入戰守，唯所指揮。國家承平百有二十餘年，内外無事，以其制御邊臣得其道也〔三〕！臣嘗伏念御邊禦敵，深得上策，所以遺後世者久而不可以改，此其一也。

唐先天、開元中，薛訥、郭元振、張嘉正、王晙、張説〔四〕、蕭嵩、杜暹、李適之自節度入朝，李林甫疾儒臣以邊勞至大任，欲杜其漸，以固己權。説明皇曰：「以陛下雄才，國家富强，而敵人未滅者，由文吏爲將，憚矢石，不以身先。不如用蕃將，彼生長戎馬矢石間，陛下用之，必盡死力。」明皇然之。以安思順代李林甫領節度，擢安禄山、高仙芝、哥舒翰等爲大將。林甫利敵人爲蕃將無入相資，故禄山得兼三道勁兵，卒稱兵蕩覆天下，唐室遂微。

臣竊謂祖宗之法不以武人爲大帥用意深遠，非淺見者所能測知。如昌祚人材未爲難得，誠使卓然過人可以付屬，而祖宗之法由此廢矣！伏願選内外文臣從官嘗守邊者〔五〕，使爲大帥，則祖宗之法常存而不廢。不幸後世有引此事爲比，使武人帥邊而不虞之禍如前世之甚者，豈可不預防其漸乎！（録自續資治通鑑長編卷三六一元豐八年十一月丙午。又見於國朝諸臣奏議卷六五百官門帥臣）

校勘記

〔一〕武人爲總管　「管」原作「官」，據諸臣奏議卷六五百官門帥臣改。

〔二〕受節制　「節」字原無，據同上書補。

〔三〕以其制御邊臣得其道也　「得」原作「行」，據同上書改。

〔四〕張説　原無，據同上書補。

〔五〕伏願選内外文臣從官嘗守邊者　「嘗」，同上書作「可以」。

再乞罷蹇周輔及其子序辰〔一〕

侍御史劉摯言：近者曾有論列，乞罷刑部侍郎蹇周輔及其子司封員外郎序辰職任，不蒙施行。伏緣理有未安，事有未可以已者，須當再有申列。

竊以周輔、序辰繼於東南虐行鹽法，爲朝廷生怨讟於數路之民。其掊斂刻剥，公論所共棄，與吳居厚〔二〕、王子京輩無少異也。居厚等初有廉按指揮，即先罷見任，而周輔等獨得不罷，在職如故，乃是罪同而法異也。若曰居厚、子京事在所部，勢不可不罷，周輔等於江、湖，非所部無嫌，故不必罷。臣竊以爲不然！謂所部當罷，是也。謂非所部不罷，則子京所部在福建，而罷泰州，何故也？不可如居厚例，豈不可與子京同例也？要之待罪之人，必去見事職任以需命爾，故王道能使之無偏，政令能去其二三，槩行公平之法，然後可以服人心而正天下。周輔等雖有被害之地非所部，然今並游京師，安處華要，往來奔走權門，經營道地以爲徼幸之計，則其害有大於所部之嫌也。臣風聞有旨催促陳次升等速體量結絶。臣竊見昨者所遣之使，幸皆精選於臺省，其人必無所觀望。萬一有見周輔父子在朝廷獨不去職，與居厚等行遣不同，又促其使事，必疑爲朝廷欲寬其事，故風以此意。或采察按治，滅裂回隱，東南之害將有不得盡達於聖聽，而法有不得行焉者！故詔令來止於催促，則周輔經營之術似已行矣！

伏望聖慈深察其故，不可使公道獨行於外而不行於内。早賜罷免周輔、序辰見任，皆從外補。以一朝廷政令，以解中外疑異之論。候見實狀，別聽朝旨。

貼黄：若以謂周輔等罪狀未到，無名以命其去。則居厚先守廬州而後體量，當時豈無名耶？

又貼黄：政令不一，最爲國家之大患。臣所以不避煩瀆者，止爲上系治體，亦非獨區區於周輔等也。十一月十八日初論，此月二十二日再論，明年正月二十二日乃責。（録自續資治通鑑長編卷三六二元豐八年十二癸亥）

校勘記

〔一〕題爲校點者所加。

〔二〕吴居厚　「吴」原作「吕」，據宋史卷三四三吴居厚傳、卷一八一食貨下三鹽上改。

三乞罷蹇周輔及其子序辰〔一〕

劉摯又言：近具狀乞罷蹇周輔及其子序辰見任，各令外補，候體量到事狀，别聽指揮。至今多日。

伏緣周輔等首於江、湖增衍鹽額，配賣害民。數千里之人破産被刑，咨嗟怨讟，實不聊生。與吴居厚、王子京輩掊刻希進，情理無異。居厚等纔行體量，先次移罷，獨周輔父子出入朝省如故。臣以朝廷政事命令不一，罪同而行遣異，不足以服人心，故有論列。終不蒙施行，臣所未喻。今公論不安，皆有疑議，謂周輔昨知開封府，根勘軍器少監蔡碩借貸官錢公事，周輔以碩乃宰相確之弟也，故附合觀望，滅裂不盡公理。反以重罪坐舉發之人，實有恩於蔡氏。所以今日宰臣確力主周輔父子，不令罷去。欺謾聖聽，捐公法以報私恩。臣以謂果若如衆論，所損不細。惟望聖慈裁酌，何惜罷周輔等，且令外任，聽候朝命，庶幾政令無二三偏黨之疑，以報天下，以解大臣之謗。伏望速賜施行。十一月十八日第一章，十二月三日第二章，二十三日第三章。明年二月二十二日乃鐫責。（録自續資治通鑑長編卷三六三元豐八年十二月壬午）

校勘記

〔一〕題爲點校者所加。

上哲宗論執政轉官

臣伏見近降麻制，執政臣僚各特轉一官。聖恩優厚，中外聳動。及臣伏讀麻制之詞，乃以山陵寢廟奔走職事加臣子之異恩，於是臣切疑焉。夫應奉山陵寢廟奔走職事，乃臣之分也。若欲以勞則應不止於執政，若旌其送往則執政未嘗俱行。授受之間，未有名義。伏聞所司檢會嘉祐年體例進入依應施行，伏緣嘉祐八年英宗皇帝既推即位之恩，臣寮各已覃轉，後來以弗豫進藥，而輔導調護，鎮寧中外，以至聖躬康復，親決庶政，誠天下之慶！謂輔臣實與有勞，故又命各人進一官。然當時臣僚再三辭避，累日不敢受命。至遣近臣趣令以新官入謝，不降坐以待之，方敢祗受。又治平之末，神宗皇帝嗣位，覃霈改官之後，適值韓琦以山陵使回，懇求去位，尋以兩鎮外補。然猶虚上宰之位，自曾公亮而下並不遞遷，故與特轉一官，以補轉廳之恩。攷求兩朝故事，各有因依。則今來遷官別無義説，惟過賞踰僭，在聖人不足以廣忍而於義未安，恐臣下終難於冒處。

伏望謹重國體，愛惜名器，授之以道，則廉恥之風行。欲望聖慈照會兩朝故事不同，如執政臣寮辭免新命，伏乞特賜允從，無傷事體。區區臣言，庶幾有補。元豐八年十二月上，時爲侍御史。（録自國朝諸臣奏議卷六九百官門官制）

上哲宗再論僧惠信事（二）

侍御史劉摯言：臣近具狀論奏僧惠信指論僧司重法吏人受贓公事，已蒙付下大理寺施行。然伏見聖旨指揮，令據惠信經祠部狀内所指人根究，不得支蔓。

臣看詳惠信之狀，前於開封已曾斷遣，後經祠部已送推司。會開封申陳，言祠部不當，遂朝旨更不施行。今既復以付之所司，則所司自有推勘之法。若止究狀内人數，即或有分贓寄贓之類及凡干證左而不見於狀者，皆不許其追照，獄無所質，何緣得情？兼祠部、開封各係經歷，若有不當，自合一案推結。況兩處昨者互有所陳，何可置而不問？蓋狀内之事則於法有禁，若狀内之人於事相干，安得不治？嚮來朝廷送所司公事止令依法，或約束不使支蔓，未聞限定根究人數。臣又慮進呈取旨之時，不曾子細開陳，致有如此處分。竊慮勘司承望風旨，不盡公理，縱失有罪，違廢典法。欲乞再降指揮，本司並依自來推勘條貫。乞仍責立近限，不得淹延。若前來承行官司明有違法，並令依條一處圓結奏裁。摯初疏附元豐八年十一月末，此第二奏也。據遺稿乃正月二十九日上，今附月末。（録自續資治通鑑長編卷三六四元祐元年春正月戊午）

校勘記

〔一〕題爲點校者所加。

乞免安燾知樞密院新命〔一〕

御史中丞劉摯奏：臣伏聞同知樞密院事安燾除知樞密院事。臣竊以朝廷進用大臣必以有德，其次以有功，然後上重國體，下猒公論。謹按燾備位執政以來，未聞有一善見稱於人，亦不聞有一言少補於國。朋附章惇，助其强横，以養交固寵，中外鄙之。惇既貶逐，燾亦自當罷去，陛下篤於恩舊，尚且包含，固已爲燾之幸。豈可一旦無故超越左右兩丞及門下、中書侍郎而暴有進擢？臣不知陛下以何名進燾，謂有德邪？有功邪？誠無以慰天下之望、止言者之辭。臣欲乞聖慈如未欲失大體罷燾，只乞具令依舊爲同知樞密院事。於聖恩無所傷，於燾無所害，於名器爲重，於公議必服。況今制命未下，追止無難，伏望速賜處分。

貼黄：臣早來面奉德音，以燾受遺舊人，欲全恩禮。臣以謂燾無功德，有罪惡，不使罷去，足以爲恩。豈宜更有不次遷擢？恐命令既下，言者必須交攻，至於理道所極，則燾之舊位亦不可保，却虧失恩遇。伏望但令同知本院，以允清議。（録自續資治通鑑長編卷三七〇元祐元年閏二月乙卯）

校勘記

〔一〕題爲點校者所加。

再請依舊令封駮房關報差除奏〔一〕

又言：檢正元豐三年七月十八日、九月二日中書劄子節文：奉聖旨應差除及更改事件到封駮司，限當日抄録，關報御史臺、諫院。後至元豐五年中，給事中舒亶申爲新制，撥封駁司歸門下省，爲封駁房。如合依舊關報，不知以何官司爲名？恐内省無關報外司之理，奉聖旨更不關報。自此已來，臣僚差遣、政事更革，臺諫不復聞知。朝省之上禁賞嚴重，無敢傳者，直至敕命已到諸司，諸司奉行訖，方隨行遣關報。其間若有未安，理合論列，則往往事已在數十日之後。臣下回已行之命固非易，朝廷爲反汗之令亦必難。臣曾於去年十月十九日具狀申請，至今未蒙可否指揮，今來欲乞聖慈檢會臣前奏，特賜指揮，許依舊制，應差除及更改事件委給事中限當日實封牒諫院、御史臺。所貴命令未宣於外，可以先事論奏，而朝廷亦易於聽從，别無違礙。

貼黄：諫官、御史臺承受到給事中牒報事件，乞嚴立禁約，不得漏洩，仍不下司。

又貼黄：封駁司改爲封駁房，其名號雖異而職事不殊，本房既不可關移，然今給事中乃封駁之任也，宜自給事中移報臺諫爲是。兼給事中主封駁，臺諫官主論列，交相檢察，以補成政令，其任一也，於關報無嫌。元祐元年閏二月二十七日奏此。去年十月十九日初奏，不從。此奏得請在三月十八日。（録自續資治通鑑長編卷三七〇元祐元年閏二月乙卯）

校勘記

〔一〕題爲點校者所加。

上哲宗乞追還安燾等告命及施行經歷付受官吏之罪

臣近見安燾、范純仁告命不由給事中，直付所司，臣以謂朝廷之大失政也。故尋具狀及與臺諫官連狀共四次論列，至今未蒙追正。

臣誠不知陛下命令不使給事中書讀，此何意也？將憚其封駁耶？厭其封駁耶？天下之理，是非當否而已〔一〕。陛下試思之，今來進用燾等若果當，其人不緣私援，則天下必以爲是。而給事中雖百千封駁，猶當終使之經歷而後行，不然罷其人可也。若燾等之進不由公道，理亦未安，天下不以爲是，給事中乃能封還駁正，則是拾遺救失，善守其職，有補於國者，陛下當嘉納而改爲之，乃盛德事也，不當厭憚其言而廢其職也。

今陛下以給事中之言爲是耶？爲非耶？而陛下何故自隳典憲，爲此委曲行政？不由於直道命官，乃出於斜封，不知誰爲陛下建此謀者？今於門下之録黄明書云：「奉聖旨更不送給事中書讀。」於吏部之告身給事中銜下明書云：「奉聖旨不書讀。」制命乖當，未見有如此者！實恐取謗於四方，貽譏於後世，不可忽也。

録黄初下，既見批旨，則門下侍郎合行進駁，不合放出；既出之後，尚書省左右僕射、左右丞亦合執奏，不合承行；既行之後，命令不全，吏部亦合申禀，不合書告。是官司上下皆阿諛苟且，失其職守，壞亂紀綱，成此謬誤，以累聖德。臣不知陛下以名器食禄養大臣、置百官將何所用之？凡人主出令差誤，古今所不能無，但左右之臣彰明救正之〔二〕，則不至於成其失矣。況皇帝陛下富於春秋淵嘿之日，而太皇太后陛下聽政不出房闥之時乎！夫斜封墨敕，濫官横賞，乃前古之所以召亂者也。今大臣欲以此事誤陛下，若門户一開，何所不有？欲望聖慈詢問大臣，命令如此施行是與不是？苟以爲是，則可謂罔上迷國〔三〕；苟知其非而不言，則可謂不忠。尚可以任人之國乎！

伏請速降指揮，追還燾等告命，依國朝典故行下。所有門下侍郎及尚書省官屬、吏部官吏各有前項罪狀，伏乞以臣此章並前後論列文字付外施行。

貼黄稱：進任大臣而不使告命偏歷門下，乃是陛下先以私自處也。制書不全而受之，是臣下以私自進也。上下如此，則何以厭伏中外？臣固知燾等之必不敢受也。

又貼黄稱：燾蒙恩遇，未賜罷免，已可謂幸。若又超遷度越衆人，實不足以允公議。欲乞檢會臣前奏，且留燾爲同知本院，其范純仁告命伏乞追改，别作制行下。

又貼黄稱：陛下臨御方踰年，正當謹守祖宗法度，以銷厭權僭。今差除告命偶有差失，左右執政既不肯建明，而臺諫之言又不蒙聽納，則朝政闕失，誰復救之？陛下既已沮壞給事中所守，而又隳言路執業。臣所以夙夜憂懼，不能自已，非獨論肅之進退，誠上惜朝廷紀綱。所以防微杜漸而已。（録自續資治通鑑長編卷三七一元祐元年三月庚申。又見於國朝諸臣奏議卷五六百官門給舍下）

校勘記

〔一〕是非當否而已　諸臣奏議句首有「不過」二字。

〔二〕但左右之臣彰明救正之　「彰明」諸臣奏議作「將順」。

〔三〕則可謂罔上迷國　「迷」諸臣奏議作「違」。

劾韓縝〔一〕

御史中丞劉摯言：竊以輔相之任，承君代天，上以理三光而調四時，下以鎮百姓而遂萬物。身有德義乃可以尊朝廷，心秉公忠乃可以服天下。人而非此，邦其殆哉！伏見宰臣韓縝才鄙望輕，不學無術，多利欲而好富貴，習淺陋而無廉隅。前者諂附張誠一，夤緣進用，備位樞庭。近者以王珪死亡，次第推移，遂至宰席。無一言一事有補於國，無一長一善見稱於人。至于平生之貪殘，所至之醜污，前後臺諫已有奏論，不假臣言再煩天聽。然臣伏見近日每有差除，多不協人情，大招物論，皆謂縝侵奪吏部員缺，恣爲中書堂除，非親舊者不差，非朋比者不録，少循公道，多立私恩。故有纔至京闕而便受官，經涉歲序而不得調，挾邪者或僥倖，有才者或滯淹。夫身爲大臣，手持政柄，致此誹議，不無因依，乃是負國以爲姦，非獨素飧而尸禄。方皇帝陛下收延衆正以紹承祖宗之志，而太皇太后陛下因革庶事以深圖社稷之安。方此之時，如縝何補？伏望聖慈降臣此言並臣僚論縝章疏付之於外，罷縝政事，以清朝路，以厭群臣。

貼黄：如李南公在河北殘虐累年，措事乖當。臣曾兩次彈奏，而近日却移河東。閏二月二十六日郭茂恂在西路醜行狼籍，以不職罷，到闕便除省郎。二月六日尋又選差按行牧地。二月二十六日王説以諂奉吴居厚爲徐州之害，亦用言者罷其省職，即日閏二月四日除知密州。蔡京知開封不法，見有段繼隆並僧惠信公事在大理寺根勘，已見京觀望權要。任情曲法，臣僚彈奏，都不施行，乃除真定，二月十二日使之帥領一路，乃物論之尤不平者，皆出於縝也。（録自續資治通鑑長編卷三七一元祐元年三月乙丑）

校勘記

〔一〕題爲點校者所加。

上哲宗論安燾差除未安制命未審〔一〕

御史中丞劉摯奏：臣近以安燾差除未安，制命施行未審，累具狀並與官屬連狀論列，未蒙指揮。

臣恭惟陛下聖明，洞照萬事，料於此事非難可否。但恐以近日未曾延對執政，必然候簾聽日更欲訪問，然後改正。臣以謂此事是非極甚明白，伏望更賜省覽臣等前後章疏。今不若出自聖斷，但追取燾等告身，將范純仁除命作别制行下，其燾宜依本官辭免，止令同知本院。只可批降指揮付三省施行，便可了當。今來逐官告身久在閤門，外言紛紛，無益盛德。所有門下、尚書省經歷奉行見制敕未完，並不建明論奏，依阿苟且，致陛下命令不由至公直道而行，實誤聖政。大臣如此，不可不有所戒責。以申典憲，以勵臣節。伏乞降臣僚文字付外，速賜施行。

貼黄：臣近曾奏聞，謂三省亦皆不置長官，今樞密院只置同知兩員，實無違礙。

伏乞聖慈詳酌。

又貼黄：告命未完，壽等自不敢祇受，則於理須正改。

又貼黄：臣等煩言冒瀆天聽多矣，罪不容誅。然非有他也，職在言路，又恃聖度包納，故欲自竭以報恩遇而已。臣竊慮姦邪之言以謂朝廷命令行而臣等乃欲回改，以此疑惑聖聽。伏乞深察是非之理。臣死罪。（録自續資治通鑑長編卷三七一元祐元年三月戊辰）

校勘記

〔一〕題爲點校者所加。

再劾韓縝〔一〕

御史中丞劉摯言：臣近曾論宰相韓縝才鄙望輕，不足以備輔相，乞賜罷免。未蒙指揮。

謹按縝素無學術，言詞淺陋。貪緣執政，無一善可道。人之善惡才否，懵然不知。近日差除但用私意，招致物論，怨讟並興。竊恐漸肆邪志，敗壞公道，上負委任，下妨賢路。自仲春以來，自知公議所輕，揚言於人曰：「過寒食當乞罷退。」而又曰：「俟過神宗小祥。」近者但見時時挈治行李一二於外，以示欲去。然不聞有決然之意，其無廉隅至於如此！吏卒之賤，市井之人亦莫不醜笑之。何以尊榮廟朝、鎮服夷夏？

乞將臣僚章疏付之於外，議其罪，罷之。以允清議。元祐元年三月十八日神宗小祥，或以此章爲孫覺非也。（録自續資治通鑑長編卷三七二元祐元年三月乙亥）

校勘記

〔一〕題爲點校者所加。

三劾韓縝〔一〕

御史中丞劉摯言：臣近累具劄子言韓縝不可任以爲相，未蒙聖旨稍賜施行。

臣智識愚淺，觀先王擇任宰相，代天理物，任重致遠，非有大人之才德者不足以當之。大人之才德不常有於天下，宰相不可以乏人。若漢祖之蕭、曹，宣帝之丙、魏，又其次也。

後世有人焉，然能任職者罕矣。若唐太宗之房、杜，明皇之姚、宋，亦一時之相也。又降而下，亦世有人焉。或其主賢而相不及，或其相雖才而主不能用也。國朝承五代之弊，太祖、太宗肇基帝業時，則有若趙普，文武兼資，識時知變，輔相兩朝，成太平之基。真宗時，海內無事，則有若李沆、王旦，沉機先務，偉識宏度，左右承弼。仁宗時則有若王曾、呂夷簡，簡重方嚴，鎮撫內外，以才謀識略平治四方；晚年得富弼、韓琦，付屬大事，世以永寧。臣以爲祖宗以來一百三十餘年，未嘗一旦而無宰相也。然其爲人稱道、顯功陰德若此六七人者，亦無幾耳。以祖宗之明，歷年之久，選用宰相其難如此。今者陛下即政逾年，閱天下之士未能盡徧，乃欲用爲相者，人人皆當，不亦難哉！

然今日自閒廢之中擢司馬光以爲執政，未幾用爲上相，天下之人，無智愚、無賢不肖，莫有一人以爲不可者。光之素履信於人也。陛下用司馬光之心，明不負於生靈，幽不愧於神鬼矣！如光之學術才識，雖未足以望古之人，亦將無愧於今之人矣。故陛下用之而天下服。雖高宗之用傅説，明皇之用姚崇，又何以加。臣竊嘗論光，以爲光負天下之重望，遇陛下之至誠，可以端坐廟堂，不勞施爲。付群才於百執，使各舉其職，不必身親其勞、口與之辨也。光如此可以上成伊、周之大功。下視房、杜之末迹矣！使光誠能蹈此，不幸有人焉曰「韓縝者與光爲左右僕射，對秉國鈞，同持大政。」光欲爲此，則縝爲彼矣；光欲一而縝則三矣。爲光者不亦難乎！

齊桓公問於管仲曰：「何如而害霸？」曰：「有人不能用，害霸也；用而不能信，害霸也；既信而又使小人參之，爲害霸之大者！」如司馬光之學術該博，清介有守，陛下既知而用之，用而信之，一朝拔而置之群臣之上，天下莫不延頸企首以望太平。陛下又參用韓縝小人以爲左右僕射，使上下懷疑猶豫，以爲信光之不篤，任光之不專。不然何爲使小人相參也？使桓公如此，管仲其肯相齊乎？臣爲陛下計，宜罷縝相位，或虚位以待賢者可也。尚書曰：「兹惟三公，論道經邦，燮理陰陽。官不必備，惟其人。」韓縝之行，内不孚於家，外不見信於朋友。朝廷上下見陛下罷去蔡確之果，以爲縝必不久於此矣。今言者亦已衆矣。

縝之才能，罪惡固已稔於上聞矣。陛下遲遲而不果，豈尚有所疑乎？漢劉向曰：「用賢則如轉石，去佞則如拔山。」如此望陰陽之和不亦難乎？竊見韓縝往年知秦州日，無辜殺三班奉職傅勍，坐廢踰年。今日陛下垂簾聽政，上下觀望，人心危疑之時，尤不可使不仁之人在左右。韓縝不仁，迹狀明白如此，伏望聖慈早賜罷斥。元祐元年三月二十日，或以此奏爲孫覺，系之閏二月末，非也。（録自續資治通鑑長編卷三七二元祐元年三月丁丑）

校勘記

〔一〕題爲點校者加。

上哲宗論職事官帶館職事〔一〕

劉摯言：臣伏覩近降指揮，增復館職及職事官並許帶職，給諫以上一年帶待制，尚書二年帶直學士。

臣竊謂國朝舊制，庶官之外，别加職名，所以厲行誼、文學之士，高以備顧問，其次與議論、典校讎，得之爲榮，選擇尤遴。自元豐中修三省、寺監之制，其職並罷，滿歲補外，然後加恩兼職，常視治行優劣以爲厚薄。除三館歸秘書省爲職事官外，有直龍圖閣，省郎、寺監長貳補外或領監司、帥臣則除之；侍制、學士職，給諫以上補外則除之。亦系一時恩旨，非有必得之理。今盡復館職而薦試之法未立，校讎之職無與，則是所復虚名而已。朝廷必不甚惜，人亦不以爲重。近日得之者固已衆矣。臣攷之僉言，以謂修廢官耶？則實無職事，養人才耶？則未加選擇。反復不見其便。至給諫以上限年帶職，尤所未喻。且侍從、顧問爲職，自祖宗以來，極天下之選，不爲定員。今不攷治行，不察流名，幸而至給諫以上，則計日而得之。人才不同，一概除授。臣恐自此員品猥衆，無復澄汰。其有行能高妙，治最尤異者，又將何以益之？

臣愚欲乞且依元豐官制施行，或詔臣僚講究本末，別行裁定。使名器增重，人不虚授，以稱朝廷勸沮多士之意。（録自續資治通鑑長編卷三七三元祐元年三月乙酉）

校勘記

〔一〕題爲點校者加。

劾王中正等

御史中丞劉摯言：臣竊以陛下臨御以來，運動政機，以時弛張，述成先帝制治立法之意，使光昭於天下，利興害除，四方鼓舞，至於清明朝廷，分别邪正，斥逐姦佞，鋤去强梗，皆睿慮神斷，優游閑暇，不出於喜怒，不見於顔色，而天下之善惡已辨，是非已正矣。何其盛歟！

然于此時〔一〕，臣竊怪天地之和氣尚或未應，忠臣義士之論尚或未平，此其故何也？臣嘗究之，蓋天下之元惡猶未稽誅，天下之大姦猶有漏網，而國法猶有未正，此中外所以猶未厭也。國之失政，莫大於使姦惡幸而免。今論其大者〔二〕，則前日之四五宦官是也。臣待罪風憲，雖知觸權幸，言出而患入。然臣有言責，貪報恩遇，則何卹乎身之危哉！謹爲陛下言之。

王中正元豐四年將王師二十萬由河東入界，計其隨軍賫運役兵、民夫通數十百萬衆矣〔三〕。中正徘徊於境上殆半月而後出，翱翔乎疆外，頓沙漠而不進，公違詔書，不赴興、靈會師之約。天寒大雪，士卒饑凍，坐使物故十之七八。古之將帥固有無功而還者，然猶當保全師旅，歸報於國。今精兵勁騎一無所施〔四〕，自取狼狽，死亡殆盡。按之軍法，宜即顯誅。中正略不自劾請罪，而先帝以天地之量，無所譴訶。又遣使賜予問勞。然後中正徐求閒局厚俸自佚而去。此國法未正者一也。

李憲之於熙河，貪功生事，一出欺罔。朝廷之威福柄令持於其手，官吏之廢置用舍出於其口。監司、帥守而下，事憲如父兄，而憲之頤指氣役之也如奴隸。縣官財用聽其取與，内之府庫金帛轉輸萬里，外之生靈膏血漁斂百端，傾之於憲，如委諸壑，出没吞吐，神鬼莫見，而一切不會於有司。興、靈之役，憲首違戒約，避會師之期，乃頓兵以城蘭州，遺患今日。及永樂之圍，憲又逗留，不急赴援，使十數萬衆肝腦塗地〔五〕。罪惡貫盈，然不失於總兵一路。此國法不正者二也。

宋用臣奮其私智，以事誅求。推奪小民衣食之路，瑣細毫末，無所不爲，使盛朝之政幾甚於敝唐，除陌、間架、塌地之事，傷汙國體，不卹怨讟。其出入將命捷若風火，務以巧中取悦，事無不諧，動畫密旨。故擅作威福，侵凌官司，冒昧貨財，更無案籍。都城爲之憔悴，商旅所以不行。瘡痍蠹害，至今棼然而莫能理。然亦不失享禄於善地。此國法不正者三也。

石得一領皇城司。夫皇城司之有探邏也，本欲周知軍事之機密與夫大姦惡之隱匿者。而得一恣殘刻之資，爲羅織之事。縱遣伺察者所在棊布，張穽而設網，家至而户到，以無爲有，以虛爲實，上之朝士大夫，下之富家小户〔六〕，飛語朝上而暮入於狴犴矣。有司無古人持平守正之心，以謂是詔獄也，成之則有功，反之則有罪，故凌辱箠訊，慘毒備至，一無所問，而大小臣被其陰害不可勝數〔七〕。於是上下之人，其情惴惴，朝夕不敢自保而相顧以目者殆十年，皆得一發之，今不失厚俸安坐。此國法不正者四也。

是四人者，權勢烽焰，震灼中外，毒流於民，怨歸於國，宰相執政知而不以告於上，諫官御史懼而不敢論其非。幸而出於聖人在上之時，以先帝神武英氣鎮壓其姦，不然，其爲禍患豈不若漢、唐之宦官哉！以堯之聖，不免四凶之在其朝，至舜起而後誅投之。孔子爲魯司寇，七日而誅少正卯。先帝未及肆諸市朝而以遺陛下〔八〕，陛下所宜以舜之事自任。今閱歲時，尚不聞以典刑詔有司，臣未喻也。伏乞聖慈以臣章付外議，正四罪，暴之天下而竄殛之。以明國憲，以服天下。（録自續資治通鑑長編卷三七五元祐元年四月乙巳。又見於國朝諸臣奏議卷六三百官門内侍下，歷代名臣奏議卷一七九）

校勘記

〔一〕然于此時　「然」字原無，據諸臣奏議補。

〔二〕今論其大者　「者」，諸臣奏議作「指」。

〔三〕計其隨軍賫運役兵民夫通數十百萬衆矣　「萬」，諸臣奏議作「掊」。

〔四〕今精兵勁騎一無所施　「騎」原作「敵」，據諸臣奏議改。

〔五〕使十數萬衆肝腦塗地　「十數」，諸臣奏議互倒。

〔六〕下之富家小户　「户」，諸臣奏議、宋史卷四六七石得一傳均作「人」。

〔七〕一無所問而大小臣被其陰害不可勝數　「諸臣奏議作「無所求而不得，無所問而不承，被其陰害不可勝數」。

〔八〕先帝未及肆諸市朝而以遺陛下　諸臣奏議作「然先帝未肆其誅於市朝而遺陛下」。

上哲宗再彈奏王中正等四官之罪〔二〕

摯又言：臣近以内臣王中正、李憲、宋用臣、石得一四人大罪未正，曾具彈劾，未蒙詔旨。

謹按中正等罪狀已列前奏，皆古之所謂元惡大憝，流毒至今，内外嘆憤。御史以觸邪繩愆爲職，臣而不言，誰肯忤權要，招怨讎，爲陛下言哉？夫四人之惡，陛下固已知其詳，今若止於褫奪一二官資或罷差遣，逐人擁高貲大第，志得氣佚，雖使之致仕居家，亦適所以遂其所欲而已。臣見内臣甘承立昨於荆湖擾民，近日陛下睿斷，更不勘結，投之遐荒。遠近人情，莫不忻快。陛下謂中正等殺人傷財，殘民害物，其罪與承立誰爲輕重？若不將四人比類承立行遣，乃是國家大公之法獨行之於承立一小官，而屈之於中正等四貴臣也。事繫政體，伏望聖明法舜之治四凶，行流放竄殛之事，以成先朝之志，明國典而謝天下。（録自續資治通鑑長編卷三七五元祐元年四月乙巳）

校勘記

〔一〕題爲點校者加。

上哲宗論尚書省改官制〔一〕

劉摯言：伏見昨者朝廷改行官制，於尚書省六曹二十四司置尚書、侍郎、郎中、員外郎，於寺監置長、貳、丞、簿，隨官設吏，上下畢具。所以稽古立制，誠太平盛觀也。然職司有繁簡，而一繫備官。官吏有勞佚，而一等制禄。臣於是疑其冗員而濫費也。今陛下施恩於天下，薄征斂，弛逋負，凡取於民者皆有道，而用之猶不以節，則非所謂量入以爲出也。臣曾夙夜求其策，竊以謂汰冗官、裁冗吏亦省事息費之一端也。臣欲乞特賜指揮，檢勘尚書二十四司之事職簡少者及寺監之間慢無益者，皆祖宗以來存其名、闕其人者，而今所置官吏皆一切減罷，以其事付諸司及事之所隸使領之。蓋自省曹等監並置以來，離析事務，互相推移，各不任責，故文書壅滯，人被其患。今不有所損益，以便今之宜，而徒欲慕古，是所謂虚名受實弊者也！（録自續資治通鑑長編卷三七六元祐元年四月癸丑）

校勘記

〔一〕題爲點校者加。

劾李憲〔一〕

御史中丞劉摯言：伏見内臣李憲陳乞於西京或鄭州居住。臣昨者彈劾憲及中正、用臣、得一等四人之罪，皆天下切齒以爲元惡大姦者。而陛下以天地爲度，特寬兩觀之誅，止於奪其一二官秩，付以優閒之職。公議鬱鬱，殊不厭服。

臣愚誠不欲傷陛下包含保全之恩，故未敢再三論列。然小人之情，窺測上指，見陛下至仁，曲爲貸免，便以爲已無大罪，因可以僥倖，故輒陳情。伏緣臣子之義，一被遷降，即當皇恐奔走上道，深自推省，豈得偃蹇不伏，自求私便？按憲之罪，在四人最爲深重，今又敢慢棄君命，詐疾免行，公然驕欺，無復忌憚，中外憤嫉，益以不平。伏望聖斷暴憲之惡，別行竄放。所貴國法稍正，而陛下威令稍行，以戒欺君罔上之人。

貼黄稱：臣奏謂憲等事狀比之甘承立其罪尤重，而行遣不同。緣國法施於小官而不行於權臣，是政令二三也。則何以服天下？今憲又敢偃蹇自便，慢陛下之命。伏乞照會比類承立事理施行。元祐元年六月二十六日、八月十四日蘇轍言憲以宣察明道居善地。不知摯此章竟從與否？當攷。四月四日，憲以武信留後、永興副總管就差提舉崇福宫，仍令西京居住。十九日又降一官，改明道，不知却于何處居住。今仍乞於西京或鄭州居住也。（録自續資治通鑑長編卷三七八元祐元年五月壬午）

校勘記

〔一〕題爲點校者加。

上哲宗論奏舉經明行修不宜用陞朝官汎舉

御史中丞劉摯言：臣伏覩近制，陞朝官各舉進士經明行修一人及陞等推恩、理爲舉主過犯同罪等事。臣竊原朝廷之意，患程試考校徒得文詞〔一〕，故更立此制以進實行〔二〕。天下幸甚！臣退而熟計及考學士大夫之議〔三〕，以謂法則善矣〔四〕！然使陞朝官舉之，不若使州郡以上舉之便。臣謹條上利害。

按國朝舊制，臣僚任通判、知州乃得舉官。蓋知人實難，非行己謹、閲事久，誠未可責以保任。今陞朝官無職罪〔五〕，若私罪重，此外不計資任，不察能否，諸科刀筆之吏，一切得薦士，此不可一也。

經術深淺，問而可知也。至於行義汙潔，非鄉里庠序、羣居久處，毁譽素著，誰能知之？不拘路分，但非有服親，皆得奏舉。臣恐流離之人虚僞見售，此不可二也。

天下陞朝官無慮幾二千人，則所薦士亦如之。積累歲月，不被薦者無幾矣！人人陞等推恩，無以示勸，此不可三也。

議者謂朝士固皆選擇可任使之人，然品流不一〔六〕，員品猥衆〔七〕。今勢利相市，必有受賕造訟以撓陛下之法者〔八〕。臣誠淺薄，不敢臆度朝士大夫以爲必然，亦不敢以爲不然。然則舉選之利未見而奔競之俗先成，此不可四也。

傳曰：「十室之邑，必有忠信。」計今天下之士，一郡一邑，隨其衆寡，必有善士。考鄉里之行，詢庠序之論，其勢親，其事察，無如州郡之吏。至於監司則朝廷所任以按察，臺諫、侍從亦朝廷所倚以議論。故臣願每遇科場詔下，委逐州長吏奏舉經明行修進士一名，仍以應舉。實數二百人爲率〔九〕，不滿二百人聽舉一名，每二百人加一名〔一〇〕，至三人止，監司轉運司判官以上於本路、在京臺諫以上於開封府、國子監，各許奏舉一名。非鄉貢及不經學校或無可應詔，並聽勿舉。自餘陞等推恩、理舉主同罪犯等事並依元降朝旨。

又言：臣愚以謂三代鄉舉之制未易遽復，欲少倣古，則諸侯歲貢之法，莫此爲近。伏望詳酌施行。（録自續資治通鑑長編卷三八〇元祐元年六月壬寅。亦見國朝諸臣奏議卷八一儒學門貢舉下）

校勘記

〔一〕患程試考校徒得文詞　「諸臣奏議作「患程試考校徒傳文辭」。

〔二〕故更立此制以進實行　「實行」，諸臣奏議互倒。

〔三〕臣退而熟計及考學士大夫之議　「學」，諸臣奏議作「校」。

〔四〕以謂法則善矣　「善」，諸臣奏議作「舊」。

〔五〕今陛朝官無職罪　「職」，諸臣奏議作「贓」。

〔六〕然品流不一　「品」，諸臣奏議作「入」。

〔七〕員品猥衆　「衆」，諸臣奏議作「舉」。

〔八〕必有受賕造訟以撓陛下之法者　「造」，諸臣奏議作「致」。

〔九〕實數二百人爲率　「二」，諸臣奏議作「一」。

〔一〇〕每二百人加一名　「名」，諸臣奏議作「人」。

劾張璪〔一〕

御史中丞劉摯言：臣伏見中書侍郎張璪天資傾邪，不知忠義，立朝行己，阿諛柔佞，明附憸人，無自立之節。其始進也，以邪説奉王安石；其稍進也，以姦謀附吕惠卿。其後隨王珪、諂蔡確、黨章惇，數人之情雖不同，而璪能探情變節，左右隨合，各得其歡心。

自陛下更置大臣，登用舊相，以圖政事，中外皆謂璪不能容於其間矣。既而詭情僞行，俯仰潤人，又復安身藏跡如此之久！陛下察璪節行，尚可使列大臣邪，無乃爲朝廷累哉！蓋非徒無廉隅苟禄而已也，乃於緩急投隙，伺便營私作過。近日差除多負公議，見文彦博、韓維進拜於五月初，乘兩宰相未謝之時，引文及爲都司、韓宗師直秘閣，以迎悦之。賴彦博並維兄絳力辭而止。近制六曹尚書至諫議以上限年帶學士、待制之職，此事徒亂官職，無益政體，其議專出於璪。蓋上既有以結其同列而下又以此悦於衆人，其中如王存樞密直學士，尤無義説。存，璪之婚姻家也。存昨再任開封曾進此職，存當時辭免而罷。近制指揮，本爲職名之舊曾帶者則還之，存雖除而不受，則不得爲舊帶職，不知以何名今復之？璪自以得罪於天下，懼不得留於朝，所以盜弄名器自施恩，以結援助。

臣載惟人主以至誠遇大臣，苟得同心協德之人，則可以舉國聽之委任責成而已。乃若懷貳徇私，則雖聖明在上，安能事事防禦之哉！臣嚮者上殿，兩曾論奏璪之姦邪，臣恭聞聖意以謂曾經受遺，未有顯過，不欲傷恩。臣是以久未論列，今璪過有顯狀，士論所疾。伏望速賜睿斷，罷璪責任，以清朝路，以副公議。元祐元年六月十二日（録自續資治通鑑長編卷三七九元祐元年六月戊戌）

校勘記

〔一〕題爲點校者加。

再劾呂惠卿〔一〕

御史中丞劉摯言：臣近者劾奏呂惠卿去年公違陛下即位赦文約束，於四月出兵侵討西界，乞正典刑。未蒙處分。

風聞或者之言，云惠卿曾奏稟。臣以謂曾與不曾奏稟，固非臣之所能知。然奏而出兵，不奏而出，皆是違廢制詔，其罪一也。借如赦後奏請，不過以虛爲實，張皇邊患，以取必於朝廷。且是時，神宗皇帝新棄天下，梓宮在殯，而皇帝陛下、太皇太后陛下哀迷在疚。此何時也？而惠卿忍不恤國家大故，乃敢違格詔旨，以謀動師旅爲請，欲遂其貪功幸進之意，是豈復有臣子之道哉！

赦書明言：静守疆埸，不得侵擾外界。乃陛下即位之始，欲以安静四夷。況邊鄙本無一事，惠卿何至廢赦而請之，使陛下初臨萬國，命令反復，不能著信義於四夷，豈不重可歎哉！

當惠卿奏請之時，朝廷不能愛惜命令，亟行誅責，既已失矣，今來諫官、御史交章彈論，中外指議，罪狀明白，又以二三之言，滅裂寬貸，指事不原其心，議法不當其罪，則何以救命令失信之患？何以開外夷嚮化之心？何以爲天下姦雄擅興者之戒？伏望早賜睿斷，按惠卿罪，重行誅竄。

貼黄稱：使惠卿於赦後誠有奏請，即不知當時詔旨以何辭報之？臣竊料朝廷必不於大喪哀戚中許其出兵侵討外界，自廢赦令也。若惠卿在去年三月六日赦前舊曾承受指揮，使之侵討。緣三月六日赦書係是後赦，自合遵稟。元祐元年六月十七日，二十二日再彈。（録自續資治通鑑長編卷三八〇元祐元年六月癸卯）

校勘記

〔一〕題爲點校者加。

再論川茶利害〔一〕

御史中丞劉摯言：臣嘗於去年論列川茶利害，乞遣使攷察措置。近蒙朝旨，已差户部郎中黄廉前去。

竊以川茶之害，臣於前奏略已詳悉。又聞言者繼多，今不復再有陳説。然事之首尾干涉者數路，從來提舉榷茶馬所行職事，他司皆不得與聞。至於索取茶事公案文字，亦不許州縣供報。以此提舉司官吏事權震灼，恣爲不法，倚茶爲名，興販百貨，掊克苛細，奪民衣食。其於患害，根株深牢，若非周咨博訪，難見底裏。今雖遣使者，而提舉官陸師閔尚在本任，深恐上下吏民畏其權燄，不敢盡以疾苦告於使者，有所蔽隱，却致所聞滅裂。兼慮師閔護匿其事，議論懷私，不肯協心公共措置，無以副聖明惠綏遠方之意。臣欲乞指揮，先罷陸師閔職任，所貴人情稍安，可以究詢利害。

貼黄稱：京東吴居厚等、福建王子京，皆先罷任，乃行體量。今來陸師閔合依此例。若使者按察得本司别無違法害民之事，則師閔可却還本任。舊録云：劉摯毁先帝茶法，因言師閔領數路，與爲姦者衆也。新録辨曰：師閔以臺章罷任降官，乃以摯爲毁先帝茶法，非也。删去六字。按摯論師閔，蓋久之乃行。今取摯所上章具載之，舊録所書並削去。摯前奏具二月十四日。此奏以閏二月二十二日上，今並入此。（録自續資治通鑑長編卷三八一元祐元年六月甲寅）

校勘記

〔一〕題爲點校者加。

請復常平舊法疏〔一〕

御史中丞劉摯言：臣伏覩今年二月敕書：常平錢物依舊狀施行。詔令既下，中外曉然。至四月，復有指揮申明前令，而青苗之法行之如初。近日責降吕惠卿，詔命復有「首建青苗」之詞。反覆二三，人情疑惑。臣近曾具狀論列，未蒙處分。

臣竊以號令天下，以信爲主。如謂青苗無益百姓，罷從舊法，未曾累月，俄復施行，今又以責首議之臣，而其法尚存，初無釐改，臣愚不知朝廷大意安在？以謂此法當存，則從舊法之敕、責議臣之詞，布滿中外矣！以謂議者有罪，則斂散取息至今行之。二者之間，無有一可。外無以示信百姓，下無以塞被責者之心。其於國體所損非一。又況青苗之事，自熙寧以來，議者紛紛，利害固已較然明白，臣不復具道，伏望速賜檢臣前奏，特降指揮，用今年二月詔令，應常平事並依舊法施行。

貼黄稱：前降指揮依常平舊法施行，於理自是熙寧以前提刑司舊法。而異議之人猶謂舊法是熙寧後來之法，故欲緣此復行聚散之事。今須明降指揮，依嘉祐舊法施行。此奏以七月二十一日上，今附此。前奏以六月二十六日上，已移見本月日。（録自續資治通鑑長編卷三八三元祐元年秋七月丙子）

校勘記

〔一〕題爲點校者加。

再請復常平舊法疏〔一〕

御史中丞劉摯言：臣近以呂惠卿責降告詞有「首建青苗」之語，而青苗之法未罷，曾具論列，不蒙采納，理有未安，義難苟止。

蓋天下之理，惟有是非而已。陛下謂青苗之政是耶？非耶？苟以其法爲是也，則首議者無可責；苟以其議爲非也，則此法不當行。二者甚易曉也！

夫青苗之害，係熙寧以來至於今日，論者不知其數。幸蒙陛下修復政事，哀惠疲民，苟以此時不罷此法，則生靈困窮之患無時可免。況已有今年二月敕命，用常平舊法施行。故天下已嘗鼓舞矣！不意復有四月申明，翻以謂舊法者，青苗斂散之事也。而人失望，然而法行如故，遲遲不改，此何義哉？且賞罰黜陟，要以當其功罪，則人心服，號令所以信天下，非罔天下也！今一事而兩用之，其用之於責人則以爲非，其用之於取息則以爲是。名實不應，深累國體。臣恐四方有以窺朝廷而罪人豈得無詞乎？詔書既已明布天下矣，使青苗真是良法，國用真有所賴，陛下猶當不惜改罷。棄利就義，以布信於天下，況於詔語自指以爲蠹國害民之事哉！

伏望聖慈再加究察，速令檢會，依今年二月敕命，用嘉祐常平舊法申明施行。以一政令，使民蘇息，被罪者懾伏。

貼黄稱：青苗散斂，歲利不少，誠可以少佐用度。臣非不知上體朝廷理財之意，但以詔命與政事不同，爲國之累，須當舍小利以就大信。兼此法困民，今雖約束不得抑勒，譬如疾病，根本既存，它日興利之臣復出，據本根而張大之，則天下窮竭之患是今日遺之也，可不惜哉！

又貼黄稱：朝廷若見得國用須賴此錢，必不可罷，而惠卿告命當如何解釋，以取信於天下，而杜罪人之詞？臣亦夙夜求其説而不可得。然青苗之法，有情願，有抑勒者。陝西之法，先觀稼之厚薄，察歲之豐凶而散斂之，民皆情願，故無大害。至熙寧取此以爲補助之法，而惠卿之徒乃隨事增虐，意專在利。校歲額多寡，立官吏殿最，遴選使者，劫而成之。於是抑勒之禍生，以致發七難以詰責韓琦，布告天下。則青苗之患，實惠卿爲之。昨者降詞豈非責惠卿首議，假法以興抑勒之事哉？雖然詔語不曾如此分别，而但云「首建青苗」而已。則此理何緣申明？今不若翻然掃去餘弊，以幸天下，以昭聖朝重信輕利之政。元祐元年八月五日（録自續資治通鑑長編卷三八四元祐元年八月庚寅）

校勘記

〔一〕題爲點校者加。

劾王振〔一〕

御史中丞劉摯言：臣伏見刑部郎中王振除大理少卿。按振闒冗有餘，人品極下。前在大理爲丞爲正，刻害險酷，著聞於人。以此奉事崔台符、楊汲，多爲其所薦引。嚮來冤濫之獄，振皆預其事。台符等既多以舞獄無狀次第黜逐，振當連坐，而典憲未伸，公議憤之。近乃無故召自舒州，以爲刑部正郎，衆人莫不怪笑。臣方欲彈論，今又無故進於卿列。臣竊以陛下哀念斯人，深患前日獄吏之失其守，故有所澄汰。中外拭目以觀陛下之所選用，謂必得持平知義、至公不撓之人，乃可以副聖明矜恤庶獄之意。今首乃用振，臣恐刑獄之弊，將有甚於前日矣！伏望速降指揮，追振新命及罷刑部差遣，依台符等例，特行降黜，以副公論。

貼黄稱：昨者朝廷以蘇頌爲刑部尚書，鮮于侁爲大理寺卿，中外莫不曉然知陛下於用刑法治獄之意矣。佚雖以老癃辭免，而繼之者遽復用如此，何謂哉？多士之中求一廷尉，不至乏人，願速罷振命，早行黜責。遴選其人，以慰天下。元祐元年八月二十七日。

（録自續資治通鑑長編卷三八六元祐元年八月壬子）

校勘記

〔一〕題爲點校者加。

論張璪安燾李清臣〔一〕

御史中丞劉摯言：臣竊惟輔弼之進退，皆係國家大體，人君不可以不謹也。進之必以其道，退之必以其理，則天下莫不爲宜矣。今大饗禮成，風聞中書侍郎張璪、同知樞密院事安燾、尚書左丞李清臣皆欲上章辭位。夫此三人者，並受神宗顧託之命，一旦同時求退，臣疑陛下必有所難之也。雖然，臣以爲無難也。俱去之則難，俱留之則難。蓋俱留之則害天下而屈公論，俱去之則傷國體而惑人情。今於三人之中察事攷迹，權其輕重，則有必宜去者、不必去者。臣請論之。

璪以傾邪柔佞，竊位最久，朋姦害政，賣恩營私，前後言者累疏其罪。臣曾上殿，亦屢蒙宣諭，以謂璪過大禮必聽去。自此臣更不復論列。今大饗已畢，璪之引退乃其時也，陛下許之亦其時也。璪得掩其姦惡，以禮罷去，蓋已幸矣。朝廷雖有失刑漏網，而得其不在要路，不爲政事之害，斯亦足矣。此臣所謂必宜去者也。

若乃燾及清臣，則稍異於璪，皆不以節行自厲，齷齪在位，然而比於璪輩，未有顯罪。陛下若特以其受遺之故，且爲留之，實有其名，亦無甚害。此臣所謂不必去者也。臣恭爲神宗皇帝棄天下，今未大祥，若顧命之臣盡去不存，誠恐小人私害，爲國生患。臣之區區在此，欲望聖明照察。於三人中罷璪所以安天下，留燾與清臣所以明陛下不忘先朝受遺舊臣之意。全國大體，以鎮群下。攷之公議，誰曰不然？臣蒙被厚恩，有所見，不敢避犯分非職之誅，庶補萬一。

貼黄稱：退執政，非臣所宜預知也。然辱在言路，事干國體者，理合上聞，不敢自爲形迹。昨者本候上殿面奏，新過大禮，未有班次。又慮稽緩不及於事，故具簡牘。伏望鑒察省覽訖，特賜留中。

又貼黄稱：臣非謂燾與清臣宜在執政也，又非私於二人爲之游説也。但以其被先帝顧託，又今年未大祥，恐須且留之，假借二人成就朝廷事體，更俟徐徐漸作次第，

罷之未晚也。非如蔡確、章惇及張璪皆罪惡暴著，先當去之。（録自續資治通鑑長編卷三八七元祐元年九月癸亥）

校勘記

〔一〕題爲點校者加。

上哲宗乞以陪祠召張方平

臣近見詔書，以季秋大饗召南京太子太保致仕張方平赴闕陪位，今聞方平已有辭免者。臣謹按方平盛德元老，其學誼志蘊極高明而盡精微。在仁宗時以文學論議居風憲侍從之任，啓沃獻替，風采凛然，而尤蒙英祖之知。神考在位，熙寧初携爲參知，未及旬朔，以家難去位。除服還朝，而王安石秉政矣。方平論既不合，又剛毅不肯少屈，於是去國在外，以至退老。平生之才曾未少施。天下所惜！

自陛下臨政以來，收進耆舊，凡名德之老皆在朝廷。出入陟降有以敦風俗而重廟社，化姦慝而鎮夷狄。中外翕然復見祖宗人物之盛，豈不休哉！而於此時獨遺方平未見及之，士大夫切以爲疑焉。

臣輒惟國家每遇郊饗大事必召舊人故老使來侍祠，乃君臣之間至恩盛典。然從來止舉故事備禮一詔之，故其人亦備禮一辭之，少有至者。上下恩意滅裂，施之虛文而已。今陛下春秋鼎盛，太母簾闈施政，於斯時也，惟患舊德之不盡集於朝也，況陛下初展帝饗而方平天下之大老。臣愚欲望聖慈特遣中使稍加禮數，止以大禮陪位詔之，則方平不應不至。既至召見，賜之延問，閱其議論，攷其志識，或有可用，則留之朝廷，以自輔翼，亦不必嬰以職事；若其無足以當聖心，則祠事既畢，以禮遣歸而已。亦自可以成就陛下貪賢貴齒、竭見老成之意。臣不勝震越。（元祐元年九月，上時爲御史中丞。）（録自國朝諸臣奏議卷七〇百官門省官）

上哲宗論司馬光薨當謹于命相

御史中丞劉摯言：臣伏見左僕射司馬光薨逝，朝野人情，驚悲一詞，皆曰：「天乎！不憖遺一老，以濟我國家，而奪之速，此何理也！」

臣恭惟陛下以至明至聖首識光忠，置諸左右，舉天下以聽之。而光亦以大臣直道忘身徇國，雖姦謀異心，百端排沮，而横身當之，夙夜盡瘁，以死圖報。其純誠至公足以薦天地而貫神明，真所謂社稷之臣矣！然而非陛下信任之明、仰成之篤，則光亦安能自行其志？故天下不獨美光事君之盡節，而以陛下任賢不貳爲難能也。今光云亡，兩宫車駕即日臨奠，賻襚之典有加故常，下至搢紳善士、閭巷鄉野之人，罔不爲之哀嘆。而唯是姦邪之黨、醜正惡直之徒，頗已相與有竊喜之意。蓋小人從來怏怏不快於新政，藏情匿跡，日夜窺伺，常幸有非意之變，以冀善治之不能成。今其臆度以謂陛下既失光之助，則前日求治之志必稍變懈，遂可以乘便投隙，熒惑而動揺，此其所以喜也。且陛下爲政以來，收拔衆正，布列上下，制國之法，除民之害，雖節文潤色有未齊者，至於大本已定十之八九矣。惟陛下益加之意，常以辨别邪正、保邦愛民爲念，堅守此指，終始如一，而已行之令，持循無變，則治道成矣。廟堂之上必有如光之事朝廷者。臣實懼陛下憚光之後，謂誰助我者，而意稍有間，則邪謀陰計或起而乘之。此臣之所以爲私憂而獻其説也。

抑臣又有過計之言，蓋今上宰虚位，竊惟不日制詔命相矣，此尤不可以不謹。外論籍籍，謂文彦博必代光之任。臣固知不然，然於萬一之中，不可以不言。彦博年逾八十，爵至窮極於天下矣。前日陛下假其威望以爲朝廷之重，其官則天下之師，其職則平章軍國重事，陛下之禮元老、尊崇優佚可謂得其體也。今若任之以爲相，三省有職守矣，其成敗之責，豈師臣之所宜當？其繁悉之務，豈老人之所能辨？殆非所以處彦博也。又彦博於知人非其所長，賢士大夫罕出其門。近日有所薦論，衆皆傳之爲笑。若居上相，引用人物每每如此，今日引一二，明日引三四，積而至於百十，常才列於朝路，非小害也。其人重，其位高，有所薦者，若陛下違其言則傷恩，皆從之則害政，又非所以安彦博也。臣昨四月中已曾建論此事矣，故今日之命相，實係天下之安危與善政之成敗，可不重哉？伏望陛下詳攷歷選，得其人而任之，以尊廟社，以厭公議。臣不勝隕越待罪之至，惟陛下赦其愚而察其忠。

貼黄稱：臣又聞彦博薦馮京爲相，而或傳言陛下已遣使詣京所矣。臣得風聞，未審虚實。京嚮因疾病，遂成昏耗，事多健忘。更乞聖慮周詢詳察，命相大事，不可輕舉。（録自續資治通鑑長編卷三八七元祐元年九月丙寅。又見於國朝諸臣奏議卷四七百官門宰執中）

劾林希〔一〕

御史中丞劉摯言：臣昨日曾論林希姦邪，不可爲中書舍人，使與朝論。今者竊聞已有除命，則是臣之區區未蒙採納矣。

伏緣希天資忮害，士大夫皆知之。從來惟是阿附執政，躁於進用，而近日尤甚，以利相市，其跡甚著。若在詞掖，日參政議，朋姦諂交，相爲唇齒，立私黨以擾公道，自此朝廷之上必爲其所欺謾，交亂政事，非小害也。昨有試畢以進告身而罷者，則邢恕是也；由起居以言而罷者，滿中行是也。伏望聖慈詳察，中書舍人職在要近，非他官之比，決不可以姦邪居之，速賜罷希新命，依條除一外任，以慰公論。希有詞藻，若能自重，由正道而進，則一舍人不足道也。惟其急進，朋附非人，此臣所以不得已而必論，懼其黨之盛也！（録自續資治通鑑長編卷三八八元祐元年九月壬申）

校勘記

〔一〕題爲點校者加。

再劾張璪〔一〕

又言：臣等竊以姦臣交結，古今大患。上足以蒙蔽朝廷，下足以動揺士類。若不察其幾微，剪其萌蘗，盤固蔓延，必將難拔。臣等自春至秋累上章疏，及上殿奏陳中書侍郎張璪姦邪，乞罷執政。陛下嘗諭臣等候過明堂大禮，張璪必退。今大禮已畢，而璪方揚揚有自得之色，殊無退意。

謹按璪面柔而心很，言甘而行險。身爲大臣，當一以大公之道尊王庇民，不當交結臣僚以肆欺罔。璪被詔舉文學行誼之臣充館職，明知陸長愈貪污有素，文行無稱，以長愈乃林希妻親弟，受其請託，輒以應詔。璪所以受其託者，獨不在結希，意在希之弟旦見爲殿中侍御史，冀其陰助也。今聞希已爲中書舍人，昨日聞主者促撰告詞甚急。竊意璪之爲謀，欲希早受命，成其姦黨。今若使依舊在中書預政柄，林希又作屬官預國論，又有弟旦作御史爲陰助，上下朋比，挾邪飾詐，無所不可，朝廷將如何也？

恭惟陛下睿明之德洞照姦慝，每行黜陟，天下咸服。今璪與林希兄弟相結，姦黨已成。臣等若顧嫌疑，若避形迹，不傾寫肝膽極言力陳，以告陛下，破其姦黨，則後日之患，將無可奈何，臣等負陛下深矣！

伏望陛下特奮睿斷，罷張璪執政，追寢林希中書舍人之命，則姦黨不成，朝廷清矣。陛下如以臣等言爲是，乞降出臣等章，付外公行。如以臣等言爲非，乞行顯戮，以戒妄言之罪。（録自續資治通鑑長編卷三八八元祐元年九月壬申）

校勘記

〔一〕題爲點校者加。

論差役法〔二〕

御史中丞劉摯言：臣竊意朝廷必以差法初行，弓手一役乍差鄉户，未習捕盗次第，而舊日應募之人，一旦放罷，或無所業，挾其素藝，去而爲盗。故降今日指揮，欲以權其始而待其成。

臣竊以謂二者非所宜憂也。蓋差役方復，事未就緒，若假以歲月，則法自成而事定矣。昨三月十七日敕：弓手曾經鬬戰、緝捕有功者，雖無户等，特與存留。則收拾舊人已有此法。且弓手不可不用差法者，蓋鄉人在役，則不獨在家丁子弟之助，至於親族婚姻及其里落之衆莫不爲之營援，同其休戚。一有捕限，則人人張耳目、出方略，以求盗賊。又其土著自重，故無逃遁之患。此乃從弓手得賊所以常多於它警捕之人，而祖宗以來，弓手所以必用正身也。自行雇募以來，盗寇充斥，蓋所募浮惰之人，不任其責。差之與雇，利害如此！

然則祖宗之法豈無意哉！行之百餘年，不聞上等户以爲不便而願雇人也。夫上之使民，使其出力則易，使其出錢則難，此古今之通義，易曉也。今朝廷指揮雖云不願充役方許雇人，然官司上下利者舊人慣熟，或以人情留占，必須沮斥新户，使之雇人，安能見其願不願之情?

臣深恐被差之人歲出緡錢不易,却須歸怨差法,姦人因而可以摇動議論。兼天下徭役重輕,州縣風俗異宜,固當隨方制之,不可槩以一法。臣觀五路弓手,熙寧以前正身充役之時,最號强勁,往往逐名家自養馬,其材藝捕緝勝於它路。近日復差已來,妥帖就役,皆已試之效,亦不聞其不樂而願出錢雇人也。訪聞惟是川、蜀、江、浙等路,昨差至第一等人户充役,皆習於驕脆,不肯出力爲公家任捕察之責。故寧出資雇代,自以爲便。然此皆一偏之利,而議者不察,遂乃一例變動成法。今朝廷若未肯追寢許雇之命,必欲委曲徇民。則宜分别利害大小,權爲之制。自來盜賊最多及弓手正身久有成效者,無如五路,臣欲乞五路弓手竝依祖宗舊法及今年七月三日申明聖旨指揮,須得正身衹應外,其餘路分即依今月七日指揮。仍乞將舊有户等差役者,及前項曾經戰鬬有功存留者,與情願雇人者,三色通計,不得過正額一半人數。所貴新舊相兼,漸熟捕盜事體。其三色人數内遇有闕額,止行差捕〔三〕,則一二年間差法成就,雇可罷矣。

朝廷立法不可以事初一二小害概壞大體。所謂弓手正身之小害者,惟是南方上等人户,其子弟多修學爲舉人,故爲未便,造起浮言,以惑議者之聽。殊不知每歲出緡錢雇代,其久遠之害不細也。兼祖宗以來行正身充役之法,通於天下已有百餘年,曾不聞其不便。

今朝旨雖欲周順人情，下許雇之法，然止可作權時指揮。宜立限一年或二年，候人情習熟，欲罷代法。伏乞詳臣今來所請事理，特賜施行外，其許雇路分，仍乞相度人户二丁以下，方聽依近制雇人代役。（録自續資治通鑑長編卷三八九元祐元年十月庚寅。又見於歷代名臣奏議卷二五六賦役）

校勘記

〔一〕題爲點校者加。

〔二〕止行差捕「捕」，疑當作「補」。

再論安燾李清臣〔一〕

御史中丞劉摯言：臣昨於九月八日曾言神宗皇帝顧命大臣不可盡去，宜於張璪等三人内罷璪以安天下，留安燾、李清臣以全國體。後來蒙聖慈因璪有請，進其官職，使之外補。今聞燾亦復上章，居家辭位。臣未審陛下何以處之？將以臣前日之言爲是而留燾耶？將以臣言爲非而去燾耶？燾與清臣，固知其皆常才也。方蔡確、章惇、張璪朋姦結黨害政之時，燾等身爲丞輔，無所救正，以順隨人，以保禄位，誠非大臣之節，然比之確輩，則其罪有間矣。故臣前後力疏確輩三四人姦邪，乞必行黜責，而未嘗及燾等之去。雖燾自同知密院遷知院，臣但曾論其超越而不言其可罷者，蓋欲且逐大罪，而不欲陛下臨政之始盡去舊臣故也。今燾若得請而退，則清臣勢不敢留，繼須請罷，陛下雖欲不聽，而清臣義不自安矣。臣深慮人情不察，以謂先帝棄天下方逾年而受遺之臣一旦盡去，轉相議論，無所不及。其於盛德之治，不爲無損。然則二人之去不足道，而所係者朝廷大禮也。

臣叨長風憲，今乃建言以留執政，若論其迹，則似乎非宜；若攷其理，則臣之區區欲以今日之得失、後日之是非告於陛下，庶幾有補萬一。雖以嫌疑得罪，固無所憾。臣亦非謂燾與清臣宜在廟堂也，止欲借二人存之於位以全國家大體，以成就陛下不忘舊臣之意，而解天下疑異之論，如斯而已。伏望聖明再思審慮，無聽之去。臣不勝愚款！

貼黄稱：臣嚮因上殿累次面奉德音，云欲留先朝舊人，此誠陛下聖謀神慮及於久遠，非衆人之所能至也。衆人但見無補於國者皆欲去之，不思他日利害也。然而舊人中懷私作過之甚者，雖曰舊人，不可不去。如確輩三四人是也。其它雖碌碌常才，然不能爲大害於聖政者，當且存之，以副前日陛下宣諭欲留舊人之意，則今日燾與清臣是也。臣蒙國厚恩，苟有可言，不敢自外，以避嫌疑。安燾以十月八日乞罷，此據蘇軾内制。劉

摯上章亦以十月八日，此據雜録第三册。（録自續資治通鑑長編卷三八九元祐元年十月壬辰）

校勘記

〔一〕題爲點校者加。

論新修太學條制疏〔一〕

御史中丞劉摯言：臣昨者建言太學條制煩密，失養士之意，乞下有司别行修立。後蒙朝廷選官置局，及今已久，未見成法。緣所差官各有本職，不得專一集議。兼臣竊以謂庠序之制，教育以成其材，獎勵以盡其志，群居衆聚，略無約束。自古以來，法之施於學校者，其本不過如斯而已。然則爲今之議無大措置，獨可按據舊條，攷其乖戾太甚者删去之，而存其可行可久、便於今日，則所謂學制，可以一言而定矣。若乃高闊以慕古，新奇以變常，非徒無補，而又有害。

夫職親於諸生而習知其情僞者，宜莫如學官也。使其因人情利害而爲之法者，亦莫如學官也。然則安用以他官置局爲哉？故臣前日奏請，止乞令本學立法上禮部，再加參詳上三省，以待聖斷。誠如臣言，學制成久矣。

今既置局半年，聚議既稀闊而議官各持所見，紛然異同，無所折衷。學者疑惑，趣嚮不安。欲望聖慈指揮罷修定學制所，檢會臣今年二月十五日所奏，止以其事責在學官正、録以上，將見行條制去留修定。嚴立近限，次第條上，取旨施行。所貴因革不失其當，法令速成，以便學者，以述先帝興學之旨，以副陛下造士之意。

又言：古者以議禮之家名爲聚訟，今議學制者已似之，遂致孫覺有狀辭免。伏望詳察指揮，罷修定局，止令本學删修條制。（録自續資治通鑑長編卷三九〇元祐元年十月癸丑）

校勘記

〔一〕題爲點校者加。

上哲宗論群罷臺諫是自塞絶言路

尚書右丞劉摯言：臣伏自罷去言職，待罪都省以來，不復章疏論事者，蓋以謂職在執政，苟有所見，自當與同列僉議進對顯奏，公言而行之，不當私有密請，恐非所謂直道事上也者。必料陛下亦已察臣之意如此而已。今乃有不得已之事〔一〕，須至一言，冀效萬一。十五日吕公著送示内降批旨，罷諫官梁燾等，或稍遷，或移易，或免黜者共十數人。臣竊料陛下必以近日張舜民事，言者救諫，紛紛不已〔二〕。雖然仁恕包涵而又欲加彈壓，故不行重責，但罷其言路。此足以見聖度廣大，愛惜數人之才，黽勉而爲此也。

臣觀舜民之論文彦博，止有「照管劉奉世」一言而已。此一言小事也，奉世有才可用，方出入彦博門下，受其知遇而照管之，乃大臣所宜，則於彦博何傷？兼彦博自不以介意，而議者私憂過計，恐彦博有所不樂，致陛下爲罷舜民。舜民之罷亦小事，無足道。而言事者若欲論之，一再言足矣，何至議論鋒起，相繼並作，紊瀆天聽，至煩宣召申諭，尚且不已，誠有罪也。夫舜民輕言以及元老，一失也。議者欲慰悦大臣而罷御史，又一失也。言者知救舜民以全言路，而不能體聖明優禮故老之意，又一失也。今朝廷又從而移罷臺諫，則恐不止於三失，而朝廷之失最處其大者也。此臣所以夙夜傍徨，深爲陛下惜之也。古之明君賢主，惟以廣開耳目、優養直臣爲甚盛之德，故曰主聖則臣直。惟堯、舜及三代之盛王乃有其事，而陛下今優游行之。自前歲以來，求善若饑渴，從諫若轉圜，臺諫言苟可采〔三〕，無不行者，雖有失當，一切包納。故臣子無戮辱之懼，罔避權要，舒心展誠，知無不言，所以養就今日忠直之氣。上下姦邪摩牙切齒嫉惡臺諫亦已久矣〔四〕。夫臺諫以區區小官，上則觸龍鱗而犯忌諱，下則結仇怨而取禍患，不知其何所利也？蓋恃陛下主張，謹其官守，以盡事君之義爾。一旦以小故摧沮罷去之，適足以快憎怨之氣，開私枉之門，非朝廷福也。若言者所私徇，涉於傾陷、近於朋黨，則不可不深責而痛治之。若乃出於公議，則雖有强直乖誤之意，古之聖人一皆容之，考之於傳記，不可勝數。

今夫一言旁及大臣而罷之，則後來者不肯言大臣矣；一言彈給事中而罷之，則後來者不肯言近侍矣；以多言而去之，則後來者循默不言矣；以剛勁而黜之，則後來者柔和取容矣。人情不遠，相與爲戒，必然之理也。深惟陛下恭默未言、太皇太后陛下簾閫行政之日，正宜大開聰明，以廣萬事之聽，而乃杜絶言路，是自蔽其耳目也。言路一塞，何事不生？天下之朋黨，大吏之私邪，百官之罪惡，遠方之利害，陛下何由一一知也？

今成命已行，臣不敢盡乞改正。所以區區言之者，非獨爲數臣，蓋所惜者朝廷事體爾。内梁燾〔五〕、孫升，外議皆以爲責之太重。臣欲望聖慈詳酌，寬此二人之責，還其職任，以救言路，以扶持忠臣之氣。且天下之廣，莫知其詳，但見臺諫官連群罷去，頓與前日之事不同，必疑謂聖朝厭倦言者，則姦諛者張目攘臂而動矣。後來所用未必皆得如此數人，邪正既不可知，言路風采一變，豈不有損盛德之治！

臣天生愚直，孤立於朝，受陛下異恩至深至厚，夙夜思報。惟有竭誠以主張公道，不敢雷同倡和。苟有所見可以裨補，若不盡言於陛下，則將何所告訴也？因此得罪亦不敢辭。伏望赦其狂愚，特賜詳察開允。

貼黄：梁燾清修勁直，臨事不苟。昨者詰責張問，雖在衆坐，訪聞似因戲謔，而坐客有不喜燾者，遂播其言以爲訴也。蓋是私居相語之言，而問又別無論訴，止因孫升彈問，罥罣及之，至聞達於朝廷，今遂如此行遣，群議皆以爲未安也。孫升久在臺中，裨補不少。論張問止爲老不任職，別無傷事之言。兼前後臺諫彈劾官吏，雖或不行，何嘗一一加罪？今責外郡亦恐過重。如蔡碩一獄，非升不畏强禦，誰能發之？今碩獄未斷而升已先責，碩之親黨布滿上下，適足爲仇人報怨耳！兼升見有文字論三省差除不當事，已蒙降出，此皆人人之所難言者。伏望矜察，寬此二人之責。若謂各人已除代者，即望別與在京差遣，稍加遷擢，以償孤忠，以慰公論。

又貼黄：昨臺諫官至都堂，宣諭聖旨既畢，公著與臣等因而再三開説，内燾與升指陳事理，其語氣最爲勁直，今乃得罪最重，外議所以尤疑也。

又貼黄：臣非謂自言路進，遂欲主張言路者。蓋以此事系朝廷，不敢過避形迹，故盡其底裏以告於陛下。若幸聽臣之言，留此二人，足以救萬一之失。今雖已有成命，命猶未下，此事進告尚須一兩日，伏望聖慈再三回慮，深思此事，早賜裁處。不悮陛下舉動。

又貼黄：孔文仲端方該博，今爲諫議大夫，可謂得人矣。至如王巖叟，鯁亮敢言，補益國事，最爲有功。王覿、韓川皆有器識，知大體，願陛下聖念無忘此三人，早加進用，必不悮任使。

又貼黄：初罷舜民日，臣與吕大防曾於簾外開陳事理，其後臣又於都堂累曾講議，多不以臣言爲然。今須至獨入文字訴説於陛下，然亦别不敢回改已行之命，止乞留燾與升在朝廷。如蒙省覽，伏乞留中。（録自續資治通鑑長編卷四〇一元祐二年五月戊辰。亦見國朝諸臣奏議卷五四百官門臺諫四）

校勘記

〔一〕今乃有不得已之事　「今」字原無，據諸臣奏議補。

〔二〕言者救諫紛紛不已　「救諫」諸臣奏議作「救解」。

〔三〕臺諫言苟可采　「臺諫」下原有「官」字，據諸臣奏議删。

〔四〕上下姦邪摩牙切齒嫉惡臺諫亦已久矣　「牙」原作「手」，據諸臣奏議改。

〔五〕内梁燾　「内」上原有「數日」二字，據諸臣奏議删。

上哲宗論因革〔二〕

中書侍郎劉摯上書曰：臣待罪近輔，再歷年所，日奏職事，親聞德音。退伏思念皇帝陛下以日躋之聖上資慈訓，而太皇太后陛下以寬仁之德勤邦儉家，四年之間，用人立政，施德布惠，所以綏養天下，上以昭祖宗之盛業，下以爲社稷無窮之休，天下之幸，萬臣之賴也。臣於此時，得依日月之末光，備位輔佐，念雖殺身，何以報稱！

然臣嘗讀西漢之書，觀孝文皇帝承高、惠之後，人心思治，而上方躬仁履儉，克勤率下。當時民俗醇厚，府庫充羡，四方無犬吠之驚，亦可謂治安之世。而賈誼之論乃謂方今之勢，如抱火厝於積薪之下，火未及然，因謂之安。及其忠憤之所發，至於慟哭流涕。臣嘗怪其論之過也，其後不數十年而治亂之迹若合符契，臣於是知居安慮危之心，唯聖智乃能有之。而私憂過計之論，亦未可以迂而棄也。

臣近與同列奏事延和殿，兩蒙宣諭，大意今日朝廷之事固已盡心，略有成法，唯以久遠守之爲念。又聖慮深遠，因論及它日還政之後，任用左右常得正人，則與今日用心無異；若萬一姦邪復進，熒惑動摇，則反覆可憂。然辨别邪正全在一人，此乃持盈守成之大戒也，而皇帝陛下深加省領。臣退而嘆息歡喜，以謂愚臣平日之所懷，爲國遠慮者正在此事，未及上達而陛下先知之矣。區區之誠，雖殫千慮，何以及此！臣今因得敷陳本末，以畢其說，惟陛下寬其罪，試一覽之。

恭惟先皇帝以聰明睿知，承累世丕平之業，思欲力致太平，復見三代之盛，以漢、唐爲不足道也。當時之議，以謂非國富則無以爲也，非兵强則無以爲也，非人才足用則無以爲也。是三者，圖治之偉論也。而當時輔臣如王安石、吕惠卿輩，不能副先帝委任之意，乃奮其私智，肆爲乖謬，大失先帝之本旨。其富國也，則助役、青苗變而爲聚斂之法；其强兵也，則保馬、保甲流而爲殘擾之政；其用人也，則進辨給輕捷之子以爲適時，退老成敦厚之人以爲無用。於是四海興議，而先帝頗知其事，故罷退安石等不用。繼而王珪、蔡確之徒，尤不能將順主意，踵事增患，而先帝又知政令有未便於民者，方將改作，遽以棄天下。忠臣義士至今長爲先帝惜之者，常在此也。

及皇帝陛下紹膺大曆，太皇太后陛下同覽萬機，臨御已來，法度之難久行者修完之，臣下之害政者改易之，正所以述成先帝盛德之美志傳於無窮，可謂備矣。自改更之後，在陛下無所愧也，天下公議正論以爲當然也，天下百姓莫不安樂以爲當然也。然陛下亦知有以爲不然者乎？臣雖至愚，尚能臆度知之。夫前日之事乃前日之人所緣而進者也。政在則人存，政異則人息。今譬之芟草也，枝葉雖除，根株尚在，能保其不復生乎？前者二三大臣之朋黨皆失意，怏怏自相結納，睥睨正人，腹非新政，幸朝廷之失，思欲追還前日之人，恨不能攘臂於其間也。今布列内外搢紳之間，在職之吏，不與王安石、吕惠卿，則與蔡確、章惇者，率十有五六。此臣所以寢食寒心，獨爲朝廷憂也。然臣之區區，非欲陛下苦治黨也。朋黨之大，亦豈易治哉？但欲陛下知其事，常加防察，不使得行其術則可矣。臣亦常深計其術矣，不過日夜窺伺間隙，異日可以進説，則造眩惑之謀，文飾姦言，以感激聖意，動揺政事而已。其所進之説，臣竊料之，其大者必爲離間之計，此最易入易聽，而其禍亦最大，不可不防其漸而深察之。其次又有二説，其一曰先朝造法爲治，而皇帝陛下以子繼父，一旦聽臣民之言有所更改。其二曰先朝之臣多不任用，如蔡確等受顧命，有定策之功，亦棄於外。此二説者，自人情言之，則淺近而易聽；自義理攷之，則無所取也。

臣謹按天下之治，有不可不因者，有不可不革者。可因者雖亂世猶因之，故周武王克商，反商政，政由舊是也。可革者雖父道猶革之，故漢文除肉刑，至景帝改之；漢武造鹽鐵榷酤，至昭帝罷之是也。自二聖臨政，首進司馬光，其餘輔臣繼有出入者，天下之人曉然知道之所在，延頸跂踵以望新政。而陛下又能虚己公心，開廣言路，延納忠讜，於天下無有遠邇，上章論事願改政令者莫知其數，而聖慮深遠，猶再三謹重，有不獲已，方取十之一二最大者詔講議施行之。如青苗、免役、保甲、保馬、市易之類，敢不改乎！改之所以順人心、救民命爾，豈喜變更哉。試攷察今日百姓安與不安，便與不便，則改更是耶非耶，立可見矣。若謂凡繼體之君於先朝之政皆不可改，則古聖帝明王繼政而有改者皆非耶？我祖宗之法有久而不便者，先帝嘗改之矣，亦可以爲非耶？知所宜因知所宜革，是先帝之志也。至如臣僚之進退，蓋法既有改，則昔日緣法而進者非己之便，稍自引去，而聖恩寬假，各盡禮數，獨有一二奉法尤無狀如吕惠卿、吴居厚輩者方罷斥之，天下之議，莫不以爲允。是時，蔡確身爲上宰，自請補外，繼以家人犯法，言者沸騰，遂坐左遷。章惇亦以悖慢忿戾，無禮於君父而罷之，此豈固欲不用父之臣哉？蓋法者，天下萬世之公也。陛下縱欲以功而屈法，如天下萬世何！夫皇帝陛下乃先帝之正嗣，承繼大統，實天下之至公大義也。方先帝違豫彌留之日，與太皇太后陛下已有定命宣示大臣，則大臣奉行而已。何策之定哉？豈可貪以爲己功，常誦於口，假以謀進哉！古之所謂定策者，謂遭變之際，未知所立，大臣能於此時挺身忘禍，有所擇而立之，以安社稷，則是策計由此人定之，故曰定策。古之人則漢霍光是也，今之人則韓琦是也。然霍光死纔三年，宗族犯法衰廢，未聞古今之論以宣帝爲忘功臣也。故曰法者天下萬世之公也。

然則二説者豈足取哉？夫立政而違民，改之是也。而異論者非之，以謂改父之臣。此豈公議哉？是讒間之説也。若昨者陛下坐觀政令未安，姦邪當路，生民咨怨，而恬不爲慮，以避改易之小嫌，則得爲孝乎？無乃負先帝所以傳授皇帝陛下、顧託太皇太后陛下之心乎！而況不聞天下有此嫌也。大抵自司馬光不幸死亡之後，朝廷之事，肯不顧患禍身任其責者少矣。此固不能逃陛下之聖鑒。傳曰：百年之計，莫如植人。夫所與共守天下，傳之永久，非有同心一德，守正不惑之人，將誰託之？嗚呼！君子小人之辨，何其難耶？君子之進，未嘗有心於害小人，但遠之而已。若小人進，必欲盡覆君子。所以今日邪正之士不可以不早辨也。觀漢元帝之世，弘恭、石顯用事，是時賢士如蕭望之、劉向、周堪之徒，上雅知其才，用之，而忤恭、顯，終抵以罪，或至於死。此無他，正人之勢不勝也。仁宗皇帝慶曆中，韓琦、富弼、范仲淹輩，當代名臣，一時並進，其後未久，皆不免爲小人讒毁排陷，相繼逐去。然上賴聖明，終得免大禍，復被收進，建立功業者，内外多正人，姦不能勝也。故君子在上，小人失志，必爲傾害之計。今朝廷清明，幸無恭、顯之患，而陛下聖哲，好正直而惡邪佞。臣之所憂者，恐正人之勢不得如慶曆時能勝小人也。小人之志，趨利而已。自二聖臨御以來，開廓大度，並包同異，無所不容，宜皆得其盡心爲用。而怏怏之人尚敢陰懷二心，潛藏恚恨，投隙害政，依違觀望者，彼誠見皇帝陛下淵默謙恭，未甚可否朝政，不知聖意他時所屬，將謂天下之事未大定也。殊不知太皇太后陛下保佑輔翼之者罔不備盡，而皇帝陛下虛心聽納，灼見是非者蓋已久矣。

臣載念人主以一身臨天下，其動止語默之微，上繫宗社之重，下統生民之命。雖皇帝陛下仁聖之德出於天稟，而修心正身之道，宜深有資於太皇太后陛下母儀之訓也。昔者周公之輔成王，復辟之後，作立政以戒用人。故成王宜民宜人，見於假樂之詩；作無逸以戒逸豫，故成王持盈守成，見於鳧鷖之詩。後世稱三代之隆者必先焉。霍光有功於漢室，而姦臣上官桀與藩王等謀爲姦變，上書誣光之罪。是時孝昭帝年十四，察見忠之與詐，誅滅桀等，益信任光，於是漢室幾危而復安。臣不勝愚懇，伏望太皇太后陛下深念周公所以戒成王之意，擁佑開導，以成就皇帝陛下之德。凡人之才如何爲正？如何爲邪？事之理如何爲是？如何爲非？日夕講論，以立萬世不拔之基。伏望皇帝陛下深鑒古事，體漢昭帝之明，以辨忠邪，使它日姦言異論不可得而入，常思太皇太后陛下之言，無疑於心，無怠乎聽，庶以永承祖宗之業。天下甚幸！

臣孤外之臣，蒙陛下拔擢，不次由言路而進，不敢避怨，不敢希恩，唯期循守公道，以報萬一。然前日失意之人，其黨布滿内外，皆與臣爲讎也，身跡惴惴，危若累卵，非陛下洞照愚直，力賜保全，安有今日？故臣緣近日兩蒙宣諭之旨，輒爲此言，以推廣聖意。若使涓塵有助海嶽，則臣雖死無憾！

貼黄：臣奏此書，别無施行，止爲昨蒙宣諭，故因而欲推廣聖意。願無疑無懈，常以辨别忠邪爲心，堅守今日政事，庶免他日姦諛之言可以浸潤動摇。臣書大意如此而已。伏乞留中省覽，使螻蟻之誠或補萬一。

又貼黄：今内外異議之人日欲摇動陛下之政，不可不察省者。昔時王安石所行事，逆民而背理，然人不敢摇者，何謂也？蓋有嚴刑峻責，言之者有罪，故人畏之，敢言者少也。今朝廷爲政，順民而循道，然人敢言者，何謂也？蓋陛下寬仁大度，招言納諫，唯恐人之不言，言之者無罪，故姦人妄意而作也。故役法一事，自元祐元年改作差法，乃是將祖宗差役法及先帝雇役法參而用之。又令監司州縣博訪利害，逐旋申明，自後四方論列不一，雖小官賤士，肆口所言，以申其憤。今其法摇動改變者十之六七矣。近日又將科場一事摇動熒惑，昨元祐元年兩制、侍從、臺省官僚講議定奪，凡一年有餘，又經聖覽，方此施行，亦是將祖宗先帝之法合詩賦、經義爲一科，是萬世有利無害可行之法，今人情已定，止是安石之黨力要用經義。臣願陛下堅守已行之法，勿爲浮議所動。

又貼黄：科場事，臣見與宰相已下參議，必爲陛下堅守此良法，非久必須進呈，然爲論列者不已，故先奏知。區區孤忠，惟冀省察。立進士試四場法在四月十八日戊午。（録自續

（資治通鑑長編卷四二三元祐四年三月甲申）

校勘記

〔一〕題爲點校者加。

論鄧温伯〔一〕

中大夫、門下侍郎劉摯言：臣有一事，鬱鬱於心久矣，不避鈇鉞之威，須至陳説。伏見昨來鄧温伯除翰林承旨，人言交興，以至罷三四臺諫，雖略加遷進，皆不安職，至今未得寧帖。臣今一二陳其本末。

夫温伯爲人，麤有文藝，亦别無罪狀。但資質柔佞，隨事俯仰，人所共知。昨來差除，臣等同議，以謂服闋之人還其舊職，不見其不可。兼曾蒙面諭，此是延安宫舊人，故行之無疑。及臺諫交章言其姦罪，以謂必至變亂朝政，此又别無實跡，故臣等亦曾言臺諫所説過當。然而陛下聽言納諫，即改温伯爲侍讀，尋又改知南京，仍蒙宣諭云「記當却待他日别與差遣」。既而三省又進呈，以謂前來承旨告命及詔書已下，遂得旨却行前來翰林承旨之命。

言路臣僚言既不行，勢難安處，從此遂至紛紛矣。

臣竊觀今來温伯久已就職，梁燾等已别與差遣，理合寧帖無事，然而中外人情依舊未安。蓋緣昨來言者説破温伯實王安石之黨人。故進退之際，朋類甚衆，邪正之辨，君子小人消長之勢，在此一舉。既有此説，則中外人情便有嚮背。自三兩月以來，士大夫洶洶於下，造作語言，更相窺伺，人心不安，皆將温伯及燾去住陰卜朝廷意旨。才見温伯就職，便爲朝廷有意動摇政事，邪佞之黨無不欣然得意。見燾等罷言職，便爲疏薄諫諍，從來憂國之臣無不疑懼。臣實知朝廷差除温伯本無他意，自是服闋合還舊職。而今來人情妄有猜議直至如此，乃是温伯雖别無罪狀，而其進退之間，所係亦不爲小。臣竊慮陛下止知差除温伯别無過當，而不聞後來中外人情如此。臣所以鬱鬱於心，曉夕憂念。

臣再詳温伯本是常才，雖懷姦心，若陛下常能照察，未必便爲朝廷大患。而燾、光庭、安世等若終不敢就職，别除外任，亦不妨他時任使。但臣所憂者，人情既將此事卜朝廷意旨，則去留之際，中外便生觀望揺動，事機無甚於此。今陛下至明至聖，不責燾等狂直之罪，使之各就新職，與温伯恩意兩全，實爲甚幸。但人臣進退之義，廉恥之節，亦非小事。數人身有言責，言既不行，反與所言之人同列，朝廷不畏天下公議，而温伯冒恥苟進，且亦頗爲公議所薄。徬徨跋踖，各不寧處。况燾等數人，皆忠諒純直之臣，自小官拔擢，養育成就，以至今日，方人材難得之時，一旦因温伯之進而去之，以快姦邪憎怨之人，在此數人雖不足論，而朝廷之體實可深惜。又況内外人情洶洶未安，極須彈壓。臣望陛下深思熟慮，詔大臣别作商量，使邪正有所辨，是非有所歸，則天下服矣。若兩存並留，終似未安。不免具此劄子，伏乞留中詳覽，不勝幸甚。

貼黄稱：臣當時奏事，難爲一一條陳。近日曲謝聖恩，又不敢留身多時，故不得面奏。臣内懷區區，若畏避不言，實負任使。故具此劄子，乞賜留中。

又稱：臣再詳温伯及燾等，其勢必不兩立。燾等力求外任，而陛下終始保全，不使出外，恩禮雖厚而不敢就職，蓋逐人未有可處之理也。臣有愚見，竊謂陛下何惜暫出温伯，選一名郡委任去處，使之補外。温伯既動，則衆人自然安職。衆人既安，則温伯便可復召。蓋前後事跡既不相接，則兩情無嫌，各得安處。不惟成就兩聖愛養忠直之德，兼自可曲全温伯廉節，不妨他時任使。如蒙采納，即乞於諸路帥臣合移那去處，差温伯前去。如此選任不爲無名，伏乞詳酌，早賜批降指揮，或面諭三省施行。

又稱：臣等從前同共進擬温伯差遣，止見其人服闋召還舊職不爲過當，即不見得嚮後人情議論有利害如此。今來實不敢隱默遂非，上誤聖政。兼爲即今温伯及燾等差除已定多日，三省未敢别改，更須至密具奏陳，上煩中旨。

又稱：臣參預輔弼，非敢於逐人私有分別，兼燾等已罷言路，故言之無嫌。數内梁燾實是臣之故舊，朱光庭、劉安世臣舊皆不識，自是司馬光、吕公著引用。賈易則臣至今不曾相識。鄧温伯則臣却與之故舊，甚熟，以兄拜之。燾、光庭十八日並出守，安世奉祠，賈易則七月八日已先除淮東憲。摯雖有此論列，訖不從也。（録自續資治通鑑長編卷四四六元祐五年八月癸卯）

校勘記

〔一〕題爲點校者加。

上哲宗請外補〔一〕

摯上奏曰：臣聞臣之事君，如子事父母，鞭笞叱逐無所不甘，至於疑似難明之事，則豈匿情而不自伸哉！

臣近因降出臺官言王鞏事，尋即待罪。及蒙宣押入對，面承聖諭，乃知除王鞏事外，又言臣牢籠章惇、邢恕等罪。雖聖意一一照知，謂非臣之罪，然臣退而思念，縱使無罪，既被彈劾，理當引退，遂具劄子陳乞外任，見聽指揮。

臣今再三思之，言者所以指章惇、邢恕事者，其意必謂不用此無以動陛下之聽。臣雖不知所言本末詳悉，然必料謂臣昔在言路時曾論蔡確、章惇等姦邪罪惡，皆被貶逐，及至於今日，却有牢籠之意。將此事枝蔓推求，造爲臣之大罪。且言者指臣牢籠之跡，必謂臣曾接見章惇子弟及曾通邢恕書柬而已。恕與蔡確爲死黨，惇亦緣臣曾論列其罪，上書乞誅戮。臣與惇、恕非情好相得，灼然可知。其通書柬、見子弟，乃人情公介常禮，臣雖至愚，豈不知公介常禮安能解終身之死怨？但臣愚平時不防間疑似之事，而有通書柬、見子弟之跡，使言者得以緣飾增加，必欲以此致陛下疑而重臣之罪，其意亦必謂事之虛實係陛下信與不信，使臣無一語自明，而其言至陛下之聽，則臣亦安敢必陛下之不信哉。

臣由小官，自元祐初年即在言路，才一歲，陛下擢作執政，以至叨據宰司，聽用知遇實先衆人，其思報效，未知死所，而乃曲意於章惇、邢恕輩，欲何所求？臣粗識事體，待罪以來不敢與言者辨是非，但此心若不自言，誰爲辨白？使臣實有此心，則是臣罪之大者，安敢默苟欲逃責而去；使無此心，必望天日之照，察其肺腸，保其終始。臣待命累日，詞意窮盡，欲乞早賜聖斷。

貼黄：臣之識章惇子弟，嚮因其登科調官來謝，曾一例隨衆接見。邢恕近過城外，曾一次有書來往，只是叙寒温、問安否而已。天地父母，臣不敢欺！前日已曾具事跡面奏。至於牢籠之意，實無此心。亦曾曲賜聖諭，照其無有。今料言者專以此事置臣於禍，論列不已，不敢不再具詳悉，紊煩天聽。

又稱：臣此章非是經營欲爲不退之計，亦非欲與言者辨，但事涉誣罔，不敢於君父之前有所不盡。伏望詳覽，早賜除臣外任。

又稱：臣愚戇，叨位歲久，誠有罪戾，臣固不敢自保，然今者所指，太不近事情，出臣思慮所不至。其意蓋欲取中上心，建此疑似難明之事，以爲奇謀。又知大臣被言，少有辨論之理，不過引去以成其計。伏望陛下原臣從來事國用心之迹，然後察今來言者所論，特賜詳照。此段參取王巖叟日録，劉摯行實並劉跂辨謗録及邵伯温辨誣，更須攷詳。（録自續資治通鑑長編卷四六七元祐六年冬十月壬午）

校勘記

〔一〕題爲點校者加。

劉摯與他人合奏奏議

請復熙豐時所併之州縣〔一〕

侍御史劉摯、監察御史王巖叟言：竊惟天下涵濡太平之恩久，戴白之老不識兵革者非一日矣。事方繁夥，民務增衍，議者謂益置郡縣以分治之，乃其所也。而比者聚斂之吏苟欲減役人、收役錢以附今日，率爾之間，遂行併廢，不復問事體之何如？人情之樂否？蓋廢併之後，州縣相遼闊，有山嶺重複，江河阻絶，遠者數日，近者五六七宿不能一往來於官者。以言爭訟，則百姓赴愬難；以言賦税，則百姓輸納難；以言豪强，則官司彈治難；以言盜賊，則官司警捕難；以言死亡，則官司檢視難；以言期會，則官司追呼難。不獨如此而已也，且有據會要、扼津渡。四方百姓莫不引領以望城邑之復其故，而欣然願出力役以奉公上。臣愚乞自免役以來併廢過州、縣、軍、監，凡可復者皆復之以便民。

又言：自來併廢州縣，雖省得役錢以爲封樁之利，然酒課税額虧失者不可勝計。今復添官三數員、禄廩至微，酒税之利自足備用，亦於公家無所侵耗。臣昔嘗親見廢相州永和縣，爲政之初，永和之民相與號訴於官，曰：「不知官中歲所利者几何？百姓願計其數均認之，隨二税以納，幸留吾邑不廢也。」官不敢受其詞，竟廢之。陛下以此觀廢邑之人情，宜復否也？又親見恩州漳南鎮百姓告於州，乞自備材植，出公力，修廨宇，完倉庫，復置本邑。又親見大名府永濟縣自廢爲鎮，屢遭群盗驚劫，民居破散，無復生意。劉摯奏稿有此章（録自續資治通鑑長編卷三六五元祐元年二月乙丑）

校勘記

〔一〕題爲點校者加。

上哲宗論安燾敕命不送給事中書讀

摯又同殿中侍御史孫升奏：臣等伏聞除安燾知樞密院事，因給事中兩次封駁不當，遂蒙特降指揮，更不送本官書讀〔二〕，直下吏部施行。

臣等竊見安燾差除，未論當否，然朝廷命令之出，必由門下書讀、省審而後行。所以審重防察，示至公於天下也。今陛下除一大臣，因其封駮不當，遂廢給事中職業，不令書讀，則是命大臣以私矣。私門一開，將何以振肅公道，維持紀綱乎？

伏惟陛下臨御以來，政事之舉皆合至公，獨此一事設施乖戾，恐於盛德所損不細，臣等深爲陛下惜之。伏望速降指揮，追還所除告命〔二〕，及詳覽臣僚前後論列安燾章疏，別賜指揮，以全朝廷典法。

貼黄：制敕不由門下及省審、書讀不備，則不成命令，其經歷之司必不敢放過，被受之人必不敢當。（録自續資治通鑑長編卷三七〇元祐元年閏二月乙卯　又見於國朝諸臣奏議第五十六卷百官門給舍上）

校勘記

〔一〕更不送本官書讀　「不」下原有「施行」二字，據諸臣奏議删。

〔二〕追還所除告命　諸臣奏議無「所除」二字。

上哲宗議經歷付受官吏之罪以正紀綱

御史中丞劉摯、殿中侍御史呂陶、孫升言：臣等伏以御史臺肅正紀綱，糾劾不法，自朝廷至於州縣，由宰相及於百官，不守典法皆合彈奏。

今按中書省録黄除安燾知樞密院事，付門下書讀、省審〔一〕，給事中封駁不當，奉聖旨更不書讀，門下侍郎省審並不執奏，付尚書省吏部出告。吏部具給事中不書讀事理申本省，尚書省亦不執奏，遂以不書讀告命降出。所有門下省、尚書省僕射、侍郎、左、右丞及付受官並吏部等不守典法，有損聖政，乞付有司論罪，以正朝廷紀綱。謹具彈劾以聞。

貼黄：兼范純仁同知樞密院事係同敕行下，仍乞照會。（録自續資治通鑑長編卷三七一元祐元年三月甲子　又見於國朝諸臣奏議第五十七卷百官門給舍下）

校勘記

〔一〕付門下書讀省審　諸臣奏議無「書讀」二字。

上哲宗議經歷付受官吏之罪以正紀綱係第二狀

摯、陶、升又言：臣等累次論奏安燾知樞密院不當，其録黄不令給事中書讀及經歷受付官司並不復奏，乞寢罷追改及正其罪。今已數日，未賜俞允。

臣等以謂朝廷高爵重位，非有德與功不可虚授。若以恩禮假借，則不協公議。今安燾才望素輕，備位樞府已爲忝幸，一日驟有遷進，躐過衆人，士論紛然，以爲朝廷拜樞府之長，殊不遴選，非所以鎮社稷，服四夷也。命令既出，給事中不得書讀，於法式未備而施行，門下一省，官存職廢，紀綱紊亂，自此事始；尚書僕射、左右丞皆無一言建明執奏遂付有司，乃是上下廢法，中外徇私，何以訓治四方，維持萬世？所繫甚大，極可駭歎。

恭惟太皇太后陛下保佑聖德，以修正法度爲急，忽有此舉，人皆惜之。非獨惜安燾差除之過分，蓋惜國家法度之廢失也！伏望聖慈檢會臣等累次論列事理並今來奏陳，寢罷安燾除命，所有經歷受付官司並乞早正其罪。其范純仁録黄指揮，仍乞由門下省書讀、省審施行。（録自續資治通鑑長編卷三七一元祐元年三月甲子　又見於國朝諸臣奏議第五十七卷百官門給舍下）

上哲宗議經歷付受官吏之罪以正紀綱係第三狀

御史中丞劉摯、殿中侍御史吕陶、監察御史孫升言：臣等近以安燾除命未當，及因給事中封駮，遂不令書讀行下，累具論列，並彈劾門下、尚書省經歷官司，至今未蒙追改施行。臣等待罪風憲，見朝廷綱紀頹廢〔一〕，命令乖失，苟不竭盡死力以救補之，則陛下何用置言路？臣等何顔在官次？

自陛下臨御以來，以至公爲心，直道爲政，故凡見於施爲者皆大服天下之心。今忽然行此一事，驚駭物聽，與從來政事大異，甚非所望於陛下者。且安燾德薄望輕，不自卓立，朋附章惇，依阿其間。今度越衆人，無故進位，已失公議，而又制敕不循典故，襲斜封以避官司封駮。不意聖朝爲此〔二〕，必有姦邪之論，以誤陛下。殊不知中書之宣奉行，門下之省審讀，乃歷代典章，一有不備，則不成制命，燾等安敢受之哉！

夫聖人善能救過〔三〕，不能無過。故六經不美堯之任己，而美其舍己。不稱湯之無過，而稱其改過。今陛下追正此事無甚難也，於閤門取燾告身，罷燾新命，且令依舊同知，外范純仁自從別制宣下。其門下侍郎、尚書僕、丞及吏部等經歷奉行官司，皆不能建明執奏，誤聖朝，各付有司明正其罪。使中外釋然，知朝廷尊嚴，典憲振肅，以銷僥倖之望，杜絕私邪之謀，而成就陛下納諫之盛德。在陛下一言而已，何遲遲而不爲也。臣等不勝聽命待罪激切之至。

貼黄：陛下開奬言路，多見聽納，何獨於此一事不蒙開允？緣朝廷正宜守綱紀、重命令，今差誤非小失，臣等所以不避煩瀆，期於得請則已。伏望檢會前後累狀，付外施行。（録自續資治通鑑長編卷三七一元祐元年三月丙寅。又見於國朝諸臣奏議卷五七百官門給舍下）

校勘記

〔一〕見朝廷綱紀頽廢　「頽廢」諸臣奏議作「隳馳」。

〔二〕不意聖朝爲此　諸臣奏議作「不意聖明爲此過舉」。

〔三〕夫聖人善能救過　諸臣奏議作「夫聖人善於取人」。

劾吕惠卿〔一〕

御史中丞劉摯、殿中侍御史林旦、監察御史韓川言：臣等近者各劾奏吕惠卿罪，乞賜誅竄。伏聞已有指揮，止於降官分司。竊恐謫不當其罪，國法不正，人情不厭，須至先事再有論列。

緣惠卿巨姦宿惡，暴於天下。方陛下御極之始，憂恤深至，此豈勤兵遠舉之時？況赦書丁寧，使之静守疆埸，無得侵擾外界。而惠卿無戴承陛下謹始息民之意，於神宗棄天下月餘内，興師二萬，深入羌境，屠殺老弱，希功倖進。借曰曾布奏稟，已是廢違赦敕，謀爲擅興。借曰赦後朝廷曾有可報，亦是因其欺罔奏請。則惠卿終是兵首矣！致陛下即位詔命失信義於四夷，則後日將何以令天下？此臣等所以不得不言也。

夫惠卿弄兵作威，既已無人臣之禮，則原心議罪所宜合天下之公。案惠卿天資兇邪，勇爲不義，怙勢以殖産，造法以害民，引置姦憸，傾害良善，興起犴獄，以快私而報讐；生事邊境，以妄意而求合。外則脅制州縣，内則欺謾朝廷。無毫髮報國之忠，有桀驁無君之意。臣等以其實跡，前已歷言。夫欲去惡草，不拔其本根，而徒芟薙之，以平目前，則他日必有滋蔓之害；欲除惡獸，不逐殺之，而徒置於圈檻，是使其養爪牙而積怨毒，一旦分裂而出，則噬人必矣。今惠卿官爲中散大夫、守光禄卿，就而起之，何所不可！異時復出，臣等知衣冠之禍、生靈之害，有不可勝言矣！非徒衣冠生靈，而其患必及於朝廷，此又臣等之所以區區而不能已也。陛下比德天地，務在包覆，然人臣之過有大小，於其可赦而赦，則謂之恕。若置巨蠹而不問，謂之養惡。虞舜，至仁也，若共、驩、苗、鯀不竄不殛，縱其惡於天下，何以循堯道而爲至仁？是以行之而無疑。伏望稽考虞舜誅四凶之用心，據惠卿罪狀，去邪勿疑，别賜誅竄，以安天下。

貼黄稱：惠卿智謀險薄，天資嚚頑，又朋黨布列中外，根芽盤固。今來制命若不明指姦惡，以告天下，必須怙終飾非，騰起怨訟。熙寧中，挾勢殖産，詔獄窮治，姦贓已露，一旦僥倖，使有過之弟併當其責，士大夫至今不平。推其所爲，不可不虞也！

又貼黄稱：今降官分司於惠卿都無所損，是徒撩之，使其中心怨憾益深，異日患禍益大，反不若不謫之爲愈也。元年六月二十二日，奏此第二疏在十七日。（録自續資治通鑑長編卷三八〇元祐元年六月戊申）

校勘記

〔一〕題爲點校者加。

論韓琦定策功疏係第一疏〔一〕

先是，御史中丞劉摯、侍御史王巖叟言：臣等聞有功而不見知，則無以勸天下之忠；有德而不及報，則無以勸天下之義。忠義息心，誰與爲國？此自古明王賢主所以不敢一日忘也。雖微必録，雖久必伸，以爲天下萬世忠義之勸也。

伏見故贈尚書令、忠獻公韓琦當仁祖春秋高，儲嗣未立，琦位輔相，自任憂責，遺身忘家，觸嫌疑而犯忌諱，請定大本，累年之間，其言不可勝記。又嘗挾孔光傳進呈，面指漢成帝立弟之子定陶王爲太子事，卒能感動仁祖天心開悟，英宗遂自宗藩立爲皇子，曾未踰年，纂紹大統。使琦猶豫畏縮如衆人，以全軀保妻子未計，遲回，數月之間，安危大策，蓋未可知。此琦之功，萬世之功也。

恭惟英宗皇帝出潛膺籙，乃天之所命，以開祐無疆，顧人臣何功之有哉？而聖人以謂天命必假人以發之，故推功臣下。然則固當考是非，較難易，以覈其實，乃可以示天下、信後世也。琦與同時在位者歿既久矣，乃有貪功徼幸之人出而攘之。元豐三年，故參政王堯臣子同老上書，言其父至和中與三四執政請立皇嗣，大議已嘗定矣，願發明先臣忠烈。書既入，朝廷疑之，有所詢考，卒無明證確論有以信天下者，朝廷於是行疑賞於倉猝。詔下之日，公卿士大夫知當時事者，莫不謂朝廷過舉。於時史官阿意迎合，又請其事書之，公論爲之憤鬱。今者伏遇編修先帝一朝大典及纂述故事以立傳，臣等以謂不可不明辨直書，傳信後世。謹疏列九事，以考是非。

按同老徼進家傳之文，謂是堯臣議建儲日，預撰詔草，嘗懷之而進，意俟仁祖開允，即宣之以定其事。今詔草非得於禁省，而出於同老，則其有無、真僞猶未可知。借令有之，緣堯臣復懷之而退，乃是未嘗得請，議已格矣。詔草雖在，何功之有？果有已定之旨，則此詔用之矣，不應懷而歸也。然則至和之間大議未定，此可明言者一也。

按元豐詔書褒諸臣之功，曰：「中外搢紳、近臣莫有知者。」臣等竊觀英祖即位踰年，范鎮作富弼遷官制詞云：「往在至和之中，嘗司冢宰之任，屢陳計策，請建國儲，逮茲纘承，乃出緒論。」則是當時搢紳、近臣非不知弼等有建儲之請，而近朝亦非不報其德矣，但不聞大本已有所屬也。故弼自爲辭官表云：「臣嘉祐中雖曾泛論建儲之事，仁宗尚秘其請。其於陛下如在茫昧杳冥之中，未見形象，安得如韓琦等後來功效之深切著明也。」弼自言止曾泛議，則明是當時所請别無主名。又云「尚秘其請」，則是仁祖未有允意。至和之間大議未定，此可明言者二也。

今攘功者之言曰：「至和三年四月已有議定。」臣等按諫官范鎮其言：「五月初乞預建儲副，以安國本。比至十月，凡十九疏，言皆感切，不見聽用。於是待罪乞郡，又兩移書執政，責其不恤國計。」若四月已有議定，則何至使鎮半年間懇懇如此？安得不略形已定之意，止鎮再三之瀆？至和之間大議未定，此可明言者三也。

御史中丞包拯言：「方今大務，唯根本一事，而猶豫不決。惟祈聖心開悟，斷而行之。」按拯此疏在嘉祐二年閏十二月，則至和之間大議未定，可明者四也。

仁祖末年，一日降出諫官司馬光及知江州吕誨請建儲章疏。琦屢以光奏進説，懇請甚力，遂定大計。故參知政事歐陽修論光云：「自仁宗至和服藥之後，群臣便以皇嗣爲言。五六年間，言者雖夥而未有定議。最後光以諫官極論其事，敷陳激切，感動主聽，仁宗遂決不疑。」修此言，則至和之間大議未定，可明者五也。

按諫官王陶乞仁宗遺親信中人就第督英宗即赴宗正寺供職，其疏有云：「前日未經傳命時，人人上言早建儲嗣，今日與一宗正寺差遣，人人觀望陛下風旨，不復肯言，何哉？非前日人忠，今日人不忠也，蓋前日未有主名，泛爲公言，而陛下不疑也。」以此攷之，堯臣之時，決未敢有所主名。至和之間大議未定，可明者六也。

堯臣輩言，因樞府闕官，乞召韓琦充樞密使，以琦忠義必能當此重事。此則不攻自破之語也。既云上意已定，又曰謂無疑矣，固當乘時決策，成之於手，何必引琦使成之？夫媢嫉者之情，見他人所就尚且奪之，況功在其手，可成於呼吸俛仰之間，而乃肯以屬人乎？至和之間大議未定，可明者七也。

琦自入爲樞密使，即有建儲之議，至爲宰相，曲謝之日，首進劄子，乞擇宗室爲嗣。其略曰：「如陛下已得其人，則望宣示中書、樞密院，使奉而行之，以慰中外。」按琦爲宰相，去堯臣輩未甚遠，儻前日已有定計，則因其進言必有宣示，何緣尚歷數年，請者百計而不聞一言哉？至和之間大議未定，可明者八也。

嘉祐末，琦請愈切，一日，仁宗發言曰：「朕有意多時，但未得其人。」因問琦宗室中誰可？琦曰：「宗室不與外人接，臣等何由知其人？此在陛下聖擇耳！」仁宗曰：「宫中常養二子，小者近不慧，其大者今三十許歲矣。」琦曰：「其一人既陛下知其不慧，更不須論。」蓋琦之意欲專屬英宗也。此自仁祖意有定。歐陽修時與琦同對，退而書之，今其家親筆俱在。至和之間大議未定，可明者九也。

凡自皇祐至於嘉祐中間，臣子以皇嗣爲請者莫知其數，不可盡也。如堯臣輩在輔弼之地，以此開導，亦其宜也。但其議紛紛，終無敢有所主名而請之者。直至嘉祐六年十月，琦輩進説，於是英宗爲子之策始定於君臣都俞之間矣。臣等載惟人臣之於廟社大計，以言之爲難乎？以成之爲難乎？以屬人爲難乎？以己任爲難乎？人爲其易，琦爲其難，廟社之功難忘也。同老上私藏之虚文，徼天下之實功，同時之人又助其攘，是可歎也！琦挺身危疑，援立聖嗣，以爲宗廟社稷計，非以自爲計也，非以爲子孫計也，天下知之亦可，不知亦可，於琦誠心足以貫天地、列神明者無所加損，而所惜者，朝廷信賞可以奇謀取，而不中於懲勸之義，忠賢勳烈可以單詞奪而輕變於存亡之間，使真忠失意於九泉，公議乖望於四海！至於歐陽修，以英偉之才，忠諒之節，與韓琦協心決定大策，其助最力，皆勳效顯著，天下共知。二人既歿，衆從其後攘而有之，豈不惜哉！

伏望聖慈特賜下詔，辨正是非，褒顯琦及一時同列之功，使之明白，以慰士大夫之心。仍乞以臣等章付實録院照會考正，以成信史，詔之當世而無疑，垂之將來而不謬。非臣等之幸，天下之幸！

貼黄稱：陛下繼明以來，如范鎮、張述等止是曾於仁宗朝泛泛上章乞建儲貳者，猶已被旌録，獨琦手定大策以成大勳，反爲攘奪，未蒙辨正褒顯，此於朝廷闕典之大

者。（録自續資治通鑑長編卷三九五元祐二年二月丁亥）

校勘記

〔一〕題爲點校者加。

請堅持朱光庭太常卿新命〔一〕

右僕射吕公著、中書侍郎吕大防、尚書左丞劉摯、右丞王存同上疏曰：臣等竊以朝廷設諫諍之官，固欲廣開視聽，以盡下情。然言事之臣所言無由盡當，須繫朝廷審擇，其言或不可用，自當置而不行，若復挾情用意，則尤不可不察。

伏見諫議大夫孔文仲累有文字論列左司員外郎朱光庭除太常少卿不當，其言殊爲乖謬，臣等昨日已曾面奏，謹具條陳以聞：

一、孔文仲稱朱光庭本無異於常人，止緣朋附推薦，驟居清要。謹按光庭進用之初，惟是司馬光與臣公著。公著與光庭素不相熟，但見司馬光累稱於朝，陛下御筆親擢爲諫官，即非因朋附推薦而進。

一、孔文仲稱朱光庭未嘗獻一公言，補一國事。謹按光庭自任諫官，僅一年半，前後所上章疏不啻數百，賜對便殿，亦及數十。凡內外法度有未便於民者，小大臣僚有不允公議者，光庭不避讐怨，未嘗不言，兼已往往施行，此皆陛下素所深知。豈可謂之未嘗獻一公言，補一國事？

一、孔文仲稱朱光庭二年之間，躐等超拔，望輕資淺，恩寵太過。臣等竊以朝廷用人固不當專較歲月，兼自來兩省以上差除亦不曾專用資序。況光庭始初自因御筆親除爲左正言，一年後自正言遷司諫，即非躐等。後來因光庭累次居家待罪，一次爲言蘇軾，一次爲言張舜民，罷爲右司員外郎，亦非超拔。今來自都司除太常少卿，雖班位少進，亦非峻遷。且如光庭同時諫官蘇轍，係知縣資序，供職在光庭後，今已爲中書舍人。又如孔文仲，進用在光庭後，已是校書郎，歲餘爲左諫議大夫。則光庭除少卿豈是恩寵太過？

一、孔文仲稱太常貳卿，職嚴地密，使光庭居之，登列諫議，擢領風憲皆可也。臣等竊以朱光庭今來止是除太常少卿，何以知其後爲臺諫？兼朝廷若欲用光庭爲臺諫官，只自左司員外郎除授，有何不可？

一、孔文仲稱朱光庭一日得志，援程納賈，當不旋踵。謹按程頤、賈易，或罷歸鄉里，或黜守外任，朝廷亦未有召用之議。然光庭今來止是除寺監官，其職事尤輕於左右司，豈能援程納賈？借使程頤、賈易復至朝廷，於國家豈有所害？只是文仲黨與自以爲不便耳！

臣等蒙陛下任用，列居輔弼，以進賢退不肖爲職，只知爲官擇人，不敢顧避人情。其朱光庭，臣等亦非以其人所爲盡善，但今來既知孔文仲所言不當，若却將朱光庭除命寢罷，則恐從此浮言浸盛，正人難立，朝廷之勢，日就陵遲。兼陛下既以臣等爲執政之官，而不許臣等執持政事，臣等亦何以自處？伏望陛下曲回聖聽，特賜省察，其朱光庭除太常少卿新命，欲候來日簾前面稟。或更有臣僚黨助文仲論奏，亦乞陛下察其情僞，無至眩惑。（録自續資治通鑑長編卷四〇七元祐二年十一月乙卯）

校勘記

〔一〕題爲點校者加。

請推恩録用石介之子〔二〕

知樞密院事孫固、門下侍郎劉摯、尚書左丞韓忠彦言：臣伏見故太子中允、直集賢院石介在仁宗朝文學行義，名重一時，經術博深，議論堅正，以扶持名教爲己任，嘗以孫復、胡瑗爲國子監直講，教養人才，世風丕變。故至今論學校者稱慶曆之風。然介志氣剛大，不肯枉道以阿世，而喜於分别邪正，嫉惡太明，以此忤權貴。取怒擠逐，傾陷至其死猶不已，天下皆冤之。其後誣謗雖已明，而歷年浸久，無復爲言之者。今聞其子編於民籍，略無生業，日有饑寒之苦，士議歎惜，以爲聖朝尚賢，不應使名臣之後零落至於此極也！臣等不勝拳拳，欲望聖慈特詔有司録介之後，以子若孫一人，賜以一命，使獲薄禄，不墜厥世。以副聖朝崇奬善人之意，而爲天下守忠義者之勸。

貼黄稱：仁宗時，館職石延年、直講孫復身没之後，蒙官其子。近日推恩吕誨、包拯、劉庠之子，各任以職事，天下感勸。如介之後，宜在所録，伏乞比類施行。五年正月二十二日官石師中。（録自續資治通鑑長編卷四三六元祐四年十二月乙卯）

校勘記

〔一〕題爲點校者加。

劉摯奏議遺稿

乞寢文及右司郎中新命〔一〕

御史中丞劉摯言：臣伏見五月四日敕命，除文及爲右司郎中，韓宗師直秘閣。尋聞臣僚論列，兼宗師父絳繼有辭免，遂罷直閣之旨。而及之除命未賜指揮。竊以都司之職任，上副丞轄，下總二十四司之事。而館閣設官，以文學名職，皆號爲清望之選，固當無間寒畯，不宜專用子弟，此所以招言者之論而不能服衆人之心。及與宗師差除之日，適在文彦博入朝，韓維進用之始，故議者咸謂執政臣僚見二人進拜，所以擢其子姪，迎悦其意，以立私恩。此亦陛下之所宜察也。國家名器，本待才德，但用之以公明，人無不服。今宗師既罷，則及之新命亦望追寢，不須更俟其遜避，所貴稍申公道，以息群議。若以乃父彦博在朝，欲及便于侍養，即在京甚有職任可處。兼平章事乃是朝廷執政，正與都司相干，亦合回避，以此罷之，不傷陛下恩禮也。六月八日及改少衛尉。劉摯集有此奏議，今奏議乃無之。雜録又系之王岩叟，恐雜録誤，今依摯集。（録自續資治通鑑長編卷三七八元祐元年五月戊寅）

校勘記

〔一〕題爲點校者加。

乞許臺諫先次上殿奏〔一〕

侍御史劉摯言：伏見陛下聽政以來，除三省、樞密院執政奏中外，其餘應合上殿臣僚至今未降指揮。

臣竊謂臨御之始，正宜開廣聰明，延見臣下，有所訪聞。雖臣子論事自可列上章疏，然事固有言之猶不能盡者，而况文字之間哉？理之隱微，情之曲折，必假指畫，反復於前，庶幾爲能明之。

臣竊料向來方是先帝山陵禮有未遑，今陞祔已畢，欲乞先次許令臺諫官以時上殿奏事。據摯奏議自注十一月十一日奏此。（録自續資治通鑑長編卷三六一元豐八年十一月辛丑）

校勘記

〔一〕題爲點校者加。

劾蔡確第二疏〔一〕

侍御史劉摯言：摯遺稿以此爲第二疏，八年十二月六日上。臣昨者伏見宰臣蔡確充神宗皇帝山陵使，於靈駕進發前一夕準敕合赴内宿，確至夜深方抵禁門，不肯依稟聖旨指揮，欲將帶人從同入，及見本門臣僚執守詔旨，確遂恚怒而去，更不入宿，亦不聞奏稟，顯是驕慢。臣曾具彈奏，自後不聞施行。摯劾確附十月末臣未敢再有申列者，以爲確奉使回，必須引咎自劾，閤門待罪。既而還朝，略無忌憚，安居自處，以爲當然。

臣又聞近代及國朝以來，臣僚凡充先朝山陵使者，復土之後，例須自求去位，莫不得請而後已。蓋以謂臣子之禮，身典喪葬，方畢其事，以嫌自處，不敢遽踐嗣皇朝廷，所以致事上之恭。例雖出於近代，然沿襲莫敢廢之。惟韓琦奉使永昭陵回，累章瀝懇，終不獲去。蓋英宗以琦定策元勳，特恩固留，所以不得遂其請。今確歸自裕陵，赴集英内東門朝見訖，即日親事。但聞陛祔之後，因事略於簾前備禮自陳。竊料聖恩優遇輔臣，必曾宣諭不許之意。人但見其再拜而退，遂偃然自若，以爲泰山之安。確之事朝廷，其意亦已輕矣。所貴乎大臣者，爲其去就有禮，進退有義。臣以道固辭，君以恩不許，雍容節奏，必有文義可觀。而確不顧廉隅，恐失爵位，略無逡巡之意，不容陛下少施恩數而乘勢伺便，無故自留。天下不聞其陽爲求去之言，不知其公然不退之理。且前日違敕不宿，已見悖慢之心，今日當去而就，又無進退之節。爲臣之分，確豈不知？蓋謂皇帝陛下富於春秋，可以不恭；謂太皇太后陛下不出房闥，可以無禮；又謂天下公論久廢，可以欺罔。故泰然冒昧，苟固權寵。中外臣庶痛心憤嫉，爲確恥之。大臣如此，尚何以尊隆朝廷，内鎮服群下而外取重四夷也哉！

伏望聖慈深以天下爲意，無或容養姦惡，早發睿斷，罷確政事。以明國憲，以慰安中外。

貼黄稱：若或聖恩廣大，誠未欲暴確之罪，即乞止以恩禮詔之，使均逸於外，亦足以慰公論。

又稱：若或議者以臨御未久，未宜輕去大臣爲説，臣以爲不然。大臣無罪，以禮求去，則未可輕進退，若有罪，豈可牽制此説也。據劉摯遺稿此疏系彈蔡確第二疏，十二月六日上。劉仿、王知常撰摯行述載疏語亦同。編録者或以此疏系之王岩叟或岩叟同摯上此也。（録自續資治通鑑長編卷三六二元豐年十二月乙丑）

校勘記

〔一〕題爲點校者加。

劾蔡確第三疏〔一〕

侍御史劉摯言：臣近再具狀論蔡確違敕廢禮，驕慢不恭，無大臣進退之節，乞賜聖斷，罷其職位。未蒙施行。確之回自裕陵，即使其門下之人揚言於衆，曰確有定策大功，嗣皇之所倚賴，不可一日去上。左右先布此言，摇壓公議，衆人識其意，莫不憤惋而笑之。

臣竊以昔之所謂定策者，蓋國有變故，未知所立，方艱難之時，大臣能奮不顧身，議於危疑不可知之中，擇賢而立，以扶顛定傾，則是大策由此人定。古之人則霍光，今之人若韓琦是也。而今日之事，豈與彼同也哉？恭以皇帝陛下乃先帝之正嗣，祖宗之所傳次，太皇太后陛下之所眷命，而四海之所歸戴也。承序繼統，實應天下至公大義，自然之道也。臣下安可謂之定策？况先帝進藥既久，太皇太后陛下聖志前定，先已宣諭執政以建儲之事，則天下之順道，太皇太后陛下實行之矣，顧確等輩奉承詔命而已，何策之定哉？

今確乃貪天之功以爲己力，矜傲自處，欲以此固其權位。此中外之人所以憤嫉痛心而不平也！昨者確等覃恩轉官，學士草制，獨於確詞中云：「獨高定策之功。」命下之日，識者皆知其過，而確遂當之。今乃誇衆以自名，貪冒欺罔，謂今日天下必待己而後安。輕視朝廷，無辭遜去位之意，罪莫大焉！伏望聖慈深察，早賜睿斷，罷確職任，以慰安中外。

貼黄：臣孤立無援，非不知附宰相則有福，彈宰相則有禍。然仰報任使，又恃恩遇，不敢自爲身謀，故以外議上聞。伏望早賜施行，以慰中外。

又貼黄：確與章惇素相親，今固結朋黨，自陛下進用司馬光、吕公著以來，意不以爲便。故確内則陽爲和同而陰使惇外肆强悍，凌侮沮害。今廟堂之情極不和諧，近日政事大段稽壅。每議一事，一人曰可，一人曰否；一與之合，一與之離。有終日不能決一事者。蓋衆意欲以歲月消磨善人之氣，沮閡聖政，不可不察也！今中外以爲確與惇不罷，則善良無由自立，天下終不得被仁厚之澤。摯遺稿以此爲第三疏，八年十二月十四日上。（録自續資治通鑑長編卷三六二元豐八年十二月甲戌）

校勘記

〔一〕題爲點校者加。

劾蔡確第四疏〔一〕

侍御史劉摯言：臣近者累具封章論奏宰臣蔡確，乞行罷黜。未蒙指揮施行，須至再有陳列。

臣之於確，素無讎嫌，但以其人懷邪徇私，不恭無禮，久居相位，無益國家。公議所不容，王法所宜治。確自京官，不十年至輔弼，非以學術選也，非以德義進也，特以累治大獄，鍛鍊誣陷，緣此進身。是以任風憲則專以護持苗役法令爲公論，居廟堂則專以聚剥生靈膏血爲相業，天下安危，久遠大計，不以經心。民間困苦若胡越人之不相問。至排斥忠良，引置黨類，深阻而不可勝數。臣今且舉大者一事試言之。

夫百官差除，從祖宗以來中書、門下省同共進擬，所以合同衆論。自壬戌官制改更，三省分治之後。其事盡歸中書。是時確爲右僕射兼中書侍郎，中書之權既已偏重，進退人物，隨意在手，門下、尚書省審察奉行而已。天下莫不知其非，而但以確在此位，畏之者不敢言，附之者不肯言，故三省不得而合也。及皇帝陛下、太皇太后陛下臨御之日，御史臺、禮部閤門同定垂簾儀制，其時衆論欲因此合三省班次以正其事者，而或恐忤確之意，乃言官制不可輒改，遂且如故。無何，適會王珪薨謝，執政遞遷，確以左僕射進兼門下侍郎，以謂去中書之位則無差除之權，不便也。即時陰令御史中丞黄履上言以爲請，朝廷從之。於是差除方歸三省合班取旨矣。三省合班差除誠是也，乃所謂公道也，乃所謂善政也。然以確在中書貪權之故，使朝廷公道、善政不得行者凡三年。設使王珪不死，確不遷門下，則此事未必容改正，非止三年而已也，朋附確者亦未必肯以爲言也。上下之情，以利相市，以私相成，至於如此，無人達於聖聽，豈不可爲歎息也哉？臣願陛下試察此一事，足以見確之存心，常要大權隨己，則爲公耶？爲私耶？又足以見朋黨之附確而爲其用者其效如此，則爲邪耶？爲正耶？

自今春以來，詔恩屢下，勤息疲民，稍更革法度未便者，此皆確之所不欲，其心忌而恥之者也。然陽爲協順，將一二小事依應增損者，此非真能奉宣聖意也，蓋欲以此安其身，爲不去之計而已。今陛下不審察其矯僞而聽其自留，陛下誤矣。使確置身既定，立足既牢，必須領袖邪黨，專權肆志，小人之道日盛，君子之道日消，朝廷將不能制，同列亦不能勝，天下無由終被仁聖之澤矣。然則確之去不去，天下安危、生民休戚之所繫也。伏望聖慈早發睿斷，罷黜一確，上足以安朝廷，下足以安生民，而慰忠臣義士之望。臣不勝憤懣憂國愛君之至。

貼黄：試因確進對之際，陛下密察其語言所嚮及差除所主張之人，則足以見其心之公私邪正矣。

又貼黄：自冬以來，雨雪不降，亢陽爲厲。臣按五行志，以謂政舒緩之所致。恭惟聖慈於大臣仁恩太厚，包容太過，至公之法都不行於貴近，此乃和緩之政。故其效冬温而無雪。伏望振剛明之斷，深體天道，罷去確位，則和氣必應。

又貼黄：確與章惇、張璪爲黨，自知公議所嫉，疑言路或有文字，訪聞逐人各令親信於内臣中出入稍親近者探伺訪求虚實，伏望聖慈亦賜訪察。摯遺稿此係第四疏，八年十二

月十八日上。（録自續資治通鑑長編卷三六三元豐八年十二月戊寅）

校勘記

〔一〕題爲點校者加。

劾蔡確第五疏〔一〕

侍御史劉摯言：臣自去年十一月後來，累具狀彈奏宰相蔡確不恭不忠，貪權罔上，無廉恥之節，失進退之義，營私立黨，陰害政事，皆公議所不容而朝廷安危大體之所系。天示遣告，旱暵成災，無燮理陰陽之德，無厭服中外之望也。乞賜罷免，使之外補。至今不蒙可否之命。

緣臣備員言路，既已彈劾之，臣則義不可止。前後章疏既不蒙付外施行，累乞上殿又不蒙指揮允許。上下隔塞，情志不通，公道不明，邪正不辨。今旱虐廣闊，二麥絶望，人之艱食，疾疫已作，盜賊將起，陛下祈禱之誠非不勤至，而和氣不答，則害譴之大，將誰召之哉？陛下仁慈包容，不究其故，欲不失恩意於大臣則可也，然生民何罪，不蒙哀救？假如不欲暴確前後罪惡，則自當依古今典故，止以災變罷去，有何不可？伏乞檢詳臣前後論確事狀，盡降付三省。若臣之言不誣，即乞速賜睿斷，罷確以答天戒，以慰安中外。若臣之言有不出於公議，則乞黜臣以謝確。所貴忠邪是非有所分别，無徒使臣紛紛言之，煩瀆天聽也。

貼黄：確罷則正人可以伸，邪黨可以化；確不去則君子道消，小人道長。正人君子進則善政行，天下安；小人邪黨進則善政不行，天下危。伏望聖明深察。

又貼黄：大臣邪正之辨，士大夫去就之决，在此一舉爾！陛下何憚而不爲之哉？

又貼黄：君子進則能養小人，小人進則必害君子。進退之時，臣非敢取必於陛下也。然惟望聖意早有所定，如欲用正人，則速賜罷確，如有所不欲，亦望速罷言者，使善人君子早爲去計，免使他日被其禍害，亦陛下之賜也。今混淆雜進，久不辨别，非所以全善人也。元祐元年正月二十一日乙酉，摯遺稿以此爲第五疏，正月二十一日上。第一疏附入八年十月末，第二疏十二月六日，第三疏十二月十四日，第四疏十二月十八日，第五疏正月二十一日，第六疏併第七疏今附此後，第八疏二十七日，第九疏二月七日，第十疏二月十五日。（録自續資治通鑑長編卷三六四元祐元年春正月庚戌）

校勘記

〔一〕題爲點校者加。

劾蔡確第六疏〔一〕

摯又言：臣近者累具章疏，乞賜聖斷，罷黜宰臣蔡確。至今未蒙指揮施行。臣本以姦邪在朝，豺狼當路，故不避禍患以盡言責，而陛下曾不省察。豈微賤之臣，區區之瑣説不足以感悟天聽乎？然臣之所言，皆天下安危，生民禍福大計，非臣之利也，今理難緘默。伏望聖明略垂顧省，無以臣之賤而廢其言，天下幸甚！

謹按確本無學術，又無德望，因緣遭遇，惟以鍛鍊大獄，排斥善良，聚斂民財，阿諛苟合致身執政。仍以深中不測爲履行，附會取容爲事業，引置私黨相爲表裏，此天下之所共知也。昨者神宗靈駕發引，公然違敕不赴内宿。及山陵使回，略不依故事辭位，而使其門下之人揚言於衆，謂己有定策大勳，嗣皇倚賴。貪天之功以固權位，欺上罔下更無廉恥。至於假朝廷政事以行私意，因王珪薨殁遞遷門下，方兼三省。蹇周輔父子明有罪惡，但以周輔在開封日曾勘蔡碩欠錢兩事，周輔皆爲曲法平掩，報其私恩，不使罷任。如此之類，亦中外之所共知，臣已於前章論列其詳矣。今自去冬以來，都無雨雪，畿甸及京東、西近而易知也。陝西、河北、江淮之遠，有人來者，臣每詢訪，皆云大旱，則被災之地可謂廣闊。百姓一歲之命，惟賴麥爾，麥不登則民饑，民饑則盜賊必起，又疾疫相承而作，天下之勢，誠可大憂，非小小災異，乃上帝警告以動聖慮也！

漢世水旱災變必策免三公，而三公以災異引咎自殺者比比有之。又曰：「烹宏羊，天乃雨。」夫烹人非致雨之道，而雨必可致者，蓋桑宏羊聚斂姦臣也。以謂烹是人則民心悦，民心悦則天怒解，而和氣應也。前世及本朝凡遇水旱變異，則執政之臣必須引咎自劾，惶恐畏天，懇求去位，以避賢路，以謝天譴。蓋身爲公卿，職在燮理陰陽故也。確位居上相，正任其責，而恬然不以爲意。前日山陵使還不去，今日大旱不去，中外士論莫不驚怪，謂確貪固寵禄，實有輕朝廷之心。將謂皇帝陛下春秋富盛，太皇太后陛下垂簾之際，或未能盡知大臣充山陵使及遇災異明有辭任典故，所以幸於不悟而都不備禮自言，傲然安倨，蔑視公議。今旱勢累月，已涉春矣，生民嗷嗷，驚駭狼顧。正是大臣恐懼待罪之日，又是陛下思答天戒，更張政事，變置大臣之時也。確竊據日久，姦險陰害，不忠於國，無心於民，與章惇死黨相結，同力護持㢾法，沮排同列，以隔塞陛下善政。誰不憤疾！而陛下覆之如天，容之如地，不判其邪正，不辨其公私，此中外士大夫未見其是非成敗之所在，所以懷疑觀望，未敢盡心展意於國家者也。伏望憫此旱虐，早發睿斷，明以故事，罷職任，使之外補，則天下必安，人心必悦。天下人心既安既悦而天地之和不應，臣當被欺罔之誅所不敢避。然則陛下何惜去確以救四海之命？較其利害，孰輕重哉！陛下若以臨御未久，恩遇執政，不欲遽有去留。今來聽政已逾年，又改元矣，尚待何時也？若以皇帝陛下盛年，左右須人輔導，則自有二三老成道德之人，何賴確哉？確姦險刻薄不可使，久在陛下左右，朝廷終無所益。

伏乞速賜指揮，將臣前後論確章疏付外施行。臣不勝愛國愛人區區之心。

貼黄：若不早罷確職事，則善人終不可立，邪黨終不可辨，㢾法終不可改，善政終不可行，疲民終不可安，士大夫終懷畏貳，不得盡心於朝廷，所系甚大！伏望聖聽無疑，早賜施行。

又貼黄：臣昨亦論章惇，乞行黜降。今來未敢並煩聖聽，候罷確日別具彈奏。

又貼黄：水旱罷免宰相，古今明有故事。確爲上相，罪惡不少。今止以旱災去位，而免其貶竄，掩其姦邪，已足爲幸，於國體無傷。臣獨區區如此者，亦非狂妄自棄也，蓋天賦愚直，心嫉姦惡。出於孤遠，蒙置之言路，見確無禮驕慢，爲天下之害，所以盡言以報恩遇。伏望早賜指揮，爲歲首發政之美。摯遺稿以此爲第六疏，正月空日上。按是年正月十三日立春，此云「今旱勢累月，已涉春矣」。或恐在二十一日第五疏前，編遺稿者偶失之，今仍附二十一日。

（録自續資治通鑑長編卷三六四元祐元年春正月庚戌）

校勘記

〔一〕題爲點校者加。

劾蔡確第七疏〔一〕

摯又言：臣自去年十一月後來，累具章疏彈奏蔡確，乞賜罷免，至今未蒙施行。伏見祖宗以來，執政臣僚苟犯公議，一有臺諫論列，則未有安其位而不去者。其所彈擊又不過一二小事，或發其陰私隱昧之故，然章疏入，即日施行。蓋去留大臣，一切付之公議，雖人主不得以私意加也。臣所論確之罪，非一二也，非小事也，又非訐人之私過隱慝也，皆是欺君罔上，不恭不忠，貪功怙權，無廉恥，立朋黨，極人臣之大惡，並有實迹，天下之所共知，而王法之所不容者也。臣言屢進，極於忠憤矣！而天聽愈高，莫能感動。今上天儆告，旱災已成，二麥已乾，疾疫已作，饑饉時至，民將流亡，盜賊將至，群情驚懼，大命近止。累月以來，日青亡光，風埃昏塞，此何時也？而陛下曾不以爲慮！天戒如此，豈不可畏？夫欲轉禍爲福甚無難，緣今日災變本非人君有失德所召也，又非朝廷無仁政所致也，止以今日政在大臣，而大姦雜處，忠邪混淆，無燮理陰陽之德，無厭服中外之望，害流生民，人情憤鬱之所致也。陛下專務包容，使天下受其患，而獨幸此一二姦人，何謂也？邪正不辨，是非不分，如黑白冰炭之不可同也！宜早分辨之，則忠義之士知所嚮，而善政立矣。

臣又竊料聖慈不欲傷恩，欲待其自請而後以禮數去之耶。確之無廉隅、貪權勢也久矣。自去年以來，百術千慮爲安身不可動之計，則今日安肯以水旱故事自請哉？若或陛下疑臣排擊大臣，有挾私之意，伏望降臣前後章疏付三省辨正是非，早賜聖斷，罷確職任以答天戒。中外之心既安以悦，則天變必回，和氣應而時雨降，尚可救枯槁災厲萬分之一。伏乞速賜處分。

貼黄：古者水旱策免三公，及本朝以來大臣以災異未有不自請罷免，闔門待罪者。今大旱如此，確位上相，安然自處，略不備禮，足以知其輕視朝廷，蔑無公議。

又貼黄：陛下自去年以來，凡政令未便於民者略已更改，雖未能盡去其根本大害，然節次所改者不少，皆是確久來護持以爲善法者也，而今合同衆改之，前日不以爲非，今日不以爲是，則尚可以爲大臣而責其事君之義哉？兼議者又以謂確深險而多謀，今肯依從改爲，非誠心也。蓋陽欲自託於正人以爲安身之計，俟他時復肆其志，則今日善政却須變更。臣觀確處心，已見反覆，則議者之語不可不察也。惟望早賜罷確，專任正人，使善政畢立，則後日不可摇矣。（摯遺稿以此爲第七疏，系之正月，而無其日。録自續資治通鑑長編卷三六四元祐元年春正月庚戌）

校勘記

〔一〕題爲點校者加。

劾蔡確第八疏〔一〕

侍御史劉摯言：臣累具狀彈奏宰臣蔡確，乞行罷免，至今未蒙指揮。伏緣朝廷之上忠邪並立，内外人情不安，臣以微官備耳目之任，義難苟止，確之罪惡，前後論列已詳，今再論安危所繫之大體。

自聖明臨御之始，首起司馬光，使之執政，於是天下之人，無遠無近莫不歡欣厭服，以望蘇息。然光以至誠直道，獨行孤立，所恃者惟聖明特達之知，而廟堂同列略無誠心助光爲善者。不惟不助，而又有妬忌嫉害之心。夫嫉光者，乃所以害政而利於己也。故每議一事，則須口舌紛紜而後能決，乃政令既下，則內外官吏猶懷疑畏，持其兩端，未肯悉心奉行。皆以確之與章惇乃是前日欺先朝造作法令，倡和護持最堅最久之人也。今乃並據要路，氣焰權勢震凌中外，又布置朋黨，曉夕計謀，以固其位，坐待他日反復變更，而執今日之事。此人情所以恐懼，而觀望未敢定心專志以事朝廷者，實爲兩人故爾。上則陛下雖有仁惠之政，爲確等所艱難而不得純被於民；下則士大夫雖有忠義之節，爲確等所脅制而不得自竭於君。則確與惇之爲今日害，豈不大哉？臣不知陛下何惜一言去天下之大害也？今司馬光老矣，而病羸已甚，萬一事有不幸，光不能支持，則陛下之仁政遂不復立矣，生民之疾苦遂不復蘇矣，陛下所用善人君子遂不勝確等陷害矣，善人被禍未足論，而使確等復得志，則肆毒於天下，必愈甚前日矣！陛下試念及此，則社稷大計豈可不念之哉！時難得而易失，禍福之間，密不容髮，惟望聖慈深思幾會，早發睿斷，罷確與章惇，別選德望與光同心守正之人置之左右，以成就陛下善政，以綏安陛下疲民，使忠義之人曠然無懼，竭力以報陛下。

此事無難，在陛下一言而已。確等不去則朋黨立，確等既去則朋黨消。蓋小人邪黨本以利合，若見朝廷利害已正，則彼自亦隨時而化，皆足以爲朝廷用矣。伏乞將臣前後論確等章疏速賜付外施行，早罷確等，以辨邪正。臣不勝憤懣憂國愛君之至。

貼黄：臣聞確等常在通進司探問臣僚文字，緣於歷内盡見抄上數目。今雖蒙聖恩欲全愚臣，故章疏未賜降出。然留中文字確已知其數，故已疑怒臣等，日謀傾害。臣迹甚危，伏望體察。不若盡出臣疏付外公行，臣雖被責，亦所甘心，免被陰害。

又貼黄：陛下雖用司馬光，而反使確等牽制之，故爲政將一年矣，雖更制改法，利於民者固多，而大病根本皆在。又天下推行之人猶懷疑貳，依違不肯盡心，使民不能盡被惠澤也。推行所以懷貳者，以確與惇持權當路，人畏他日反覆之禍也。伏望專任正人，早罷確等，則善政可以成，基本既定，後日不可動，乃萬世之利也。

又貼黄：臣昨曾有貼黄奏聞候罷確日别彈章惇。今來二人爲害一等，皆中外所畏者，臣故於今狀同論之。

又貼黄：確自陛下即政以來，其大罪犯公議者凡十餘事，臣前具狀彈奏。今天下大旱，日月已久，災害已成，陛下焦心憂民，至煩車駕躬行祈禱。而確爲首相，正任其責，略不引咎避位，以謝天譴，以厭人心，足以見其欺慢陛下矣！只此一事自合竄黜。

（録自續資治通鑑長編卷三六四元祐元年春正月丙辰）摯遺稿以此爲第八疏，正月二十七日上。

校勘記

〔一〕題爲點校者加。

劾蔡確第九疏〔一〕

侍御史劉摯奏：臣近者累具彈奏宰臣蔡確、知樞密院章惇，乞行罷黜。章十餘上，日久祗聽，尚未聞報。臣以孤賤綿薄，雖區區忠憤而不能感悟天心，臣誠死罪。然而察安危之機，考邪正之辨，以聖明天日之鑒，豈有難者？所以睿斷遲遲而不發者，臣竊料聖意，其説有二：其一則陛下必曰凡此執政，皆受遺有功，故不欲遽有去留；其二則陛下必曰今日朝廷宜安靖無爲，以鎮天下，未可變移執政。臣以爲不然。請爲陛下言之：

恭以皇帝陛下之立，乃承祖考次序，太皇太后陛下於神宗進藥之日已有定命。當是時，上無危疑之勢，下無睽貳之論，則大臣奉承而已，何功之有也？非如古昔之時，付託艱難，故成敗可否在大臣也。況自去年以來，恩賞大臣亦已不薄，進官爵則過越故事，賜之金帛則莫知紀極，固已無負於大臣矣。今已逾年改元，龍德日盛，聖政日新，廟社之安於泰山。上繫太皇太后陛下之保祐，則尚何賴此一二姦人哉？

若夫今日宜安靖之治，則誠是也。然所謂安靖者，謂疲民不可復擾也，謂邊事不可復作也，謂法令不可煩苛也，謂土木未可興也，如此之類而已，非謂容姦邪也。若國之安危，民之愁苦，士之忠邪，一切不問，而曰我欲爲安靖之治，則大誤矣！

今大姦大猾持權當路，豈可牽於受遺之説而留之？乃是以厚恩養禍患也。正人憂畏，邪黨橫行，又豈可牽於安靖之説而不問？則是以無事養朋黨也。譬如毒蛇螫手，壯士必斷其腕。蓋所去少而所全者大也！今確與惇矜功肆惡，而陛下恐傷前日受遺之小恩而容之，使爲後日國家之大患，則無乃異於壯士之取舍乎！豺狼在門，必急逐之，若拱手安坐，憚於舉動，則彼得無所畏憚，伺便摇尾而入矣。今確與惇朋邪害政，兇焰日熾，而陛下包含覆蓋，欲守安靖之説，不察緩急之勢，使姦謀日深，後不可動，天下受其害，則又無乃類於不逐豺狼者乎！

確之與惇，天資姦僞，拔於常調小官，十餘年間遂至輔弼，則神宗皇帝之於二人，其恩德可謂大矣！然猶以不忠事之。則於今日豈有至誠大節以事陛下也？陛下以生民困敝，故今於政令有所更張。而確等勢不得已，承命改爲，然不知陛下能保其後日之心乎！臣逼於公議，彈擊大臣。論其名分，則臣賤也，彼貴也；臣孤寒也，彼權勢也。若論其至公大義，則臣備耳目之任，自視其言可以貫天地而質神明，則陛下豈終不察臣之忠乎？伏望聖慈降臣前後章疏付三省，早奮剛斷，罷確與惇，以幸天下。

貼黄：今忠義士見姦邪魁黨對踞要路，故皆不自安，有避禍欲去之意。使忠義引去，則陛下誰與立天下善政乎？臣所以日夜憂懼，不避煩瀆聖聽，再三以告陛下，伏惟裁幸。

又貼黄：臣前後所論確等事，皆是輕慢君父、欺罔中外、不忠不恭、營私害政之大罪，非指其小事也，非訐其陰私也。伏望再賜省覽臣前後章疏，然後降付施行。元祐元年二月七日第九疏。（録自續資治通鑑長編卷三六五元祐元年二月丙寅）

校勘記

〔一〕題爲點校者加。

乞寢王說倉部郎中新命〔一〕

侍御史劉摯言：臣數日來傳聞前知徐州王說除倉部郎中，又云差知荆南。臣謹按王說昨在徐州，見前政趙鼎相度鑄錢不便，違忤轉運司意，遂爲吳居厚捃拾勒停。說以此曲意取容，迎合附會，興置錢冶，科買調斂，困民殘物，勞費逼迫，無益公家，一方之弊，說實成之。昨者朝廷治居厚掊刻欺罔之罪而不及說者，蓋聖恩以寬厚安人心，謂州郡有所受於監司而已。則說之獲免，幸矣！今又從而進之，則恐無以爲是非善惡之辨。況說資材闒茸淺陋，一無所長，而有朋比姦佞之跡。先帝正官名，嚴省闥之選，今於任人宜加選擇。荆南帥守節制一路，皆非說之所宜。伏乞除說一外任合入差遣，以允公議。

貼黄言：臣得於風聞，須至先時而言，萬一無此，不過爲妄言。

又言：吳居厚於京東妄有興作，凡州縣誰敢違抗？今固不可一一非之，但說於其間尤爲過當，隨事增革，以諂居厚，如於鄉户逐等科炭，最爲害民；今來又遽有遷擢，臣所以論之，非謂奉行居厚事者皆可追治也。摯遺稿此章以初九日上，今附十日，嫌與范鎮事相亂也。王說除倉部郎中在二月一日，尋出知密州，在閏二月四日。又閏二月末蘇轍奏可考。（録自續資治通鑑長編

卷三六五元祐元年二月己巳）

校勘記

〔一〕題爲點校者加。

劾李南公〔一〕

侍御史劉摯言：摯遺稿此章以二月十二日上。臣昨者曾論天下監司多無善狀，乞朝廷考察澄汰，别行選任，後來未聞指揮。方今陛下興復聖政，綏安生民，而詔令所下，奉行究宣實在部使者，有非其人，澤不徧被。

臣伏見河北轉運副使李南公險薄刻害，無士人之行，天下所知。往者以不嫁其妹，委於他人，先帝惡之，黜置散地。未幾夤緣再被任用本路。昨起鹽禁，南公虐行其法，科配勞費，一路被患。近蒙聖恩遣使經畫，已皆廢罷，則害人之狀，臣不復言。南公職任監司，親被寄委，未嘗有一言論可否於朝廷，意欲取勝京東，有徼倖之望而不顧爲國斂怨。又去年三月陛下聖恩優賞軍士，南公輒移檄州郡，令於等第人户括借物。上下驚擾，人心不安。及宣例既下，方能追改，然民户已有逃遁避去者。南公之倚法罔上，急於功賞，遇事應變，措置乖方，此其大略也。朔方劇部，非他郡比，朝廷北顧爲重，而南公者豈宜久使居之，肆其殘虐！實不足以副朝廷厚風俗、安疲瘵之意。伏請特行貶黜，以允群議。（録自續資治通鑑長編卷三六六元祐元年二月癸酉）

校勘記

〔一〕題爲點校者加。

劾蔡確第十疏〔一〕

御史中丞劉摯言：臣昨累具狀彈奏宰臣蔡確、知樞密院章惇，乞行罷免，至今未聞可否指揮。

臣竊以御史、諫官之彈劾大臣，豈敢輕易哉！言既出口，疏既上聞，則其勢不可以中輟，其義不可以兩立也。幸而人主聽用其言而罷大臣，則諫官、御史可以安其職而守其官矣。若人主不用其言，不罷大臣，則諫官、御史失職，不敢不求去矣。此言官之分，職業之守也。臣前後論確章疏並未蒙付外，此不審陛下終將聽臣之言乎？蓋未可得而知也；陛下遂將棄臣之言不聽乎？亦未可得而知也。皆未可知，故臣亦未敢輕爲去就之計，自求罷職。又未敢備録論確等前後文字繳連申三省，以決是非，而猶有所待也。臣亦以謂幸遭皇帝陛下、太皇太后陛下至仁至聖，修明政事，興利除弊，惠安四海，開廣言路，聽納如流，乃臣子千載一時之遇。臣所以自惜，願於此時竭誠效智，求有所立。若欲以一疏輕決去住，於爲身之計則潔矣，於事國之義則未也。然而遲遲待命，日已久矣。若陛下但留臣章疏不賜可否，而臣又不自引去，則公議以臣爲何如？而臣何顔以自安也？

臣與蔡確、章惇非有讐嫌也，非訐其陰邪小事也，皆以其不忠於先朝，不恭於陛下，朋邪立黨，包藏貳心，反覆容身，以固權位，昧進退之義，無廉恥之節，皆公議所不容之罪也。陛下何故不恤天下之義，牽制而不斷哉？臣屢勸陛下辨别邪正而進退之，陛下若罷此二人，則天下之邪正辨矣！今天下之懷私爲利者皆託此二人爲之魁主，天下之抱忠守義者皆畏此二人不敢自效。今陛下能睿發剛斷，罷確與惇則善人安，小人化，凡天下之奉承詔令，更張政事者，莫不專志盡慮，無復疑畏。朝廷之福，萬世之利，在此一舉。臣所以區區冒犯威聽而不能已也！伏望聖慈檢臣前後言確等章疏，再煩一賜詳覽，以考二人罪狀，然後降付三省施行。摯遺稿系第十疏，元年二月十五日上。摯自去年十月以來累疏論確，今年閏二月二日確始罷相。（録自續資治通鑑長編卷三六六元祐元年二月甲戌）

校勘記

〔一〕題爲點校者加。

劾章惇〔一〕

御史中丞劉摯言：臣竊以志士莫不嫉惡，御史在於觸邪。見無禮之人，有如鷹鸇之逐鳥雀；遇當路之害，不問狐狸而先豺狼。伏見知樞密院章惇素無才行，立身居家，有不可言之惡，此天下之所共知也。嚮以附會王安石欺罔朝廷，進不以道，遂塵政路。自陛下登用舊德，修復祖宗政令，而惇意不自得，以爲不便，非己之利也，故爲沮害。以悖慢不遜奏對於至尊，以强悍非理凌轢其同列，排訴之語，播於中外。臣曾累具彈奏，論其姦狀，乞賜罷免，未蒙施行。

近者陛下改免役爲差役，人情欣快，上下莫不以爲是。而惇獨以爲非，敢建異議，以沮詆聖政，非毁詔令。緣改法晝旨之日，乃是三省、樞密院同共進呈，惇果有所見，當於是時敷陳講畫，使法令成就而復行下，亦大臣之義也。今待敕令宣布，方始退而横議，惇非不知此法之是與非也，亦非不知懷私立異之負朝廷也，然惇安爲之者，蓋寧負朝廷而不忍負安石，欲存面目以見安石而已。又自以嚮者無所建明於先朝，專以欺罔阿諛由此法而進，故今不肯遽然回心革面，且將以遂其非耳。見蔡確已罷，自知不安，欲爲此一節，賣直聲而去，以慰其朋黨之心。又復冀望後日萬一此法却有改變，則欲出而受其利，故不論是非之實。傳聞惇語於人曰：「不貶不去。」此足以見其志也。然則執政如此，乃是以高位厚禄養大姦，豈朝廷之利也！惇之利口喋喋，足以變事實而惑主聽；兇氣焰焰，足以摧善良而脅群下。故章惇不去，則不可以安廟朝、成善政、鎮百姓而服四夷。伏望聖慈以臣章疏付外，正惇不忠之罪，罷黜之，以明典憲，以允公議。

貼黄：蔡確罷日，公論翕然，稱頌聖德，果於退姦，度越古今，忠邪有所辨別。然猶以惇在朝廷爲未快也。蓋惇乃確之死黨，而兇悍則過之，不可不去。

又貼黄：臣累具奏請，以爲罷蔡確及惇可致雨。昨者罷確而相司馬光，宣麻之日遂雨，自後不出旬日三得雨，都城近尺，而畿甸尤爲沛然。此有以見睿斷所召，而天心之應陛下也。天道必可畏，公議必可信，豈非明驗？臣望陛下事天益恭，常以分别邪正爲心，不可少懈，早賜罷惇，以終始聖德，以幸天下。

又貼黄：惇辨慧果敢，似乎有才者。然此正小人之才也。古者任大臣，必用有德，不用有才。有德進則行忠厚之政以安天下，有才進則爲殘刻之政以禍天下。則德之與才，治亂之所繫也！有德者廉静而重謹，故人難識之；有才者矜强而敏捷，故人多悦之。此歷代人主所以多惑於忠邪之際也。楊國忠、李林甫、盧杞輩，其才皆過人，然終爲唐室之亂，不可不察也。臣深慮惇之智詐有以施行，而恐陛下疑以爲才，故詳言之。幸早賜睿斷。摯遺稿稱元祐元年閏二月十五日。（録自續資治通鑑長編卷三六九元祐元年閏二月癸卯）

校勘記

〔一〕題爲點校者加。

劾曾布〔一〕

御史中丞劉摯言：臣伏見户部尚書曾布，在熙寧初，王安石以親戚最先引用。方此之時，神宗皇帝切於求治，慨然更化，而安石辜負委任，乃起聚斂之事，徧刻之政，顛倒善惡，割剥生靈。布爲檢正、判司農事，安石托以腹心。故其政皆出於布之謀，其法皆造於布之手。至於濫刑賞，開僥倖，排動舊，進姦諛，安石一以咨之布，布以爲然，然後落筆，遂使流毒肆惡，人被其害，皆安石爲之，布實成之。臣時爲御史，曾以此告之於先帝曰：「大臣誤朝廷，而大臣所用者誤大臣。」蓋指布輩也。

及至陛下損益法令，完其已善而革其未安，然後先帝惠綏生民之本意，始得大明於天下矣。今安石已歸老田里，而布猶在近侍，出入省闥，中外之人，莫不指議。緣今役法新改，方講畫條目，其事之首尾根本皆在户部，而使布典領，雖朝廷命令布無敢違，然詭情異志，必不肯以前日爲非而協力成就今日之新法，恚憾在職，實非所宜。

臣謹按布不能宣明先帝之政令，罔上尅下，乃古之所謂民賊，而聖人所謂盗臣也。考之典憲，宜在所貶廢。若聖慈欲全大體，不欲傷包荒含垢之恩，即乞止罷布户部尚書，别移一職任，以允公議。

貼黄稱：自安石熙寧初，不能副朝廷求治之意，而造作害民之政，是時布最先用事，其法皆出於布。今法既更張修完，以追述先朝之意矣。而布猶在要近，此所以衆議籍籍，不以爲允。伏望速賜指揮，罷今職任，别移在京或外任一差遣。此據元祐章奏雜録，摯集今無之，遺稿仍具載，在閏二月十六日，其月二十二日布出知太原。布子紆釋誣云：「摯爲中丞，未嘗論布。福建所刊骨鯁集有摯章，乃選人徐方叔撰造。曾經朝廷行遣，開封府自有公案。」不知紆所稱公案是何年月日？摯本集今雖無此章，其遺稿十卷具載，又有月日可據也。紆特爲其父諱耳。（録自續資治通鑑長編卷三六九元祐元年閏二月甲辰）

校勘記

〔一〕題爲點校者加。

再劾章惇〔二〕

御史中丞劉摯言：臣昨者累具彈奏知樞密院章惇，乞行罷黜，未蒙施行。既而諂事謹按惇佻薄險悍，無士人之行。熙寧初召試館職，乃爲御史詆其醜惡罷去。王安石，以邊事欺罔朝廷，稍稍進用。及安石補外，惇又傾附吕惠卿，當時號爲入室之人。徇私反覆，物論賤之。夤緣至於執政，以强市兩浙民田及寄語臺官等事爲言路所擊。而先帝亦益薄其爲人，於是黜之。未幾復爲蔡確所引，以至今日。自陛下辨别忠邪，修完先朝政令，雖天下之所同利，而惇輩之所不樂。蓋自知身非善良，故不欲舊德之在其側；心懷姦貳，故不喜正論之出其旁；由新法而進，故不願祖宗舊法之復用也。廟堂之上，詆詬同列，摧辱公議，屠沽之言，播在中外。其不遜無禮，非獨施之於同列，至于簾陛之前，彊愎慢肆，舉止偃蹇，專以沮壞善政，更無臣子事上之節，此世論人情所以憤嫉疑惑而不服也！昨者陛下裁保甲之法，而惇常護前，不以爲是。有臣僚自外至者，臣嘗問之，皆謂鄉縣田里自罷教保甲，人情安樂，無復愁歎。如河北嚮來逃亡人户往往歸復，皆言自此父子骨肉可以相聚，而有爲生之期矣。此事乃惇前日之所不肯改爲者也。推此觀之，則惇豈有意於利國家、安社稷也哉！今者陛下改正差役，而惇又肆横議，賴陛下深燭利害，主張法意，不爲邪議所動。然論説紛紛，攪擾沮害，黷於聽聽者，蓋已多矣。每事如此，則陛下之善政必須口舌争奪而後能成，不亦勞乎！

夫去惡莫如盡。惇與蔡確爲黨，前日陛下既去確，而今猶留惇，去惡未盡，非朝廷之利，非生民之幸，非所謂忠邪之辨也。伏望出臣章付外，速賜睿斷，罷惇使外補，以全聖政，以慰群望。

貼黄稱：陛下若待其自行引退，然後罷之。緣惇素無廉節，已嘗語於人曰：「不貶不去。」則安肯以禮自引也？乞付臣章於三省，正其横議害政、彊愎慢上之罪，顯然黜之可也。

又稱：陛下試將今日執政比之熙寧以前朝廷大臣，其人物士望，孰賢孰否，孰輕孰重哉？然則今日之勢，其間肆惡害政之最甚者，豈可不急去之也！

又稱：臣聞近日執政聚廳，因議役法，惇訴詈衆人，其言乃屠沽之言也。有一人對曰：「吾輩備員於此，亦宜存體。」今紛紛如市井人，若此言傳播，亦于君不便。」惇面發赤不言。又一人曰：「今日且得一伏辨狀也。」其日有稟事官數人在坐，皆見之。廟堂之上談議如此，古今所未聞也！毋乃上辱朝廷，而下取輕於士大夫哉。據劉摯奏議遺

稿，閏二月十九日上此，或以爲朱光庭，誤也。（録自續資治通鑑長編卷三六九元祐元年閏二月庚戌）

校勘記

〔一〕題爲點校者加。

請復常平舊法〔一〕

御史中丞劉摯言：準今年閏二月八日聖旨内一項：提舉官累年積蓄樁作常平倉錢物，委提點刑獄主管，依舊常平法。臣伏詳常平財用既歸提刑司，又言依舊法，則自是合依熙寧以前提刑司所行常平糴糶之法，事理分明。續準四月二十八日敕命，因中書省檢會，遂將前項制旨内「依舊常平法」，指執以爲青苗散斂取息之法，申明行下。命令反覆，天下失望。

尋聞臣僚累有論奏其事利害，臣不復詳言。今來復覩吕惠卿責降制詞，有「首建青苗」之語。夫以建議者爲罪，則是朝廷知青苗之不可爲也。苟知其不可爲，又坐首議之罪矣，而獨安然行之，此臣之所以未喻。苟以爲此法誠有利於天下，則何故明以制詔，坐以爲蠹國害民之罪哉？

自青苗之議行，而天下以聚斂疑聖旨者，將二十年矣，幸而有閏月八日指揮，行之未久，遽已移奪，今又幸而有惠卿責詞，此亦足以知聖主哀念疲民，未嘗輒忘於懷，故因事輒見之。詔令既明布天下，不可重斂，伏望深究利害，特降睿旨：常平錢物並依閏月八日敕旨，仍申明敕内舊常平法爲熙寧以前常平糴糶之法。以幸天下，以伸號令。

貼黄稱：青苗之法可行，則難指以爲建議之罪；知建議者可罪，則青苗之法不當行。二者不可並立也。然二者之中，是非易見，伏望速罷青苗之法，以解天下之疑，慰萬民之望。

又貼黄稱：臣固知國用亦或有賴於此，然往者常平舊法以時之豐荒、物之貴賤爲糴糶之制，若典領得其人，出納給貸盡其法，則非獨補兇歲、平物價而已，至於公家之利，未必減於青苗鞭扑之所得也。

又貼黄稱：雖云不抑勒，召情願，然民間以舊欠所逼，每歲須至再請，勢不得遂其情願也。新陳相壓，此民之所以困。今若罷之，則民間舊欠亦須寬作料限送納，所貴易於了足。摯奏所稱四月二十八日敕命，實録並無有。據王巖叟四月末奏，亦止稱四月二十六日再立常平錢谷給斂出息之法。蓋二十八日當作二十六日，字或誤耳。實録稱三省同建請，摯稱中書檢會，其實一也。摯遺稿此奏以六月二十六日上。今附本月日，又一奏乃七月二十一日上。（録自續資治通鑑長編卷三八〇元祐元年六月壬子）

校勘記

〔一〕題爲點校者加。

劉摯劄子五篇

請推恩楊完男劄子〔一〕

元祐二年八月四日，中大夫、守尚書左丞劉摯劄子：臣伏見故朝請郎楊完博學能文，行義純正。熙寧中數有臣僚薦，先帝賜之召對，有所任使，多在清選。而完以直道自守，不苟合於世，未嘗一至權貴之門，甘貧守節，有大臣之風，其後以館職歲滿乞補外，衢州之政，東南稱之。

臣昔與完累任同官，實知其人，昨準敕舉監司，以完應詔。今年春蒙聖恩召完赴闕，將有所用，不幸道中感疾，至杭州遂乞致仕，告命至杭州之前六日，完已卒矣！

於法親受方得推恩，臣誠悲完不幸，不獲副陛下任用，又不能忍死數日待致仕告命。今既死，只有一子，而極貧無以自存。臣不勝愚懇，欲望聖慈憫完平生節操，曾歷書局、禮官、文館之任，今已被召旨而殁於道路，望曲賜哀憐，特出睿恩，官其孤子，以全善人之禄，以爲士大夫行義之勸。

貼黄稱：完至杭州以四月十二日，乞致仕五月十六日，以疾卒當月二十二日。致仕之命到州不及親受，止五六日而已。（録自續資治通鑑長編卷四〇四元祐二年八月辛卯楊完男推恩記事注文）

校勘記

〔一〕題爲點校者加。

辭右僕射劄子〔一〕

甲午，右僕射劉摯朝於垂拱殿，立新官班，退，入第一表，免恩命，遂還家。以劄子奏云：今日依宣旨已入朝，所是供職，緣見方辭避，不敢赴省，見居家以盡臣子辭遜之禮。（録自續資治通鑑長編卷四五五元祐六年二月甲午）

校勘記

〔一〕題爲點校者加。

乞罷政事外補劄子〔一〕

劉摯言：臣二十二日再具劄子奏聞，乞罷政事，除一外任，至今未奉指揮，夙夜惶惶，不知所措。

伏念臣竊位無補，咎惡日積，招致人言，已是虧損國體。雖荷恩憐，覆庇其罪，然於輔臣進退之義，實不自安。臣苟不去，言必不息。伏望聖慈檢會前奏，如未蒙貶竄，即乞早賜指揮，除臣一外任，庶安公議。使臣得以省分遵職，以伸犬馬之報。（録自續資治通鑑長編卷四六七元祐六年冬十月庚辰）

校勘記

〔一〕題爲點校者加。

乞罷政事外補劄子〔一〕

摯又言：臣近再具劄子，陳乞外任，伏蒙聖慈復降中使賜詔不允者。恩遇未替，豈勝犬馬感報之情！重念臣居位歲久，略無勞能，心實自知，果招彈劾。雖有指陳罪狀，仰蒙聖明洞賜照察。然大臣既致人言，已爲累國。若又安然不去，臣實何施面目？所以不敢上貪睿寵，遲遲於進退之際，取輕於天下也！

伏望皇帝陛下、太皇太后陛下察臣孤危，早賜開允，除臣一外任差遣。上以明朝廷之大公，下以全臣子之名節。（録自續資治通鑑長編卷四六七元祐六年冬十月庚辰）

校勘記

〔一〕題爲點校者加。

乞罷政事外補劄子〔一〕

摯又言：臣自今月十九日後待罪及累陳乞外任，於二十五日再準詔書不允。後累具劄子干冒天威，至今未奉諭音。徬徨隕越，憂懼之心，不知所措。

伏念臣暗不燭理，煩言暴作，雖聖恩深厚，照其本末，尚垂保庇。而孤危之跡，勢豈得安？惟是許臣引分早去，使免顛覆，乃陛下全臣終始之賜也。臣敢不誓死以報萬一！（録自續資治通鑑長編卷四六七元祐六年冬十月庚辰）

校勘記

〔一〕題爲點校者加。

劉摯詩歌

路作茅齋成有詩次其韻

髴茅坐東岡，心休境自適。丈室居士家，環堵儒者宅。常令小博山，一種裊餘碧。燕雀來賀否，應笑簷牖窄。跬步是清溪，間可就泉石。庭花秋娟娟，窗月夜寂寂。燈火亦可觀，隱几對方册。不爲寒輟冬，窮居忌矯激。可大亦可小，人或未知識。戲問廣厦人，誰思萬里客。録自永樂大典卷二千五百四十「齋」字韻，頁七下引劉忠肅公集。（影印本第三十册）

清明後一日下沙

微風吹□幸陰晴，笑側吟鞭十里行。時節早蠶生穀雨，人家新火接清明。衮衣櫝鼻均無物，籬鷃雲鵬各有情。欲挹浮丘挽春馭，尊罍安得瀉東瀛。録自永樂大典卷五千七百七十「沙」字韻，頁八下江陰志引劉忠肅公文集。（影印本第六十册）

三老堂故殿中丞王公築于别墅公自稱逸老故太常少卿卿公稱拙老兵部郎中士公稱野老三老相與會堂上因名

三老非隱者，鄉里道義人。締交何綢繆，白首情益親。進退小或異，歸于重其身。逸老田北郊，築堂北溪上。野拙彼二老，招邀日俱往，幽泉美清泠，平野得遐曠。謂近隔城市，謂遠非山林。青岑落尊酒，白雲貯衣襟。歲月付清醉，志緼還長吟。頹俗可以敦，媮風爲之重。人生苦飄忽，事往真幻夢。但聞三人墓，蕭蕭木已拱。埸來撫陳迹，春衣(風)吹我衣。墻邊見殘萼，屋角懸斜暉。雍琴感今昔，遼鶴驚是非。世故無足言，徘徊壞墻下。

思人愛樹木，況此巋然者。子孫固無忘，又將告里社。録自永樂大典卷七千二百三十八「堂」字韻，頁十三下引劉摯詩。（影印本第七十册）

石棋局

堅平宜荷明堂柱，方潔當函玉牒書。且拂塵埃伴君坐，一枰相與寄清虚。録自永樂大典卷一萬九千七百八十二「局」字韻，頁一上引劉忠肅公集。（影印本第一百七十八册）

劉摯日記

劉摯日記云：七月二十七日以孟秋享致齋本省，是日早，延和奏事畢，留身請補外，諭以不可，哀祈切至，再拜而退，投表於通進司，隨有旨，東府不許般出。明日，從上自景靈宫還至端門，即入，即返轡而南，寓泊曹氏園聽命。八月一日癸巳再表，批不允。近璫閻安自曹園押入，隨班奏事畢，少留，再懇，諭勞再三，未有可旨。退，再入劄子上馬。是日有旨，諸處毋接外章奏。

五日五鼓，封還所奏，陳衍押入，見衍於本省後堂，見奏垂拱。

六日，奏事已，少留面對。（録自續資治通鑑長編卷四百四十六元祐五年八月戊戌〔一〕）

校勘記

〔一〕原文爲雙行夾注。

摯私記云：吾之求去也，豈苟然耶？吾出於寒遠，被擢四年矣，實過其分。於國既無顯勞，而妨賢路，宜知止。此一可去也。元祐政事，更首尾者零落無幾，獨吾與微仲在，餘者後至，遠者纔一年爾。雖不見其大異，然不得謂之趣向同也。或漠然兩可，或深藏其意爲不可測，或以異意陰入其害，公肆詆諆。摯近因中司一章論政，有云：「願戒大臣共敦此義，勿謂不預改更之事，遂懷同異之心。」於是所謂後至者皆不樂，不樂則意不得不生矣，故政論不一，陰相嚮背爲朋，而吕相亦自都司吏額事後於吾有疑心。夫共政事者六人而有異志，同利害者纔二人而有疑心，則豈獨孤立之不易，實懼國事之有病也！古人有安國之志、全身之智者，多引避之。此可去二也。

去年六月范堯夫罷後，至此闕右揆。自安厚卿丁憂，近又孫和父薨，吾位遂在衆人上。議者或以次遞見及，勢豈得安？此三可去也。聞外籍籍以吾於廟議有不合而去，又謂見微仲比數留身，有所懼而去，皆非也。又以謂久闕不補，恚而求去，此無知之言也。士大夫喜吾此舉者亦不一云。此用劉摯日記增入。（録自續資治通鑑長編卷四四六元祐五年八月戊戌）

劉摯記裴綸及胡競事云：先是，中旨召綸及競爲言事官，輔臣面奏候召到審察。綸至，一詣都堂，其人亦清修之士，惟蘇頌略識之，遂以綸爲監察。既而言者交章論列，以謂人主用人固善，但此二人何緣達於上聽？恐歧徑一開，不勝其弊。乞明降薦者章奏，以公選授。而綸亦懇辭，故罷之。終不諭以薦者。

又論競嘗爲瀛州學士，罪惡有狀，因並論曰：「競到別與差遣。」外議推求其論，爲説不一。或曰綸前通判蔡州，頌有子在其部，犯法將敗，綸力庇全之，故頌密薦。又曰綸居許，與諸韓善，近宗師多延譽於士大夫，而致之於傅堯俞，故堯俞密啓。或又云維所薦也。競則多謂陳衍薦之，蓋嘗承受於高陽，與競同時，又雅相厚也。初云韓忠彦、劉安世所薦，皆高陽同官爾。問二人皆不然。（録自續資治通鑑長編卷四四八元祐五年九月癸未）

右司員外郎王古爲秘閣校理、太府少卿，太府卿李杲卿爲衛尉卿，衛尉卿劉忱爲太府卿，太府少卿程博聞爲司農少卿，司農少卿廉正臣知滑州。吕大防、劉摯以杲卿老而怠於事，素賴博聞，古既非强明，又不勤敏，而太府事劉忱雖老猶精審，故易之。此據劉摯日記增入。（録自續資治通鑑長編卷四四九元祐五年冬十月丁酉）

初，命元發與王安禮對易，韓川封還元發詞頭，以爲病不可爲帥，過都門二十日不敢求覲，其病無疑。元發磊落有氣節，往往不爲任事者所喜，故擠逐流落幾二十年，方稍被眷獎，有所任之，而老矣。苦脚疾，他無甚病，然其志未能無所望，既摧頽不能支，又爲後生輩指點，議者疑其邑邑以死也，亦可哀矣。（録自續資治通鑑長編卷四四九元祐五年冬十月乙卯注文）

（己未，刑部侍郎韓宗道爲寶文閣待制、知青州，尋復爲刑部侍郎。復爲刑侍乃十一月二日，今並書。蘇轍云云，十二月二十二日壬寅。）

劉摯記此事云：宗道自刑部侍郎除寶文閣待制，吕大防實主之。初莫曉其故，昨撰除目，後疑其然，因博詢乃知宗道有求於傅堯俞，小封干大防，故忽發，謂衆人猝猝不能可否也。蘇頌亦韓姻，爲此委曲者，獨謾摯及許將耳。宗道爲正侍郎才三月，摯因晚集以宗道事問大防曰：「何故除外任？」大防曰：「外面難得可移之人，宗道已多時。」摯曰：「宗道雖久，乃是權侍郎，改爲正侍郎及今方百餘日。」大防愕曰：「是，是，然終須作待制，只是差早爾。」摯曰：「不然，只恁觀之不爲過，若比衆人則太優。陸佃爲正侍郎五年，才得待制知潁州。梁燾兩爲諫議大夫，又爲中丞，又爲權尚書，請郡，止得待制知鄭州。天下公議亦可畏，不知外人如何説此差除也。」大防默然久之。逾月，宗道仍舊故官。蓋大防畏公議，因事改前過也。此據劉摯日記增入。（録自續資治通鑑長編卷四四九元祐五年冬十月己未）

先是，許將以臺章居家待罪，内降將自辨劄子云：「臣初與衆議不合，進呈日亦言不可，退而進擬亦不敢簽書，即非變本議。今既招人言，乞行罷黜。」是月初四日甲子進呈臺章及將劄子。吕大防叙差除利一事云：「許將元無論，止曾言恐超資，密院再檢有例，遂將上。若一人未同，豈可以進呈？將止是迎合反覆，臨時觀望，却非有傾奪之意。」諭曰：「記得上來時，將曾言不可，料亦無他。」大防又言：「臣等疏拙，承人乏而已，其爲無補，實皆知罪。然亦不至作姦，衆人議論不同，乃是相濟。」劉摯因曰：「古人以爲上下雷同非陛下之福。若人人相順從，却不是好事。但得各有公心，雖小有不同，而公言之，是乃同歸於善也。」此乃劉摯日記增入。（録自續資治通鑑長編卷四五〇元祐五年十一月甲子）

戊辰，渠陽奏捷。此據劉摯日記增入。（録自續資治通鑑長編卷四五〇元祐五年十一月甲戌）

（甲戌，李珣知邢州，從其請也。給事中范純禮駁珣録黄，詔珣與小處。）下有注文：劉摯日記十八日給事中范純禮駁珣録黄。（録自續資治通鑑長編卷四五〇元祐五年十一月戊辰）

戊子，二十八日輔臣晚集，議陳安民事。是日早，中書出一奏狀，欲差安民詣河北東西、府界沿河，與州縣同括民間冒佃河灘地土，使出租。衆已簽圓，劉摯留狀白衆曰：「此一事大擾，須三二年未可竟，徒爲州縣、鄉耆、河埽因緣之利，數十州百姓有驚騷出錢之患。」呂大防曰：「此頃年亦曾爲之，漕司今以兩河歲計不足，須當取此，以助其費。」摯曰：「括田取租，固未敢言不可，但恐遣使不便。不若下轉運司，令州縣先出榜，令河旁之民凡冒佃田者，使具數自首，釋其罪，據頃畝自令起租，嚴立限罰，若限滿即差官同河埽司檢按，重立騷民受賄條法。如此亦須年歲可見次第，今朝廷專遣使臨之，其弊不可勝言。」大防曰：「甚好！待别議行遣。」此據劉摯日記增入。（録自續資治通鑑長編卷四五〇元祐五年十一月戊子）

劉摯叙高麗國本末云：高麗舊通朝貢，真宗初嘗遣使來，自言苦於北寇誅求，願臣屬天朝，絶遼好，請王師援助。於是，朝廷方與遼和，不受其語，遂去，自是不至。熙寧初，羅拯將漕福建，因賈舶寄意招來之。於是時，神宗有鞭撻戎狄之志，喜其説。即以拯爲制置副使經理其事。已而入朝奉貢，朝廷待遇之禮、賜予之數皆非常等，恩旨親渥，至于次韻和其詩，在館問勞無虚日。多出禁苑珍異賜之，沿路供頓極於華盛，兩浙、淮南州郡爲之騷然。每至州縣或鎮砦，皆豫差諸色行户，各以其物齎負迎於界首，日隨之，以待其所賣買，出境乃已。及鞍馬什物等皆用鮮美者，被科之家旋作繡畫，或求於四方，人多失業，至於逃遁，或有就死者。蓋朝旨嚴切，而引伴皆用中人，是以如此。自元豐八年使者回，到今復至。朝廷用知杭州蘇軾及御史中丞蘇轍之請，痛加裁省，及定其程限，自入界不兩日到闕下。問引伴官向綽、趙希魯，言沿路擾費十去六七矣。此據劉摯日記增入。（録自續資治通鑑長編卷四五二元祐五年十二月乙未）

劉摯叙其事云：初，臺諫之擊許將也，均獨以謂不可用細故退大臣，乞明正是非。及將罷，均言益不已。於是蘇轍、孫升、岑象求等皆劾均以爲朋姦。第一章言均三事：章以十二月一日辛卯，今附見十四日甲辰日。一謂范育不可罷，一留劉摯，三救許將。既而章繼不止，然其後章止論救將事，不及其他。均亦連章劾轍及升不爲朝廷辨事之是非，補人主聰明，專以私意陰受大臣密諭，結爲朋黨，表裏排陷，乞正其罪。會興龍節假故，兩曹得以從容各罄所言以相詆，章皆下三省。均以目録前後章申都堂，至是進呈。宸意閒暇，兩無所向。呂大防稟測之，諭曰：「均難重任。」大防曰：「自來言官以事去有三四等：知州，知軍，通判，已甚得監當。」諭曰：「與合入差遣，不要虧他。」餘並無言，遂可廣德之擬。摯因出笏奏曰：「臣昨八月中請外任者，本以竊禄歲久，無補朝廷，心不自安，故乞一郡。殊不聞均奏留臣也。臣等進退，料必出於宸衷，豈由臣下議論。兼臺諫留執政，亦合避嫌疑，誠不知體。又均福建人，臣與之非故舊，亦非鄉里，止曾於臺中同官。昨均留臣，臣實不得而知，更望照察。」笑諭曰：「侍郎有何事要去？昨是太皇官家留住侍郎，均亦不曾有文字。」大防曰：

「劉摯昨求去，並無事。今爲蘇轍言上官均文字内説及曾留劉摯，要奏知也。」

摯謂均爲王氏學，有文采，性介潔，守道甚篤。元豐八年摯在臺，愛其前爲御史治相州獄，守節得罪，故復擧之。後以張舜民事罷，今年六月復爲殿中，至今三黜，皆與義無嫌。儻止論大臣去留，宜明辨是非，不可輕以人言進退，以厲臣節、塞朋黨，如此則爲有補。不然當指邪惡事狀。直言而去，爲是惜也。區區以留將爲言，故理不勝矣。大抵將之去，外論半是半非，雖各係其黨，蓋不無由來也。

摯又嘗語大防，以將爲人有可取者，博記問，氣勁，見不平必開口，不畏强禦，亦其所長。大防謂潛心懷二，立黨偏見，亦可惡者不少也。均孤立于盛黨間，可憐哉！此全録摯所記，不復增損，要可見當時議論，不可略也。（録自續資治通鑑長編卷四五二元祐五年十二月甲辰）

辛卯朔，中大夫、守尚書右丞許將爲太中大夫、資政殿學士、知定州。

先是，十一月丙子十六日，殿中侍御史上官均、監察御史徐君平進對。此據劉摯日記乃十一月十六日事，然摯先於十三日已語韓忠彦云云，疑日記傳寫或差錯，今移十三日云云，附此後。劉摯謂韓忠彦曰：「聞均及君平有章，皆爲許將聲寃，謂中司不當摇大臣。」忠彦曰：「將自言亦若此，然止稱均，不及君平。」摯曰：「前此聞楊康國、劉唐老爲傅堯俞辨訴，臺諫官與大臣爲地，前未之有，殆出於近世，非公道也。黨與根株，其將奈何？」摯自謂於用言未嘗不懇懇於諸公，天實知之。既而吕大防亦爲摯言，聲冤事如摯所聞。又曰：「常疑人分别南北似非理，今觀之，豈不可駭！」此並摯十一月十三日所記，今移入此。

摯又曰：君平，江南人。嘗從王安石學，蘇轍舉爲御史。昨聞均語於人，頗愠轍尋常多召君平及岑象求議事。彼不知君平異趣，故不疑爾。今日之對，必有異論。蓋自鄧温伯來，梁燾等去，近又召彭汝礪，至今言路復有君平輩。摯每以告大防，而大防顧疑摯分别南北，此深可慮也。會秦觀準敕書御史臺碑，適自彼來，爲摯言：聞均等對以許將細故不可動。又言君平與轍無異志。雖與均同對，必不助其語。又言轍及孫升前對，諭語甚温，但頗然許將争利一事，云「若非將言，幾誤此事也」。及是踰半月矣，乃有内降付三省云：「許將近累上表，乞除外任，可資政殿，轉官知定州。」翼日十二月二日。以内降進呈。諭曰：「許將自昨來事後，言者章疏攻彈不已，今令補外，然别無事。」吕大防奏曰：「近時外補少遷官者，今將轉官拜職，又得帥府重地，聖恩優厚，臣子之幸。」又諭曰：「昨來韓樞密、傅侍郎事過後便定奪，更無人言。獨有右丞被言文字甚多，不可不如此也。」

摯私謂將所争利一事誠細故，未足以爲去留。但將自初入以來，人望不快，昨宣押之後，論者不肯止。上既以利一事爲將之是，故言者置其事，止以人物不可在政路爲説。是以天意，顧公議不能主之也。人不素修，欲信於士大夫，其可得哉！將性敏惠，明見事理，而所趨甚異。喜圓機，薄節行，持言不必信，行不必果之論。好寧我負人，無人負我之事。此其大失也。措之于政事，豈非爲害？此人情所以欲去之爾。前日陳衍至大防府第，必以此詢決之。然將忤物不一，孤立亦可憐。

是日苑純禮過都堂，謂摯曰：「繼將者當用鄧溫伯。」又曰八座當用范百禄，補轂當用范祖禹，補掖當用彭汝礪。又謂將之去非是。摯與純禮雅善，故於摯無隱。然昔者議論不如是之私，今聽其言，不敢以爲當。傅堯俞多爲其所惑，皆類此也。此並用摯日記所載修入。（録自續資治通鑑長編卷四五二元祐五年十二月辛卯朔）

校書郎晁補之通判揚州。此據劉摯日記增入，當攷其故。初議除目，吕大防欲以杜純爲侍御史，孫升爲起居郎。劉摯曰：「純向以無科第及朋事諸韓，自南牀爲中司所刻，罷去爲相州。今如何復除此官？兼純兄弟與今中司兄弟不相與，恐成紛紛。若孫升，不知彼文學何如？」大防曰：「然以其久於此矣！自與公同時在臺，當少遷。若以文行，則誰不爲之？待更熟論。」摯度大防欲用純者，蓋范純禮所屬。用升者，自許將之去，傅堯俞及純禮之黨數數延譽鄧溫伯，冀引補其闕，患升之在言路，故先欲動升以待之。升前與梁、劉輩力論溫伯。故朋黨架造如此。

已而純禮過都堂，語摯以王汾不當直爲真侍郎，彭汝礪嘗爲中書舍人，反爲權攝。摯告以王嘗除諫大夫，館閣二三十年矣。彭讁籍新復，集撰兩月即召來，料須有漸也。又云杜常麄俗，不宜典禮樂。王欽臣不樂爲大蓬，是欲他日除真侍郎爾，故先以汾立例也。摯謂純禮平日恬默，不意其開口如此，有所偏繫故也。此據摯二十日所記增入。（録自續資治通鑑長編卷四五三元祐五年十二月戊申）

是日二十四日，詔以向宗良知邢州。初，密院擬差高士敦，士敦益路鈐轄罷，合入此差遣，告命已至，進邸累日。而宗良二十二日入表陳乞此州，昨日降出，今進呈，太皇太后諭曰：「依宗良所乞。」即奏曰：「已差人多日。」又諭曰：「差下甚人？」奏以實。諭曰：「爲太后曾言，且與宗良。」復表曰：「自來已差人，無陳乞沖替之例，欲與宗良別選一州與邢相若者。」諭曰：「涇只與宗良〔一〕，却別尋一州差與士敦，兼士敦不須忙也。」退依宣諭。以士敦知涇州。聖意深遠，刻己避嫌多類此。宗良孱騃，不足當此任。宰執所以屢執不與者，恐其害民也。成就上德，始遂其請爾。此據劉摯日記增入。（録自續資治通鑑長編卷四五三元祐五年十二月甲寅）

校勘記

〔一〕涇只與宗良　「涇」，疑爲「邢」之訛。

劉摯自叙其本末云：渠陽舊屬溪猺，熙寧、元豐間取其地，自是蠻酋歲出侵擾。元祐三年元祐三年當作二年，事在七月辛酉。三年十一月辛酉、四年五月辛卯當並此，五年十二月丙午攷詳。議者爭言欲棄其地，朝廷重其事，故廢誠州爲軍，餘裁廢有差。而侵矗出没猶不已，乃以知荆南唐義問爲轉運使，專措置之，駐於黔陽縣。選人余卞，前爲澧州推官，上書請廢其地與蠻，以息邊患。至是義問辟以爲勾當官。二人意主於棄地，朝廷固亦久以是爲議，但今方其跳梁爲患，宜先有所痛懲艾，然後許之。於是發京西將兵並土兵殆萬衆，益以黔南兵丁，給錢二十萬緡，責以討撲。自十月後兵數進，焚蕩廬屋、禾倉等，奪其兵械甚多。但以溪洞地險，有林箐巖穴之阻，官軍不可以深入，多隔溪水林薄相射，其殺傷甚衆，而不能得其級，故八戰皆勝，級才得二百餘。朝廷不欲專責以級，蓋數級以爲功，懼其反害平民。從來將兵者欲多級者，數殺良民老小，或運糧人夫，斬其首。議者所痛歎久矣！及義問奏捷奏捷見十一十八日戊寅。亦略足以申威靈。其酋曰楊晟秀，既逃遁，藏於飛山，故近日官軍圍其巢，今窮迫，與其族數十人作狀請命。義問連上之，朝廷遂欲息民竟其事，故議如義問所畫如此。其間奏請，疑不能無小謾，然包之以就大計爾。復以渠陽寨爲溪洞之誠州，且命楊昌達爲刺史，實録俱不載，今用劉摯日記增入，要須别加考詳。（録自續資治通鑑長編卷四五三元祐五年十二月十六日丙午）

己巳，命翰林學士兼侍讀范百禄權知貢舉〔一〕，天章閣待制、吏部侍郎兼侍讀顧臨、國子司業兼侍講孔武仲同權知貢舉。執政聚議，始欲用侍御史孫升同知。劉摯謂無舊比，乃止。摯意謂鄧温伯必進補許將闕，其黨疑升必論列，故謀以此五十日拘之也。此據劉摯日記增入。（録自續資治通鑑長編卷四五四元祐六年春正月己巳）

校勘記

〔一〕命翰林學士兼侍讀范百禄權知貢舉　「侍讀」原作「侍郎」，今據宋史卷三三七本傳改。

是日，吕大防移疾。太皇太后遣陳衍至尚書省問劉摯人材可進用者，摯具以六七人對，蘇轍、王巖叟在焉。衍又詢大防第，不知大防所對爲何也。此用劉摯日記增入。（録自續資治通鑑長編卷四五四元祐六年春正月甲申）

丙戌，龍圖閣學士、知杭州蘇軾爲吏部尚書。先是，太皇太后兩諭執政，令除軾此官。時以軾弟轍初入臺，又杭方災傷，故徐徐至今。此據劉摯日記增入。（録自續資治通鑑長編卷四五四元祐六年春正月丙戌）

丁亥，詔安禮落資政殿學士，仍知舒州十九日責舒州。劉摯謂安禮非純正之士，然忼慨有大節。在神宗朝爲左丞，數數敢論事，不小屈於王、蔡，一時翕然推重。但其人治己不肅，性淫侈，又喜寵小人，此其不至者。其才高甚，世之悠悠者未可輕議也。或云傅堯俞惑於范純禮輩所教，鋭欲痛黜之。蘇頌、韓忠彦不知，又佐其説，賴呂大防無他意，處心稍平，故止降小郡，不置劾。或謂曰：「不知了得否？」意欲揚此聲以掩紛紛。竟坐唐老、康國言，再落職。劉摯云云，用日記增入。（録自續資治通鑑長編卷四五四元祐六年春正月丁亥）

是日經筵，吳安詩、侍講馮京初赴侍讀。宰臣、執政俟讀官畢，起詣御前奏事，中叙所講所讀之事有未盡或可以因古諷今者，從所請也。前此嘗已面奏欲如此，蓋執政數年間未嘗聞上德音。上淵嘿謙靖，同聽之間未肯出語可否。唯於經筵可以講學問之事庶有聞也。今日所申論，乃仁宗諭宰執以内降事，令中書、密院執政守條詔，明有法者不得更取旨。講官講孟子不爲管、晏事。此用劉摯日記增入。（録自續資治通鑑長編卷四五五元祐六年二月庚寅朔）

劉摯自記云：前月二十四日有所問，摯對以元祐以來政事雖有更張，臣僚雖有進退，皆天下公議，順人心者。若異時之是與非固不能保，然自有公論也。今不若引用正人，布在近列，以輔佐主上，維持善政，如此而已。若用小人在左右，則異同紛紛，何待後日也。因以數人可保者附奏。而轍、巖叟與焉。（録自續資治通鑑長編卷四五五元祐六年春正月辛卯注文）

是日，輔臣對于延和殿，同問兩宫聖安。候奏事已，密院退，蘇轍面奏云：「臣聞諫官論臣不已，昨日又聞備録奏狀申三省。臣望輕德薄，不可以任執政。臣欲乞一外任。」諭曰：「言官之言皆不當。切勿輕入文字。」並進呈徐君平狀云：「言事無狀，乞賜黜逐。」諭曰：「與一外任。」并楊康國亦與外任。」轍再奏言決不敢貪戀恩賜，取辱天下，今日更不入省。退，留身論事。

摯先與大防議同留，及節議康國所備録事六狀，大要與初狀同，意謂轍剛很自任，曾論衆執政，不可使之共政，恐懷疑相傾。傅堯俞、韓忠彦辨理斷案事，堯俞不直，而轍劾二人，有二章，又因及摯輩，此蓋言者常事，遂以爲讎，非也。又言曾受張方平贈遺，今乃舉王鞏報其私恩。又言不合彈王覿、朱光庭。不合乞棄質固、勝如二堡，欲表裏趙禼。又云轍他日必爲王安石之亂法度、引姦邪。又云決轍去留，不可謀於宰執，蓋其間恐有曾誤陛下謂轍可任者，有以嫌疑自處者，有懷利心不肯忤陛下用轍之意者。今須出於宸斷。大槩如此。内論二堡及王、朱事，衆議以爲得之，他皆無理。方軾、轍困於流離，方平愛其才，有所資助，此天下之義也。豈可以爲貨取也？軾、轍之所取，非若方平者，亦不可受也。此論鄙哉！具以其事奏之，諭以爲然。摯又奏：「果轍曾言及臣等，今便以爲讎，臣等雖淺陋，未至如此。以轍爲王安石，此則事不相類。又康國云恐衆執政畏避轍强，相引而去，天下之事，又不可知，亦無此理。」諭曰：「與一平平外任。」再奏曰：「康國之論雖過，而其心亦忠諒，願少寬容，只與一在京差遣。并徐君平亦待移動，皆罷言路也。」俞之。因從容論議人物，願常以邪正爲心，辨察其心。又因輔導聖志，叩以宫中進學如何？皇帝答曰：「見讀孟子、論語。」又説及稽古録。再曰：「已降出從來未嘗聞上德音，今聞是三語也。」太皇太后又説魏徵、長孫無忌事。久之，乃退。逢密院上殿，摯諭王巖叟使略謝上保全之意。蓋已許罷君平。轍隔門上馬，衆勉之曰：「且只入文字，不須居家。」否曰：「適已奏知。」遂出。此並據劉摯日記增入，三月二日蘇轍押入視事。

先是，右僕射劉摯過都省，左僕射吕大防不至，大防爲摯言欲間日入，就當筆日故也。摯以爲若如此，則兩揆于都省遂無聚議，恐未安。兼門下事簡，三日一留亦無害，況舊例已如此。是日摯過都省，大防亦至，蓋覺前所云就當筆日始入爲未安也。大抵都省不可闕宰相，又不可不集也。問行官制後，左相日日入省，以門下無事耳。右揆間日留中書，自有法，以中書事繁也。元祐元年司馬光作相，畫旨小事聽左右丞，批判並詞狀亦歸二廳，宰相可以精意於大事。至三年四月大防及范純仁拜相，遂以光之請爲一時指揮，事無巨細，並訟訴一歸左右僕射。收權則可，謂之是則摯不知也。今自上馬伏几案紛紛落筆，惟虞不能畢，至五六鼓已逼上廳覽詞狀，遂聚廳矣。舊中書、密院不如此也。徐當議復光之制。此據摯日記增入。（録自續資治通鑑長編卷四五五元祐六年二月丁巳）

（是日，尚書右丞蘇轍押入，隨班奏事已，轍留身久之，又遣中使閤安押入省。楊康國、劉唐老皆罷言職爲尚書郎。）

劉摯自言：論者皆欲分別是非，以正黜陟。此誠爲國之要務，所以服天下。然有不可爲者，以朝廷進退大臣，不當用一二人言而罷。若遂謂言者爲不當而黜之乎？則二人之言非盡爲失，外議一詞，率以二人爲是矣；以二人爲是遂罷大臣乎？則所指之事未足以爲大臣重輕，而於國體未便，兼亦可否在宸衷，開陳之際，不能無嫌。故止於兩平，既以全上恩進任大臣之禮，又以保二人養忠直之氣。難哉！難哉！

中書舍人鄭雍申三省，禀康國當作何詞？呂大防批云：「作平詞。」摯謂大防曰：「東臺又何如？」指朱光庭也。大防曰：「已有嫌迹，恐不敢作。」光庭昨爲輸所彈，故云爾。此據劉摯日記增入。（録自續資治通鑑長編卷四五六元祐六年三月辛酉）

劉摯日記：四日，忌前假。假日班朝延和，不奏事，以今日進呈神宗實録。再坐，宣宰執同觀。先立班宣名，奏萬福。宰執面東少立，俟修撰、編修官起居謝畢，同升殿。三省、密院由右階，修撰官趙元考、范純夫、黄魯直由右階升，立定，取第一册置簾前案上，左相讀數行，兩殿舉哭。上勉太母曰：「天寒恐飲冷氣，且止哭聽讀。」讀四板，宣諭曰：「可止，只進入。」衆下殿，提舉以下告謝，移班，禮畢退立。摯同餘執政別班告謝曰：伏蒙聖慈以編修院進神宗實録，先召臣等使觀覽，不任云云。移班如之。宣賜茶，摯獨升右階，茶畢，退。右相獨奏事〔二〕。再升，不久下，自再坐。立班前行二僕射，左右自皆分立如故。後行間

班，然止移右省，侍郎爲左班首，密院不過，何也？（録自續資治通鑑長編卷四五六元祐六年三月癸亥注文）

校勘記

〔一〕右相獨奏事　按劉摯時任右相，吕大防任左相。「摯獨升右階，茶畢退。」當爲左相獨奏事。

丙子，太中大夫、守尚書左僕射兼門下侍郎吕大防特授正議大夫。實録成，大防當遷通議大夫，其祖諱通，執政同進呈，請超遷之。大防固辭，不許。

先是一日，延和奏事畢，大防面奏：「近臣有劄子乞罷實録提舉官推恩，決望允從。竊聞有旨中書具推恩例，伏乞用近例許免。」奏訖先退。右僕射劉摯及兩省以例進呈真宗實録並正史成，提舉並轉官，後來仁宗、英宗實録並兩朝正史成，提舉韓琦、曾公亮、王珪並辭之，但賜器幣有差。珪又增一子六品服。諭以大防官尚卑，可勿聽辭。今晚可鎖院。摯奏：「兼神宗實録功緒甚大，實宜增秩。然大防當遷通議大夫，通字犯其祖諱，理當避。官制以前祖宗比例，首相多是超轉。今可改兩官，爲左正議大夫，不可過。」又諭曰：「避諱自來如何？」對曰：「若百執事則寄理官資，候再磨勘日轉兩官。今大防首相，恐難用此。」諭曰：「甚善。」又奏宰臣轉官須宣召學士面授旨，難擬熟狀，容中書具轉官及加恩等事奏入，乞留中，作中旨施行。可之。退如所奏具狀進入。草制者，中書舍人、直學士院韓川也。此據劉摯日記增入。（録自續資治通鑑長編卷四五六元祐六年三月丙子）

中書舍人韓川言：「新除陸佃龍圖閣直學士。按佃爲人汙下，無以慰天下之望。」詔命詞行下。初四日除先是，佃及黄庭堅除命下中書，川並封還。是日，吕大防不入，川過都省稟議，劉摯諭以佃爲侍從十餘年，昨乞外任，自當加職。是時，方以言者有所及，故降旨候實録成，不轉官，加職。今書成，行前旨爾。言者所指，後制獄根究，無罪也。川曉然而去。庭堅方議之。此據劉摯十八日所記增入。（録自續資治通鑑長編卷四五六元祐六年三月丁丑）

壬午，御集英殿，賜進士、諸科馬涓以下及第、出身、同出身、假承務郎、文學總六百有二人。涓，閬中人也。宗室八人，子漪自第四甲陞第二甲，餘遞陞一甲。宗室自英宗增置教官及講課之法，神宗又廣出官之制，人競爲學，今遂與寒畯群校進退。蘇頌有孫象先，在三甲，王巖叟有子摭，在四甲，二人並諸宗室，皆下殿謝。故事，兩制以上方謝也。此據劉摯日記增入。（録自續資治通鑑長編卷四五六元祐六年三月壬午）

楊康國初除磁州，既而韓忠彦謂吕大防曰：「康國磁州太甚，比唐老絳州殊不類。」劉摯本亦謂康國此除不平，然唐老有主之者，故摯不欲摘之。今早漏舍，但略云：「磁州動著見任，並已除，共兩人。」大防曰：「不奈何。」摯即默默。蓋深惜事體，不欲有異。至是因忠彦語，即好言曰：「誠是，誠是。康國久在言路，今自左司諫改吏部郎中得磁州，比唐老爲右正言半年改兵部員外郎即得絳州差不同。莫改一州與絳比者足矣。」大防欣然曰：「甚好。」遂改衛州。康國自言：「昔官於衛，死亡者五。」願換相或懷。」因以相授之。摯謂康國辭衛可也，惜乎其指名以有求也！此據劉摯日記增入。（録自續資治通鑑長編卷四五六元祐六年三月乙酉）

四月四日除目，密院擬王崇拯管軍，同進畫可。密院又以曹誦雄州，李諒代州，邢佐臣保州。既集都堂，得批旨，四除並未得行。別進呈。

崇拯習熟人事，善奉過往，以得名譽。佐臣有將才，然耄衰已甚。出入潞公、魏公、魯公門下，甚熟，年七十餘。諒端愿，予昔曾諭以險薄。四月六日進除目，密院以前日批旨並具可以管軍人姓名、脚色敷奏，皆不若崇拯。諭曰：「崇拯有何勞能？聞説止是熟事，且須選有功勞之人。」密院請用曹誦。諭曰：「不可！何不止召劉舜卿入來供職？」左相微仲同對曰：「難得人爲代。兼涇原邊面最重，恐未可輟舜卿。」諭曰：「嚮來范純粹慶州任滿，皆言輟郡不得。今召爲侍郎，何故却便那得？舜卿若來，可除范子奇代之。」衆愕曰：「此人雖有功，然邊帥恐不更歷。萬一誤事！」諭曰：「太皇自用此人，不累卿等。」又曰：「邢佐臣衰老無能，只見提掇差遣，會箇甚事？只是能取奉人説話。爲甚不與致仕？」師樸曰：「見亦有文字乞致仕，今來難爲因除差遣却令致仕。」諭曰：「教他致仕。」摯曰：「候見本人狀，别進呈。」左相曰：「管軍事亦候初八日再取旨也。」崇拯、佐臣，摯皆不識。以所聞攷之，皆如宣諭，近日見密院數擬佐臣及杜師益差遣。佐臣無故换横行，爲大名路鈐，方辭免未受，又除保州。杜師益自京東將官除州鈐，又改路鈐，又除邢州。所至無半年者，外人亦頗云云，乃知所諭必有聞也。詩曰：「高高在上，日監在兹。」可不敬懼乎！自嚮日許沖元事時，摯累謂諸公以舜卿可召還宿衛，選一儒將帥守平凉。左相不謂然。今見宣諭，雖心知其是，猶退曰：「舜卿恐不可輟也。」范五之召，後來聞出于小鳳及范三之祝，衆人不知之。

四月七日，集都堂，微仲議欲寢舜卿之召，則一切俱不動矣，軍職亦未闕事。摯曰：「上或問以軍職不闕，則前日何故擬崇拯？如此則是見有子奇之舉而寢，恐未安也。」微仲曰：「且如此耳。若不可，則以章楶帥渭，子奇帥慶。」師樸曰：「楶之除慶，人猶以爲不勝任。渭則可乎？」摯曰：「蔡京，蔣子奇皆可帥渭。謝二亦可。」微仲、彦霖、子由皆曰：「恐招言語。兼子奇皆不可以代三人。」摯曰：「然則竟如何？」微仲曰：「不得已，則子奇徑帥渭耳。」摯曰：「其如公望何？」

四月八日，延和奏事，得寢舜卿之召。諭曰：「子奇可作帥否？」對曰：「可，候有闕取旨爾。」（録自續資治通鑑長編卷四五七元祐六年四月丁酉注文）

劉摯日記……今附注此：

五月二日，吕惠卿分司，自副使以中散大夫、光禄卿分司南京，許在外任便居住。惠卿元祐元年九月謫官，明年用中書一期檢舉法除分司，而言者不已，遂寢。明年止移宣州居住，及今又將三年，通僅五期矣。刑部檢舉法散官用三期叙，本部欲自量移後理期，此非也。故將上，初，簾中也疑之，故起議論。既許奏之，遂可。已而晚得内降，舍人孫升奏封還之，具坐元責詞謂大姦，當廢不當牽復。若不欲終廢，猶須依沈括例，七年後可議稍復。四日，吕惠卿依刑部自宣州後理三期。（録自續資治通鑑長編卷四五八元祐六年五月庚申注文）

是日，斷任永壽獄。劉摯叙其事云：永壽此獄淹延一年。永壽曉文法，於事精明，向在吏額房得罪出省，繼有訟其私事者，制獄並開封兩處勘劾，經恩降外，有冒請食計錢絹八匹，以案問，得杖一百。刑部檢刺配例既上，都省刑房問難，謂不問從案問，本寺遂改不作按問，從徒一年。中書疑其前後不同，送刑部，刑部如前斷，復上中書。三省聚議，以永壽固無足恤者，但前日吏額事，朝廷選委使主裁之。今緣衆怨群擠欲殺，之意如前日僞書之事，而朝廷遂重其罪，正快群仇之私耳！有害政體。爲面陳其詳：永壽從法寺元斷，又恐無以平衆情，則加以千里編管，餘皆末減，經恩者更不降特旨。衆議頗以爲酌中。

永壽嘗招權作威福，所裁者皆百司吏史，故取怨如此。聞給事中留之一夕，明日遂行。

後六日丙子十八日內降御史安鼎言刑賞，乞改正趙思復回授恩澤與其子及任永壽徒罪，批云：「宜依所奏。」外封仍印「急速」等字。勢尋具奏二事〔一〕，內有合面稟節目，今去垂簾日遠，俟二十二日進呈，謹先奏知。右丞蘇轍初不欲奏便要別議，緣永壽十三日已決訖，押行難改，正須索面奏其詳，以簡白轍，乃簽書入。及垂簾日進呈，永壽改作徒刑，依律敕折杖法，小杖決餘罪十下。（録自續資治通鑑長編卷四五八元祐六年五月庚午）

校勘記

〔一〕勢尋具奏二事　「勢」，依上下文義疑當作「摯」。

劉摯日記……今附注此：

六月七日除目，以范純粹知延安。吾嘗白衆：純粹母老，方自外來，恐難便遣。微仲、彦霖皆謂：「邊事熟，無若此人者。」及進呈，又以其親老而病。彦霖曰：「國事重，私計輕。」衆和曰：「然。」遂可。

十二日，范刑侍以純粹事來。十七日集都堂，純粹至，范既以親老而病，人子之心，安委以去，辭帥甚哀。昨日上前吾亦略爲言其故，而吕相決欲其去。吕相非有他意，特以右府主之固，右府亦特以王彦霖確不肯移，然大抵皆以純粹習邊事詳且久耳。此固國事也，不當以私議免。然吾嘗白二三公：「以謂急難之事，則可以一切斷之，今幸平居無事，亦可以少伸臣子之情。范母七十，風病八年，臥于牀，止有一子，從來飲食起居賴以爲命，今使之離去，似非人情。」吕相曰：「適以鄜延要地，有邊機之事未了，故須其人。」吾曰：「所謂邊事，是地界也。地界之辨，於本路者已了當。自來只有熙河地界，未必在延安適議，近已有指揮：『今夏人遣使自詣熙河説話。』則延安無所事矣。」又曰：「陝西門户在延安，不獨熙蘭地界也。」吾曰：「使純粹死，則延安遂不差人乎？」韓師朴亦曰：「誠是！誠是！使其丁憂，則又何如？」吕相曰：「事至如此，則須別論也。」吾於上前雖開陳其端，而不欲極力論之，蓋吾所主者，純粹之私計；彼所主者，爲王事擇人。上之聽其難易也。吕相因請曰：「臣昔爲陝西經略判官，而先臣病於家，蒙先帝遣中使按問，今乞遣人問勞范母以遣其子之意，邊事了即召歸矣。」簾中可之。今日范至都堂，具道昨日宣諭之説。吕相語之曰：「使歸矣！莫且勉爲朝廷行。」范懇甚切至。既去，吕相曰：「莫須別商量。」師朴欲以韓玉汝，蘇子由欲以范堯夫，吕相欲以苗授，又欲以劉舜卿。吾以班薄示吕相曰：「請於學士、待制或前執政內選人。」皆不可。吾曰：「從官內外如林，豈無一人可帥者乎？蔣子奇、錢勰皆在陝西久，可擇一人。」吕相曰：「皆難保。」彦霖曰：「純粹遣不行，則他人若再辭，豈當强之？」師朴曰：「不若且令純粹去，嚴與一指揮。」吕相曰：「范若免，須與宫觀。」顧師朴曰：「請諭如此。來日且再遣之，更看上面如何。」議事之難，大約如此。

十八日延和諭曰：「昨日遣人諭范母，至其家，果病不虚。」二三公執前議，仍云：「若堅辭，須當行遣，與一閒慢差遣。」吾曰：「彼以親疾面辭，亦須甘心。」遂不允其乞，仍限五日朝辭。過都省，微仲留門下。范純粹來云：「見呂相，已有回意，將詣右府。」（録自續資治通鑑長編卷四五九元祐六年六月丙申注文）

特封實録院檢討官黄庭堅母壽光縣太君李氏爲安康郡太君。從庭堅所乞，以轉官恩回授也。庭堅尋丁憂去，詔特賜絹二百匹。

賜絹在二十日〔一〕，今並書。劉摯十二日記，以錢五万賻黄氏庭堅丁母憂。庭堅以實録成，當進秩，請回授其母一郡太君，勘當久之。其母卧病累年，庭堅侍藥極誠孝。近聞增甚，吾爲趣其所請狀，又爲擇美名與之，曰安康郡太君，冀以迎禧却咎。八日敕下，是夜不起矣。實李公擇之姊也。可爲嘆惻！將歸葬于洪州分寧。家貧甚，夫人鍾愛一女，嫁用三千緡，庭堅一切無違，坐是窶乏。（録自續資治通鑑長編卷四五九元祐六年六月丙申）

校勘記

〔一〕自此句始至本段末，原文爲雙行夾注。

及第進士馬涓爲承事郎、簽書雄武軍節度判官，朱紱爲忠正軍節度推官，張庭堅爲成都府觀察推官。庭堅，廣安人。紱，秀州人也。

劉摯日記云〔一〕：涓、紱、庭堅皆太學高第。涓狀貌不及二子，庭堅尤有操行。（録自續資治通鑑長編卷四五九元祐六年六月丙申）

校勘記

〔一〕此下原文爲雙行夾注。

劉摯嘗叙鞏事云：鞏奇俊，有文詞，然不就規檢，喜立事功，往往犯分，躁於進取。蘇轍兄弟獎引之甚力，然好作論議，夸誕輕易，臧否人物，其口可畏。所喜所不喜，别白輕重，無所顧忌，以是頗不容于人。昔坐事竄南荒三年，安患難，一不戚於懷。歸來顔色和豫，氣益剛實，此其過人甚遠，不得謂無得於道也。元祐初，司馬光甚悦之，以爲宗正寺丞。意欲立功名，不免時復上書，又有犯分之舉，公議惡之。去，通判揚州，在任皎皎當事，府賴以治。更謝景温、王安禮二守，皆相歡喜。於是有少年之過，代還，除知海州，不滿意。有所干請，吕大防愛其才，憐其有志，改與密州。除知海州在四年三月二十六日，改密州在六月八日，罷在九月二十二日。言者交攻，乃下淮南考按，轉運使張修言有狀，然不指其實迹，乃罷密州，時到官數月矣。還京，索寞久之，用恩例乞得太平觀。見議者既息，而翬意復有所萌，乃謀得中司特薦，又遍以干求，復除宿州。言者交攻之，再下本路考按。林積意以爲無事，而其言媕婀不堅決，劾者言積罔上，請再體量。於是中書具坐，諫官鄭雍、姚勔章疏，下淮東提點刑獄王桓按實。翬曰是必欲取其有罪而後已，不可留矣，乃去南京待官期。摯與翬實連姻，言者攻翬不釋，意有在也。不然，此何等事而至於如此哉！元祐以來，以不謹被劾者前後非一，皆不體量，獨翬如是，事可知矣！宿州固未可保也。翬去未幾，鄭雍、姚勔及安鼎並乞罷翬宿州，三省議以爲然，蘇轍欲候體量。既進呈，吕大防曰：「已按其事，欲待其來，而言者又如此，更聽聖裁。」摯因進曰：「此一事首尾二年，而言者紛紛不已。事至尋常，獨以翬與臣連姻，所以外言疑臣主之。然臣從來不曾與議，今莫若罷翬，以慰言者。俟按見無罪，却還翬一郡，如此亦所以安翬也。」從之。摯季子蹟實娶翬女云。（録自續資治通鑑長編卷四五九元祐六年六月丙申）

劉摯日記載彦若罷侍讀事尤詳，今附注此：

摯云：彦若有長子仁恕爲許之陽翟令，貪虐不法有狀，提刑鍾浚按發之，勢甚暴。彦若上書言：「臣往爲諫官，嘗劾王安禮。浚，實安禮黨。恐挾此報怨，獄有不平，願移獄改推。」内批「依奏」。遂於鄰路淮南差官，止於許州制勘。獄成，録問官駁以爲失重罪，法當再勘。自去年十月始制獄，於是已半年餘矣。知許州韓維奏曰：「此獄連逮三百數十人，今前勘可斷者已決四十二人，餘人尚多。方此盛暑，若依朝旨移於亳州置獄，即地遠冒暑，淹系可矜！仁恕之妻子已病危篤，士人家尚爾，細民可知。願止就本州別推。」吕大防與二三公議曰：仁恕案内自盗贓，無所駮，止可約此重斷足矣。召法寺、刑部約法於都省。時六月三日也。明日將上仁恕贓，至追兩官，除名勒停，更不再勘。敕下，言者交章，或謂仁恕斷輕，失其大罪。或謂前勘未經伏辨，異時可訴，須當再推。或謂如不欲再興獄，而押仁恕赴臺，取一審狀。其意大抵以摯與彦若婚姻家，事在嫌疑，故力論不已。又皆通詆彦若爲前不合妄乞移獄，是上書不實。又云謂浚報讎是誣告，乞重行責。摯聞諸公於上前説彦若以從官誠不宜輒上言，子有罪，聽官司治之可也。然彦若父子之情迫切，而言止乞移推爾，謂爲不實誣告，非也。言者既不止，遂增仁恕以陳州編管，彦若三不允，而請宫觀不已，至是乃有此命。言者惟賈易、楊畏、安鼎皆言仁恕恃親黨作過，意謂摯也。此事摯首曾面奏，以親嫌，恐招言者指，且文字不敢與聞，故終始不知其議。每奏及此，先下殿。（録自續資治通鑑長編卷四六〇元祐六年六月丙辰注文）

附錄二

名臣碑傳琬琰集劉右丞摯傳

紹聖四年十二月壬子，鼎州團練副使、新州安置劉摯卒。

摯字莘老，渤海人。少舉進士，嘉祐中，禮部奏名第一，中甲科。調試秘書省校書郎，知冀州南宫縣。舊以税錢五百折絹一疋，民坐破産。摯上於朝，請給半價，時包拯領三司，奏可其事，縣人賴之。

徙江陵府觀察推官，以韓琦薦召試，補館閣校勘，遷著作郎。熙寧四年，自同知太常禮院改太子中允。時王安石初秉政，遇摯甚厚，擢爲檢正中書禮房公事，非其好。會遷監察御史裏行，未及陛對，上疏論亳州獄：「小人意在傾摇大臣，今富弼已責，願少寬之。」

是時，神宗皇帝勵精求治，摯初面對，被寵獎，言皆聽納。摯感遇，因上疏，其略以爲「君子小人之分，在義利而已。小人材非不足，特心之所向，不在乎義。故希賞之志，每在事先；公爾之心，每在私後。陛下有勸農之意，今變而爲煩擾；有均役之意，今倚以爲聚斂；其有愛君憂國之心者，皆無以容於其間。今天下有喜於敢爲之論，有樂於無事之說。彼以此爲流俗，此以彼爲亂常。畏義者以進取爲可恥，嗜利者以守道爲無能。此風浸長，東漢黨錮，有唐朋黨之禍必起矣！願陛下虛心平聽，慎重好惡，收合過與不及之俗，使會歸於大中之道。」

又論常平、免役法，陳事。會御史中丞楊繪亦論新政不便，並下其章司農。司農難詰，且劾摯「繪欺誕，懷向背」。有詔問狀，摯言：「臣待罪言責，采士民之說告於陛下，職也。今乃以有司言下臣問狀，是合與之争口舌，無乃辱陛下耳目之任哉！乞下臣章並司農所奏外廷，考定當否。如臣言有取，願賜察納；言涉欺罔，甘就竄逐。」奏入，不報。明日復上疏曰：「今天下之勢未至於安且治者，誰致之邪？陛下注意以望太平，而自以太平爲己任，得君專政者是也。二三年間，開闔動揺，舉天下無一物得安其所者。蓋自青苗之議起，而天下始有聚斂之疑；青苗之議未允，而均輸之法行；均輸之法方擾，而邊鄙之謀動；邊鄙之禍未艾，而助役之事興。其間又求水利，淤田，省併州縣，難徧以疏舉。其議財，則市井屠販之人皆召而登政事堂。其征利，則下至曆日官自鬻之。至於輕用名器，淆混賢否，忠厚老成者，擯之爲無能；俠少儇辯者，取之爲可用；守道憂國者，謂之流俗；敗常害民者，謂之通變。凡政府謀議獨與一掾屬決之，然後落筆。同列與聞，反在其後。故奔競乞丐之人，其門如市。今羌夷之款未入，反側之兵未安，三邊創痍，流潰未定。河北大旱，諸路大水，民勞財乏，縣官減耗。聖上憂勤念治之時，而政事如此者，皆大臣誤陛下，而大臣所用者誤大臣也。」居數日，罷御史，落職、責監衡州鹽倉。故事，御史不帶兼職，以館職充御史，自摯始也。

八年，復職，簽書應天府判官事。元豐初，改集賢校理，知大宗正丞，權發遣開封府推官，改奉議郎。官制行，以朝奉郎爲尚書禮部郎中，又以開封獄空賜金紫服。六年春爲右司郎中，五月坐論事衝替。明年，知滑州。

哲宗即位，召爲吏部郎中，改秘書少監，擢爲侍御史。論貶蔡確，及言陞朝官薦進士、明經冒濫，舉法苛細，愈於治獄；條目猥多，過於防盜。類不以禮義遇士人，非先皇帝意。又言經義之弊，蹈襲剽賊，有司莫能辨。請雜用詩賦取士，復賢良方正科，罷常平、免役法。引朱光庭、王巖叟爲言官。

元祐元年，爲御史中丞。詔摯與諫議大夫孫覺看詳被罪訴理在元豐八年三月赦前者。摯言：「何必赦前，自今日以前皆當看詳。」奏可。上疏言：「上之所好，下必有甚。朝廷意在總覈，下必有刻薄之行；朝廷務行寬大，下必有苟簡之事。習俗懷利，迎意趨和，所爲近似，而非上意本然也。今因革之政本殊，而觀望之俗故在。昨差法初行，監司已有迎合爭先，不校利害，一概定差，一路爲之搔動者。朝廷察其如此，固已黜之矣。由此觀之，大約類此。向卒黜責數人者，皆以非法掊克，市進害民，然非欲使之漫不省事也。昧者不達，矯枉過正，顧可不爲之禁哉？請立監司考績之制。」

又言：「臣所領訴理所，冤抑無甚於太學獄者。本因學生告言學官陰事，勘官求請事外，或摭赦前事爲言，株連證逮所及，上自侍從，下至郡縣舉子，無疑數百千人。遠者或自閩、吳赴逮。本師生以茶藥紙筆通問遺，而文吏當以受所，監臨枉法，甚失哀矜恤刑之意。」用是罪多減貸。

擢中大夫、尚書右丞。二年，除左丞。三年夏，爲中書侍郎，冬遷門下侍郎。摯與同列奏事論及人才，摯曰：「人才難得，能否不一。性忠實而有才識，上也；才識不逮而忠實有餘，次也；有才而難保，可借以集事，又其次也；懷邪觀望，隨勢改變，此小人，終不可用。」二聖深然之。且曰：「卿等常能如此用人，國家何憂哉！」

是時，上臨御累年，淵默未嘗出語可否政事。宰執屢請時於講筵指事詢問，以廣聽納。其後每有顧問，宰執必申叙其説，從而奏事，遂以爲常。

一日內降畫可，裁定宗室冗費及六曹吏額。房吏請封尚書省，摯曰：「録黄當過門下，今封送何人也？」吏言：「尚書以吏額事，每奏入必徑下本省已久，今誤至此。」摯曰：「中書不知其它，當如法令。」遂作録黄。

初，尚書吏任永壽〔一〕，精悍而滑，與三省吏不相能，具以吏姦告諸宰政，丞相吕大防深然之。是時，户部裁冗費，後省□吏額已逾年，垂就矣。大防盡取其事，置吏額房於都省，召永壽等領之。至是，永壽見録黄，愕曰：「兩省初不與，今安得此！」即禀大防，命兩相各選吏與其事。以是語摯，摯曰：「中書用法行録黄，非有意與吏爲道地也。今乃使就都省分功何耶？」其後事畢，永壽積勞補官，餘吏皆選轉有差。於是外議洶洶，臺諫交章論列，以謂事在後省久，永壽等攘去才兩月，而都司擅擬優例冒賞。章疏十上，大防不懌。而士大夫趨利者，居間交鬭，於是朋黨之論起矣。

六年春，拜大中大夫、右僕射兼中書侍郎。是年冬，言者論摯姦回險詐，力引私黨，爲臣不忠；父死於衡，委而不葬，爲子不孝。罷相，以觀文殿學士知鄆州。

初，邢恕責官過京師，書抵摯，摯答有「愛以俟休復」之語。會排岸官茹東濟有求於摯，不得，見其書，陰録以示中丞鄭雍、侍御史楊畏，二人方論摯，得此乃釋其語上之曰：「『休復』語出周易，『以俟休復』者，俟他日太皇太后復辟也。」又章惇諸子故與摯子游，摯亦間與之接。言者謂摯預交惇子爲囊橐，以冀後福。二聖尤不悦，遂罷政事云。

八年，移守青州。紹聖初，詔摯「誣詆聖考，愚視朕躬，首陳變法之科，終成棄地之令。縱釋有罪，以歸怨公上；汙衊異己，以誘脅衆心。」落職知黄州。未至，再貶光禄卿，分司南京，蘄州居住。四年春，責爲鼎州團練副使、新州安置。尋卒于貶所，年六十八，不許歸葬。是年，蔡渭告言文及甫嘗書抵邢恕，有「司馬昭之心，路人皆知」之語。蓋指謂摯嘗有廢立意也。於是逮及甫、恕等繫同文館獄，命翰林學士蔡京、中書舍人蹇序辰等雜治，卒無佐驗。及甫、恕皆被罪，猶用蔡京奏。明年五月，摯已死，詔以前尚洙所置辭皆已亡，不及考驗，明正典刑。及免摯諸子官，家屬徙英州。元符三年三月，詔還其家屬，收叙諸子。五月，復摯中大夫。建中靖國元年，因其子跂有言，官給葬，事依前宰臣例。崇寧元年，詔追降朝議大夫。大觀二年，以八寶赦追復朝議大夫。其後復觀文殿大學士，太中大夫，贈通議大夫。紹興元年，今天子顧哀元祐故老，特贈少師。名臣碑傳琬琰集三卷十三

校勘記

〔一〕尚書吏任永肅「肅」，劉安世忠肅集序作「壽」，下同。

東都事略本傳

劉摯字莘老，渤海人也。少舉進士，禮部奏名第一，遂中甲科。調知南宫縣，徙江陵府觀察推官。用韓琦薦，除館閣校勘，爲監察御史裏行。

是時，神宗厲精求治，摯感恩遇，因上疏曰：「君子小人之分，在義利而已。小人材非不足，特心之所向不在乎義。故欲爲之志，每在事先；首公之心，每在私後。陛下有勸農之意，今變而爲煩擾；有均役之意，今倚以爲聚斂。其有愛君憂國之心者，皆無以容其間。今天下有喜於敢爲之論，有樂於無事之論。彼以此爲流俗，此以彼爲亂常。畏義者以進取爲可恥，嗜利者以守道爲無能。此風浸長，東漢黨錮，有唐朋黨之禍必起矣。願陛下虚心平聽，審察好惡，收合過與不及之俗，使會歸於大中之道。」

摯上疏論常平、免役法，陳十害。會御史中丞楊繪亦論新政不便，並下其章司農。司農難詰，且劾摯、繪欺誕，懷向背。有詔問狀。摯言：「臣待罪言責，采士民之説告於陛下，職也。今乃以有司言下臣問狀，是令與之争口舌，無乃辱陛下耳目之任哉！」明日，復上疏曰：「今天下之勢未至於安且治者，誰致之邪？陛下注意以望太平，而自以太平爲己任，得君專政者是也。二三年間，開闔動摇，舉天下無一物得安其所者。蓋自青苗之議起，而天下始有聚斂之疑；青苗之議未允，而均輸之法行；均輸之法方擾，而邊鄙之謀動；邊鄙之禍未艾，而助役之事興。其間又求水利、淤田，省併州縣，難徧以疏舉。其議財，則市井屠販之人皆召而登政事堂。其征利，則下至曆日官自鬻之。至於輕用名器，淆混賢否，忠厚老成者，擯之爲無能；俠少儇辯者，取之爲可用；守道憂國者，謂之流俗；敗常害民者，謂之通變。凡政府謀議獨與一掾屬决之，然後落筆。同列與聞，反在其後。故奔走乞丐之人，其門如市。今羌夷之款未入，反側之兵未安，三邊創痍，流潰未定。河北大旱，諸路大水，民勞財乏，縣官减耗。聖上憂勤念治之時，而政事如此，皆大臣誤陛下，而大臣所用者誤大臣也。」居數日，罷御史，責監衡鹽倉。爲簽書應天府判官。元豐初，爲集賢校理、知大宗正丞，開封府推官。遷禮部郎中，又遷右司郎中，以事免。明年知滑州。

哲宗即位，宣仁后臨朝聽政，召爲吏部郎中，改秘書少監，擢侍御史。奏論蔡確之罪，及言陛朝官薦進士、明經冒濫，舉法苛細，愈於治獄；條目猥多，過於防隸。不以禮遇士人，非先皇帝意。又言經義之弊，蹈襲剽賊，有司莫能辨。請雜用詩賦取士，復賢良方正科，罷常平、免役法，引朱光庭、王巖叟爲言官。

拜御史中丞。摯上疏曰：「上之所好，下必有甚。朝廷意在總覈，下必有刻薄之行；

朝廷務行寬大，下必有苟簡之事。習俗懷利，迎意趨和，所爲近似，而非上之意本然也。今因革之政本殊，而觀望之俗故在。昨差法初行，監司已有迎合争先，不校利害，一概定差，一路爲之騷動者。朝廷察其如此，固已黜之矣。以此觀之，大約類此。向來黜責數人者，皆以非法掊克，市進害民，然非欲使之漫不省事。昧者不達，矯枉過正，顧可不爲之禁哉？請立監司考績之制。」

擢尚書右丞，改左丞，爲中書侍郎，遷門下侍郎。

摯與同列奏事論及人才，摯曰：「人才難得，能否不一。性忠實而才識有餘，上也；才識不逮而忠實有餘，次也；有才而難保，可籍以集事，又其次也；懷利觀望，隨勢改變，此小人，終不可用。」二聖深然之。且曰：「卿常能如此用人，國家何憂！」元祐六年，拜右僕射兼中書侍郎。

初，邢恕謫官永州，以書抵摯。摯故與恕善，答其書有「永州佳處，第往以俟休復」之語。排岸官茹東濟，傾險人也，有求於摯，而不得，見其書，陰録以示御史中丞鄭雍、侍御史楊畏。二人方論摯，得此乃釋其語上之。曰：「『休復』語出周易，『以俟休復』者，俟他日太皇太后復辟也。」又章惇諸子故與摯之子游，摯亦間與之接。言者謂摯預交惇子爲嚢槖，以冀後福。遂罷政事，以觀文殿學士知鄆州。移知青州。

紹聖初，落職降知黄州，再貶光禄卿，分司南京，蘄州居住。四年，責鼎州團練副使、新州安置。卒於貶所，年六十八。

是時，章惇、蔡卞誣造元祐諸人事不已，以邢恕爲御史中丞。用其言，欲誅殺摯及梁燾、王巖叟等，以爲摯有廢立之意，遂起同文館獄。用蔡京等雜治，卒無佐驗。會摯死，乃已。

元符三年，復中大夫。蔡京爲相，降朝請大夫。其後復觀文殿大學士，太中大夫，特贈少師，謚曰忠肅。東都事略卷第八十九列傳七十二

宋史本傳

劉摯字莘老，永静東光人。兒時，父居正課以書，朝夕不少間。或謂：「君止一子，獨不可少寛邪？」居正曰：「正以一子，不可縱也。」十歲而孤，鞠於外氏，就學東平，因家焉。

嘉祐中，擢甲科，歷冀州南宫令。縣比不得人，俗化凋敝，其賦甚重，輸絹匹折税錢五百，綿兩折錢三十，民多破産。摯援例旁郡，條請裁以中價。轉運使怒，將劾之。摯固請曰：「獨一州六邑被此苦，決非法意，但朝廷不知耳。」遂告於朝。三司使包拯奏從其議，自

是絹爲錢千三百，綿七十有六。民歡呼至泣下，曰：「劉長官活我！」是時，摯與信都令李沖、清河令黄莘皆以治行聞，人稱爲「河朔三令」。

徙江陵觀察推官，用韓琦薦，得館閣校勘。王安石一見器異之，擢檢正中書禮房，默默非所好也。才月餘，爲監察御史裏行，欣然就職，歸語家人曰：「趣裝，毋爲安居計。」未及陛對，即奏論：「亳州獄起不止，小人意在傾富弼以市進，今弼已得罪，願少寬之。」又言：「程昉開漳河，調發猝迫，人不堪命。趙子幾擅升畿縣等，使納役錢，縣民日數千人遮訴宰相，京師喧然，何以示四方？張靚、王廷老擅增兩浙役錢，督賦嚴急，人情嗟怨，此皆欲以羡餘希賞，願行顯責，明朝廷本無聚斂之意。」

及入見，神宗面賜褒諭。因問：「卿從學王安石邪？安石極稱卿器識。」對曰：「臣東北人，少孤獨學，不識安石也。」退而上疏曰：「君子小人之分，在義利而已。小人才非不足用，特心之所向，不在乎義。故希賞之志，每在事先；奉公之心，每在私後。陛下有勸農之意，今變而爲煩擾；陛下有均役之意，今倚以爲聚斂。其有愛君之心，憂國之言者，皆無以容於其間。今天下有喜於敢爲，有樂於無事。彼以此爲流俗，此以彼爲亂常。畏義者以進取爲可恥，嗜利者以守道爲無能。此風浸成，漢、唐黨禍必起矣。惟君子爲能通天下之志。臣願陛下虚心平聽，審察好惡，前日意以爲是者，今更察其非；前日意以爲短者，今更用其長。稍抑虚譁輕僞、志近忘遠、幸於苟合之人，漸察忠厚慎重、難進易退、可與有爲之士。收過與不及之俗，使會於大中之道，則施設變化，惟陛下號令之而已。」

又論率錢助役、官自雇人有十害，其略曰：「天下州縣户役，虚實重輕不同。今等以爲率，則非一法所能齊；隨其所宜，各自立法，則紛擾散殊，何以統率？一也。新法謂版籍不實，故令别立等第。且舊籍既不可信，今何以得其無失？不獨搔擾生事患，將使富輸少，貧輸多，二也。天下上户少，中户多。上户役數而重，故以助錢爲幸。中户役簡而輕，下户役所不及。今概使輸錢，則爲不幸，三也。有司欲多得雇錢，而患上户之寡，故不用舊籍，臨時升降，使民何以堪命？四也。歲有豐凶，而役人有定數，助錢不可闕。非若税賦有倚閣、減放之期，五也。穀、麥、布、帛，歲有所出，而助法必輸見錢，六也。二税科買，色目已多，又概率錢以竭其所有，斯民無有悦而願爲農者，户口當日耗失，七也。僥倖者又將緣法生姦，如近日兩浙倍科錢數，自以爲功，八也。差法近者十餘年，遠或二十年，乃一充役，民安習之久矣。今官自雇人，直重則民不堪，輕則人不願，不免以力歐之就役，九也。且役人必用鄉户，家有常産，則必知自愛；性既愚實，則罕有盜欺。今一切雇募，但得輕猾浮僞之人，巧詐相資，何所不至？十也。」

會御史中丞楊繪亦言其非，安石使張琥作十難以詰之，琥辭不爲，司農曾布請爲之。

既作十難，且劾摯、繪欺誕，懷向背。詔問狀，繪懼謝罪。摯奮曰：「爲人臣豈可壓於權勢，使天子不知利害之實！」即條對所難，以伸其説。且曰：「臣待罪言責，采士民之説以聞於上，職也。今有司遽令分析，是使之較是非，争勝負，交口相直，無乃辱陛下耳目之任哉！所謂向背，則臣所向者義，所背者利；所向者君父，所背者權臣。願以臣章並司農奏宣示百官，考定當否。如臣言有取，幸早施行，若稍涉欺罔，甘就竄逐。」不報。

摯明日復上疏曰：「陛下起居言動，躬蹈德禮，夙夜厲精，以親庶政。天下未至於安且治者，誰致之耶？陛下注意以望太平，而自以太平爲己任，得君專政者是也。二三年間，開闔動摇，舉天下無一物得安其所者。蓋自青苗之議起，而天下始有聚斂之疑；青苗之議未允，而均輸之法行；均輸之法方擾，而邊鄙之謀動；邊鄙之禍未艾，而助役之事興。至於求水利，行淤田，併州縣，興事起新，難以偏舉。其議財，則市井屠販之人皆召至政事堂。其征利，則下至曆日，而官自鬻之。推此而往，不可究言。輕用名器，淆混賢否；忠厚老成者，擯之爲無能；狹少儇辯者，取之爲可用；守道憂國者，謂之流俗；敗常害民者，謂之通變。凡政府謀議經畫，除用進退，獨與一掾屬決之，然後落筆。同列預聞，反在其後。故奔走乞丐之人，其門如市。今西夏之款未入，反側之兵未安，三邊瘡痍，流潰未定。河北大旱，諸路大水，民勞財乏，縣官減耗。聖上憂勤念治之時，而政事如此，皆大臣誤陛下，而大臣所用者誤大臣也。」疏奏，安石欲竄之嶺外，神宗不聽，但謫監衡州鹽倉。繪出知鄭州，琥亦落職。摯乞詣鄆遷葬，然後奔赴貶所，許之。

先是，倉吏與綱兵姦利相市，鹽中雜以僞惡，遠人未嘗食善鹽。摯悉意核視，且儲其羨以爲賞，弊減什七。父老目爲「學士鹽」。久之，簽書南京判官。會司農新令，盡斥賣天下祠廟，依坊場河渡法收浄利。南京閼伯廟歲錢四十六貫，微子廟十三貫。摯歎曰：「一至於此！」往見留守張方平曰：「獨不能爲朝廷言之耶？」方平瞿然，托摯爲奏曰：「閼伯遷商丘，主祀大火，火爲國家盛德所乘，歷世尊爲大祀。微子，宋始封之君，開國此地，本朝受命，建號所因。又有雙廟者，唐張巡、許遠孤城死賊，能捍大患。今若令承買小人規利，冗褻瀆慢，何所不爲，歲收微細，實損大體。欲望留此三廟，以慰邦人崇奉之意。」從之。又見方平傳。

入同知太常禮院。元豐初，改集賢校理、知大宗正寺丞，爲開封府推官。神宗開天章閣，議新官制，除至禮部郎中，曰：「此南宫舍人，非他曹比，無出劉摯者。」即命之。俄遷右司郎中。

初，宰掾每於執政分廳時，請間白事，多持兩端伺意指。摯始請以公禮聚見，共決可否。或不便摯所請，坐以開封不置曆事罷歸。明年，起知滑州。

哲宗即位，宣仁后同聽政，召爲吏部郎中，改秘書少監，擢侍御史。上疏曰：「昔者周成王幼沖踐祚，師保之臣，周公、太公其人也。仁宗皇帝盛年嗣服，用李維、晏殊爲侍讀，孫奭、馮元爲侍講，聽斷之暇，召使入侍。陛下春秋鼎盛，在所資養。願選忠信孝悌、惇茂老成之人，以充勸講進讀之任，便殿燕坐，時賜延對，執經誦説，以廣睿智，仰副善繼求治之志。」

他日講筵進讀，至仁宗不避庚戌臨奠張士遜，侍讀曰：「國朝故事，多避國音。國朝角音，木也，故畏庚辛。」哲宗問：「果當避否？」摯進曰：「陰陽拘忌，聖人不取，如正月祈穀必用上辛，此豈可改也？漢章帝以反支日受章奏，唐太宗以辰日哭張公謹，仁宗不避庚戌日，皆陛下所宜取法。」哲宗然之。

摯又言：「諫官御史員缺未補，監察雖滿六員，專以察治官司公事，而不預言責。臣請增補臺諫，並許言事。」時蔡確、章惇在政地，與司馬光不相能。摯因久旱上言：「洪範：『庶徵肅，時雨若。』五行傳：『政緩則冬旱。』今廟堂大臣，情志乖暌，議政之際，依違排狠，語播於外，可謂不肅。政令二三，舒緩不振。比日日青無光，風霾昏曀，上天警告，皆非小變。願進忠良，通壅塞，以答天戒。」

蔡確爲山陵使，神宗靈駕發引前夕不入宿，摯劾之，不報。及使回，既朝即視事，摯又奏確不引咎自劾。無何，確又上表自陳，嘗請收拔當世之耆艾，以陪輔王室，蠲省有司之煩碎，以慰安民心。摯謂：「使確誠有是請，不言於先朝，爲不忠之罪；言於今日，爲取容之計。誠無是請，則欺君莫大於此。」又疏確過惡大略有十，論章惇凶悍輕侻，無大臣體，皆罷去。

初，神宗更新學制，養士以千數，有司立爲約束，過於煩密。摯上疏曰：「學校爲育材首善之地，教化所從出，非行法之所。雖羣居衆聚，帥而齊之，不可無法，亦有禮義存焉。先帝體道制法，超漢軼唐，養士之盛，比隆三代。然而比以太學屢起獄訟，有司緣此造爲法禁，煩苛愈於治獄，條目多於防盜，上下疑貳，以求苟免。甚可怪者，博士、諸生禁不相見，教諭無所施，質問無所從，月巡所隸之齋而已。齋舍既不一，隨經分隸，則又易博士兼巡禮齋，詩博士兼巡書齋，所至備禮請問，相與揖諾，亦或不交一言而退，以防私請，以杜賄賂。學校如此，豈先帝所以造士之意哉？治天下者，遇人以君子、長者之道，則下必有君子、長者之行而應乎上。若以小人、犬彘遇之，彼將以小人、犬彘自爲，而況以此行於學校之間乎？願罷其制。」

又請雜用經義、詩賦取士，復賢良方正科，罷常平、免役，引朱光庭、王巖叟爲言官。執憲數月，正色彈劾，多所貶黜，百僚敬憚，時人以比包拯、吕誨。

元祐元年，擢御史中丞。摯上疏曰：「上之所好，下必有甚。朝廷意在總覈，下必有刻薄之行；朝廷務在寬大，下必有苟簡之事。習俗懷利，迎意趨和，所爲近似，而非上之意本然也。今因革之政本殊，而觀望之俗故在。昨差役初行，監司已有迎合争先，不校利害，一概定差，一路爲之騷動者。朝廷察其如此，固已黜之矣。以是觀之，大約類此。向來黜責數人者，皆以非法掊克，市進害民，然非欲使之漫不省事。昧者不達，矯枉過正，顧可不爲之禁哉？請立監司考績之制。」

拜尚書右丞，遷進左丞、中書侍郎，遷門下侍郎。胡宗愈除右丞，諫議大夫王覿疏其非是，宣仁后怒，將加深譴。摯開救甚力，簾中厲聲曰：「若有人以門下侍郎爲姦邪，甘受之否？」摯曰：「陛下審察毁譽每如此，天下幸甚！然願顧大體，宗愈進用，自有公議，必致貶諫官而後進，恐宗愈亦所未安。」宣仁后意解，覿得補郡去。

摯與同列奏事論人才，摯曰：「人才難得，能否不一。性忠實而才識有餘，上也；才識不逮而忠實有餘，次也；有才而難保，可藉以集事，又其次也；懷邪觀望，隨時勢改變，此小人也，終不可用。」哲宗及宣仁后曰：「卿常能如此用人，國家何憂！」六年，拜尚書右僕射。

摯性陗直，有氣節，通達明鋭，觸機輒發，不爲利怵威誘。自初輔政至爲相，修嚴憲法，辨白邪正，專以人物處心，孤立一意，不受謁請。子弟親戚入官，皆令赴銓部以格調選，未嘗以干朝廷。與呂大防同位，國家大事，多決於大防，惟進退士大夫，實執其柄。然持心少恕，勇於去惡，竟爲朋讒奇中。

先是，邢恕謫官永州，以書抵摯。摯故與恕善，答其書，有「永州佳處，第往以俟休復」之語。排岸官茹東濟，傾險人也，有求於摯，不得，見其書，陰録以示御史中丞鄭雍、侍御史楊畏。二人方交章擊摯，遂箋釋其語上之，曰：「『休復』者，語出周易，『以俟休復』者，俟他日太皇太后復子明辟也。」又章惇諸子故與摯之子游，摯亦間與之接。雍、畏謂延見接納，爲牢籠之計，以冀後福。宣仁后於是面喻摯曰：「言者謂卿交通匪人，爲異日地，卿當一心王室。若章惇者，雖以宰相處之，未必樂也。」摯皇懼退，上章自辨，執政亦爲之言。宣仁后曰：「垂簾之初，摯排斥姦邪，實爲忠直。但此二事，非所當爲也。」以觀文殿學士罷知鄆州。給事中朱光庭駁云：「摯忠義自奮，朝廷擢之大位，一旦以疑而罷，天下不見其過。」光庭亦罷。七年，徙大名，又爲雍等所遏，徙知青州。

紹聖初，來之邵、周秩論摯變法、棄地罪，奪職知黄州，再貶光禄卿，分司南京，蘄州居住。將行，語諸子曰：「上用章惇，吾且得罪。若惇顧國事，不遷怒百姓，但責吾曹，死無所恨。正慮意在報復，法令益峻，奈天下何！」憂形於色，無一言及遷謫意。四年，陷邢恕之謗，貶鼎州團練副使、新州安置。惟一子從，家人涕泣願侍，皆不聽。至數月，以疾卒，年六十八。

初，摯與呂大防爲相，文及甫居喪，在洛怨望，服除，恐不得京官，抵書邢恕曰：「改月遂除，入朝之計未可必。當塗猜怨於鷹揚者益深，其徒實繁。司馬昭之心，路人所知也，濟之以『粉昆』，必欲以眇躬爲甘心快意之地，可爲寒心。」其謂司馬昭者，指呂大防獨當國久；『粉昆』者，世以駙馬都尉爲「粉侯」，韓嘉彦尚主，以兄忠彦爲「粉昆」也。恕以書示蔡碩、蔡渭，渭上書訟摯及大防等十餘人陷其父確，謀危宗社，引及甫書爲證。時章惇、蔡卞誣造元祐諸人事不已，因是欲殺摯及梁燾、王巖叟等。以爲摯有廢立之意，遂起同文館獄。用蔡京、安惇雜治，逮問及甫。及甫元祐末德大防除權侍郎，又忠彦雖罷，哲宗眷之未衰，乃託其亡父嘗説司馬昭指劉摯，「粉」謂王巖叟面白如粉，「昆」謂梁燾字况之，「况」猶「兄」也。又問實狀，但云：「疑其事勢如此。」會摯卒，京奏不及考驗，遂免其子官，與家屬徙英州，凡三年，死於瘴者十人。

徽宗立，詔反其家屬，用子跂請，得歸葬。跂又伏闕訴及甫之誣，遂貶及甫並渭於湖外，復摯中大夫。蔡京爲相，降朝散大夫。後又復觀文殿大學士、太中大夫。紹興初，贈少師，謚曰忠肅。

摯嗜書，自幼至老，未嘗釋卷。家藏書多自讎校，得善本或手抄録，孜孜無倦。少好禮學，其究三禮，視諸經尤粹。晚好春秋，考諸儒異同，辨其得失，通聖人經意爲多。其教子孫，先行實，後文藝。每曰：「士當以器識爲先，一號爲文人，無足觀矣。」

跂能爲文章，遭黨事，爲官拓落，家居避禍，以壽終。宋史卷三百四十列傳第九十九

宋元學案本傳

劉摯字莘老，東光人。兒時，父居正課以書，朝夕不少間。十歲而孤，鞠於外氏，就學東平，因家焉。

擢嘉祐甲科，歷南宫令。韓魏公薦爲館閣校勘，王荆公亦器異之，擢爲御史裏行。入見，神宗問曰：「卿從學王安石耶？安石極稱卿器識。」對曰：「臣少孤獨學，不識安石。」退上疏言君子小人之分在義理，語侵荆公，荆公欲竄之嶺外，神宗謫監衡州鹽倉。久之，出知滑州。

哲宗立，召爲吏部郎中，擢侍御史。疏蔡確、章惇過惡，執憲數月，百僚敬憚。元祐初，擢御史中丞，累遷尚書右僕射。自輔政至爲相，修嚴憲法，辨白邪正。然性峭

直，竟爲朋讒奇中，罷知鄆州，徙青州。紹聖初，再貶光禄卿，蘄州居住。四年，貶鼎州團練副使、新州安置，以疾卒。紹興初，贈少師，謚忠肅。

先生嗜書，至老未嘗釋卷。家藏書多自讎校，或手鈔録。經學於三禮尤粹。晚好春秋，考諸儒異同，辨其得失，通聖經意爲多。每曰：「士當以器識爲先，一號爲文人，無足觀矣。」宋元學案卷二

附録三

御製題劉摯忠肅集六韻

散編哀集還全璧，世久湮淪傳始今。劉摯文集四十卷，見於宋史藝文志及馬端臨經籍攷，世久無傳本。今從永樂大典各韻中哀集編綴，各體具備。共得文二百八十五首，詩四百四十三首，以原書卷目相校，尚可存十之六七云。必有鬼神來呵護，自然天地佑忠忱。未嘗釋卷於經邃，却匪空言見理深。出處一身守直亮，是非兩字辨僉壬。明陳十害邪辭闢，分析二章正氣森。六百載餘惜悃篤，裕陵見擯獨何心。録自四庫全書文淵閣本忠肅集

原序

宣和四年七月六日，宣教郎、知開封府臨河縣丞劉跂寓書於元城劉安世曰：「先人平生爲文，方棄諸孤，僅存一篋。類次之已成編集，念當有序引，以信於後。晚年遷謫，事同諸公，身後怨家誣謗，又蒙朝廷核實，已賜昭雪。然而元祐大臣不幸亡殁者，類皆不敢納銘於壙，植碑於隧，始終大節，不應無聞於後世。願因集序並載一二，使他日有攷焉。」顧惟衰拙，自少受知於先丞相，素叨國士之遇，中荷薦引，寖階禁從，晚歲遷謫，復同憂患，而又被譴以來行三十年，固窮守道，俯仰無愧，似不爲知己之辱。雖懷自顧不足之羞，而莫敢辭者，蓋義之所在，不可得而避也。

公諱摯，字莘老，永静軍東光人也。幼而敏悟，有成人風，年未弱冠，被薦於渤海，聲譽籍甚。凡四預鄉貢，禮部奏名爲第一，復中甲科。初治南宫，已著風績。英宗詔二府各薦士充館閣，忠獻韓公琦以公應詔，補館閣校勘。王文公安石初秉政，搜擇人材，擢爲中書檢正，居月餘，議論多不合。會除監察御史，欣然就職，語家人曰：「趣裝，無爲安居計。」即上疏論：「亳州獄起不止，小臣意在傾故相富弼以市進，今弼已責，願寬州縣之罪。」神宗皇帝勵精求治，獎進臣下，公既對，面賜褒諭。且問：「從學王安石耶？安石稱卿器識。」公對曰：「臣東北人，少孤獨，不識安石也。」因論人物邪正，奏對移時，上意嚮納。

公退益感遇，思所以稱，因上疏論率錢助役、官自雇人，其事有不可勝言者，略陳十害，切中時病。會御史中丞楊公繪亦論新政，並公章下司農，司農條件疏駁，遂劾繪與公險詖，中懷向背。有旨分析，公奏曰：「臣有言責，采士民之説，敷告於陛下，是臣之職也。今有司駁奏，遽令分析，交口相直，無乃辱陛下耳目之任哉！所謂向背，則臣所向者義，所背者利；所向者君父，所背者權臣。願以臣章及司農所奏宣示百官，攷定當否。」奏入不報。明日復上疏極論時政，遂罷御史，落館職。擬竄嶺外，上不聽，乃貶衡州。

哲宗皇帝嗣位，宣仁聖烈太皇太后以祖母共政，見連年水旱，西鄙未寧，百姓勞敝，而國有大故，當務休息，遂散遣京城役夫，減皇城司覘者，廢物貨場，罷户馬等，事皆從中出。又戒敕内外無敢苛刻擾民。已而進退大臣，選用臺諫，擢公爲御史。公受命之始，即具以熙寧告神考之語，復陳於哲廟之前，兩宫聽納，盡行其言。曾未期月，人情於變。使天下有泰山之安而無一朝之患者，公之力也。公既被遇，知無不言，姦佞刻薄之吏事狀顯著者，公皆正色彈劾，多所貶黜，中外肅然，時人以比包希仁、吕獻可。上察其忠義誠信，可屬重任，未幾遂大用焉。

公在中書，一日内降畫可二狀，其一裁節宗室冗費，其一減定六曹吏額。房吏請封送尚書省，公曰：「常時文書録黄過門，今封送何也？」對曰：「尚書省以吏額事，每奏入必徑下本省已久，今誤至此。」公曰：「中書不知其他，當如法令。」遂作録黄。初，尚書令史任永壽精悍而猾，與三省吏不相能，數以姦弊告諸宰執，吕丞相大防信任之。時户部裁節浮費，後省裁定吏額，皆踰年未就，吕丞相專權狠愎，盡取其事，置吏額房於都省，以司空府爲局，召永壽輩領之，未嘗謀及同列也。永壽見録黄，愕曰：「兩省初不與，今乃有此。」即稟丞相，命兩省各選吏赴局同領其事，以是白公，公曰：「中書行録黄，法也。豈有意與吏爲道地，今乃使就都省分功，何耶？」他日，又持奏稾以丞相旨稟公曰：「吏額事本欲慎密而速，故請徑下，然未經立法，欲三省同奏，依致仕官文書法。」公曰：「似非其類也，更當聚議。」明日，吕相又袖稾厲色示公曰：「勢不可不爾！」公不欲立異，勉應曰：「諾。」其後事畢，永壽以勞進官，時忱、蘇安静、時惲皆遷秩有差。於是外議喧然不平，臺諫交章論列，以爲事在後省，成就已十八九，永壽等攘去才兩月，而都司不用司勳格，擅擬優例，冒賞徇私，章數十上。時公已遷門下，每於上前開陳吏額本末，此皆被省者鼓怨，言章風聞過實，不足深信。吕丞相亦以語客曰：「使上意曉然者，劉門下力也。」然自此忌公益甚，陰謀去之，遂引楊畏在言路，諫官疏其姦邪反覆，章十餘上，竟不能回。士大夫趨利者，汹汹交訌其事，於是朋黨之論起矣。公語丞相曰：「吾曹心知無他，然外議如此，非朝廷所宜有，願少引避。」丞相曰：「行亦有請。」是歲八月一日奏事畢，少留，奏曰：「臣久處近列，器滿必覆，願賜骸骨，避賢者路。」上遣中使召公入對，太皇太后諭曰：「侍郎未可去，須官家親政然後可去。」使者數輩趨入視事，公不得已受命。頃之吕丞相亦求退，不許。明年，公繼爲丞相，不滿歲，前日汹汹者在言路詆公，竟去位，朋黨之論遂不可破，其本末如此。

公輔政累年，剛明重厚，達於治道，朝廷賴之。及爲相，益總大體，務守法度，輔佐人主於無過之地。其於用人，先器識，後才藝。進擬之際，必察其人性行厚薄，終不輕授以職任。故才名之士或多怨公，公知之不恤也。取人不問識與不識，或多南士，有以蕭望之、鄭朋事諫公曰：「楚士奈何。」公笑而不答。論者謂元祐以來能以人物爲意，知所先後而無適莫者，公爲之首。奏事上前，言直事核，不爲緣飾，多見聽用。與同列語，公平不欺。未嘗以私屬人，人有所欲多憚公聞之，公聞之亦爲盡力，然終不以語也。精力絶人遠甚，一見賓客，及聞其語，終身不忘。事無劇易，臨之曉然，省吏每以事試公，不以久近，區處如一，言皆可復，故三省事經公所裁定者，後皆遵用莫能改云。

趙彦若子敗官下獄，彦若奏與監司有嫌，乞移獄他路。言者論彦若罔上不實。王鞏除知宿州，言者論翬前在揚州不法。彥若、翬皆公姻家也。語稍及公，公請辭位，章七八上，遂遷就外舍。詔遣近侍宣召公入，既對，諭曰：「彥若、翬輩事何預也？言者皆謂交通邢恕及章惇之子，牢籠小人，爲異日計。」公心知爲言者所中，不復自明，謝曰：「臣愚闇，招致人言，願就貶責。」既退，固請益堅，乃罷相，以殿學士守鄆。給事中駁奏，謂劉某忠義自奮，力辨邪正，有功朝廷，擢之大位，一旦以疑而罷，天下不見其過。」並給事中罷之。於是中外疑駭，莫知所謂。久之乃知言者雖多，專以章、邢事爲媒孽。初，公家子弟與章惇之子相識，因入都應舉，而公家子弟亦遊科場，嘗至府第，而言者指爲交通之迹。邢恕謫官，至京師，以書抵公，公答以手簡，其末云：「爲國自愛，以俟休復。」茹東濟爲東排岸官，數有請求，而公不之許，蓄怨甚久。適見公簡，陰録其語以示言者，言者繳上之，且解釋云：「『休復』，語出周易，『以俟休復』者，俟他日太皇太后復辟也。劉某所懷如此。」蓋媒孽之語不一，而此最爲甚，朝野憤之。其後楊畏遂升從官，搢紳共惡，甚於虺蜴。東濟亦除提舉常平，諫官復論其素行，士論不齒，不宜任以監司。除命遂寢，人情更以爲快。

公天性高明，不以己長格物。既貴，恭儉好禮，不改平素。淳靜嗜書，自幼至老，未嘗釋卷。家藏書多，皆自讎校，得善本或手抄録，孜孜無倦。平居不親妾媵，家事有無，不以經意。雖在相府，蕭然一室。其後南遷，不知者謂公不堪其憂，親族門人乃知公謫居自奉簡約，與在相府無以異也。凡有議論，惟尚中道。不習異説，不貴苟難，務在謹名教而已。少好禮學，講究三禮，視諸經尤粹。晚好春秋，攷諸儒異同，辨其得失，通聖人經意爲多。公文章雅健清勁，如其爲人，辭達而止，不爲長語。表章書疏未嘗假手，凡奏議、論説、記序、銘誌、詩賦諸文總千餘篇，次第著集爲四十卷，藏於家。

公自青社罷職知黄州，又分司、徙蘄州，語諸子曰：「上用章丞相，吾勢當得罪。若章君顧國事，不遷怒百姓，但責吾曹，死無所恨。第恐意在報復，法令益峻，奈天下何！」憂形於色。初無一言及遷謫也。嶺表之謫，公拜命即日就道，惟從一子。家人涕泣願侍，皆不聽。水陸犇馳，見星乃止，至貶所，屏迹不交人事，亦無書自隨，宴坐静默，家人具饌，告之食則食，喜怒不形，意澹如也。公年未五十即屏嗜欲，晚歲南遷，氣貌安强，無衰瘁之色。居數月，得微疾，公自謂將終，戒飭後事，精神不亂，安卧而斃。公既殁於嶺外，所屬爲公請歸葬於朝，不許。已而諸子坐廢，家屬再徙他郡，而不著罪狀，人無知其故者，雖公家亦不知也。今上登極，大赦天下，公既歸葬，而文及甫、蔡渭皆貶湖州，然後人稍知其事起於此。

初，及甫持喪在洛陽，邢恕謫永州未赴，亦以喪在懷州，數通書，有怨望語。及甫又以公任中司，嘗彈罷其左司郎官，怨公尤深。以書抵恕，其略曰：「改月遂除，入朝之計未可必。當塗猜怨於鷹揚者益深，其徒實繁〔二〕。司馬昭之心，路人所知也。」大意謂服除必不得京師官，當求外補，故深詆當路者。紹聖初，恕以示蔡碩、蔡渭，渭數上書訟呂丞相及公而下十餘人陷害其父確，及謀危宗社，引及甫書爲驗。朝廷駭之，委翰林學士蔡京、御史中丞安惇究治焉，遂逮及甫就吏。而所通初無事證，但託以亡父曾説之。究治所問司馬昭謂誰，及甫對意謂公也。問其證據事狀，則曰：「無有，但疑其事勢心意如此。」朝廷照知其妄，獄事遂緩。會公薨聞，猶用蔡京奏，以不及攷驗爲辭，但坐諸子而已，時紹聖五年五月四日也。其後諸子、叔復護喪還鄉里，公嗣子跂徑伏闕下，上疏訴其事。又持副封詣都堂，叩宰相韓忠彦、曾布等，皆取實封案牘閲視，知其謬妄明白，具以語跂。至建中靖國元年二月二十五日，有旨文及甫、蔡渭所陳顯無實狀，已行貶責，紹聖五年五月四日指揮更不施行。然後公歿後讒謗所坐皆得解釋。渭今改名懋云。崇寧元年正月癸酉，葬公於鄆州須城縣大谷山之原先塋之東，曹國夫人任氏祔焉。有詔特依前宰臣例。又除公壻通直郎蔡蕃知陽穀縣，應副葬事。送終之禮，極其哀榮，四方觀者，莫不歎息。

嗚呼！公之厚德高行，追配古人，嘉謨偉績，播於天下士民者固不可勝數，今特取大節載之，其餘非公出處所繫，皆略而不書。

八月一日承議郎提舉南京鴻慶宫賜紫金魚袋劉安世序。

校勘記

〔一〕其徒實繁　「繁」字原脱，據宋史卷三四〇劉摯傳補。

諸家著録

宋史藝文志

劉摯集四十卷。宋史卷二百八藝文七

直齋書録解題

劉忠肅集四十卷。丞相忠肅公東光劉摯莘老撰。凡四舉於鄉試，禮部爲第一，登嘉祐四年甲科。劉元城爲集序，述其出處大槩。直齋書録解題卷十七集部别集類

郡齋讀書志附志

劉忠肅公文集四十卷。右劉忠肅公摯之文也，忠肅制誥附於後，元城先生劉安世序

之。公名摯，字莘老，永静軍東光人。嘉祐中登進士甲科，元祐六年拜右僕射。出知鄆州。紹聖四年，責鼎州團練副使、新州安置，薨。詔許歸葬，追復觀文殿學士。中興贈少師，謚正肅，以家諱改忠肅。郡齋讀書志附志卷五下集部别集類

文獻通考

劉忠肅集四十卷。陳氏曰：丞相忠肅公東光劉摯莘老撰，凡四舉於鄉試，禮部爲第一，登嘉祐四年甲科。劉元城爲集序，述其出處大槩。文獻通考二三六經籍考六三集部别集類

文淵閣書目

劉忠肅公集一部十册完全。文淵閣書目卷九

四庫全書總目

忠肅集二十卷，宋劉摯撰。摯字莘老，東光人，家於東平，登嘉祐四年甲科。神宗朝累遷禮部侍郎，哲宗即位，歷官門下侍郎，尚書右僕射，以觀文殿學士罷知鄆州。紹聖初，坐黨籍累貶鼎州團練副使、新州安置。卒。紹興中，追贈少師，謚忠肅。事蹟具宋史本傳。

其文集四十卷，見於宋史藝文志。久無傳本，今從永樂大典各韻中裒輯編綴，共得文二百八十五首，詩四百四十三首，以原書卷目相較，尚可存十之六七。謹以類排纂釐爲二十卷，而仍以劉安世原序冠之於首。

摯忠亮骨鯁，於邪正是非之介辨之甚嚴，終以見愠羣小，貶死荒裔。其爲御史時，論率錢助役之害，至王安石設難相詰，而摯反覆條辨，侃侃不撓，今其疏竝在集中。他若劾蔡確、章惇諸疏見於宋史者，亦竝存無闕。其所謂修嚴憲法、辨別淄澠者，言論風采，猶可想見，固不獨文詞暢達，能曲盡情事已也。至集中有論韓琦定策功疏，頗論王同老攘功冒賞之罪，而道山清話遂謂文彦博再入，摯於簾前言王同老劄子皆彦博教之，乞下史官改正，宣仁不從，彦博因力求退。今考此事，史所不載，而集中有請彦博平章重事疏，其推重之者甚至，尤足以證小説之誣。蓋當時黨論交訌，好惡是非，率難憑據。幸遺集具在，得以訂正其是非，於論世知人之學，亦不爲無補矣！四庫全書總目卷一五三集部別集類六

附錄四

論劉摯及其著作

陳曉平

劉摯字莘老，永静東光人。因東光漢屬渤海郡，故有稱其爲渤海人者〔一〕。摯家自高、曾以降，以財雄鄉邑，而不仕宦〔二〕。景德中，契丹來犯瀛關郡，摯之祖父劉格，督士民城守，以功補三班奉職〔三〕，從而釋褐爲宦，但最終也只做到州觀察推官。摯父居正（九九七——一○四○），字安行，中天聖二年丙科，開始以登科進身。劉摯在嘉祐四年進士及第，登上仕途。故元豐二年，在摯之長子劉跂、次子劉蹈同登進士第時〔四〕，劉摯有「雁塔繼題三世字」之詩句〔五〕。

摯曾有一弟，然「六幼不育」〔六〕；姐妹四。有四子三女，四子即跂、蹈、蹟、路，三女名不可考。跂是宋室南渡前後文壇上頗負盛名的人物，有學易集傳世。清人稱其文簡勁有法度，詩亦落落無凡語，吕祖謙奉詔修文鑑，即多取其文云。但是在官場上，却與其三個弟弟一樣，俱無顯赫的聲名。

摯之生年，史無明載，但宋史劉摯傳（以下簡稱本傳）和續資治通鑑長編（以下簡稱長編）皆記其卒於紹聖四年末（一○九八），享年六十八歲。謹依中土計齒之常例上溯，當生於天聖八年（一○三○）。

劉摯的一生，大致可分爲三個時期，現簡述如次。

一、熙豐變法前的劉摯

現在所能見到有關劉摯入仕前的材料甚少，宋史本傳云：

兒時，父居正課以書，朝夕不少間。或謂：「君止一子，獨不可少寬邪？」居正曰：「正以一子，不可縱也〔七〕。」

劉摯的祖父劉格，力儒自奮，治左氏春秋，兼通公羊穀梁二傳。摯父居正亦「好學，敏文詞，平生所著甚多〔八〕」。在這樣的家庭中，所受自然是傳統儒學的熏陶。故宋史本傳稱劉摯「嗜書，自幼至老，未嘗釋卷……少好禮學，其究三禮，視諸經尤粹」〔九〕。

摯父居正是以治獄果敢精審而著稱當時的，其判道州時，「監司知其能，多以他郡疑獄屬之」〔一〇〕。在劉摯九歲那年，劉居正以秘書丞治道江華，劉摯及其母親和舅舅陳孝若隨行。踰年，他的家庭發生了重大變故，其父鞫獄於衡州時得疾不起，旋即離世。而其母也於前此數月在江華辭世。元祐五年，劉摯在追述這一變故時說：

昔公以秘書丞治道江華……踰年，公鞫獄於衡得疾不起。訃聞，孝若走衡，與郡所委吏莪於花藥山僧舍。事畢，孝若返江華契其孤，而夫人陳氏前亡，權厝在縣……北歸，既至汶上，而外氏秘書監陳公希古尚無恙，遂留諸孤，鞠養於家〔一〕。

劉摯世居東光，至是遷至東平外祖父處，宋史本傳所謂「十歲而孤，鞠於外氏，就學東平，因家焉」。即爲此事之紀實。

劉摯在二十至三十歲這段時間，主要在鄆州州學受業。「結髮就師，從先生長老姜潛、劉述、龔鼎臣輩，治經藝、習文辭，上下凡十餘年。〔二〕」姜、劉二位，史無稽考，龔鼎臣歷事仁、英、神、哲四朝，以經濟顯名朝廷，從其在後來的熙豐變法中的作爲來看，政見主張與王安石等顯然是大相徑庭的。摯「少以諸生從公學，又以應天府官在公幕下，公之見知甚厚。〔三〕」看來龔鼎臣對摯以後的影響是比較深的。劉摯後來在談到這段讀書受業生涯時說：「於時少長嚮勸，程課甚密，而書籍殊尚缺，然至嘗外假穀梁春秋傳、范蔚宗漢書手寫讀之。」〔四〕他一邊寒窗苦讀，一邊還云游山川，尋覓知音，廣結友朋。在此時期內，劉摯除與梁燾、傅堯俞等相善外，嘉祐三年，又在荆州結識了名僧文瑩，相互切磋詩文、談論時事，頗爲得意。文瑩是北宋中後期時一位頗有影響的人物，其著如湘山野録記太宗「斧聲燭影」之疑，開千古之論端，其見地、影響實非一般僧人能望其項背。摯亦深贊其「才思濆拔，博知世故」。並嘆其「不知其始何爲落於方袍中也！〔五〕」此後，摯與文瑩「二十年間四相遇」〔六〕，一直保持着較密切的往來。

嘉祐四年，即摯三十歲那年，劉摯中甲科，禮部奏名爲第一。是年五月，試銜知縣，爲冀州南宫令。該縣地當河北，歲有河決、國信之勞，民生艱難。在冀州任上，剛剛進入仕途的劉摯頗有一番救民於水火的壯志，也切切實實地做了些減輕縣民苛捐雜税的事。宋史本傳載：

嘉祐中，擢甲科，歷冀州南宫令。縣比不得人，俗化凋敝，其賦甚重。輸絹匹折税錢五百，綿兩折錢三十，民多破産。摯援例旁郡，條請裁以中價，轉運使怒，將劾之。摯固請曰「獨一州六邑被此苦，決非法意，但朝廷不知耳」。遂告於朝，三司使包拯奏從其議。自是絹爲錢千三百，綿七十有六。民歡呼至泣下，曰：「劉長官活我！」是時，摯與信都令李沖、清河令黄莘皆以治行聞，人稱爲「河朔三令」〔一七〕。

治平三年，摯徙江陵府觀察推官。去之日，民爲立祠〔一八〕。是年冬十月，英宗感於人才之難求，詔宰相各舉才行兼善可試館職者各五人。摯由當朝重臣韓琦的推薦得試館職，至熙寧三年夏四月，摯以策論優等，由江陵府觀察推官擢館閣校勘，邁出了他政治生涯中重要的一步。

二、熙豐變法中的劉摯

熙寧三年，當劉摯進入中央政府時，正值宋神宗、王安石君臣不安於内憂外患的現狀，君臣携手，立志革除弊政、變法圖强的開始階段。其時，青苗、市易諸法已經推行，由於大批元老重臣如韓琦、富弼、歐陽修、文彦博等對新法持消極的、不合作的、以至反對的態度，並紛紛離開中央政府，使得宋神宗和王安石不得不破格提拔一批資歷尚淺、但能够「講先王之意以合當世之變」的年輕官員——即所謂「新進少年」——到中央政府各部門擔任要職，以推行新法。熙寧四年二月，由元公韓絳引譽，劉摯被提升爲檢正中書禮房公事〔一九〕，在這次任命發佈之前，神宗和王安石有過這樣一次討論：

上初欲用朱明之，王安石以親辭。上曰：「摯未可知。」安石曰：「試其可，否則罷之，無傷〔二〇〕。」

對這次任命，劉摯的反應是冷漠的，史稱其「默默非所好也」。二個月以後〔二一〕，摯再次升遷，由檢正中書禮房擢監察御史裏行。對於這次任命，劉摯的反應與上一次截然相反，他一俟新命下達，即「歸語家人曰：『趣裝，毋爲安居計〔二二〕。』」而且，未及陛對，即上乞結絶亳州獄奏，請朝廷勿究富弼在亳州拒不執行青苗之事。接着，他又連上章疏，彈劾賈昌衡、程昉、李宜之等。其彈賈昌衡，劾其知惡不舉乞行罷斥；其彈程昉、李宜之，劾其開修漳河，有「擾民殘物」之舉，乞重行貶竄。劉摯在這段時間內章疏迭上，對變法及變法派多有批評，但總的認爲法既不壞，只是阿諛希進之小人未能體聖上大均愛民之意，見利而忘義，在具體推行過程中有過激之舉。

恰巧在此期間，開封府畿縣試行助役新法，知縣賈蕃擅升户等，致使畿縣百姓數百人擁入宰相居第，又詣開封府及御史臺陳訴新法擾民不便。摯即上疏，斥論有司「升等立户，期會急迫」，「未能奉宣陛下大均之意以立法度」，乞朝廷暫停施行該法，「然後乞根究昨來承準是何條制，輒有升降户等？」並且還「欲陛下深求民情，博采中外之論」。以期求得一個「不至重斂動衆，而可以經久者，而後行之」〔二三〕。

在此情況下，熙寧四年六月，御史中丞楊繪上疏，指陳助役法之施行有五難，劉摯亦上疏，指論助役之施行有十害。皆是指控新法不便，請罷之而再議。對此，判司農寺曾布疏駁楊繪、劉摯，並劾二人欺誕，懷向背。王安石並以布疏進呈宋神宗，且命以布疏劄與二人，令其分析。

助役新法是熙豐變法中涉及面較大，争議最激烈的新法之一，在該法施行前，曾由宋神宗、王安石君臣進行過多次的討論商議，決定在開封畿縣試行。其成敗毁譽直接影響着變法的進程，故宋神宗、王安石君臣對該法試行期間來自各方面的反應的重視是自不待言的。然而這只是事情的一個方面，在另一方面，一個衆所周知的事實是：有宋一代，臺諫官的地位是十分特殊的，他們不僅可以風聞彈劾大臣，使宰相也欲避其言鋒，而且即使言過其實也不致獲罪。北宋立國之初，太祖曾爲此立碑，發誓不得殺士大夫及上書言事人，並以此爲家法，借言路之力以折姦救弊。並美其名曰養臺諫之鋭氣也。由此宋代一般臺諫官多以皇帝之耳目自任，驕横非凡。宋人即認爲：

建隆以來，未嘗罪以言者，縱有薄責，旋即超升。許以風聞，而無官長，風采所論，不問尊卑。言及乘輿，則天子改容；事關廊廟，則宰相待罪。臺諫固未必賢，所言未必皆是，然須養其鋭氣，而借之重權者。豈徒然哉！將以折姦臣之萌，而救内重之弊也〔二四〕。

有人甚至以爲「仁宗皇帝所以四十二年天下安寧，大臣無甚縱恣，百官得行其志，不法之事稀闊無聞者，以優禮大臣，而聽用臺諫之所致也」〔二五〕。由此看來，責令臺諫分析，已非祖宗家法，更何況曾布還咄咄逼人，劾其欺誕，懷向背呢？故劉摯在論助役法分析疏和分析第二疏中抗章不答所令分析之事，而以爲「風憲之官，豈與有司較是非勝負，交口相直，如市人之交競者，則無乃辱陛下耳目之任哉！」〔二六〕且指控「分析之事，前代無之，祖宗無之，近年已來，乃爲此法，以摧言者之氣」〔二七〕。故而他怒氣衝天，轉而將言鋒直指王安石曰：「得君專政者，安石是也。二三年間，開闔動搖，舉天下無一物得安其所者。蓋自青苗之議起，而天下始有聚斂之疑；青苗之議未允，而均輸之法行；均輸之法方擾，而邊鄙之謀動；邊鄙之禍未艾，而助役之事興。至於求水利，行淤田，並州縣，興事起新，難以偏舉。其議財，則市井屠販之人，皆召而至政事堂。其征利，則下至曆日，而官自鬻之。推此而往，不可究言。輕用名器，淆混賢否，忠厚老成者，擯之爲無能；狹少儇辯者，取之爲可用；守道憂國者，謂之流俗；敗常害民者，謂之通變……聖上憂勤念治之時，而政事如此，皆大臣誤陛下，而大臣所用者誤大臣也」〔二八〕。必須指出的是，熙豐變法之初，對新法有滿腔的怨憤者和詆毀新法者不乏其人，但詆毀和攻擊新法者大多是就個別的、具體的某一個法而言的（如韓琦指責青苗法，蘇轍指責助役法）。更多的人是緘默不語。象劉摯這樣全面攻擊已行新法，而且態度這樣激烈，火藥味這樣濃，在熙寧初確爲第一人。難怪元祐年間，有人稱其「蚤以御史祇事裕陵，力陳是非，不避權臣」〔二九〕。所以劉摯此二疏一上，神宗以爲「摯言尤無狀」〔三〇〕。詔摯落館職、監察御史裏行，謫監衡州鹽倉。劉摯從熙寧三年四月入京任職，時僅一年多即遭貶出京，如果說在此以前劉摯以及劉摯所代表的一批人與王安石爲首的變法派之間的矛盾還是隱伏着的話，那末在劉摯上分析第二疏以後，這種矛盾就全面公開化了。而劉摯的出貶，則標誌着變法派加强了對言路的控制，使反變法派喪失了最後的輿論陣地。

劉摯在准請回鄆州遷葬了祖墳後，於次年（熙寧五年）抵衡州即任。他在監衡州鹽倉任上的活動，宋史本傳曰：

先是，倉吏與綱兵好利相市，鹽中雜以僞惡，遠人未嘗食善鹽。摯悉意核視，且儲其羨以爲賞，弊減什七。父老目爲「學士鹽」。

其後，關於劉摯的活動，大體如次：熙寧七年復職，改任簽書南京判官。次年，張方平爲南京留守，摯以職務關係，得於之面接，頗受青睞。在此期間，他們結下了很深的關係，在以後的政治鬭争的反復中，他們始終站在同一立場上。大約在熙寧十年下半年，北宋朝廷政局發生了一些微妙的變化，王安石出朝退居江寧，變法由宋神宗親自主持。就在這時，劉摯回到開封，任同知太常禮院事。並受神宗之命，校唐六典，爲元豐改制作準備工作。元豐元年，摯又改集賢校理，知大宗正寺丞，爲開封府推官。元豐五年四月，以開封府獄空賜章服。同年，新官制成，摯以朝奉郎爲尚書禮部郎中。是年八月，摯以正旦使出使遼國，時永樂城新陷，西北戰局對宋不利，陛辭日，「上數言西事……預爲問對之語……且曰：『敵多辯詐，毋爲所勝。』摯對曰：『臣謂問對之際，不必過爲遷就。〔三〕』」元豐六年春，摯遷右司郎中，四月以事衝替而罷歸鄉里。七年七月，復起以奉議郎知滑州。

值得注意的是：劉摯在熙寧四年由言路出貶衡州，至熙寧末重回中央政府，到元豐八年時再執言路之要，前後凡十四年。其間，除了在熙寧九年簽判南京任上有一篇名爲代留守張方平留闕伯微子張許三廟奏和在元豐初知大宗正寺丞任上有乞增宗學官俸狀外，其他與當時的變法直接相關的事迹和言論不多。而對劉摯的前一個奏議，神宗皇帝曾特加御批，以爲買撲此三廟實爲「慢神辱國，無甚於斯！」准奏收回了這些祠廟。那末，劉摯在此十四年間對變法的態度究竟如何呢？元豐六年三月宋神宗與章惇等人的一次談話，可以提供些個中消息。

安禮曰：「摯在都省，每白公事，必至聚廳處，未嘗間見執政，此一事已可稱。」章惇曰：「事固未嘗有兩可者，其鹵莽極當責……然……摯爲人平直不反復……蓋與……持兩端以取容者有間矣！」蔡確曰：「摯固善士，但嘗異論爾！」上曰：「異論是昔時事。」惇曰：「摯自被逐，不復異論。人豈不容改過！」〔三〕

由此可知，劉摯在被貶逐之後，因其「不復異論」新法，至少給變法派人士造成了一種「改過」的印象。

劉摯果真「改過」並「不復異論」新法了嗎？答案是否定的。元祐元年蘇轍起草劉摯右丞制中，稱許被貶時期的劉摯是「十年流落，志氣不衰」〔三〕。劉安世在忠肅集原序中也說：「哲宗皇帝嗣位，宣仁聖烈皇太后……擢公爲御史，公受命之始，即具以熙寧告神宗之語復陳於哲廟之前。」〔三四〕可見劉摯對變法的態度依然如故，仍持前議，絲毫也未改。而且其堅持「異論」的志氣，也一點没有減弱。細檢劉摯本人在此期間的文字，可以證明蘇轍、劉安世之説絶非妄言。熙寧七年，在其所撰之刑部詳覆官朱君墓誌銘中，即高度褒揚朱述在對待變法問題上「尚氣節，臨義利，知所擇」〔三五〕。而在熙寧四年，劉摯告誡神宗之語，正是所謂「君子小人之分，在義利而已」。章惇等人未能洞察而輕下結論推斷，也可謂不知人了。那末，劉摯如何會給人們造成改過的錯覺的呢？首先是由於劉摯的個性。聯繫熙寧四年劉摯的表現來看，一方面是王安石連連提拔他，使之身居臺諫之要。而在劉摯這一面，却是磨刀霍霍，得命後即歸語家人毋爲安居計，準備上場大幹了。極其鮮明地表現出劉摯性格上的特徵：爲人城府較深，不到關鍵時刻不露聲色。

以劉摯的個性，居然能在十四年中絶口不議新法，除了上述原因外，另一個重要原因同熙豐變法的領導人的變易直接相關。劉摯再至中央政府時已是熙寧十年末了，早在前一年，王安石已退居江寧。如果説在熙寧九年時，劉摯尚敢於對買撲祠廟事有所非議，以示其對朝廷的赤誠之心的話，那末在王安石已離開朝廷，變法實際上是由神宗本人在主持進行的背景下，雖然劉摯對元豐諸新法也甚不以爲然，而且在元祐更化中，就曾對四川、福建的榷茶和汴京的水磨茶法等多有論列。但在此時此刻，劉摯恐怕還没有韓愈諫迎佛骨的勇氣。顯然，在王安石主持變法時，劉摯即便是每欲詆毁新法，尚可打着「臣所向者君父，所背者大臣」的幌子，做出一副錚錚鐵漢的樣子，但在這「事皆自（指神宗）做，只是用一等庸人左右趨承耳〔三六〕的元豐年間，劉摯縱然是骨骾在喉，又何敢吐一言！

由此可見，在變法運動日益深入和變法領導人更易的情況下，無論是在西京獨樂園中的司馬光，還是在衡州監鹽倉的劉摯，儘管在一段時期内，公開反對變法的言行都不多，但他們對新法持「異論」的態度都是依然如故。這就是他們在元祐時迅速走到一起的緣由所在。

三、元祐更化中的劉摯

元豐八年三月，宋神宗病死，宋哲宗即位。因其幼衝，由英宗之高后稱太皇太后，垂簾聽政，朝政一決於這位一貫反對新法的太皇太后。

元豐八年夏四月，摯自滑州召爲吏部郎中。六月，吕公著上疏太皇太后，稱摯「資性端厚，可充侍御史」〔三七〕。司馬光也上疏曰：「竊見吏部郎中劉摯公忠剛正，終始不變……若使之或處臺諫，或侍講讀，必有裨益。」〔三八〕由於二人的推薦，劉摯不久即由吏部郎中進爲秘書少監，再進爲侍御史。

卷土重來的劉摯一改其口不議新法的舊貌，以其對熙豐新進和熙豐新法的滿腔怨恨，竭盡全力地爲司馬光的「更化」推波助瀾，鳴鑼開道。

他提出「更化」之先務，在於廣開言路。爲了讓各種對熙豐新法和熙豐新進的怨憤和攻擊可以肆無忌憚地發表，他上疏請求增加諫員並允許察官言事，請許臺官上殿奏事等等。以期充分利用各種輿論渠道詆毁新法，攻擊新進之人。

他指控熙豐新法之所以爲害巨大，其重要原因即在於所用者多希進小人，急功近利，心術不正，未能體先帝大均愛民之意。所以他提出「更化」之先，必退阿諛姦邪之小人，進公忠剛正之君子。他請罷陸佃、蔡卞經筵官而推薦傅堯俞等。並上疏澄汰緣新法而進的監司官和州縣官吏以確保「更化」政策在地方的推行和實施。

元祐元年春正月，劉摯上論役法疏，歷數免役之害，請罷之而復用祖宗差法。是年二月，摯由攻擊新法有功，再擢御史中丞。是時，爲了免役法的去留，宋廷中展開了激烈的争議，司馬光必欲廢免役而復差役，在廷議時被章惇、蔡確等駁斥得理屈詞窮。蘇軾、范純仁等也請參用新舊役法之長。劉摯敏鋭地意識到，二凶（指章惇蔡確）不去，則新法不罷，而「更化」也難行。故立即率領臺諫官交章彈劾二人，僅劉摯一人彈劾章惇、蔡確的奏章就達拾數篇之多，大有不達目的，誓不罷休之勢，致使章惇、蔡確等在二月之間相繼去任外補。其唯司馬光馬首是瞻可謂不遺餘力。難怪在司馬光等人的眼裏，劉摯儼然是包拯、吕誨式的人物了〔三九〕。

在元祐更化中，劉摯還主持進行了一項影響甚大、牽涉面甚廣的事件，即主持元祐訴理所事。事情的起因是：

哲宗元祐元年閏二月四日，三省言：元豐八年三月六日赦恩以前，命官諸色人被罪，今來進狀訴理。據案已依格法，慮其間有情可恕，或事涉冤抑合從寬減者，欲委官看詳。聞奏，詔御史中丞劉摯、右諫議大夫孫覺看詳以聞〔四〇〕。

受命伊始，摯曰：「何必赦前，自今日以前皆當看詳。」〔四一〕於是，上從其言。再詔摯等「取索元豐以來大理寺、開封府斷遣過因內降探報公事，元斷犯及斷遣刑名看詳，內有不合受理並事涉冤抑者，具事理以聞」〔四二〕。看詳的結果，劉摯認定進狀訴理者皆爲無罪之人而請求皇上「毋拘常法」悉數除落罪名。這件事，對劉摯的仕宦生涯產生了十分微妙的影響。直到紹聖元年，來之邵尚抨擊劉摯「以先朝賞罰不中理，則悉聽訴理。劉摯罪無輕重，率從原減」〔四三〕。而在同年六月劉摯再貶黄州時，制詞也責他「縱釋有罪，以歸怨公上」〔四四〕。直到元符元年，仍有人説「元祐案牘凡千餘人，元斷輕重一一當罪，所有元看詳官劉摯……等罪迹顯著，義所不容」〔四五〕。成爲他們打擊和追貶劉摯的口實。

在主持訴理所的同時，劉摯又上疏稱頌呂誨「辨大姦於未萌之時」，「可謂有先知之明矣！」請求朝廷「特賜褒贈及賜謚」。並指出此舉「非獨以慰幽壤，亦以勸天下之忠義，而愧人臣之爲姦諛者，非小補也」〔四六〕！正是這個呂誨，臨死前還對司馬光説：「天下事尚可爲，君實勉之！」劉摯上疏請求褒贈這樣一位人物，對元祐更化確非小補。而且也足以説明劉摯此時的立場和態度：大凡熙豐新法，則必欲請罷之；凡熙豐新進之人，則必欲貶竄之。而舉凡反對新法之人，死則推褒，生則擢用。

時人曾公亮在談及熙豐變法時的君臣關係時，曾以「儼如一人」來評估宋神宗和王安石的關係。故詆毁王安石在某種程度上就是詆毁先帝神宗，這一點自可不言而喻。但是隨着「元祐更化」的發展，劉摯攻擊新法的矛頭，也由主要攻擊熙寧時期的王安石及其主持下的新法進而指向宋神宗主持下的元豐新政。他連連上疏，請罷川蜀及福建榷茶，京師水磨茶法，並極力詆毁熙豐開邊。這是一個值得注意的現象。

從元豐八年至元祐元年，劉摯再執言路，引用王巖叟、劉安世等人，劾論新進，論罷新法，態度偏激，言辭猛烈。確爲司馬光的更化政策的推行立下了汗馬功勞。元祐元年十一月，劉摯進位中大夫，尚書右丞。制詞稱其「召置臺諫，首開正論。進任中司之要，屢聞白簡之言。風聲凜然，國是以定」(四七)。的確是對他在「元祐更化」之時作用的準確概括。

元祐元年九月，司馬光病逝。應該説，司馬光不算是一個出色的政治家，出任首輔也僅僅是在從元豐八年末至元祐元年的大約一年左右的那樣一個特殊的時期，以司馬光的清望，當然可以成爲當時那批反變法派官員的旗幟。逮其辭世，一時之間，反變法派内部立即陷入群龍失首的狀況，分化成以程頤爲主要代表的洛黨，以蘇軾等一批川籍官員組成的蜀黨和以劉摯爲首的一批以河北籍御史臺官員爲主的朔黨。他們政見紛出，各執一詞，相互攻訐。在這一片紛亂之中，惟以劉摯爲首的朔黨全盤繼承司馬光的衣鉢，堅持推行元祐更化政策。蘇軾、李常等請參用新舊法之長，劉摯指斥爲「聚斂」「邪説」；蔡確「車蓋亭詩獄」起，蘇軾、范純仁、彭汝勵等皆主張不當開小人告訐之風，而請稍寬之。又是劉摯力排衆議，堅決主張「次第須謫，重則分司，輕則小州」〔四八〕。致使蔡確困死於遠惡州軍。蘇軾對劉摯等人此時「磨厲四顧，以待言者」的形象有很生動的勾勒。他說：

臣聞差役之法，天下以爲未便，獨臺諫官數人主其議，以爲不可改。磨厲四顧，以待言者。故人畏之而不敢發耳！近聞疏遠小臣張行者，力言其弊，而諫官韓川深詆之，至欲重行貶竄……臣每見呂公著、安燾、呂大防、范純仁皆言差役不便，但爲已行之令，不欲輕變，兼恐臺諫紛争，卒難調和〔四九〕。

劉摯這一系列無所不用其極的表現，深得太皇太后的贊許。元祐二年五月，他由尚書右丞遷左丞。三年四月，又由尚書左丞守中書侍郎。四年十一月，更由中書侍郎守門下侍郎。

如前所述，劉摯雖然是元祐更化中的急先鋒，但他不具備司馬光那樣的清望，也不可能樹立起象司馬光那樣的領袖威信。元祐四年，范祖禹上疏論列劉摯，言摯心術不正，與言事官相表裏，有竊伺相位之意……〔五〇〕這種由黨争或其他矛盾引起的官僚集團内部攻訐愈演愈烈，致使元祐朝政呈現出這樣一種狀況：今天你被貶出朝，明天他又奉詔進京，出出進進，只顧争權奪利而置國事於不顧，這不能不影響到宋王朝統治的穩固。爲了緩和黨派鬥争的過激狀況，元祐五年中，宰相呂大防、劉摯共同提出「調停」，藉以調整官僚集團中過於對立的情緒，稍稍進用熙豐新進，以平其怨氣。劉摯本人對「調停」有這樣一個注脚：「昨政事更改皆合人情，無可論。但失意之人，無害於政者，合進則與進之可也。」〔五一〕由此，五年三月，知亳州鄧温伯進爲翰林學士承旨，四月間，禮部侍郎陸佃加龍圖閣待制爲吏部侍郎。劉摯所謂「調停」的目的是十分清楚的，即在堅持司馬光元祐更化政策不變的前提下，稍稍進用那些「無害於政者」。但是且不説這個别的人事調整並不能平息多年的積怨，所謂「調停」之説一逕出籠，即因蘇轍、蘇軾、王巖叟、劉安世、梁燾等人的堅决反對而消聲匿迹了。

同年，中書省裁減吏額，吕大防和劉摯因争吏額不均又起攻訐紛争，朝臣傾軋愈烈。八月，劉摯在言路黨羽梁燾、朱光庭、劉安世等皆出朝外任，劉摯也被迫請求外補，雖因太皇太后未允而留任，但梁燾等人的外任，却使得劉摯逐步失去了對言路的控制，也即失去了左右朝論的工具。故元祐六年二月，劉摯雖由門下侍郎擢爲太中大夫守尚書右僕射兼中書侍郎，位極一時。但在十月間，御史中丞鄭雍、殿中侍御史楊畏等即秉承吕大防等的旨意，交章論劾劉摯「久據要任……其下多引在要路……牢籠士人，不問善惡……與吕温卿湖州升明州。延接章惇男援，有同骨肉。」[五二]言者謂此「預交惇子爲囊橐，以冀後福」[五三]。是爲臣不忠。迫使劉摯於元祐六年十一月以觀文殿學士出知鄆州。

元祐八年九月，太皇太后高氏病死。宋哲宗親政，重新起用在元祐更化中被貶竄在外的章惇、曾布、吕惠卿等人，不久還改年號爲「紹聖」，以示繼承神宗新法。章惇等人大肆報復，凡元祐舊臣，亦一概貶竄。紹聖元年，來之邵、周秩等論劉摯變法（指罷斥熙豐新法）等罪，詔奪職知黄州。制詞斥其在元祐更化中「誣詆聖考，愚視朕躬。首陳變法之科，終成棄地之令。縱釋有罪，以歸怨公上；吁嶮異己，以誘脅衆心，害賊忠良」〔五四〕。未至黄州，再詔貶光禄卿分司南京、蘄州居住。這接二連三的打擊，使劉摯情緒低落，只能借酒澆愁。其初到蘄州詩云「江湖本是忘機地，笑許殘年付酒杯。」〔五五〕值得一提的是：在親身經歷了殘酷的打擊之後，回首當年元祐更化時自己的過激行爲，似亦不無後悔之意。甲申雜誌云「紹聖間，余見劉莘老蘄州。因詰莘老：『公自中丞執政，平生交游皆拒絶，獨聽一王巖叟語，今悔乎？』莘老默然久之，曰：『惟蔡持正事實過當，離青州時，固悔矣。』」〔五六〕

紹聖四年，朝廷對元祐黨人打擊更烈。摯陷邢恕、文及甫之謗，陷同文館獄。議者謂摯嘗陰謀有廢立之圖，遂再貶鼎州團練副使、新州安置。制詞斥其「趨操回邪，性資險譎。向由言路，力附黨魁。倡和姦謀，毁黷先烈。視朝廷爲虚器，以君父爲深讎；成法舊章，肆意變亂。不踰數載，竊據宰司。益引凶人，布滿要路。根據盛大，攘王圖私……」〔五七〕是年十二月三日，摯卒於貶所。（前七日，同貶化州梁燾卒於貶所。）對二人之死，時人即有疑竇，「衆皆疑二人不得其死」。〔五八〕直至南宋時，朱熹也懷疑劉摯系死於非命，「劉莘老死亦不明」。〔五九〕至次年二月，朝廷聞摯死，遂罷同文館獄。但不許歸葬，其家屬也令於英州居住。「凡三年，死於瘴者十人。」〔六〇〕畢仲游祭劉莘老相公文中「公逝於南，旋殯三歲。三歲之間，九喪相繼」〔六一〕。之句，蓋斯之謂也！

四、劉摯的思想及其實質

以上簡要介紹了劉摯的生平，下面結合他在熙豐變法和元祐更化時期提出的二個理論來談談他的思想。

劉摯死後二十五年，劉安世在爲其集子所作序文中稱頌他「凡有議論，惟尚中道」〔六二〕。劉安世這裏所説的「中道」，即指劉摯在熙寧年間提出的「大中之道」。熙寧四年六月，劉摯在上神宗乞謹好惡重任用一疏中，對當時力主變法者和反對變法者有這樣一段議論：

臣竊以爲今天下有二人之論，有安常習故樂於無事之論，有變更古法喜於敢爲之論，二論各立，一彼一此，時以此爲進退，則人以此爲去就。臣嘗求二者之意，蓋皆有所是，亦皆有所非。樂無事者以爲守祖宗成法獨可以因其所據舊法而補其偏，以至於治。此其所得也；至昧者則苟簡怠惰，便思膠習而不知變通之權。此其所失也。喜有爲者以爲法爛道窮，若不大變化則不足以通物而成務。此其所是也；至鑿者則作爲聰明，棄理任智，輕肆獨用，强民以從事。此其所非也。二勢如此，事無歸趨。臣謂此風不可浸長，東漢黨錮，有唐朋黨之事，蓋始於此……臣願陛下虚心平聽……其要在乎謹好惡、重任用……稍抑虚華輕僞、志近忘遠、意於苟合之士，漸察忠厚謹重、難進易退、可與有爲之士……收合過與不及之俗，使會通於大中之道〔六三〕。

平心而論，這段議論對二種人物對變與不變的心理狀態和是非得失的分析是頗爲中肯的。他提倡「大中之道」，反對「過與不及」，在態度上也比較持平。南宋時人陸九淵是不贊成熙豐變法的，但也承認「熙寧排公（指王安石）者，大抵詆訾之言，而不折之以至理。平者一二，而激者居八九」〔六四〕。如此而言，劉摯這段文字，應屬「平者一二」之列的了。如果以劉摯此論同司馬光、呂誨堅持「祖宗之法不可變」的僵硬態度比較，這時的劉摯至少在理論上同司馬光、呂誨是有一定區别的。宋史司馬光傳載有司馬光對變法的一段絶妙的議論：

帝曰：「漢常守蕭何之法不變，可乎？」對曰：「寧獨漢也，使三代之君常守禹、湯、文、武之法，雖至今可存也。漢武取高帝約束紛更，盜賊半天下；元帝改孝、宣之政，漢業遂衰。由此言之，祖宗之法不可變也。」〔六五〕

完全不顧社會的進步與發展，也完全不顧宋王朝所面臨的現實矛盾，竟以爲文、武之法，雖今可存。其認識之僵化，態度的頑固可見一斑。而那位每爲司馬光稱頌的呂誨，甚至以身疾諷諭朝廷，詆毁變法。他上疏説：

臣本無宿疾，偶值醫者，用術乖方。殊不知脉胳有虚實，陰陽有逆順，審察有標本，治療有先後，委投湯劑，承情任意，差之指下，禍延四肢……又將虞心腹之患〔六六〕。

十足是一副病人忌醫的冥頑不靈相！

無疑，相比之下，劉摯「大中之道」的思想顯然比司馬光、吕誨等要明智得多，也清醒得多。

劉摯的這種思想，是有其淵源的。從其家庭來講，可謂家學淵源。少年時代的劉摯所接受的主要是傳統儒學思想的熏陶，幼時即長於經學，至其束髮而學，誦習經籍文辭於齊魯儒學之地，游歷名山大川至荆湖南北之遥，讀萬卷書、行萬里路，入仕前的劉摯，走的基本是一條先儒們「讀書——入仕——濟蒼生」的理想之路。至其三十而立，初試南宫，也確有周濟蒼生斯民的實績。如果把此時的劉摯同王安石相比較，可以發現他們在對北宋政府所面臨的内憂外患的基本矛盾的認識上有許多共同點或相近之處。劉摯嘉祐中答黄莘任道代書見寄詩云：

吾生本放浪，自比林壑人。
謬此紲官組，試邑漳水濱。
疆田占瀉滷，户俗籍羸貧。
驛涂搔左臂，河流契西湄。
役者動淪産，居者無儲稛。
……
儒生仕學古，志在膏斯民。
概嘆適於此，踸踔徒自勤。

亦嘗紓厚斂，粗使窮褐温。原注：南宫夏税折色視他郡最重，前歲特爲申請，乞隨市估折，不用諸色。得旨蠲三分之二。

……

議和六十年，中國勞耕耘。
脂膏瘠黔首，歲月肥醜獯。
燕山本華土，石晉真自焚。
祖宗赫大業，此願嘗經綸。
遺憤郁未泄，壯士常云云〔六七〕。

……

以詩言志，痛心於民生的艱難，籍慰於夏税之稍減，不平脂膏的外貢，感嘆壯志之未酬。可謂飽墨含情，書生意氣與志士風範共存，很能反映劉摯扼腕感慨、躍躍欲試的思想狀况。再看王安石河北民：

河北民，生近二邊長苦辛。
家家養子學耕織，輸與官家事夷狄。
今年大旱千里赤，州縣仍催給河役〔六八〕。

……

無論是從劉摯的家世抑或是從其仕履來看，應該説：他對北宋政府的歲幣是十分敏感、以爲恥辱的。摯之祖父劉格，即在景德中因率民抗禦契丹而補官，兼劉摯世居河北，對當地地瘠民貧的困苦因有耳聞目睹。劉摯初試之邑南宫縣，也當黄泛區，歲有河決之害，民生之艱難更甚於他邑是自不待言。故使得「役者「河流契西滑」（即有河役之勞苦）不説，還更兼「驛涂搔左臂」，於契丹有恭迎敬送之勞費。的説法相動淪産，居者無儲稛」。這些情況與蘇轍所謂「河朔歲有河隄、國信之勞，比之諸道爲苦」〔六九〕。吻合。比較王安石河北民，可見劉摯與王安石對造成河北地瘠民貧的二害（給河役、事夷狄）在認識上並無二致，都流露出强烈的憂國憂民的思想。在施政實踐中，王安石在歷任地方官時，總是積極革除勞民之弊政，對部分苛民勞人之法稍有改革；劉摯也能不顧轉運使的彈劾威脅，堅請減輕縣民的夏税折色。二人對部分弊法弊政都有一些局部改革的成績，從這個角度來看，在熙豐變法以前，王安石與劉摯，儘管在如何消除北宋政府内憂外患的基本矛盾的實際步驟和措施上意見不盡相同，但在對北宋政府所面臨的這個基本矛盾的認識上和實際施政上都存在着一些相近之處。這種相近之處使得劉摯不可能在熙豐變法之初就象司馬光和吕誨那樣對變法采取病人忌醫的頑固態度，而是主張革除部分苛民不便之法的。

然而，每種理論的出現都有其深刻的背景。劉摯不早不晚，恰巧在熙寧四年提出「大中之道」，反對「過與不及」。那末他究竟認爲變法運動是「過」了？還是「不及」呢？進而至於他究竟是反對「過」呢？

還是反對「不及」？

實踐證明：劉摯反對的是「過」。

首先，從變法的角度上來看：劉摯主張漸變，反對暴變。他認爲新法推行太快，以至於民衆不能迅速適應。如免役法的施行，如不先對户等的劃分和南北地區的差別作出一些靈活的規定，就很難在執行中不出現偏差〔七〇〕。所以他提出：「更令創制，可以漸而不可以暴。」〔七一〕並認爲：「政府之事者，其譬如治湍暴之水，可以循理而漸導之，不可以防隄激鬭而發其怒。」〔七二〕其次，從用人的角度上看：他反對任用所謂急功近利的希進小人來執行新法。這裏必須説明的是：對於用人的問題，王安石本人也不是没有預計的。遠在免役、保甲推行之前，王安石就指出：此二法「得其人而行之，則爲大利；非其人而行之，則爲大害。緩而圖之，則爲大利；急而成之，則爲大害……竊恐希功幸賞之人，速求成效於歲月之間，則吾法隳矣！」〔七三〕而劉摯則認定新法推行之「過」，首先是「有司未能奉宣陛下大均之意以立法度」〔七四〕，其次就是希進小人見利忘義，推行時不能如法意。所以他再三上疏請區分君子小人。

從抽象意義上講，劉摯對熙豐變法中的兩派皆有分析批評，但從具體環境來看，劉摯之論並非泛泛而談，其矛頭是直指變法派的。如果聯繫元祐更化時劉摯的言行，就更能清晰地看到劉摯「大中之道」的實質。元豐八年末，司馬光一伙準備「更化」之始，劉摯上疏指出：

> 人才頗尚駁雜，情志不一，各懷所私。蓋其陰有觀望者，則必習常而慢令，以致惠之壅；其淺

中覬利者，則又特矯枉而過正，或廢其所宜治之事。二者不可不察也……望推資任稍高，練達民政，識治體，近中道之人……〔七五〕

仍舊提請要注意防止「習常而慢令」者和「矯枉而過正者」，而選用「近中道之人」。劉摯的所謂「中道」，在某些個不是最關鍵的問題也確有表現。如其在劾黄隱一疏中説「故相王安石經訓經旨，視諸家議論得先儒意亦多……未嘗禁也。隱猥見安石政事多已更改，輒而妄意迎合附會，欲盡廢安石之學，每見生員試卷引用，隱輒排斥其説……夫安石相業雖有間，然至於經術學誼，有天下公論在」。所以摯認爲黄隱「學不足以教人，行不足以服衆」〔七六〕。而請罷之。雖然劉摯對王安石經訓經旨的評價，是本同司馬光「介甫文章節義過人處甚多」之説而來的，但在用人問題上劉摯却仍然是鄙棄阿諛迎合之徒的。但總觀元祐更化時劉摯的作爲，主要是追隨司馬光，爲其盡變新法、盡劾新進推波助瀾的。從現存劉摯奏議來看，他彈劾章惇、蔡確、曾布、安燾、張璪、韓縝、蹇周輔、蹇序辰……甚至連早就貶斥在外的吕惠卿也不放過，一再疏請追貶。所有這些，劉摯絲毫都没有感到有什麽「過」。再如司馬光要求各地在五日内廢除免役而復行差役，對這種限日以成的苛求，劉摯也没有認爲是過。蔡確陷「車蓋亭詩獄」，劉摯爲打擊政敵，不顧蘇軾等人的反對，必欲遠貶新州瘴癘之地，致其郁郁而死。這樣殘酷地對待政敵，必欲置之死地而後快，打擊迫害唯恐不及，何曾一刻意識到這是過分呢！

總之，劉摯提倡「大中之道」，反對「過與不及」的思想，從理論上説，對熙豐變法時兩派的分析批評不失公允之表象，而且同司馬光、呂誨等堅持反對任何變革的頑固分子也確有區別。但是也必須指出：在熙豐變法之前，象司馬光那樣公然反對任何變革的頑固分子也還是極少數的，更多的士大夫都是在不同程度上主張變的，只是在變的範圍、程度、方式上各有所持罷了。劉摯固然不屬於那種反對任何變革的頑固派，但正當王安石所主持的變法運動步步推進時，劉摯這種理論的提出，在實際上起到了遲滯變法的效果（事實上劉摯對熙豐時期的每項新法都有非議也可見其所謂漸變其實就是不變）。再聯繫劉摯在熙豐變法和元祐更化整個時期的言行作爲來看，就更清楚地表明：這種貌似公允的理論的實質，只能是阻撓變法、破壞變法。劉安世說劉摯「凡有議論，惟尚中道」，倘指一時一事，或屬如此。概括其一生，則爲妄談。

王安石提出一整套的改革措施，力欲通過變法而富國强兵，使北宋政府擺脱其長期以來所面臨的内憂外患的困擾。由於種種原因，變革失敗了。但變革失敗後北宋政府所面臨的内憂外患的基本矛盾並没有隨着新法的罷廢或新進之人的貶竄而消除，它仍然擺在後來的執政者面前。面對這依然存在的基本矛盾，無論是元祐初期司馬光、吕公著，還是後期的吕大防、劉摯，以及紹聖、元符時的章惇、蔡京等人，都没有能够再提出一套新的、更切合實際的措施來解決這個矛盾。而只是在「新舊之法半天下」的實際狀況下，圍繞着是繼續祖宗成法還是熙豐新法而唇槍舌劍，爭議不休。

對元祐諸執政，明人王夫之曾一針見血地批評説：「元祐諸公……皆與王安石已死之灰爭是非，寥寥焉無一實政之見於設施。」〔七七〕「進一人，則曰此熙豐之所退也；退一人，則曰此熙豐之所進也。興一法，則曰此熙豐之所革也；革一法，則曰此熙豐之所興也。」〔七八〕其結果是議端百出，紛紛擾擾，徒使派系橫生，釁隙日甚而無益於國事。

至元祐三、四年間，北宋朝野議端再及至役法。議者以爲自更化以來，諸執政任意使氣，不校利害，專欲廢斥熙豐新法而無所設施，致使國是日下，民無所適。故而提出不當盡廢先帝之新法，亦不當盡去先帝之顧命大臣。蘇軾、李常等人接連上疏，請復議役法及科場法之短長而參用之。北宋朝野的這股「二不當」的思潮，事實上是對元祐更化以來司馬光「以母改子」政策全盤否定熙豐變法所造成惡果的不滿和不信任，要求糾偏。也是對元祐諸執政繼續執行司馬光的更化政策的一種挑戰。針對這一情勢，劉摯上疏曰：

先皇帝……思欲力致太平，復見三代之盛，以漢唐爲不足道也……是……圖治之偉論也。而當時輔臣如王安石、吕惠卿輩，不能副先帝委任之意，乃奮其私智……及皇帝陛下……太皇太后陛下同理萬機……法度之難久者修完之，臣下之害政者改易之……臣謹按天下之治，有不可不因者，有不可不革者。可因者雖亂世猶因之，故周武王克商，反商政。政由舊是也；可革者雖父道猶革之，故漢文除肉刑，至景帝改之；漢武造鹽鐵榷酤，至昭帝罷之是也……若謂凡繼體之君於先朝之政皆不可改，則古聖帝明王繼政有改者皆非耶？我祖宗之法有久而不便者，先帝嘗改之矣，亦可以

爲非邪？〔七九〕

劉摯這段議論，上引武王克商而返商政故事，下引文景盛世之政，至近言先帝神宗皇帝之革新，以巧妙的概念偷換術，提出了因革論。乍一看，此論不無認識論上的可貴之處，如果在實踐中也能這樣做，去法之害而擇其善，施之於民，恐怕劉摯就可成爲北宋時一個有遠見卓識的政治家了。但如果我們能夠歷史地、現實地看問題，把劉摯因革論的出現和出現這一理論的特殊環境聯繫起來考察，立刻可以發現，此論同其在熙寧四年提出的「大中之道」一樣，是貌似公允而暗藏殺手，其實質在於替司馬光「以母改子」的更化政策涂上一層傳統儒學的理論色彩。並找出一些堂而皇之的歷史依據。既然古聖帝明王即有繼體而改政者，既然先皇帝也曾經改除祖宗成法中之久而難行者，那末，我們現在對先帝之法中之害民不便者略作更化，不正是循古聖帝明王及先帝之道而行之嗎？由此而言之，你們現在要改現行之法，就無異於熙豐小人了！這就是劉摯因革論的邏輯和目的所在。雖然如此，他還深恐太皇太后和哲宗皇帝不能悟其深意所在，特在是疏的貼黄中說：「堅守今日政事，庶免他姦諛之言可以浸潤動搖！〔八〇〕」

劉摯在熙寧年間，雖然反對王安石所主持的新法，但畢竟同司馬光尚存在一定的距離。爲何現在會如此耿耿忠誠於司馬光的更化政策呢？

在熙豐變法時，對於免役法的争議是變法以來最激烈最尖鋭的一場争論。在當時有人離朝，有人致仕，而更多的則緘口不言的情況下，劉摯骨骾敢言，在其「大中之道」的掩護下，第一個全面攻擊各項新法並上了一篇簡直象是彈劾王安石的劾章似的分析第二疏，對劉摯此舉，多年以後畢仲游還在祭劉莘老相公文中稱道説：「熙寧之初，作於先帝，或出或舉，可進可退。或默或語，有命有義。」〔八二〕在可進可退之際，劉摯不怕去官，「不避權寵」，「力陳是非」。其非一般竊私逐禄之徒可由此而知。而且「十年流落，志氣不衰」。並没有因爲遭受打擊而附會新進之人，也確非熙豐變法中一批阿諛之徒可比。這種骨骾敢言、志一不二的性格特徵和正人君子形象，正同司馬光不無相似之處。

從思想意識上看，司馬光在宋代即被譽爲「學術純正」的大儒。劉摯在這方面雖只能望其項背而興嘆，但是也長於經學。司馬光認爲爲治之道，要在擇人，劉摯也屢屢强調用人的重要。我們姑且不論他們「擇人」在前提上的不同之處，也不論他們「擇人」的標準有何差異。事實證明，他們所欲推擇的「人」，决不是王安石所欣賞的那種能够「講先王之意以合當世之變」的人才，如吕惠卿、曾布、章惇以及魏繼宗這樣的「草澤人」，或程昉這樣的實幹家。而是那種「老成持重」，「志一不二」的人物，象劉摯在元祐更化中引用的梁燾、劉安世、王巖叟等人。這批人未必是竊私逐禄之徒，在一定程度上也確實能直言時弊。但同吕惠卿、曾布等人却截然不同。在劉摯看來區别即在於所謂的義、利之間。

從對熙豐變法的基本估計來看，二人也是相同的。我們以爲：一個意欲除弊革新，不斷改革自己的社會結構的變革思想和變革實踐，哪怕它不那麼十全十美，都比那種病人忌醫的思想和實踐要清醒的多。站在這樣的角度來觀察評估熙豐變法，我們感到：劉摯和司馬光儘管可能是封建意義上的正人君子，但決非具有遠見卓識的政治家。在對熙豐變法的估計上，只見樹木，未見森林。他們不看見熙豐變法給宋代社會帶來的某種活力和由於變革使宋朝國力的增强，財政的豐裕，使那個在變法前近乎奄奄一息的宋代社會出現了一綫生機，而只看見變法産生的某種弊端。劉摯對熙豐變法的評估是：「其富國也，則助役、青苗變而爲聚斂之法；其强兵也，則保馬、保甲流而爲殘擾之政；其用人也，則進辨給輕捷之子以爲適時，退老成敦厚之人以爲無用……」〔三〕而司馬光則認定變法「一無是處」了。二個平庸的政治家在對熙豐變法基本估計上的不謀而合，使他們在元祐更化時的合作有了可靠的基礎。

從二人在熙豐變法中的遭遇來看，也不乏相近之處。劉摯遠竄衡州，司馬光退居洛陽，在境遇上没有很大的差别。元豐二年，李定等起「烏臺詩獄」，欲置蘇軾於死地。李定等人的這種做法，不僅破壞了宋廷不以言語罪人的家法，以曖昧不明之罪陷人，首開以後「車蓋亭詩獄」、「同文館之獄」等捕風捉影之事的惡劣先聲，並且在事實上使得反變法人士在有意無意之間加强了團結。因爲蘇軾既以詩獲罪，已屬捕風捉影了。但李定等人的目的顯然不僅於斯，故李定等株連他人，認爲張方平、蘇轍、司馬光、劉摯等一批士人或與蘇軾有詩文酬唱，或曾收受蘇軾誣謗朝廷文字，也當處罰，而使大批士人各受罰銅。應該説，這批反變法人士，當時對新法等在認識上和態度上都是有分歧的。而李定等人不問青紅皂白的打擊，至少使他們意識到：不論他們事實上對王安石新法有如何不同的看法和態度，反正新法派對他們的看法是没有區别的。筆者以爲：新法派的這種過激行爲，在客觀上使反變法的人士加强了各自之間的團結。而體現在劉摯同司馬光二人身上，則使得他們在元祐更化時以更激烈的方式和態度來報復對方！

劉摯和司馬光在思想意識上和對熙豐變法的認識和估計上以及在熙豐變法中遭遇上的相近和一致，使得他們在元祐一拍即合，立即加入到盡廢新法的大合唱中去了。如果説在這臺大合唱中，高太后算是舞臺監督，司馬光算是合唱指揮，那劉摯一定是個高音領唱了。這一切也使我們不難看出爲什麽劉摯不僅在元祐更化之初緊緊追隨司馬光，成爲其盡廢新法的馬前走卒，而且在司馬光死後，仍耿耿忠誠於司馬光的更化政策。筆者認爲：在元祐三黨中，真正繼承司馬光衣鉢的，就是以劉摯爲首的朔黨。

劉摯在從熙寧初到元祐末這段歷史進程中所起的作用是頗爲特殊的，熙寧初，當熙豐變法全面展開時，他没有象司馬光等人那樣，反對變法但又拿不出什麽象樣的理由。他標榜「大中之道」，打出反對「過與不及」的幌子，貌似公允，實則釜底抽薪，阻撓和破壞變法。在元祐更化中，他也不象司馬光那樣，直呼「以母改子」，而是提出因革論，給更化政策套上正統儒學的理論外衣。試問：劉摯爲什麽不在熙寧初提出因革論？元祐中提倡「大中之道」呢？事實清楚地表明：劉摯前後二論，内容不盡相同，但實質是一樣的，都是爲了維護舊的祖宗之法，而反對新法。難得司馬光稱其「終始不變」了。

總起來説：劉摯儘管在對北宋社會危機的認識上和局部的施政實踐上與王安石有相近之處，但在總體上，他們是背道而馳的。劉摯儘管在某些局部的思想和實踐上與司馬光不無分歧之處，但在總體上，他們是一致的。

耐人尋味的是：劉摯雖不是一個清醒的、有遠見卓識的政治家，但在反新法的手段、方式上，確實比司馬光高明。他總是要在正宗儒學中尋找出一些冠冕堂皇的理論來掩飾自己的真實目的並杜塞反對派藉以攻擊的口實。這是那個特定的時代的產物。但是到了南宋時，熙豐變法和元祐更化都已成爲歷史的陳迹，而新舊之法半天下的事實也使得對熙豐之法的争議無可繼續，所剩下的只是對變法中人的品評。劉摯的前後二論，如果脱開具體的歷史環境，僅從理論上説，還是頗能迷惑人心的。故自南宋時就爲一般士大夫所普遍接受。而其「大臣誤陛下，大臣所用者誤大臣」的提法自南宋以降就一直影響着後世對熙豐變法的評價，成爲對熙豐變法的中肯批評。劉摯的身價，也隨着二論而不斷提高，甚至楊希閔也受劉安世之説的影響，以爲「忠肅正人，議論尤得是非之公」〔八三〕。其實，這是後人對劉摯思想實質的誤解，與劉摯提出二論時的用心相去甚遠。而且也是他本人所始料不及的。

劉摯的著作

劉摯著作見於著録或他著轉引的，從現存材料看，至少有劉摯集、劉忠肅集、劉摯奏議、劉摯遺稿和劉摯日記數種，但後三種今均不傳。

劉摯集由摯之長子劉跂編定於北宋宣和四年，並由當時僅存的元祐黨人、劉摯生前諍友劉安世作序於卷首，叙摯一生之大概。劉安世在談到該集的編次情況時説：

公……章表書疏，未嘗假手。凡奏議、論説、記序、銘志、詩賦諸文總千餘篇，次第著集爲四十卷，藏於家〔八四〕。

據此則知劉摯生前即嘗手定文集爲四十卷，但到了宣和年間劉跂編定該集時，可能已略有遺失。劉跂在請人爲該集作序的信中説：「先人有文集三十六卷……文集不敢寄遠，謹録其目上呈。」〔八五〕這三十六卷大概就是劉跂給劉安世信中所謂「先人平生爲文，方棄諸孤，僅存一篋」〔八六〕的具體卷數了。奇怪的是，凡宋元間的各家著録，却都爲四十卷。這或許是出於當時著録各家所見皆劉安世序中所云卷數，抑或是劉跂在重編摯集之際又重加釐定爲四十卷，二者或居其一。

劉忠肅集，陳振孫直齋書録解題、馬端臨文獻通攷經籍攷均著録爲四十卷〔八七〕。郡齋讀書志則著録爲：「劉忠肅公文集四十卷。」並説明：「右劉忠肅公摯之文也，忠肅制誥附於後。」〔八八〕又可知該集在劉安世序中所提到的奏議、論説、記序、銘志、詩賦諸文之外，又新附了制誥。

劉摯的這些集子，至少在明初尚流傳於世，明文淵閣書目就曾著録。至修永樂大典時也嘗收入。從現存大典殘卷中，尚可分檢到劉摯集、劉忠肅集和劉忠肅公文集的部分詩文。但到了清修四庫全書時，此書竟已久無傳本了，以致四庫館臣不得不從永樂大典中依韻輯出。四庫全書總目記叙了這次整理的大致情况：

忠肅集二十卷，宋劉摯撰……其文集四十卷，見於宋史藝文志。久無傳本，今從永樂大典各韻中裒輯編綴，共得文二百八十五首，詩四百四十三首，以原書卷目相較，尚可存十之六七。謹以類排纂，釐爲二十卷〔八九〕。

這裏必須説明的是：四庫館臣對劉摯集子的著録是含混的，把劉摯集同劉忠肅集混爲一談了。李心傳建炎以來繫年要録載：「紹興元年秋七月辛酉，故追復觀文殿學士劉摯贈少師，後謚忠肅」〔九〇〕。宋會要輯稿亦云「觀文殿學士特贈少師劉摯謚忠肅」〔九一〕。而郡齋讀書志則云：「中興贈少師，謚正肅，以家諱改忠肅〔九二〕。」可知劉摯謚忠肅，時間當在紹興元年七月以後，或至遲是在紹興六年贈太師以前。因而劉跂在宣和四年編次摯集時不可能稱「忠肅集」，只當稱劉摯集。宋史藝文志即是以此名集的。而到了陳振孫、趙希弁時，則著録爲劉忠肅集或劉忠肅公文集了。而李燾修長編時，社會上當有二種本子在流傳。長編卷三六七元祐元年二月丁亥記事之注文曰：

摯畫一申明役法，本集及奏議但存兩項，自銜前一役以下並闕，當求别本增入〔九三〕。

可知李燾手中有個本子，又欲另求别本。至於當時是否一爲忠肅集，一爲劉摯集，則查考無據，其卷數的出入也不知其詳了。

就目前的輯本忠肅集而言，四庫館臣的輯佚是顯有遺漏的。前引四庫全書總目談忠肅集整理情況的那段文字，北京圖書館館藏之文津閣本忠肅集和畿輔叢書本忠肅集前也載，内容無異於四庫全書總目。但值得注意的是：武英殿聚珍版叢書本忠肅集前所載的這段文字，在「尚可存十之六七」句下面，還有「除青詞齋疏等文十七篇，謹稟承聖訓，刪削不録」〔九四〕一句。可見四庫館臣在將輯文以類排纂前，對輯佚出來的文字是有所刪削的，至少是將十七首青詞齋疏給刪削了。至於乾隆爲何要刪削這類文字，我們可以從乾隆針對劉摯之長子劉跂的學易集的輯文編排而對館臣的訓示中窺見消息。訓示曰：

四十年十一月十七日上諭曰：據四庫全書館總裁將所輯永樂大典散片修書進呈，朕詳加披閱，内宋劉跂學易集十二卷，擬請刊刻。其中有青詞一體，乃道流祈禱之章，非斯文之正軌……今劉跂所作則固己身服藥、交年瑣事，用青詞致告，尤爲不經。雖鈔本不妨姑存，刊刻必不可也！蓋青詞迹涉異端，不特周、程、張、朱諸儒所必不肯爲，即韓、柳、歐、蘇諸大家亦正集所未見……並當一律從刪……惟當於提要内闡明其故，使去取之義曉然。諸相類者均可照此辦理〔九五〕。

如果説這十七首青詞的刪削，是事出有因。但除此之外，前人對四庫館臣在輯佚中的疏漏也早有批評。陸心源儀顧堂題跋云：

李燾續資治通鑑長編載摯自序及日記數十條，今本皆失收……蓋其散佚者多矣〔九六〕。

今查長編，未見劉摯自序。然李氏長編載有劉摯日記數十條，確是不誣。清人勞格對四庫館臣的疏漏多有批評，曾在其讀書雜識中做過忠肅集失收篇目的輯佚，後由孫星華録文，從國朝諸臣奏議和公是集中分别輯出上哲宗乞召用傅堯俞等以銷姦黨，王開府行狀和張文定玉堂集敍三篇文字。這三篇文字合收一起，名之爲拾遺。即現在我們見到的忠肅集拾遺。

令人遺憾的是：經過勞格、孫星華補輯的忠肅集尚有大量遺漏。儘管以考據、輯佚、辨僞等工作爲主要内容的清代學術堪稱我國學術史上的一塊里程碑，但毋庸諱言，清人在輯佚時，眼光收縮過窄，僅僅注意了永樂大典等幾部大部頭的叢書和類書。表現在宋人文集的輯佚上，忽略了許多宋人編撰的、以及後人根據宋代史料編集的較爲原始的文獻資料，以致於輯而不全。

從忠肅集的情況來看，僅就其中奏疏言，現本忠肅集中，奏疏占五卷，共七十篇，字數近五萬，份量上占到全書的四分之一。然據筆者不完全統計，長編中載有劉摯奏疏近一百十五篇，除去五十篇與忠肅集所收相同外，仍有六十五篇爲忠肅集所失載！由鑒於此，筆者擴大檢索范圍，在國朝諸臣奏議、宋會要輯稿、太平治迹統類、歷代名臣奏議、三朝名臣言行録、宋文鑑、玉海、宋詩紀事、山堂考索以及永樂大典殘卷中搜尋，共收輯得到劉摯佚文包括奏議、詩歌、日記等共一百二十篇左右，近七萬字（篇目附後）。

這些佚文，從時間起迄上看，熙寧初年至元祐六年的都有。但主要集中於熙寧四年和元豐八年、元祐元年這二個熱點上，同劉摯的仕履情況大致吻合。劉摯熙寧四年四月任諫官，到七月被貶，前後只三個月。「二、三月間，纔十餘疏〔九七〕，其言及助役法者止三疏耳！」從現在我們所取索到的佚文再綜合忠肅集的情況看，與劉摯所言「纔十餘疏」的情況也是對應的。摯第二次出任臺諫的時間稍長，共一年多，且正值元祐更化之際，現在所收集到的佚文主要是這段時間的，同劉摯的政治生涯的浮沉也没有抵牾之處。

從這些佚文的内容看，主要是一些彈劾熙豐新進的劾章、請罷新法的奏疏和記叙元祐黨争以及元祐後期朝廷中争權奪利之事的部分日記，而絶少抒發閒情逸致的詩文。這同劉摯的思想意識和爲人處世也不矛盾，劉摯每每「教子孫先行實，後文藝。每曰：『士當以器識爲先，一號爲文人，無足觀矣。』」〔九八〕

這裏必須着重指出的是：劉摯數篇重要奏疏的發現，對我們全面把握和評估劉摯在熙豐變法前後的一些細微變化及其作用都有重要的史料價值。如熙寧四年六月所上之上神宗乞謹好惡重任用，如果不看這篇奏疏，而僅憑忠肅集中的論助役十害疏和論助役法分析疏、分析第二疏來評斷劉摯在熙寧之初的思想，必然導致我們出現偏頗之失。而且也會使我們在分析劉摯思想發展時有一種突兀的感覺。如我們不看到劉摯元祐元年九月所上之上哲宗論司馬光薨當謹於命相一疏對文彦博的批評，也就很難窺看劉摯與司馬光在這方面的分歧並難於理解文及甫何以必欲置劉摯於死地的淵源。再如，如果我們不看到元祐四年劉摯上哲宗論因革之章，就很難把劉摯及以其爲首的朔黨同洛、蜀二黨在司馬光死後對北宋政局的不同影響和作用作出恰如其分的評估。

從這些佚文的流傳存佚的情况來看，則可以使我們窺一斑而見全豹，對宋代史料尤其是北宋後四十年史料的疏漏混亂狀况有一個具體的認識。衆所周知，有宋一代，民族矛盾和階級矛盾交織一處，由於地主階級内部在如何處理這内憂外患的基本矛盾上的派系門争一直激烈進行，反映在這個時期的史料上也是錯綜複雜、真僞難辨。更由於北宋後四十年各種社會矛盾日趨激化，黨争不斷，派系横生。加上南宋迄清人對一些人物和事件的不同看法，更使這段史料有的爲君諱，有的爲親諱，有的僞造，有的銷毁。官修史著如斯，私人著述亦然。神宗實録四修，朱墨相攻，是非幾易。蘇轍欒城集，係蘇轍生前手定，與劉摯文集又經後人或他人編次裒輯者不同，自宋以降以原本相傳，未有妄爲增損者。應該説是比較全的。但陸心源儀顧堂題跋也云：

是集爲文定所手定，不應有遺漏。然元祐五年劾上官均疏、劾許將疏、與岑象求同劾許將疏三首，見長編四百五十三，此本皆不載。豈有所未愜而削之耶？〔九九〕

其實，不僅僅是三篇文字失收，從長編來看：凡李燾注引自元祐編類章疏者，就大都不見於其集中，其中原因自可不言而喻。這個時期史料如此複雜的狀况，除上述原因外，同這個時期的修史特色也不無關係。現存北宋史史料，大都成於或刊出於南宋高、孝時期，當時大批文人學者在北宋亡國之恥的驅迫下，痛定思痛，頗爲注意並致力修撰北宋史。然由於係當代人修當代史，在探索推究亡國之因時未免加雜進個人的好惡是非，再由於史家本人也曾屬某一派系，或是某派系的後人，或思想上傾向於某一派，必然使其所修之史染上濃郁的個人色彩。值得注意的是，南宋時期，主要是熙豐變法的反對派占了上風，反映在史料上，也主要是司馬光一派的觀點占了主導地位。這是我們今天在使用這些材料時尤須持重的。

北宋後期史料的這種狀況，當然也典型地反映在劉摯身上，如李燾長編卷四百三十載范祖禹所上之上哲宗論吕大防劉摯，疏中對吕劉二人多有攻訐論列。但是到了范祖禹之子范沖作祖禹家傳時，是疏中僅剩下攻擊吕大防的内容，其疏中原先攻擊劉摯的内容基本上删除了。不僅如此，范沖還作了如此的解釋：

先公之於二公，非故相戾也。而當時數論列其過失者，不唯責備，以謂宰相所爲，人主不可不盡知之。要當察其不善而成就其賢宰相之業，蓋爲朝廷計也。後人當知先公之意，蓋出於此〔一〇〇〕。

劉摯毁譽的這種顯著變化，顯然同范沖作祖禹家傳時的政治氣候息息相關，而劉摯的著作流傳則更同其評價的漲落緊密相連。長編卷三百六十九在劉摯劾曾布疏下，李燾有注曰：

此據元祐章奏雜録，摯集今無之，遺稿仍具載在閏二月十六日。其月二十二日，布出知太原。布子紆作釋誣云：「摯爲中丞，未嘗論布。」福建所刊骨鯁集有摯章，乃選人徐方叔撰造，曾經朝廷行遣，開封府自有公案。」不知紆所稱公案是何年月日？摯本集今雖無此章，其遺稿十卷具載，又有月日可據也〔一〇一〕。

長編卷三百六十九在劉摯劾章惇疏下，李燾亦有注文曰：「據劉摯奏議遺稿。」〔一〇二〕由此可知，所謂遺稿，全稱當爲劉摯奏議遺稿。從筆者輯佚情況看，凡李燾注引自遺稿或劉摯奏議遺稿者，文體均爲奏議。這同摯兩任臺諫，骨鯁敢言的情況是相符的。且宋代官員除有文集行世外，更有奏議集的累見不鮮。如宋史藝文志載呂惠卿除有文集五十卷、文集一百卷外，還有奏議集一百七十卷。吴居厚除有文集一百卷外，也更有奏議集一百二十卷〔一〇三〕。再看李氏長編，除在卷三百六十七元祐元年二月丁亥記事的注文裏提到劉摯奏議外，卷三百七十八元祐元年五月戊寅記事，在劉摯的一篇奏疏下注曰：

劉摯集有此奏議，今奏議乃無之〔一〇四〕。

又卷三百六十一元豐八年十一月辛丑記事，亦在劉摯一篇奏疏下注曰：

據摯奏議自注十一月十一日奏此〔一〇五〕。

可知劉摯也嘗有奏議行世。但此奏議係何人、何時所編集？則稽考無據了。我們要討論是：爲什麽編奏議者把這樣多的奏議遺漏不收進劉摯的奏議集而使後人尚可編成十卷劉摯奏議遺稿？

宋人奏議或許有誇大其辭以引視聽之失，但仍不失爲最能反映一個人的思想和對時政見解的佐證。因爲奏議的文體規定了它不能模棱兩可、含糊其辭。從已輯出的遺稿所載之奏議來看，主要是彈劾蔡確、章惇、曾布、李南公等人及請罷青苗、恢復常平舊法等内容。這類文字，必不敢在紹聖、元符中公然付梓。紹聖初，蹇序辰建言：「朝廷前日正司馬光等姦惡，明其罪罰，以告中外……然……其章疏案牘，散在有司，若不彙輯而藏之，歲久必致淪棄。願悉討姦臣所言所行，選官編類，入爲一帙，置之二府，以亦天下後世大戒。」〔一〇六〕章惇同意蹇序辰的意見，亦「請編類元祐諸臣章疏」〔一〇七〕。於是，「遂命序辰及徐鐸編類，由是縉紳之禍，無一得脱者」〔一〇八〕。顯而易見，在章惇等人再度執政，且正欲編類元祐諸臣章疏時，劉摯的後人銷毁或深藏這些奏議尚惟恐不及，又何敢把這類文字編集付梓呢？只有到了南宋高宗時期，詔平反元祐黨人，開釋元祐學術時，這類文字纔可能作爲劉摯錚錚鐵漢的證明而付梓行世。使李燾在修長編時可以看見。如前面提到的劉摯劾曾布一疏，因爲被收進了元祐章奏雜録，故劉跂宣和年間編次劉摯集時没有收，而遺稿則又收進了。

劉摯日記的流傳情況大致同遺稿的遭遇不會有太大的差别。劉摯出任宰執是在元祐五、六年間，從長編來看，李氏引劉摯日記來修長編也主要是元祐五、六年記事。這二年，正是宋廷中堅持祖宗舊法和參用新舊法之争激烈進行的時期，又是黨派之争日趨尖鋭的時期。從現在輯出的内容來看，日記記叙的也主要是這二件事。這樣的内容，顯然也不可能在紹聖和元符以及宣和年間拿出來。

必須説明的是：劉摯作執政，在元祐五年間提出過「調停」，這樣重要的大事理應在日記或遺稿中有所反應，但據已輯佚的文字看，竟不見片言只語。這不能不同宋高宗時的政治空氣聯繫起來考察。南宋初，熙豐變法中的反對派的論調完全占據了上風，他們把北宋亡國的原因和責任都歸之於熙豐變法和王安石，王氏父子也被趕出陪祠。這樣的話，劉摯「調停」之文字自然不符合當時形勢的要求，而且也有損其「終始不變」的諍臣形象。故删除以至銷毁反映這個内容的文字應該説不是没有可能的。同樣，這種形勢也解釋了爲什麽前引熙寧四年六月劉摯上神宗乞謹好惡重任用一疏，趙汝愚國朝諸臣奏議收了，彭百川太平治迹統類也有反映，而李燾長編竟没有反映。

劉摯是神、哲兩朝時頗有影響的人物，南宋時，隨着其聲譽的提高，其著作的流傳是比較廣泛的。汪應辰石林燕語辨就曾引劉摯之著辨葉夢得石林燕語之誤〔一〇九〕。而且劉摯除有劉摯集、劉忠肅集、劉摯奏議、劉摯奏議遺稿和劉摯日記流傳外，現在知道至少還有北宋時的元祐章奏雜録和骨鯁集也選收了劉摯之文。惜此二集今均不傳，使我們今天不能看見這些珍貴的史料，這是頗爲遺憾的。

注釋

〔一〕名臣碑傳琬琰集下集卷十三劉右丞傳、東都事略卷八十九劉摯傳。

〔二〕蘇魏公文集卷五十四秘書丞贈太師劉君神道碑。

〔三〕同注〔二〕。

〔四〕直齋書録解題卷十七學易集。

〔五〕忠肅集卷十八喜跂蹈登科注官。

〔六〕同注〔二〕。

〔七〕宋史卷三百四十劉摯傳。

〔八〕同注〔三〕。

〔九〕同注〔七〕。

〔一〇〕同注〔二〕。

〔一一〕忠肅集卷九家廟記。

〔一二〕忠肅集卷九鄆州賜書閣記。

〔一三〕忠肅集卷十三正議大夫致仕龔公墓誌銘。

〔一四〕同注〔一三〕。

〔一五〕忠肅集卷十文瑩師集序。

〔一六〕同注〔一五〕。

〔一七〕同注〔七〕。

〔一八〕南宮縣志卷八名宦。

〔一九〕三朝名臣言行録卷十二。

〔二〇〕長編卷二百二十熙寧四年二月辛酉記事。

〔二一〕宋史劉摯傳曰「纔月餘」。忠肅集原序曰「居月餘」。皆誤也。據長編摯熙寧四年二月辛酉擢權檢正中書禮房公事，四月甲戌再擢監察御史裏行，實二月餘。

〔二二〕同注〔七〕。

〔二三〕均見長編卷二百二十三。

〔二四〕攻媿集卷二十七繳林大中辭免權吏部侍郎除直寶文閣與郡。

〔二五〕畢仲游上門下侍郎司馬温公書。

〔二六〕忠肅集卷三論助役法分析疏。

〔二七〕忠肅集卷三分析第二疏。

〔二八〕同注〔二七〕。

〔二九〕欒城集卷二十七劉摯右丞。

〔三〇〕長編卷二百二十五熙寧四年秋七月丁酉日記事。

〔三一〕長編卷三百三十一元豐五年十一月庚申日記事。

〔三二〕長編卷三百三十四元豐六年三月己巳日記事。

〔三三〕同注〔二九〕。

〔三四〕忠肅集原序。

〔三五〕忠肅集卷十三刑部詳覆官朱君墓誌銘。

〔三六〕朱子語類卷一百三十。

〔三七〕長編卷三百五十七元豐八年六月庚寅日記事。

〔三八〕同注〔三七〕。

〔三九〕同注〔七〕。

〔四〇〕宋會要輯稿職官三之七六　又見長編卷三百六十八。

〔四一〕名臣碑傳琬琰集下集卷十三劉右丞傳。

〔四二〕長編卷三百六十九元祐元年閏二月丙午日記事。

〔四三〕太平治迹統類卷二十四。

〔四四〕宋大詔令集卷二百六政事五十九貶責四劉摯落職降官知黄州制。

〔四五〕同注〔四三〕。

〔四六〕忠肅集卷四追訟吕誨疏。

〔四七〕同注〔三九〕。

〔四八〕長編卷四百二十六元祐四年五月辛未記事之注文。

〔四九〕長編卷四百八元祐三年春正月乙酉記事。

〔五〇〕國朝諸臣奏議卷四十八及長編卷四百三十元祐四年秋七月庚辰記事。

〔五一〕長編卷四百四十三元祐五年六月丁未記事。

〔五二〕長編卷四百六十七元祐六年冬十月癸酉記事。

〔五三〕同注〔四二〕。

〔五四〕同注〔四四〕。

〔五五〕忠肅集卷十九初到蘄州。

〔五六〕宋人軼事彙編卷十一。

〔五七〕宋大詔令集卷二百八政事六十一貶責六劉摯散官新州安置制。

〔五八〕長編卷四百九十三紹聖四年十二月癸未記事。

〔五九〕同注〔三六〕。

〔六〇〕同注〔七〕。

〔六一〕西臺集卷十七祭劉莘老相公文。

〔六二〕同注〔三四〕。

〔六三〕國朝諸臣奏議卷十五，又太平治迹統類卷十四。

〔六四〕象山集卷十九荆國王文公祠堂記。

〔六五〕宋史卷三百三十六司馬光傳。

〔六六〕太平治迹統類卷十四。

〔六七〕忠肅集卷十五。

〔六八〕王安石河北民。

〔六九〕龍川略志卷三。

〔七〇〕忠肅集卷三論助役十害疏。

〔七一〕同注〔七〇〕。

〔七二〕忠肅集卷三分析第二疏。

〔七三〕臨川集卷四十一上五事劄子。

〔七四〕忠肅集卷三論役奏。

〔七五〕太平治迹統類卷十八。

〔七六〕忠肅集卷七。

〔七七〕宋論卷七。

〔七八〕同注〔七七〕。

〔七九〕長編卷四百二十三元祐四年三月甲申記事。

〔八〇〕同注〔七九〕。

〔八一〕同注〔六一〕。

〔八二〕同注〔七九〕。

〔八三〕王荆公年譜考略卷二十四。

〔八四〕同注〔三四〕。

〔八五〕學易集卷五與張侍郎書。

〔八六〕同注〔三四〕。

〔八七〕直齋書録解題卷十七，又文獻通考卷二百三十六經籍考六十三。

〔八八〕郡齋讀書志附志卷五下。

〔八九〕四庫全書總目卷一百五十三。

〔九〇〕建炎以來繫年要録卷四十六。

〔九一〕宋會要輯稿禮五八之一〇三。

〔九二〕同注〔八八〕。

〔九三〕長編卷三百六十七元祐元年二月丁亥記事之注文。

〔九四〕武英殿聚珍版叢書本忠肅集提要。

〔九五〕四庫全書學典。

〔九六〕轉引自四庫全書總目提要補正卷四十五。

〔九七〕忠肅集卷三分析第二疏。

〔九八〕同注〔七〕。

〔九九〕同注〔九六〕。

〔一〇〇〕長編卷四百三十元祐四年秋七月庚辰記事之注文。

〔一〇一〕長編卷三百六十九元祐元年閏二月甲辰記事之注文。

〔一〇二〕長編卷三百六十九元祐元年閏二月庚戌記事之注文。

〔一〇三〕宋史卷二百八藝文志七。

〔一〇四〕長編卷三百七十八元祐元年五月戊寅記事之注文。

〔一〇五〕長編卷三百六十一元豐八年十一月辛丑記事之注文。

〔一〇六〕宋史卷三百二十九蹇序辰附傳。

〔一〇七〕宋史卷四百七十一章惇傳。

〔一〇八〕同注〔一〇六〕。

〔一〇九〕石林燕語辨卷之二。